Konrad Deufel / Manfred Wolf (Hg.)

Ende der Solidarität?

Die Zukunft des Sozialstaats

Ende der Solidarität?

Die Zukunft des Sozialstaats

Herausgegeben
von Konrad Deufel und Manfred Wolf

im Auftrag des
Deutschen Vereins
für öffentliche und
private Fürsorge,
Frankfurt am Main

HERDER

FREIBURG · BASEL · WIEN

Originalausgabe

www.herder.de

Satz: Dtp-Satzservice Peter Huber, Freiburg
Druck und Bindung: fgb · freiburger graphische betriebe 2003
www.fgb.de
Umschlaggestaltung: Paul König, Hildesheim

Gedruckt auf umweltfreundlichem,
chlorfrei gebleichtem Papier

ISBN 3-451-20402-9

Für alle,
die auf Hilfe, Unterstützung und Beistand
angewiesen sind,
für alle ehrenamtlichen Helferinnen und Helfer
sowie für alle Mitarbeiterinnen und Mitarbeiter
in sozialen Diensten und Einrichtungen

Inhalt

C. Anhang

Johannes Rau

Vorwort

„Über Bismarck hinaus, aber nicht hinter Bismarck zurück"

Die sozialen Sicherungssysteme haben fünfzig Jahre lang zum wirtschaftlichen Erfolg und zur sozialen Stabilität der Bundesrepublik Deutschland beigetragen. Heute wird vieles, was früher gefeiert wurde, als Relikt einer vergangenen Zeit abgetan. Es passe, so hört man allerorten, nicht mehr in unsere moderne Zeit. Nicht nur Reformen, sogar ein „Systemwechsel" sei notwendig. Vor allem der demographische Wandel, die anhaltend hohe Arbeitslosigkeit und ein offenkundiger Wertewandel in der jüngeren Generation haben diese Diskussionen ausgelöst und geben ihnen Nahrung. Dahinter stehen aber auch wichtige wirtschaftliche Interessen.

Zunehmend entsteht der Eindruck, der Sozialstaat behindere die wirtschaftliche Entwicklung, die persönliche Entfaltung und die Leistungsbereitschaft der Menschen. Da ist von „Überversorgung" die Rede, davon, dass der Sozialstaat alter Prägung nicht nur unmodern, sondern auch unsozial geworden sei. Weil die Situation so dramatisch sei, müsse die Diskussion auch „ohne Tabus" geführt werden.

Ich meine: Das Grundgesetz in seinem Kernbestand ist ein Tabu und muss es bleiben. Das Sozialstaatsgebot wiederum ist kein Anhängsel des Grundgesetzes, sondern gehört zum Kernbestand unserer gesellschaftlichen Ordnung. Die sozialen Sicherungssysteme sind geschaffen worden, um gegen die großen Lebensrisiken Alter und Armut, Krankheit und Arbeitslosigkeit abzusichern, damit alle Bürgerinnen und Bürger menschenwürdig leben und am gesellschaftlichen Leben teilnehmen können. An diesem Grundsatz und an dieser Idee hat sich nichts geändert, auch wenn die konkrete Ausgestaltung dieses Grundsatzes sich im Laufe der Zeit immer wieder ändert. Es ist ja ein Irrtum anzunehmen, Reformen des Sozialstaates seien etwas ganz Neues.

Das Grundgesetz schreibt jenseits von Artikel 1 und Artikel 20 keine sozialen Grundrechte fest. Das ist in manchen Landesverfassungen anders und auf europäischer Ebene wird über die Kodifizierung sozialer Grundrechte noch gestritten. Wie immer auch das Ergebnis sein wird, fest steht doch, dass die großen Lebensrisiken ohne politisch festgelegte und garantierte staatliche Sicherungssysteme für viele Menschen zu existentiellen Gefahren werden können. Auch „Bildung“ als Voraussetzung für eine gelungene Biografie gehört gewiss zu diesen Grundrechten, ebenso wie das Recht auf Wohnen. Auch in diesen Bereichen ist staatliches Handeln unabdingbar.

Nun lässt sich in der Tat darüber streiten, welches Niveau sozialer Sicherung angemessen ist. Es gilt immer wieder die Frage nach dem rechten Maß zu stellen. Dabei dürfen die Folgen für die öffentlichen Haushalte und für die Beitragszahler nicht außen vor bleiben, sie können aber nicht alleiniger Maßstab sein. Solidarität ist ein grundlegender Wert unserer Gesellschaft. Solidarität bedeutet, dass starke Schultern mehr tragen als schwache Schultern. Solidarität bedeutet aber auch, dass Gesunde einstehen für Kranke und die, die arbeiten, für die, die nicht arbeiten können.

Was in diesem Zusammenhang notwendig ist, das kann man nicht abstrakt bestimmen, das kann nicht willkürlich festgesetzt und je nach Lage der öffentlichen Haushalte variiert werden. Der Maßstab für Armut und Bedürftigkeit ist in einem der reichsten Länder der Welt gewiss ein anderer als in wirtschaftlich weniger entwickelten Regionen der Welt. Wer solche Vergleiche heranzieht, der argumentiert nicht nur zynisch, sondern inhuman.

Der Leitsatz für die Reform der sozialen Sicherungssysteme muss lauten: „Über Bismarck hinaus, aber nicht hinter Bismarck zurück“. Wenn wir die Diskussion um die Kosten der sozialen Sicherung und um die Höhe der Lohnnebenkosten unter den richtigen Vorzeichen führen wollen, dann müssen wir das in dem Bewusstsein tun, dass alle Bundesregierungen seit 1990 entschieden haben, einen erheblichen Teil der Kosten der deutschen Einheit aus den Beiträgen der Arbeitnehmer und der Unternehmen für die Sozialversicherung zu finanzieren – statt aus Steuern.

Im Jahr 2001 waren das in der gesetzlichen Rentenversicherung etwa 6,4 Milliarden Euro, in der Arbeitslosenversicherung etwa 6,6 Milliarden Euro und in der gesetzlichen Krankenversicherung etwa zwei Milliarden Euro. Das sind im Jahr 2001 zusammen rund fünfzehn Milliarden Euro, die ausschließlich die Beitragszahler für eine gesamtdeutsche, für eine gesamtgesellschaftliche Aufgabe aufgebracht haben. Wenn das aus Steuergeldern finanziert worden wäre – es musste ja finanziert werden und es ist richtig, dass es gezahlt wurde –, dann wären daran nicht nur Beitragszahler beteiligt, sondern auch Beamte, Selbständige und Freiberufler. Das wäre die richtigere Lösung. Müsste man nicht vor allem anderen diese Fehlentscheidung korrigieren, damit die Lohnnebenkosten sinken?

Der Staat kann nicht jedes persönliche Risiko zu seiner öffentlichen Angelegenheit machen. Eigenverantwortung und privat organisierte solidarische Hilfe müssen tragende Säulen unserer Gesellschaft bleiben. Sie sind durch staatliches Engagement nicht zu ersetzen. Leider kann man aber in den letzten Jahren zunehmend den Eindruck gewinnen, der Gedanke der Solidarität gerate in Vergessenheit. Der Eigennutz darf nicht das alles beherrschende Motiv werden. Das würde in einer Gesellschaft, die zu Recht stolz auf den erreichten sozialen Frieden ist, auf Dauer nicht gut gehen. Darum geht es bei der Frage nach den sozialen Grundrechten und nach dem rechten Maß ihrer Ausgestaltung auch um Fragen der gesellschaftlichen Orientierung. Solidarität und soziale Gerechtigkeit sind keine Güter, die auf Märkten gehandelt werden, und darum können die Gesetze des Marktes hier auch nicht gelten. Gerechtigkeit, Chancengleichheit, Solidarität und Barmherzigkeit sind für eine Gesellschaft, die sich sozial nennen will, auch künftig die Wegweiser.

Der Sozialstaat ist kein Bremsklotz der wirtschaftlichen Entwicklung und er beschränkt auch nicht die Freiheit des Einzelnen. Im Gegenteil: Richtig geordnet, stärkt er die wirtschaftliche Leistungsfähigkeit, weil er die Menschen entlastet und Freiraum schafft für Kreativität und Leistung. Ganz gewiss brauchen wir Reformen bei den sozialen Sicherungssystemen. Die Reformen dürfen aber nie dazu führen, dass diejenigen, die heute am Rand der Gesellschaft stehen, morgen ganz aus ihr herausgedrängt werden.

Die Beiträge dieses Sammelbandes zeigen, welche unterschiedlichen Dimensionen und Facetten der Begriff der „sozialen Grundrechte" hat. Ich würde mich darüber freuen, wenn dies Buch Eingang fände in die politische Diskussion und ein wenig Orientierung gäbe, wie wir unseren Staat und unsere Gesellschaft so weiterentwickeln können, dass die wirklich Bedürftigen sich auch weiter darauf verlassen können, dass sie Hilfe erfahren.

Vorwort der Herausgeber

Konrad Deufel und Manfred Wolf

Sozialstaat auf dem Prüfstand

Wer drei oder mehr Menschenrechte kennt, liegt deutlich über dem Durchschnitt. Von sozialen Rechten ganz zu schweigen. Wer sich nicht für sie engagieren will, hat in Deutschland eine absolute Mehrheit hinter sich, besonders unter Nichtwählern. Dieses Ergebnis einer Befragung von 2000 Frauen und Männern in Ost- und Westdeutschland durch die Professoren Elmar Bähler (Leipzig) und Gert Sommer (Marburg) wurde in der *Frankfurter Rundschau* vom 9. 12. 2002 veröffentlicht.

Sind die Grundrechte in Gefahr? Oder in einer Krise?

Die Rechte, von denen hier die Rede ist, sind indes hart erstritten worden: Die Geschichte der Menschenrechte, der Bürgerrechte und auch der sozialen Rechte ist eine Geschichte von Auseinandersetzungen zwischen sozialen Klassen und Schichten – und ihren widerstreitenden Interessen.

Der Kern des Sozialstaates in Deutschland besteht zum einen in einem entwickelten Sozialversicherungssystem, zum anderen in einem gesellschaftlichen Konsens über soziale Grundrechte und Grundwerte, vor allem die der Brüderlichkeit und Solidarität, der Freiheit und Würde des Menschen und der Gleichheit und sozialen Gerechtigkeit. Solidarisch finanzierte Versicherungen wie im Gesundheitssystem, in der Rentenversicherung, in der Arbeitslosenversicherung und in der Pflegeversicherung, aber auch die steuerfinanzierte Sozialhilfe haben in der Vergangenheit zu sozialem Frieden und Aus-

Dr. Konrad Deufel ist Vorsitzender des Deutschen Vereins für öffentliche und private Fürsorge. – *Manfred Wolf* ist Leiter des Arbeitsfeldes „Bundeszentrale Fachpublikationen/Eigenverlag“ im Deutschen Verein für öffentliche und private Fürsorge.

gleich, zur gesellschaftlichen Integration und nicht zuletzt auch zu wirtschaftlichem Erfolg beigetragen.

Die Grundlage dieses Sozialsystems ist brüchig geworden: Seine Finanzierbarkeit in der bisherigen Form und Größenordnung ist durch mancherlei Entwicklungen wie zum Beispiel die Globalisierung, den demographischen Wandel und die anhaltende Arbeitslosigkeit zunehmend und grundsätzlich in Zweifel gezogen. In Deutschland wie auch in anderen Ländern der Europäischen Union wird eine Debatte geführt, in der die Höhe der Sozialleistungen in einen direkten Zusammenhang mit Wachstum, Arbeitsplätzen und der Konkurrenzfähigkeit der deutschen Wirtschaft gebracht wird.

> *„Zunehmend entsteht der Eindruck, der Sozialstaat behindere die wirtschaftliche Entwicklung, die persönliche Entfaltung und die Leistungsbereitschaft der Menschen. Ich meine: Das Grundgesetz in seinem Kernbestand ist ein Tabu und muss es bleiben. Das Sozialstaatsgebot wiederum ist kein Anhängsel des Grundgesetzes, sondern gehört zum Kernbestand unserer gesellschaftlichen Ordnung.“* (Bundespräsident Johannes Rau)

Die kontrovers geführte Debatte wirft zentrale Fragen auf wie diese:
- Wie stark werden Unternehmen und Bürger durch Sozialabgaben, die immer auch Lohnnebenkosten sind, belastet?
- Welche Leistungen der Daseinsvorsorge können von den Kommunen und welche Leistungen zur Absicherung von Lebensrisiken (durch die Sozialversicherungssysteme oder aus allgemeinen Steuermitteln) können vom Staat erwartet werden?
- Wie viel Eigeninitiative, Eigenvorsorge und Eigenverantwortung wird künftig von den Bürgerinnen und Bürgern verlangt werden?

Der Stand der öffentlichen Debatte um die Reform des Sozialstaats muss indes eine gemeinsame Grundlage und eine gemeinsame Zielrichtung erkennen lassen: *„Umbau JA – Abbau NEIN!“* Einigkeit besteht hoffentlich auch darin: *„Es muss sozial gerecht zugehen!“*

Sozial und *gerecht* sind die Leitnormen für die Erneuerung der sozialen Sicherungssysteme. *Sozial* und *gerecht* sind allerdings – jenseits der sozialpolitischen Programmatik – schwer zu operationalisierende Ziele.

Unter diesen Prämissen politisch *sozial* zu handeln und zu entscheiden bedeutet, das Ziel der gesellschaftlichen Integration zu verfolgen und die Integrationsfähigkeit der Gesellschaft zu stärken, den sozialen Ausgleich zu fördern und die Ausgrenzung und Benachteiligung von Menschen und sozialen Gruppen zu verhindern. Aber auch diese Ziele sind nicht ohne weiteres in konsensfähige Maßnahmen umzusetzen.

Und *gerecht*? Die Gerechtigkeit ist – das wusste bereits Aristoteles – etwas Proportionales, ein Ausgleich, der immer wieder hergestellt werden muss, über den immer wieder gestritten werden muss, zumal dann, wenn es um soziale Gerechtigkeit, also um den Ausgleich von widerstreitenden Interessen geht.

Die Zukunft und besonders die Integrationsfähigkeit des Sozialstaates werden von zwei Faktoren entscheidend abhängen:

Wie gelingt eine solide Finanzierung der Sozialsysteme und wie können die Lasten zu ihrer Finanzierung gerecht und solidarisch verteilt werden?

Wie können Bürgerinnen und Bürger davon überzeugt werden, sich aktiv an der Weiterentwicklung des Sozialstaates zu beteiligen – auch durch Engagement in politischen Entscheidungsprozessen?

Soziale Grundrechte und Grundwerte, auf die sich in der Vergangenheit alle gesellschaftlichen Kräfte verständigen konnten, können in diesen Veränderungsprozessen ein „Kompass“ sein.

Dieses Buch soll Impulse geben für die Besinnung auf jene Grundlagen, die auch künftig Orientierung geben werden für staatliches Handeln und gesellschaftliches Leben gleichermaßen.

Repräsentanten aus Staat und Gesellschaft, aus Politik, Kultur, Religion, Rechtsprechung und den Wissenschaften wurden gebeten, Beiträge zur Bedeutung der sozialen Grundrechte in diesem komplexen Entwicklungsprozess zu verfassen. Die Stichwörter, die wir dazu ausgewählt haben, beschreiben staatlich beeinflusste Politikfelder ebenso wie Lebenslagen und Lebensrisiken, in denen sich die Bedeutung von Grundrechten und Grundwerten zeigt. Wir haben es den Autorinnen und Autoren überlassen, in ihren Texten Kritik an Bestehendem, programmatische Vorstellungen oder auch ganz persönliche Erfahrungen und Gedanken zum Ausdruck zu bringen. Die

Autorinnen und Autoren wurden gebeten, ihre Beiträge nicht nur für Experten zu schreiben, sondern für eine Öffentlichkeit, die in der Entwicklung der Zivilgesellschaft und des Sozialstaats, vor allem bei der Aufforderung zu mehr Eigenverantwortung, bürgerschaftlichem Engagement und Partizipation, neu herausgefordert sein wird.

Die Resonanz auf die Einladung, sich an dieser Publikation zu beteiligen, war außergewöhnlich positiv. Das ermutigt den Herausgeber, den Deutschen Verein für öffentliche und private Fürsorge, auch künftig seine Funktion als Forum für Diskussionen über die Erneuerung und Weiterentwicklung des Sozialstaats und der sozial verpflichteten Gesellschaft zu erfüllen. Es zeigt aber auch, welche Bedeutung dem Thema „Soziale Grundrechte und Werte" in der öffentlichen Diskussion beigemessen werden muss.

Besonderer Dank gilt nicht nur den Autorinnen und Autoren, sondern auch dem Verlag Herder, in persona dem Verleger Herrn Manuel Herder und dem Lektor Herrn Lukas Trabert. Beide haben dieses gemeinsame Projekt mit großem Engagement und hoher Professionalität unterstützt und gefördert. Es ist das erste Mal, dass sich der Deutsche Verein mit einer Publikation an eine Öffentlichkeit wendet, die weit über den Kreis seiner Mitglieder, der Experten der Sozialpolitik und der sozialen Arbeit vereinigt, hinausreicht. Die Zusammenarbeit mit dem Hause Herder hat dies möglich gemacht.

A. Soziale Gerechtigkeit zwischen Versorgung und Eigenverantwortung

Gerhard Schröder

Das Ziel der sozialen Gerechtigkeit und die Herausforderungen moderner Demokratie

Kaum ein Ziel moderner Politik ist so unumstritten wie das Prinzip der sozialen Gerechtigkeit. Es fußt auf den Idealen der Französischen Revolution und der Tradition der europäischen Aufklärung; es ist zentraler Baustein im Gedankengebäude der christlichen Soziallehre; durch das Streben der Arbeiterbewegung und der Sozialdemokratie nach Selbstbestimmung und Teilhabe wurde es zum politischen Programm.

Aus der Zeit Bismarcks stammt die Vorstellung, die Durchsetzung der sozialen Gerechtigkeit in die Hände eines in sozialer Verantwortung handelnden Staates zu legen, der dafür sorgt, dass die Einzelnen gegen große Lebensrisiken abgesichert und die Lasten gerecht verteilt werden. Doch ist die Bedeutung sozialer Gerechtigkeit keineswegs auf Deutschland beschränkt; ebenso wenig richtet sich die Forderung nach sozialer Gerechtigkeit ausschließlich an den Staat. Zudem ist der entsprechende Themenkatalog im Laufe der Zeit beträchtlich verändert und auch erweitert worden – das gilt national wie international. Auch Gesellschaften, in denen es weit größere Unterschiede in Einkommen und Absicherung gibt, als sie in Deutschland und großen Teilen Kontinentaleuropas üblich sind, definieren das Ziel der Gerechtigkeit heute in einem sehr umfassenden, an Roosevelts „vier Freiheiten“ (neben der Freiheit der Rede und des Glaubens die Freiheit von Not und die Freiheit von Angst) anknüpfenden Sinn.

Was im Einzelfall als „gerecht“ anzusehen sei und wie diese Gerechtigkeit herzustellen ist, mag von den Menschen sehr unterschiedlich beantwortet werden – in jedem Fall steht das Prinzip in unmittelbarem Zusammenhang mit einem breiten Spektrum menschlicher Grundbedürfnisse, das weit über das wirtschaftliche Erwerbsinteresse hinausgeht. Soziale Anerkennung, Selbstachtung und Selbstverwirklichung in intakten sozialen Zusammenhängen sind für die allermeisten Menschen Teil ihrer Lebenshoffnungen. Dies kann man – gerade angesichts der verbreiteten Vereinfachung, Gerechtigkeit sei gleichsam „quantitativ" zu erzielen, also dadurch, dass man nur alle Menschen gleichermaßen be- und entlasten müsste – nicht oft genug betonen.

Aufgabe einer Politik, die soziale Gerechtigkeit organisieren und gewährleisten will, ist also vor allem, die Substanz dieses Prinzips im Blick zu behalten. Der Grundsatz sozialer Gerechtigkeit ist unveränderbar; die Instrumente zu seiner Durchsetzung dürfen es nicht sein.

I.

Es gehört zu den prägenden Erkenntnissen dessen, was man, je nach Blickwinkel, „rheinischen Kapitalismus" oder „Modell Deutschland" genannt hat, dass soziale Gerechtigkeit wirtschaftlichem Erfolg nicht im Wege steht, sondern diesen Erfolg beflügelt. Allerdings gilt auch der Umkehrschluss: Wirtschaftlicher Erfolg ist wichtige Voraussetzung für eine Politik der sozialen Gerechtigkeit.

Deshalb bedeutet für uns Sozialdemokraten Gerechtigkeit nicht Gleichheit der Ergebnisse – sondern Gleichheit der Chancen und des Zugangs zu aktiver Teilhabe am gesellschaftlichen und wirtschaftlichen Leben. Eine Politik der Gerechtigkeit muss das Recht auf Chancen jedes Einzelnen mit der gesellschaftlich gebotenen Leistungsfähigkeit in Einklang bringen.

Das zweite Wesenselement einer Politik der Gerechtigkeit ist das der Nachhaltigkeit. Bloße Umverteilung wirtschaftlicher Güter und Gelder ist nicht per se „gerecht". Gerechtigkeit muss auch zwischen den Generationen geschaffen werden – weshalb zum Beispiel eine Politik der ausufernden Staatsverschuldung eine grobe Ungerechtigkeit gegen unsere Kinder und Enkel ist. Aber der aus der ökologischen Diskussion stammende Begriff der „Nachhaltigkeit" meint ja mehr als die reine Bilanzierung von Gegenwarts- und Zukunftskosten. Es geht vielmehr darum, soziale und ökonomische Anpassungsprozesse zu initiieren, die „sich selbst tragen" und eine eigene Dynamik der Gerechtigkeit entfalten können. Zu diesem Aspekt gehört ein sorgsamer Umgang mit den Staatsfinanzen, aber auch eine vorausschauende Bildungs- und Familienpolitik sowie eine Alterssicherung, die den Älteren einen guten Lebensstandard sichert und die Beiträge für die Jüngeren bezahlbar hält.

Drittens kann es Solidarität ohne Eigenverantwortung nicht geben. Hier ist die Sozialdemokratie gefordert, sich auf die guten Traditionen der Arbeiterbewegung zu besinnen, die ja stets eine Bewegung für Freiheit und Selbstbestimmung war. Max Weber hat immer wieder auf diesen latenten Konflikt zwischen Freiheit und Bevormundung hingewiesen und vor Tendenzen zur Dogmatisierung gewarnt. Wir stehen heute, angesichts rapider Veränderungen der ökonomischen Basis, in der Verantwortung, soziale Gerechtigkeit im Zusammenspiel von Staat, Markt und Gesellschaft neu zu bestimmen – und zwar so, dass dem Einzelnen so viel Freiheit wie möglich und so viel Sicherheit wie nötig gegeben wird. Das entspricht unserem Grundprinzip vom „Fördern und Fordern", das im Kern besagt: Jeder hat das Recht auf Verwirklichung seiner Lebenschancen. Aber diesem Recht entspricht auch eine Pflicht, diese Chancen wahrzunehmen und das Gemeinwohl zu stärken.

Schließlich haben wir, im globalen Zusammenhang, darauf zu achten, dass auch wirtschaftliche und finanzielle Entwicklungen gewaltigen Ausmaßes einen sozialen Sinn behalten oder bekommen müssen. Soziale Gerechtigkeit ist heute weniger denn je „in einem Land" zu haben; sie muss mit nachhaltiger Entwicklung und globaler Gerechtigkeit einhergehen.

II.

Es ist ein leider immer noch verbreiteter Irrtum, dass „mehr Staat" automatisch mehr Gerechtigkeit organisieren könnte. Allerdings ist es ein ebensolcher Irrtum zu glauben, Gerechtigkeit würde schon dadurch entstehen, dass sich der Staat aus immer weiteren Bereichen des öffentlichen Lebens zurückzieht. Ein Staat, der immer weiter an Gestaltungsspielraum verliert, läuft Gefahr, nur noch Sachzwänge nachzuvollziehen. Diesen „armen" Staat können sich nur die wirklich Reichen leisten.

Schon deshalb ist die Modernisierung des Sozialstaates eine wichtige Frage. Ein schwacher Staat führt nicht zu einer starken Zivilgesellschaft, sondern allenfalls zu einer ungezügelten Herrschaft des Marktes. Aber ein Staat ist auch nicht deshalb besonders stark oder besonders gerecht, weil er sich anmaßt, möglichst sämtliche Lebensbereiche möglichst genau zu regeln – auch solche, in denen die Gesellschaft selbst zu kreativeren, lebensnahen und gerechten

Lösungen findet. Soziale Gerechtigkeit setzt deshalb den Staat als „Ermöglicher" voraus.

Deshalb erfordert die Überprüfung und Anpassung der Instrumente sozialer Gerechtigkeit mehr als einen einmaligen Kraftakt. Die Veränderungen an der ökonomischen Basis zwingen uns vielmehr, bei der Anpassung der Instrumente sehr viel schneller und effizienter zu werden.

Bloße Bewahrung des Status quo hieße, sich von politischen Zielen zu verabschieden. Stillstand heißt Rückschritt. Dabei darf soziale Gerechtigkeit weder privatisiert noch immer mehr verrechtlicht oder vermachtet werden. Der Forderung nach umfassender Flexibilität des Einzelnen als „Marktteilnehmer" muss die Sozialdemokratie den flexiblen Sozialstaat entgegensetzen, der die Freiheit fördert, indem er die Chancen entwickelt.

III.

Es kann nicht sozial gerecht sein, wenn unser Arbeitsrecht dazu führt, dass ältere Arbeitslose keinen Arbeitsplatz mehr finden, weil Unternehmen sich nicht langfristig binden wollen. Es kann nicht sozial gerecht sein, wenn allein erziehende Mütter keine guten Betreuungsmöglichkeiten für ihre Kinder finden und deswegen nicht einer Arbeit nachgehen können. Und es kann auch nicht sozial gerecht sein, wenn die Chance, Abitur zu machen, von der sozialen Stellung der Eltern abhängig ist. Bei allen drei genannten Beispielen haben wir bereits umgesteuert. Stichworte sind die Umsetzung des Hartz-Konzepts mit den erweiterten Befristungsmöglichkeiten für Ältere, der Ausbau der Kinderbetreuung und die Förderung von Ganztagsschulen. Aber alle drei Beispiele zeigen auch, dass wir bisher zu wenig das Können und das Potential der Menschen gefördert haben. Jeder hat Fähigkeiten und Talente. Wir können es uns nicht leisten, sie brachliegen zu lassen. Wir brauchen sie, weil unsere Gesellschaft altert und die Globalisierung den Menschen mehr Veränderungsbereitschaft abverlangt. Und es dient den Einzelnen, ihre Talente zu fördern, damit sie in freier Selbstbestimmung ihre Lebenschancen auch ergreifen können.

Vergleichende Studien verschiedener Modelle und Erfahrungen kommen auf drei Muster, die – alle drei – unterschiedliche Probleme zur Folge haben. Verkürzt gesagt, hat das anglo-amerikanische Modell ein „Armutsproblem“, das skandinavische ein „Kostenproblem“ und das kontinentaleuropäische ein „Beschäftigungsproblem“.

Arbeitslosigkeit ist das größte Hindernis für eine Gesellschaft der Teilhabe. Teilhabe der Menschen am von ihnen erwirtschafteten Wohlstand, aber auch an den Entscheidungen der Gesellschaft – also Partizipation „am Haben und am Sagen“ – ist sowohl Anfang als auch Schlussstein jeder Politik der sozialen Gerechtigkeit.

Und Arbeitslosigkeit bringt auch das gesamte, auf den Beiträgen von Arbeitnehmern und Arbeitgebern basierende System der sozialen Sicherung in Schwierigkeiten. Je geringer die Zahl der sozialversichert Beschäftigten, desto höher die Kosten für den einzelnen Arbeitsplatz.

Arbeitslosigkeit ist eine Folge der schlechten Weltkonjunktur, hat aber auch strukturelle Ursachen. Hier haben wir beispielsweise mit dem Job-ACTIV-Gesetz und den Gesetzen für moderne Dienstleistungen am Arbeitsmarkt gezielt angesetzt. Es entspricht unserer Philosophie des „Förderns und Forderns“, Menschen dabei zu unterstützen, sich aus der Abhängigkeit von sozialen Transferleistungen zu befreien, ihnen aber auch einen eigenen Beitrag abzuverlangen. Der amerikanische Präsident F. D. Roosevelt, der vielen Historikern zu Recht als Verkörperung des sozialen Gewissens gilt, war es, der Sozialhilfe als „Droge“ bezeichnet hat. Nicht Transfers sind sozial gerecht, sondern Investitionen in die Beschäftigungsfähigkeit von Menschen. Die Effizienz eines Sozialstaats lässt sich eben nicht an der Höhe des Sozialbudgets ablesen, sondern vor allem an den Möglichkeiten, die er bietet, am Erwerbsleben teilzuhaben.

IV.

Das im Großen und Ganzen bewährte Prinzip sozialstaatlicher Gerechtigkeit in Deutschland basiert auf zwei Grundannahmen:

Erstens der Verpflichtung zur solidarischen Finanzierung und zur Verteilung der Risiken auf viele Schultern; und zweitens der sozialen Absicherung aus dem in der Arbeitsgesellschaft Erwirtschafteten.

Wenn wir Ersteres – verbunden mit der unbestritten hohen Qualität unserer sozialen Sicherungssysteme – erhalten wollen, müssen wir zur Kenntnis nehmen, dass die zweite Voraussetzung so nicht mehr gelten kann. Die Globalisierung, der Weg in die „Wissensgesellschaft", das Tempo der ökonomischen Veränderungen insgesamt haben schon jetzt dazu geführt, dass der „eine" Lebensarbeitsplatz für weniger und weniger Menschen Realität ist. Auch deshalb brauchen wir eine vorurteilsfreie Diskussion darüber, wie wir soziale Gerechtigkeit in Zukunft organisieren wollen. Sicher ist schon jetzt: Mehr Eigenverantwortung, wie durch die Einführung der kapitalgedeckten Säule in der Rentenversicherung gefordert, wird nötig und hilfreich sein. Am Ende steht eine in jeder Hinsicht, an Freiheiten und an Sicherheiten, reichere Gesellschaft.

V.

Das Prinzip der sozialen Gerechtigkeit ist weder verträumt noch überholt. Auch in Zukunft wird es den Menschen in den Gesellschaften am besten gehen, in denen ein hohes Maß an Gerechtigkeit erzielt worden ist. Aber viel mehr als bisher müssen wir bei „Gerechtigkeit" an Zukunftschancen und die Entwicklung des schöpferischen Potentials der Menschen denken. Vieles spricht dafür, dass Familien- und Bildungspolitik die soziale Frage des 21. Jahrhunderts sind.

Modernisierung darf nie Selbstzweck sein. Aber das Festhalten an einmal eingeführten Instrumenten auch nicht. Wir brauchen neue Antworten auf eine alte Frage, die sich in neuer Form stellt: Was heißt soziale Gerechtigkeit heute?

Niemand, weder bei uns noch in unseren Nachbar- und Partnerländern, hat darauf bereits eine perfekte Antwort. Dies ist einer der Gründe dafür, warum wir im Rahmen des Diskussionsprozesses sozialer Demokratien über „modernes Regieren" ständig unsere Erfahrungen austauschen und Konzepte abgleichen. Heute wissen wir: Die Probleme werden wir nicht lösen können ohne die Besinnung auf Freiheit und Verantwortung. Aber eine Freiheit, die nur Freiheit des Marktes meint, ist das Gegenteil von sozialer Gerechtigkeit.

Erwin Teufel

Zwischen Versorgung und Eigenverantwortung – Partizipation im Sozialstaat

Bewahren durch Verändern

Versorgung, Solidarität, Eigenverantwortung und Partizipation, das sind Eckpfeiler unseres sozialen Systems, die durch verantwortungsvolle Politik immer neu untereinander ausgerichtet werden müssen. In Deutschland ist in mehr als fünf Jahrzehnten ein Maß an sozialer Sicherheit entstanden, das auch international seinesgleichen sucht. Das Sozialstaatsgebot des Grundgesetzes ist durch ein leistungsstarkes Sozialsystem ausgefüllt.

Die Ursprünge des Sozialstaats der Bundesrepublik Deutschland reichen weit zurück. Seine Wurzeln sind in den Gesellenvereinen Adolf Kolpings und Ferdinand Lassalles Allgemeinem Deutschen Arbeiterverein ebenso zu finden wie in der christlichen Soziallehre. Im ehemaligen badischen Landtag wurde durch Franz-Josef Ritter von Buß die erste Sozialrede in einem deutschen Parlament gehalten. Die wesentlichen Grundlagen der Sozialstaatlichkeit haben auch in schwierigsten Zeiten die Jahrzehnte überdauert. Es verwundert deshalb nicht, dass auch der Sozialstaat neuer Prägung die erfolgreichen Traditionen aufgenommen und weitergeführt hat.

Noch immer ist es bei der Weiterentwicklung des Sozialstaates gelungen, im Rahmen eines gesellschaftlichen Grundkonsenses wirtschaftliche Dynamik und sozialen Ausgleich zu verbinden. Der Blick zurück verdeutlicht aber, dass der freiheitliche Sozialstaat keine Konstante ist. Er ist vielmehr ein lebendiges Gebilde, ein Spiegelbild der gesellschaftlichen Entwicklung, das ein hohes Maß an Gestaltungskraft erfordert. Der Wandel ist nicht nur immanentes Merkmal des Sozialstaates. Er ist gleichsam erforderlich, um die soziale Sicherheit selbst zu erhalten. Ein nicht anpassungsfähiges Sozialsystem, das die gesellschaftlichen Entwicklungen ausblendet, würde an sich selbst scheitern.

Wandel und Gestaltung der sozialen Sicherheit dürfen deshalb nicht ängstlich und zurückhaltend betrachtet werden. Der Sozialstaat und die sozialen Sicherungssysteme können vielmehr nur bewahrt werden, wenn sie sich offensiv den bevorstehenden Veränderungen stellen.

Aktuelle Rahmenbedingungen

Die soziale Sicherheit befindet sich heute in einem komplexen Beziehungsgeflecht der unterschiedlichsten Entwicklungen und Interessen. Die ökonomischen und gesellschaftlichen Rahmenbedingungen verändern sich rasant. Vor allem infolge der wirtschaftlichen Globalisierung werden viele Institutionen und Strukturen, die wir heute noch für selbstverständlich halten, in Zukunft in Frage gestellt.

Auch die deutsche Gesellschaft verändert sich. Die demographische Entwicklung mit der sich verschiebenden Altersstruktur wird in den nächsten Jahrzehnten gerade die Sozialpolitik vor gewaltige Herausforderungen stellen. Der medizinisch-technische Fortschritt, die fortlaufenden Wechsel in den Erwerbsbiographien, denen nur noch zum Teil ein lebenslanges Normalarbeitsverhältnis zu Grunde liegt, das sich wandelnde Rollenverständnis in der Familie, aber auch der Trend zur Mobilität und zur Individualisierung werden den Reformdruck auf die sozialen Sicherungssysteme noch verstärken.

Das Schwergewicht des sozialen Sicherungssystems liegt bisher auf den durch Berufsarbeit erworbenen Sozialversicherungs- oder Versorgungsansprüchen, also auf öffentlich-rechtlich geregelten Leistungen für das Alter, für Invalidität, Krankheit und Pflegebedürftigkeit. Dieses gegliederte System hat sich seit dem Ende des Zweiten Weltkrieges als sehr leistungsfähig bewährt. Aber es gilt zu sehen, dass das bestehende System der sozialen Sicherung ohne Reformen *nicht* geeignet ist, die Folgen der gravierend veränderten Lebensperspektiven und ihrer „Entstandardisierung“ für die nachwachsenden Generationen zu kompensieren. Es entsteht heute mehr und mehr ein brisantes Verteilungsproblem zwischen den Generationen, bei dem die älteren Generationen Anspruch auf einen öffentlich-rechtlichen Sicherungsstatus haben, den die nachwachsenden Generationen in der Regel so nicht mehr erreichen können.

In dieser Entwicklung sollten wir jedoch nicht nur ein Risiko, sondern auch eine Chance sehen. Notwendig ist eine emotionsfreie Analyse der gesellschaftlichen und sozialen Wirklichkeit und – darauf aufbauend – eine Modernisierung des Sozialstaates und die Schaffung von Rahmenbedingungen für eine sozial faire Gesellschaft.

Die Grenzen der Transfersysteme

Waren die Leistungen der Sozialsysteme anfangs nur als subsidiäre Hilfe in besonderen Notlagen gedacht, haben sich die Empfängerzahlen und die Ausgaben in den letzten Jahrzehnten kontinuierlich nach oben entwickelt. Der betroffene Personenkreis ist groß und das finanzielle Volumen der Transfersysteme erheblich.

Seit 1995 ist das Sozialbudget im Durchschnitt jedes Jahr um 2,8 % gestiegen. Von 1960 bis zum Jahr 2000 hat sich der Durchschnittsbetrag der Sozialleistungen pro Einwohner sogar mehr als verdreizehnfacht. Außerordentlich beunruhigend ist der Anstieg der Sozialversicherungsbeiträge: Während wir 1975 einen Gesamtsozialversicherungsbeitrag von 30,5 % des Bruttolohns hatten, beträgt er im Jahr 2003 42,1 % – mit noch steigender Tendenz. Arbeitgeber und Arbeitnehmer zahlen demnach heute ein Drittel mehr für die soziale Sicherung als vor 25 Jahren. Wir wissen nicht, ob bzw. wie lange sie das noch akzeptieren werden.

Noch dramatischer sind langfristige Prognosen: Ohne grundlegende Korrekturen rechnet das Prognos-Institut bis zum Jahr 2040 mit Beitragssätzen zwischen 48 % und 53 %, andere Experten schrauben ihre Prognosen sogar auf 60 % und mehr hinauf. Wenn diese Einschätzungen sich bewahrheiten würden, hätte sich der Sozialstaat selbst ad absurdum geführt, weil er dem Einzelnen weit mehr nähme, als er ihm je zu geben vermöchte.

Betrachten wir die einzelnen Leistungen: Im Jahr 2001 wurden für bundesweit 2,7 Mio. Empfänger von Hilfe zum Lebensunterhalt insgesamt 8,64 Mrd. € ausgegeben. Von diesen Personen sind rd. 30 %, also etwa 800.000 Menschen, im Grundsatz in der Lage, eine Arbeit anzunehmen. Für arbeitsfördernde Maßnahmen an diesen Personenkreis haben die Kommunen zusätzlich rd. 1 Mrd. € zur Verfügung gestellt.

Bei der Arbeitslosenhilfe, die in der Aufgaben- und Finanzverantwortung des Bundes liegt, wurden für 1,48 Mio. Leistungsbezieher, die ebenfalls grundsätzlich einer Arbeit nachgehen könnten, 12,78 Mrd. € ausgegeben. Hinzu kommen noch schätzungsweise 4 bis 5 Mrd. €, mit denen aus dem Beitragsaufkommen der Arbeitslosenversicherung Maßnahmen der aktiven Arbeitsförderung für Arbeitslosenhilfebezieher finanziert wurden.

Angesichts des hohen Leistungsvolumens der Transfersysteme muss es bedenklich stimmen, dass es nur in geringem Maße gelingt, Hilfeempfänger wieder in den ersten Arbeitsmarkt einzugliedern und dadurch auf die eigenen Füße zu stellen. Diesen Personen müssen konkrete Perspektiven und Teilhabemöglichkeiten eröffnet werden. In Zukunft gilt es alle Maßnahmen daraufhin zu überprüfen, dass sie nicht nur einen Transfer erbringen, sondern eine tatsächliche Hilfestellung zur Teilhabe und Eingliederung eröffnen.

Die Laufzeit der Renten hat sich seit 1960 um über 60 % verlängert. Hier wird es künftig auch darum gehen, eine neue Balance der drei Säulen der Alterssicherung (der gesetzlichen Rentenversicherung als Regelleistung, der betrieblichen Altersversorgung als Zusatzsicherung sowie der privaten Vorsorge) zu finden.

Die Frage ist, wie lange wir uns die genannten Entwicklungen noch werden leisten können. Die Politik der vergangenen Jahrzehnte verlagert die Kosten auf die nächste Generation, die kaum in der Lage sein wird, sie zu tragen. Der Drei-Generationen-Vertrag, dessen jeweilige Ausgestaltung durch das Steuer- und Sicherungssystem über die Versorgung und den Lebensstandard der Kinder und Alten ohne eigenes Arbeitseinkommen entscheidet, muss entsprechend den sich verändernden demographischen, gesellschaftlichen und ökonomischen Rahmenbedingungen immer wieder neu austariert werden. Die heute Jüngeren haben – aufgrund der gesteigerten Lebenserwartung – auch in weit höherem Maß die Chance, für ein langes Rentendasein vorzusorgen. Diese Chance darf nicht verbaut werden. Die Ausgestaltung der sozialen Sicherungssysteme wird daher zu einem wesentlichen Faktor, auch für die Wettbewerbsfähigkeit unseres Landes.

Aktivierung der Eigenverantwortung als Aufgabe des Sozialstaats

Grundlage, Träger und Ziel aller gesellschaftlichen Strukturen muss der einzelne Mensch mit seiner Würde sein. Die Modernisierung des Sozialstaates sollte sich auf der Basis eines klaren Bekenntnisses zu einer an Werten orientierten Sozialpolitik vollziehen. Die Grundprinzipien der christlichen Sozialethik und auch die Grundsätze der sozialen Marktwirtschaft sind eine feste Grundlage für die künftigen Aufgaben.

In einem auf Freiheit und Gerechtigkeit basierenden Gemeinwesen sind alle – ob als Einzelne oder als Gruppe – für das Wohl der anderen mitverantwortlich. Solidarität zwischen Jungen und Alten, Armen und Reichen, Kranken und Gesunden ist unverzichtbarer Bestandteil einer humanen Gesellschaftsordnung. Was der Einzelne aus eigener Initiative und aus eigenen Kräften zu leisten im Stande ist, darf seiner unmittelbaren Verantwortung nicht entzogen werden. Dezentrale und basisnahe Entscheidungen müssen gefördert werden. Die Reihenfolge muss lauten: erst der Bürger, dann der Staat, nicht umgekehrt. Wo der Einzelne allerdings der solidarischen Hilfe bedarf, muss diese zur Verfügung gestellt werden. Solidarität und Selbstverantwortung sind kein Gegensatz.

In diesem Sinn bestimmen Leistung und Wirtschaftlichkeit, soziale Gerechtigkeit und Subsidiarität, Wettbewerb und Solidarität, Eigenverantwortung und soziale Sicherheit den künftigen Rahmen.

Im Vordergrund kann nicht eine staatliche Rundumversorgung der Bürgerinnen und Bürger stehen, die die Selbsthilfepotentiale mitunter eher lähmt als stärkt. Notwendig ist ein kombiniertes Hilfesystem, das finanzielle Anreize zur Arbeitsaufnahme, die Verpflichtung zur Selbsthilfe, aber auch die staatlichen Fürsorgeleistungen in ein ausgewogenes Verhältnis bringt. Durch ein System, das die Betroffenen gleichzeitig fördert, aber auch fordert, sollen die Hilfeempfänger motiviert und in ihrer Eigenverantwortung gestärkt werden.

Die Anregung und Stärkung von Eigenverantwortung, Selbstständigkeit, Risikobereitschaft und Selbstvertrauen als zukünftigen Schlüsselqualifikationen ist ein vorrangiges Erziehungs- und Bildungsziel – ein Ziel, zu dessen Erreichung der Staat beitragen und motivieren muss. Bereits junge Menschen müssen frühzeitig lernen,

Verantwortung zu übernehmen und ihr Handeln selbstständig zu planen. Die Stärkung von Eigenverantwortung bedeutet allerdings nicht, einem billigen Individualismus das Wort zu reden.

Die Erneuerung von Gemeingeist und Bürgersinn könnte zum Kernbestandteil eines neuen „Gesellschaftsvertrages" werden, in dem Solidarität und Selbstverantwortung in ein neues Gleichgewicht zu bringen sind. Dem Staat wäre vorrangig die Sicherung der Grundversorgung und die Ermöglichung gesellschaftlicher Selbsthilfe zugewiesen. Entsprechend dem Subsidiaritätsprinzip sollten die freiwilligen, kleinen und bürgernahen Einheiten den Vorrang vor zentralisierten Versorgungsstrukturen haben. Die Systeme der sozialen Sicherung können bei richtiger Auslegung neue Spielräume für selbstständiges, verantwortliches und sozial orientiertes Handeln und die Rückbesinnung auf das eigene, nahe liegende Lebensumfeld und die eigenen Kräfte und Stärken eröffnen.

Wer eigenverantwortlich handelt, handelt immer auch solidarisch, weil er die Allgemeinheit entlastet. Wer solidarisch handelt, handelt immer auch eigenverantwortlich, weil er der Allgemeinheit dient, zu der er selbst gehört.

B. Grundrechte und Grundwerte, Politikfelder und Lebenslagen

Gerd Landsberg

Alter

Der Generationenvertrag ist aufgekündigt

Alterungsprozess unumkehrbar

Die Menschen werden immer älter, die Geburtenrate stagniert bei 1,3 Kindern, die Bevölkerungspyramide wird zum „Pilz“. Deutschland ist auf dem Weg, immer schneller zur überalterten Gesellschaft zu werden. Der letzte Jahrgang, der sich in der Zahl seiner Kinder vollständig ersetzte, war der Jahrgang 1892. Wir müssen uns auf folgende gravierende Veränderungen einstellen:

zukünftig mehr ältere und weniger junge Menschen,
der Altenquotient steigt,
die Gesamtzahl der Bevölkerung sinkt.

Bereits heute ist jeder dritte Deutsche älter als 55, jeder vierte sogar älter als 60 Jahre. 2030 werden 40 % über 60 Jahre alt sein. Die Statistiker erwarten eine Zunahme der Lebenserwartung in den kommenden 50 Jahren um weitere vier Jahre auf 84 Jahre bei Frauen und auf 78 Jahre bei Männern. Dies bedeutet, dass mehr Menschen ein höheres Alter erreichen, als es je in der demographischen Entwicklung Deutschlands der Fall war. Die über 80-Jährigen werden sich bis 2030 von heute rund 3 Mio. auf etwa 6 Mio. verdoppelt haben. Zurzeit stehen 100 Menschen im Erwerbsalter ca. 40 Personen im Rentenalter gegenüber. Noch vor wenigen Jahren betrug dieser Quotient 36. Nach den heutigen Prognosen wird sich der Altenquotient bis zum Jahr 2050 verdoppeln. Gleichzeitig wird die Zahl der Geburten abnehmen. Dies führt dazu, dass es seit Mitte der 90er Jahre immer weniger potentielle Eltern und folglich auch Geburten gibt. Ohne Zuwanderung aus dem Ausland hätte Deutschland im Jahr 2050 voraussichtlich rund 23 Millionen Einwohner weniger als

Dr. Gerd Landsberg ist Geschäftsführendes Präsidialmitglied des Deutschen Städte- und Gemeindebundes.

im Jahr 2000. Der demographische Prozess bedingt zwangsläufig eine gesteuerte Zuwanderungspolitik. Und trotz Zuwanderung wird sich das Gewicht noch viel stärker von der jüngeren zur älteren Generation verschieben. Vollkommen zu Recht wird derzeit diskutiert, inwieweit durch eine veränderte Familienpolitik die Geburtenzahlen gesteigert werden können. Über viele der diskutierten Vorschläge kann man streiten, eines bleibt jedoch absehbar: Staatliche Politik kann keine Kinderwünsche erzeugen.

Nach alledem steht fest: Der Alterungsprozess der deutschen Bevölkerung ist unumkehrbar.

Die zunehmende Alterung der Bevölkerung und die Veränderung der traditionellen Familienstrukturen zwingen zur politischen und gesellschaftlichen Auseinandersetzung mit der Zukunft unseres Gemeinwesens. Der Schrumpfungs- und Alterungsprozess der Bevölkerung wird dabei zum einen verharmlost: Wer würde schon bestreiten, dass einem Staat von der Größe Deutschlands nicht weniger Einwohner gut täten? Andere weisen auf das Dilemma hin, dass insbesondere durch den Alterungsprozess vorprogrammiert ist: Wie soll es mit unserem Rentensystem weitergehen, welche Auswirkungen sind auf die Kranken- und Pflegeversicherung zu erwarten und was passiert auf dem Arbeitsmarkt? Die Mehrzahl versucht die Problematik offenbar zu verdrängen, leider auch dort, wo jetzt die Weichen neu gestellt werden müssten, nämlich in der Politik.

Generationenvertrag aufgekündigt

Der Rückgang der Geburtenzahlen und die Tatsache, dass in Deutschland seit 30 Jahren weniger Kinder geboren werden, als zur zahlenmäßigen Nachfolge ihrer älteren Generation notwendig wären, zeigt, dass der Generationenvertrag, der unter den Bedingungen der Industriegesellschaft entstanden ist, nicht mehr gilt. Er wurde durch die demographische Entwicklung aufgekündigt.

Die entscheidende Frage dabei lautet: Wie ist eine neue Lastenverteilung, die allgemein akzeptiert wird, zwischen den Generationen erreichbar? Unsere Solidarversicherungssysteme Rentenversicherung, Pflegeversicherung und Gesundheitswesen müssen grundlegend neu geordnet werden. Es geht nicht nur darum, so genannte versicherungsfremde Leistungen aus diesen Systemen auszugliedern und steuerzufinanzieren, sondern auch die Eigenverantwortung muss stärkeres Gewicht bekommen. Derzeit gehen die Deutschen im Schnitt mit 59 Jahren in Rente. Zukünftig wird nicht nur das tatsächliche Erreichen des Rentenalters, sondern auch die Verlängerung der Lebensarbeitszeit ein Thema sein. Voraussetzung ist allerdings ein funktionierender Arbeitsmarkt für Ältere. Dies stellt neue Anforderungen an das so genannte „lebenslange Lernen".

Die als Folge des demographischen Wandels steigende Anzahl von Pflegebedürftigen einerseits und die veränderten Familien- und Haushaltsstrukturen andererseits führen z. B. zu einer wachsenden Nachfrage nach Pflegekräften. Diesen Bedarf werden wir in Zukunft nicht allein mit professionellen Kräften decken können, und zwar nicht allein deshalb, weil die finanziellen Ressourcen fehlen, sondern weil die notwendigen Pflegekräfte auf dem Arbeitsmarkt nicht zur Verfügung stehen werden. Es gilt das in der Bevölkerung vorhandene Potential ehrenamtlich Tätiger zu nutzen und darüber hinaus Menschen zu motivieren, sich sozial zu engagieren. Der Zivildienst erweist sich hier als unverzichtbar. Einschnitte im Zivildienst müssen rückgängig gemacht werden. Es scheint sogar unabdingbar, über die Einführung eines sozialen Pflichtjahres vorurteilsfrei zu diskutieren.

Es wird weiter darauf ankommen, die bereits bestehenden Konflikte zwischen Alt und Jung zu entschärfen. Wir brauchen dringend einen Dialog der Generationen mit der Bereitschaft, die Situation, die Sorgen und Ängste der jeweils anderen Seite ernst zu nehmen. So muss sich auch die ältere Generation mit der finanziellen Situation der jungen Familien und mit der wachsenden Steuer- und Abgabenlast der Berufstätigen auseinandersetzen.

Alterungsprozess in der Leitbilddiskussion verankern

Die Bevölkerungsentwicklung bringt Veränderungen für die Planung der öffentlichen Infrastruktur und der Einrichtungen in den Kommunen. Betroffen sind vor allem Tageseinrichtungen für Kinder, Schulen, Sportstätten, aber auch die Wohnungs- und Pflegeinfrastruktur, das Gesundheitswesen, die Wasser- und Abwasserversorgung sowie die Planung von Friedhöfen. Die Veränderung der demographischen Struktur hat entscheidenden Einfluss auf die Entwicklung und Attraktivität von Regionen, auf ihre wirtschaftliche Leistungsfähigkeit, ihr lokales Steueraufkommen und auf die Auslastung der jeweiligen Infrastruktur. Sie tangiert deshalb auch nachhaltig die Städte und Gemeinden. Die Voraussetzung für eine Stadtentwicklungsplanung ist eine Vorstellung über die in Zukunft zu erwartende Zahl und Struktur der Einwohner. So müssen städtische Investitionen im Infrastrukturbereich entsprechend der zu erwartenden Entwicklung der jeweiligen Bedarfsträgergruppen ausgerichtet werden, und zwar sowohl dem Umfang nach wie auch nach der zeitlichen Staffelung und der räumlichen Zuordnung innerhalb des Stadtgebietes. Nur so lassen sich Fehlinvestitionen vermeiden.

Obwohl die Kommunen unmittelbar von der demographischen Entwicklung betroffen werden, sind fundierte Handlungsempfehlungen in den Städten und Gemeinden kaum entwickelt. Jede Stadt und Gemeinde ist gefordert, nicht nur demographische Prognosen zu erstellen, sondern konkret die demographischen Veränderungen in ihr Leitbild einzustellen. Dabei werden die Kommunen die Entwicklung des demographischen Prozesses nicht direkt beeinflussen können. Selbst die Bereitstellung optimaler Kinderbetreuungsmöglichkeiten wird nicht zu einer massiven demographischen Veränderung vor Ort führen. Es geht aber darum, das Zusammenleben der Generationen vor Ort zu gestalten. Für die Städte und Gemeinden besteht die Chance, das Miteinander von Jung und Alt zu fördern und in neuen Formen wiederzubeleben. Die ältere Generation bietet dabei vielfältige Potentiale, die nutzbar zu machen sich lohnt.

Perspektiven der Wohnungspolitik

Die Größe von Familien, die Zahl der Singlehaushalte, der zunehmende Bevölkerungsanteil älterer Menschen stellen besondere Anforderungen an die Wohnungspolitik und -infrastruktur. Aufgrund der demographischen Entwicklung wird sich die Nachfrage nach Wohnraum stark verändern. Der Bedarf an altengerechten Wohnungen wird sich stark erhöhen.

Die kommunale Wohnungsbaupolitik steht vor der großen Herausforderung, neue bedarfsgerechte Wohnformen, wie z. B. Seniorenwohn- und Haushaltsgemeinschaften, Service-Wohnen, Betreutes Wohnen, Seniorenresidenzen, Tagespflegeheime, integrierte Wohnanlagen und Mehrgenerationenwohnen, weiter zu entwickeln. Dabei sollten altengerechte Wohnungen möglichst zentral gelegen bzw. in solchen Nachbarschaften eingegliedert sein, die von der Altersstruktur her „durchmischt" sind und eine ausgebaute Infrastruktur aufweisen.

Altenhilfestrukturen aufbauen
Dazu gehören z. B. die Aufstellung eines Altenplans mit Darstellung der vorhandenen Angebotsstrukturen, der Aufbau fehlender Dienste und Einrichtungen, z. B. von Nachbarschaftshilfen, die Vernetzung von Angeboten der Altenhilfe und des Gesundheitswesens, Altenhilfeangebote für ältere Migranten und Migrantinnen, und nicht zu vergessen, Projekte zur Entlastung pflegender Angehöriger.

Die Koordination der Dienste und Einrichtungen der Altenhilfe ist eine zentrale Aufgabe der kommunalen Daseinsvorsorge. Sie ist dabei nicht auf den jeweils lokal begrenzten Bereich der einzelnen Kommune zu beschränken, sondern erfordert zunehmend interkommunale Konzepte.

Gesundheitswesen
Für die Kommunen ist die Zukunft der Krankenhausplanung und -finanzierung, aber auch die Zukunft der ambulanten Versorgung in ländlichen Regionen von besonderer Bedeutung. In den nächsten Jahren wird voraussichtlich kein anderer Bereich des Gesundheitswesens vor so durchgreifenden Änderungen stehen wie der stationäre Bereich. Dies gilt nicht nur für die Umsetzung des neuen Vergütungssystems. Bei allem Verständnis für Kostendämpfung und den Abbau von Überkapazitäten darf die ortsnahe Versorgung gerade vor dem Hintergrund der Mobilität einer alternden Gesellschaft nicht in Frage gestellt werden. Das Vergütungssystem muss also so ausgestaltet werden, dass die Gleichmäßigkeit der Versorgung in der Fläche sichergestellt bleibt. Dabei ist zu überlegen, wie sich Krankenhäuser und ambulante Versorgung gerade in der Fläche zu Gesundheitszentren, also zu modernen, wohnortnahen, integrierten Dienstleistungszentren entwickeln können.

Miteinander von Jung und Alt –
Begegnung und Kommunikation

In den meisten deutschen Kommunen werden Menschen, die in den Ruhestand treten, in Seniorenbüros, Freiwilligenagenturen bzw. Bürgerbüros über mögliche Aktivitäten beraten und informiert. Man will sie nicht unvorbereitet den vielen zusätzlichen „Freistunden“ aussetzen, denn der Ruhestand bringt auch Gefahren mit sich. Soziale Verarmung wird jener Zustand genannt, wenn man von einem Tag auf den anderen von zahlreichen menschlichen Kontakten am Arbeitsplatz auf einen dann oft nur noch sehr kleinen Bekannten- oder Verwandtenkreis eingeengt wird. Kurse, Seminare und Tagungen zur Vorbereitung auf den Ruhestand von Senioren finden in vielen Städten und Gemeinden mit großem Erfolg statt. Die Volkshochschulen leisten hierbei einen wesentlichen Beitrag. Mit der Schaffung neuer Aufgaben und sinnvoller Betätigungsfelder für die „aktiven Senioren“ ist ein zweifach positiver Effekt verbunden: Zunächst hilft die Erschließung neuer Tätigkeitsfelder dem Tätigen selbst bei einer neuen Lebensgestaltung und führt damit zu einer neuen Sinngebung der Altersrolle.

Gerade im Hinblick auf die demographische Entwicklung kann die solidarische Gesellschaft auf das Potential Älterer nicht verzichten. Nachberufliche Tätigkeiten haben gerade für die Lebensqualität der „jungen Alten“ einen hohen Stellenwert. Kommunale Seniorenpolitik muss auch das Ziel haben, das bürgerschaftliche Engagement älterer Menschen zu unterstützen und sie dazu ermutigen, sich neue Tätigkeitsfelder zu erschließen. Die Verantwortungsübernahme der älteren Generation, z. B. durch Expertendienste für Senioren, Erzählcafés für Jung und Alt, Projekte von Seniorinnen und Senioren in Schulen und Kindergärten, Großelterndienste usw., kann entscheidend zu neuen Generationenverhältnissen beitragen.

Partizipation und Teilhabe

Bislang wurden vor allem junge Menschen von Politik und Politikern umworben. Jede Partei hat ihre Jugendorganisation. Man gründete einen Kinderschutzbund, und das Parlament verfügt über eine Kinderkommission. Auch der Frauen nimmt sich die Politik verstärkt an. Frauenquoten sind bei der Besetzung wichtiger Ämter an der Tagesordnung. Die Antwort auf die Frage, ob ältere Menschen sich im gesellschaftlichen Bild vom Alter als ernst genommene Mitbürger wiederfinden, entscheidet sich auch und vor allem danach, ob sie sich in die politischen Willens- und Entscheidungsprozesse eingebunden fühlen und ihre Interessen und Bedürfnisse politisch geltend gemacht werden können. Seniorenvertretungen und -beiräte haben insofern eine zentrale Stellung eingenommen. Ihre Funktion liegt in der Diskussion mit den politischen Entscheidungsträgern, um diese über die Bedarfslage und Belange der älteren Menschen zu beraten. Ziel muss sein, eine Politik zu installieren, die ältere Menschen nicht ausgrenzt, sondern sich auf deren Lebenserfahrung und Kenntnisse stützt.

Integration und Zuwanderung

Der absehbare demographische Prozess wird zwangsläufig eine gesteuerte Zuwanderungspolitik bedingen. Weder eine Verlängerung der Lebensarbeitszeit noch eine verstärkte Familienpolitik werden allein die dargestellten Probleme lösen können. Will Deutschland sicherstellen, dass die potentiell erwerbsfähige Bevölkerung im Alter zwischen 15 und 65 Jahren gleich groß bleibt, erfordert dies eine Nettozuwanderung. Bei einer kompensatorischen Zuwanderung sind vor allem die Städte und Gemeinden gefordert. Sie sind das Hauptziel von Zuwanderung. Die Integration von in- und ausländischer Bevölkerung gelingt oder scheitert zuerst auf lokaler Ebene und nicht vorrangig im nationalen Maßstab. Zu einem umfassenden Zuwanderungskonzept gehören nicht nur die rechtlichen Rahmenbedingungen. Ebenso wichtig ist ein umfassendes Integrationskonzept. Die Zulassung einer wie auch immer gesteuerten Zuwanderung ohne eine vorherige Befassung mit der Integrationsfrage wäre unverantwortlich. Von daher ist eine weitere Zuwanderung unter anderem davon abhängig, dass zuvor ein abgestimmtes Integrationskonzept zwischen Bund, Ländern und Gemeinden entwickelt wird, das u. a. eine verstärkte Sprachförderung, zielgerichtete Bildungsmaßnahmen und ein Eingliederungsprogramm für Neuankömmlinge umfasst sowie eine Aufstockung der Mittel des Bundes für Integrationsmaßnahmen voraussetzt. Leider geht die aktuelle Entwicklung in die andere Richtung.

Friedhelm Hengsbach

Arbeit

Die Zukunft der Erwerbsarbeit ist die Arbeit am Menschen

Im Februar 2003 erreichte die Zahl der registrierten Arbeitslosen mit 4,7 Mio. den dritthöchsten Stand in der Geschichte der Bundesrepublik. Obwohl Helmut Kohl als Bundeskanzler einmal versprochen hatte, die Zahl der Arbeitslosen bis zum Jahr 2000 zu halbieren. Obwohl Bundeskanzler Schröder den Erfolg seiner Politik daran messen lassen wollte, die Arbeitslosenzahlen deutlich zu senken. Und obwohl die Hartz-Kommission sich erneut das ehrgeizige Ziel gesetzt hat, innerhalb von drei Jahren die Arbeitslosigkeit um die Hälfte zu verringern. Sind die führenden Politiker so zynisch, die Bevölkerung an der Nase herumzuführen? Sind sie einfach ohnmächtig oder handeln sie bloß fahrlässig, indem sie derartige Versprechen abgeben?

Fehldiagnosen

Die seit Mitte der 70er Jahre verfestigte Massenarbeitslosigkeit hat die intellektuellen Eliten in Deutschland zu der Fehldiagnose verleitet, dass das Ende der Arbeit in Sicht sei. Hannah Arendt hatte bereits in den 50er Jahren in Aussicht gestellt, dass der Arbeitsgesellschaft die Arbeit ausgeht – was könnte verhängnisvoller sein? Die besorgte Frage von damals wird heute als plausible Hypothese vorgetragen, dass nämlich die Welt im nächsten Jahrhundert auf einen Kapitalismus zuläuft, der kaum noch arbeitende Menschen braucht. Vollbeschäftigung werde zu einer überflüssigen, sozialromantischen Utopie. Es breche eine Zeit an, in der abhängige Lohnarbeit von selbstbestimmten Tätigkeiten abgelöst werde.

Eine solche Hypothese vom Ende der Arbeitsgesellschaft ist schwach begründet. Sättigungsgrenzen beim Konsum mag es bei den

Prof. Dr. Friedhelm Hengsbach SJ ist Leiter des Oswald-von-Nell-Breuning-Instituts für Wirtschafts- und Gesellschaftsethik an der Philosophisch-Theologischen Hochschule Sankt Georgen in Frankfurt/M.

höheren Einkommensschichten in Westdeutschland geben, kaum jedoch bei der Grundschicht der Bevölkerung in Europa und in den Ländern der Dritten Welt. Die Erwerbsneigung der Bevölkerung steigt. Die Zahl der Arbeitslosen, die sich mit einer Grundsicherung abfinden lassen, ohne an der gesellschaftlich organisierten Arbeit beteiligt zu sein, ist marginal. Offensichtlich gibt es zahlreiche Bedürfnisse, die noch unbefriedigt, und dringende öffentliche Aufgaben, die noch unerledigt sind. Und warum sollte eine moderne Gesellschaft auf die Produktivitätsvorteile, die eine arbeitsteilige, markt-, geld- und erwerbswirtschaftliche Steuerung der Wirtschaft bietet, verzichten?

Schwerwiegender sind Fehldiagnosen der politischen Klasse wie der Rückgriff auf modische Formeln wie Globalisierung, demographischer Wandel, technische Revolution, wuchernde Bürokratie oder Werteverlust, die als Ursachen der Arbeitslosigkeit und als strategische Größen im Kampf für mehr Beschäftigung genannt werden. In der Regel handelt es sich um Schmetterlingswörter, deren Erklärungswert gegen Null tendiert. Die gröbste Fehldiagnose besteht darin, die Massenarbeitslosigkeit durch individuelles Versagen zu erklären. Damit verkürzt sich der Kampf gegen die Arbeitslosigkeit auf das Lamentieren über arbeitsunwillige Sozialhilfeempfänger und Geringqualifizierte. Folglich sieht man in der Absenkung des „Anspruchslohns“, jenes Arbeitsentgelts, das ein Alleinverdienender benötigt, um sich, seine nicht erwerbstätige Ehefrau sowie zwei Kinder zu unterhalten und in einem städtischen Ballungsraum eine angemessene Wohnung zu mieten, die entscheidende Stellgröße. Oder man erhofft sich von einer Kürzung der Regelsätze der Sozialhilfe arbeitsfähiger Personen einen wirksamen Anreiz, damit Arbeitslose sich zügiger dem regulären Arbeitsmarkt zur Verfügung stellen. Die Hartz-Kommission drängt schwerpunktartig darauf, die Vermittlung von Arbeitslosen zu beschleunigen und zu intensivieren. Eine individuelle Deutung der Massenarbeitslosigkeit liegt auch den massiven Bemühungen zur Qualifizierung zugrunde. Doch aus der Erkenntnis, dass gering Qualifizierte schneller und stärker von Arbeitslosigkeit betroffen sind, folgt nicht im Umkehrschluss, dass eine Höherqualifizierung das Beschäftigungsrisiko aufhebt. Die Arbeitslosen in den neuen Bundesländern sind meist nicht arbeitslos wegen mangelnder Qualifizierung. Aber auch im Westen bewerben sich Ingenieure hundertfach, ohne einen angemessenen Arbeitsplatz zu finden.

Ein schwerer Denkfehler ist die brennpunktartig auf den Arbeitsmarkt zugespitzte Krisendiagnose. Die Löhne seien zu hoch, die Lohnstruktur zu starr. Der Kündigungsschutz entmutige kleine und mittlere Unternehmen, zusätzliche Arbeitskräfte einzustellen. Die flächendeckenden Tarifverträge raubten den Höherverdienenden jene Leistungsanreize, die für das Wachstum eine entscheidende Rolle spielen. Die hohen Lohnnebenkosten würden die internationale Wettbewerbsfähigkeit der deutschen Wirtschaft ruinieren. Aber für einen authentischen Vergleich müssen die Lohnkosten mit der Arbeitsproduktivität in Beziehung gesetzt werden. Für die meisten Unternehmen sind nicht die Lohnkosten, sondern der Markterfolg, die Marktnähe und die Gewinnaussichten standortentscheidend. Starr erscheinen die flächendeckenden Tarifverträge nur dem, der die etwa 40 000 Tarifverträge nicht bemerkt, die jährlich abgeschlossen werden, oder die betrieblichen Öffnungsklauseln übersieht, die zunehmend Bestandteile von Tarifverträgen bilden. Die Wettbewerbsfähigkeit der deutschen Wirtschaft einzig von der Lohnkostenseite her zu beurteilen, offenbart den blinden Fleck einer Diagnose, der es nicht gelingt, jene Hypothese einer Lohn-, Steuer- und Abgabenkonkurrenz der Staaten in ein komplexes und deshalb plausibles System gesamtwirtschaftlicher Regelung und Rückkopplung zu integrieren. Stattdessen werden die Bundesanstalt für Arbeit oder die Gewerkschaften als Prügelknaben einer verfehlten Beschäftigungspolitik sowie einer Vertrauenskrise unter deutschen Unternehmern angeprangert, die sich selbst immer mehr in eine pessimistische Stimmungslage hineinsteigern.

Die andere Seite der Münze

Es ist ein Gebot der wissenschaftlichen Fairness, gegen den beherrschenden Chor der betriebswirtschaftlich kalkulierenden, mit den neoklassischen Mikrowelten vertrauten, angebotsorientiert und monetaristisch trainierten Ökonomen, Journalisten, Sachverständigen, Kabinettskollegen und neuerdings auch Bundesbanksprecher auf jene andere Seite einer monetären und realwirtschaftlichen makroökonomischen Kreislaufanalyse hinzuweisen.

An erster Stelle steht die quasi-säkulare Erfahrung, die sich noch in den 80er und 90er Jahren bestätigt hat, dass der Arbeitsmarkt ein abgeleiteter Markt ist. Er taugt infolgedessen nur begrenzt als Schlüssel zur Erklärung der Massenarbeitslosigkeit. Er kommt in Bewegung, wenn sich auf den Gütermärkten vorher eine dynamische und stetige kaufkräftige Nachfrage entwickelt hat. So hat sich die derzeitige Massenarbeitslosigkeit in mehreren Rezessionsschüben 1965/66, 1973/74, 1980/81 und 1992/93 aufgeschaukelt und verfestigt.

An zweiter Stelle ist die realwirtschaftliche und psychische Anfälligkeit der deutschen Unternehmen gegenüber den Infektionen zu sehen, die von der US-Wirtschaft als dem weltweiten Konjunktur- und Wachstumsmotor ausgehen. Seit Mitte der 90er Jahre übte die „Neue Wirtschaft" unter den Deutschen eine beispiellose Faszination aus. Sie schien ein technikbasiertes, von konjunkturellen Störungen freies, stetiges Wachstum mit hoher Beschäftigung zu garantieren. Steigende Aktienkurse beflügelten die Konsumneigung, die Gewinnerwartungen und Investitionen. Erst im Nachhinein stellte sich der hochspekulative Charakter jenes Technologie- und Aktienbooms heraus, der zusammen mit Bilanzfälschungen in eine gigantische Fehllenkung von Kapital bzw. Vermögensvernichtung sowie in eine wirtschaftliche Rezession mündete.

An dritter Stelle ist anzuerkennen, dass die ausschließlich monetären und fiskalischen Konvergenz-Kriterien des Maastricht-Vertrages die europäischen Staaten in eine Beschäftigungsfalle treiben. Die Europäische Zentralbank scheint entschlossen zu sein, jede Inflationsgefahr jenseits des „statistischen Rauschens" von 2 % zu bekämpfen. Aber den Konflikt zwischen Geldwertstabilität und beschäftigungsfreundlichem Wachstum kann sie nicht ausräumen. Eine rigide Geldpolitik riskiert, die Geldvermögenseigentümer zu begünstigen und Unternehmen, die reale Investitionen planen, zu entmutigen. Und während die EZB ihre restriktive Geldpolitik an der durchschnittlichen Inflationsrate der europäischen Länder orientiert und den Leitzinssatz nominal einheitlich festsetzt, weisen Länder mit geringerer Wirtschaftskraft wie Irland und Portugal höhere Wachstums- und Inflationsraten auf, Länder mit höherer Wirtschaftskraft wie Frankreich und Deutschland dagegen niedrigere Inflations- und Wachstumsraten. Die Länder am Rand genießen die goldene Regel des Wachstums, gemäß der die Kapitalmarktzinsen unter den durchschnittlichen Gewinnerwartungen der Unternehmen, die von der erwarteten Wachstumsrate des Volkseinkommens abgeleitet werden, bleiben, die Kernländer jedoch nicht. Und dieser Realzinsnachteil der Kernländer im Vergleich zum Realzinsvorteil der peripheren Euro-Länder kann die Stagnation am Rand einer Deflation, der Deutschland ausgesetzt ist, erklären. Beschäftigungspolitische Chancen verspielen auch die EU-Grenzwerte der öffentlichen Haushaltsdefizite und Verschuldung. Obwohl sie im Vertrag von Maastricht nicht verbindlich vorgeschrieben sind und zeitlich beschränkte Ausnahmen zulassen, interpretieren die Politiker sie derzeit extrem eng und verschärfen so die wirtschaftliche Rezession und den Anstieg der Arbeitslosigkeit. Da die privatkapitalistische Marktwirtschaft nicht in sich stabil ist, kann ein beschäftigungsfreundliches qualitatives Wachstum nur durch eine europäisch abgestimmte Geld-, Finanz- und Tarifpolitik erzielt werden. Und da in der Rezession eine Politik der Zinssenkung relativ wirkungslos bleibt, sind öffentliche Investitionen beispielsweise der ökologischen Umsteuerung im Energie-, Verkehrs- und Agrarsektor als Impuls privater Investitionen fällig.

An vierter Stelle sollte jener säkulare Trend beachtet werden, dem gemäß die reifen Industrieländer an einer Wendemarke wie die Agrargesellschaften beim Übergang zur Industriegesellschaft stehen. Damals waren 80 % der Beschäftigten in der Landwirtschaft beschäftigt, heute sind es 2–4 %. Damals mussten neun Bauern einen Nichtbauern mit ernähren, heute kann ein Bauer 82 Nichtbauern mit versorgen. Heute ist der Strukturwandel zur Dienstleistungswirtschaft in aller Munde. Aber unter Dienstleistungen werden meist die industrie- oder unternehmensnahen Dienstleistungen verstanden, die in Banken und Versicherungen, bei Bahn und Post erledigt werden. Manche denken auch an einfache, niedrig entlohnte Dienste, die anzubieten derzeit in Deutschland noch als anmaßend und die nachzufragen noch als entwürdigend empfunden wird. Als „personennahe Dienstleistung“ gilt vor allem die Arbeit am Menschen.

Arbeit am Menschen

Die Arbeit am Menschen findet schwerpunktartig im medizinischen, pflegerischen, therapeutischen, pädagogischen und sozialen Sektor statt, als Helfen, Pflegen, Beraten und Begleiten, als kulturelles Schaffen. Die Arbeit am Menschen hat folgende Merkmale: Sie wird nicht zu verschiedenen Zeitpunkten geleistet und verbraucht, sondern im selben Augenblick angeboten und nachgefragt, kann also nicht gespeichert werden. Für den Erfolg der Arbeit am Menschen ist die Kooperation zwischen Lehrenden und Lernenden, Ärzten und Patienten, Anwälten und Mandanten nötig. Arbeit am Menschen ist sprachlich vermittelte, verständigungsorientierte Beziehungsarbeit, die auf Gegenseitigkeit beruht. Im Dialog werden Handlungsorientierungen und Lebensentwürfe geändert, Menschen zu guten und richtigen Entscheidungen ermächtigt, psychosoziale, politische und moralische Lernprozesse angestoßen. Die Perspektive des konkreten Anderen, der Respekt vor dessen autonomer Lebenswelt sowie das Einfühlungsvermögen sind für die Arbeit am Menschen charakteristisch. Sie ist alles andere als einfache, niedrig entlohnte Beschäftigung für Langzeitarbeitslose mit geringer Qualifikation. Um sie zu leisten, braucht es eine hohe fachliche und soziale Kompetenz.

Arbeit am Menschen ist bisher noch und zu Recht vorwiegend öffentliche Arbeit. Sie ist weithin den „Vertrauensgütern" zuzuordnen. Trotz der erwähnten Gegenseitigkeit besteht zwischen denen, die sie anbieten, und denen, die sie in Anspruch nehmen, ein ungleiches Verhältnis der Kompetenz. Da die Nachfragenden die Qualität der Arbeit am Menschen, die sich über einen längeren Zeitraum erstreckt, nicht ganz und sofort durchschauen können, sind sie darauf angewiesen, denen zu vertrauen, die diese Dienste anbieten. Sie brauchen außerdem eine Verhandlungsposition, die sie der Marktmacht der Anbieter beispielsweise von Gesundheits- und Bildungsgütern nicht ausliefert. So gibt es bereits gute ökonomische Gründe dafür, Gesundheits- und Bildungsgüter öffentlich bereitzustellen. Darüber hinaus entspricht es dem Grundsatz demokratischer Beteiligung, sie als verfassungsfeste Grundrechte anzuerkennen. Was medizinisch notwendig ist sowie eine Grundbildung, die reale Chancengleichheit verbürgt, sollte jeder Bürgerin und jedem Bürger unabhängig von ihrer Kaufkraft zugänglich sein. Deshalb ist der Staat berechtigt, einen angemessenen Teil des Volkseinkommens zu beanspruchen und die Wirtschaftssubjekte nach ihrer Leistungsfähigkeit zu besteuern, um jene Ausgaben zu finanzieren, die für die Bereitstellung der Arbeit am Menschen wie der Bildungs- und Gesundheitsgüter notwendig sind.

Für die Arbeit am Menschen fehlt weithin noch ein geeigneter Bewertungsmaßstab. Die in der Industrie bewährte Produktivität taugt dazu nicht. Die Leistung eines Physiotherapeuten oder einer Rechtsanwältin kann ja nicht nach deren Arbeitsergebnis pro Zeiteinheit beurteilt werden. Die Wertschöpfung der Arbeit am Menschen ist entscheidend von der Qualifikation derer, die sie anbieten, abhängig. Diese muss erst noch erworben werden. In der Industriewirtschaft nämlich waren Qualifikationen wie das Zählen, Wiegen, Messen gefragt, in der kulturellen Dienstleistungsgesellschaft ist die Kompetenz des Heilens, Beratens und Spielens wichtiger. Eine solche Arbeit am Menschen, die das Arbeitsvermögen als den kostbarsten Schatz reifer Industriegesellschaften entdeckt, wird die Zukunft der Arbeit, und zwar in erster Linie der Erwerbsarbeit, ausmachen.

Ernst-Ulrich Huster

Armut

Zunehmende Polarisierung – „eine soziale Bombe"

Wirklichkeiten

Eine gute Adresse zum Einkaufen in einer Stadt. Distinguierte Kundschaft geht zielstrebig, nicht hastig an den Schaufensterauslagen vorbei. Ein kurzer Blick, ein Hindeuten mit der Hand, kurzes Kopfnicken oder Verneinung ausdrückendes Kopfabwenden. Dieses Bild wird „gestört". Da sitzt bettelnd ein junger Mann in dieser Einkaufsstraße, links von ihm stehen zwei Plastiktüten, sein gesamtes Hab und Gut: „Bin arbeitslos, habe keine Wohnung", steht mit krakeliger Schrift auf einem kleinen Pappdeckel. Etwas weiter ein junger Stricher, der nach Kundschaft am Bahnhof Ausschau hält. Verdienst für den nächsten Joint? Ein sauber angezogener, ent-

Dr. Ernst-Ulrich Huster ist Professor für Politikwissenschaft an der Evangelischen Fachhochschule in Bochum; 1995–2003 Rektor.

schlossen dreinblickender, breitschultriger Mann tritt auf. Klären der Situation: Der Penner soll verschwinden.

Szenenwechsel: Autobahn in Deutschland. Schon von Ferne kann man eine dunkelgraue Rauchschwade ausmachen, ein Lada mit polnischem Nationalitätenkennzeichen kriecht – gemessen an (west-)deutschem Standard – über die Autobahn. Er will den LKW, der noch etwas langsamer am Berge fährt, überholen. Von weit hinten blinkt es, ein PKW mit eingebauter Vorfahrt fordert freie Fahrt. Der Lada-Fahrer übersieht die Situation nicht, bleibt links auf der Autobahn, der Schnelle muss abbremsen. Licht- und Tonhupe inklusive. Mit Blicken, die die Berechtigung der Existenz des „Störenfrieds" schlicht in Frage stellen, zieht der Drängler und Raser schließlich an dem qualmenden Schleicher vorbei.

Szenenwechsel: Eine Wohnsiedlung in einer deutschen Kleinstadt. Behagliche Wohnhäuser mit penibel gepflegten Gärten und Hecken. Hier ist man unter sich, hier geschieht alles so, wie man es will. Schließlich hat man dafür auch hart gearbeitet. Nun soll in ein Haus, das den Eigentümer gewechselt hat, ein kommunaler Jugendtreff kommen. Man hat natürlich nichts gegen junge Menschen. Aber hier? Eigentum ist vom Grundgesetz geschützt. Also auch das Eigentum dieser Hausbesitzer. Einige Hausbesitzer machen mobil! Schilder und Tafeln mit Protestparolen werden aufgestellt. Man droht mit dem Rechtsanwalt. Aber offensichtlich beschränkt man sich auch nicht darauf! Fahrzeuge von Beschäftigten und Besuchern des Jugendtreffs werden beschädigt.

Wirklichkeiten – von der Grammatik her ein Unwort. Es gibt nur die eine Wirklichkeit. Aber diese eine Wirklichkeit fällt in der Bundesrepublik Deutschland inzwischen so weit auseinander, dass man anfängt, Strukturelemente dieser Wirklichkeit wahrzunehmen, die nicht mehr zueinander passen. Zwischen diesen Teilen der Wirklichkeit findet keine argumentative Kommunikation mehr statt. Es regiert de facto wieder die Gewalt. Private Sicherheitsdienste, die Gewalt der PS und die von Werkzeugen. In jedem Fall authentische Beispiele aus der Bundesrepublik Deutschland. Menschliches Leben wird wegen „Asozialität" wieder zur freien Disposition gestellt. Die Täter aber sind im Regelfall nicht die Ladenbesitzer, nicht die feine Kundschaft, nicht die Häuslebesitzer usw., Täter sind oftmals die selbst von Deklassierung Bedrohten, die Angst haben, jene würden ihnen noch das Letzte nehmen. Aggressivität gegen Asylsuchende und Ausländer: Jene, die erfahren, wie sich ihre soziale Stellung innerhalb des stetig zunehmenden gesellschaftlichen Reichtums immer mehr verschlechtert, klammern sich an die „Ordnung" dieser Gesellschaft, verteidigen sie mit Brachialgewalt. Von sozialer Ausgrenzung Bedrohte und Betroffene machen sich über die noch Schwächeren her. Gewalt schafft eine „Ordnung", die ihnen Recht gibt.

Soziale Polarisierung als Prozess

Die Gesellschaft in der Bundesrepublik Deutschland hat sich offensichtlich damit abgefunden, dass parallel zum stetig steigenden Wohlstand, ja Reichtum die Zahl der Personen dramatisch zunimmt, die ohne staatliche Hilfe ihr Auskommen nicht fristen können. Insgesamt hat sich die *Verteilungsschieflage* nicht nur in Deutschland, sondern auch in anderen Ländern der Europäischen Union in den 1980er und 1990er Jahren in einem starken Maße zugespitzt.

Diese Zuspitzung ist globalen Veränderungen zuzuordnen. Wir erleben derzeit zwei teils konträr zueinander verlaufende, teils komplementär zueinander stehende Prozesse in der Ökonomie und in der Politik. So entstehen *immer größere Wirtschaftsräume* und internationale Kooperationsformen: der EU-Binnenmarkt und die bereits beschlossene weitere Ausweitung, die „North American Free Trade Area (NAFTA)", Agglomerationen in Ostasien, die zusammen mit Westeuropa und Nordamerika das globale Wachstumsdreieck bilden und die den Großteil des Welthandels unter sich ausmachen. Ähnlich wie die Bundesrepublik Deutschland bei den Verhandlungen um die Römischen Verträge lehnten die so genannten Schwellenländer bei den Verhandlungen um die Liberalisierung des Welthandels (WTO) die Einbeziehung von sozialen und ökologischen Mindeststandards ab, da diese ihre Wettbewerbslage deutlich verschlechtern würden.

Dieser weltweite Wettbewerb setzt neue Wachstumsimpulse, und zugleich suchen unterschiedliche „Modernisierungspolitiken" der einzelnen Länder bzw. Wirtschaftsregionen (insbesondere über Wirtschafts-, Forschungs-, Technologie- und Bildungspolitik), Wettbewerbsvorteile durchzusetzen. Als Kehrseite dieser Politik drohen Teilregionen und vor allem randständige Gebiete innerhalb dieser Wirtschaftsgroßräume von der Gesamtentwicklung abgekoppelt zu werden. Es besteht die Gefahr, dass sie „als Zonen der Desinvestition und der kumulierenden sozialen Krisen von der Wohlfahrtsentwicklung abgehängt (...) werden" (Dieter Eißel). Dies betrifft im Wesentlichen ländliche, teilweise auch altindustrielle Gebiete. Anderen Regionen, die zuvor schon besondere wirtschaftliche Probleme hatten, gelingt es nicht, gleichsam nachholend ihren Entwicklungsrückstand auszugleichen. Doch diese Regionalisierung sozialer Ausgrenzung und Segmentierung bezieht sich keineswegs bloß auf ganze Regionen oder Teilregionen, sondern schlägt sich auch innerhalb mehr oder weniger stark prosperierender Regionen, Teilregionen und Städte nieder. Somit kommt es zum einen zu sozialen *Ausdifferenzierungsprozessen zwischen* den Regionen, Teilregionen und Städten, zum anderen zu Segregationsvorgängen *innerhalb* von Regionen, Teilregionen und Städten.

Dieser Prozess wird durch die Umbrüche in den Staaten des ehemaligen *Ostblocks* und durch die Situation in Nordafrika verschärft. Nimmt man diese Perspektiven zusammen, so dürfte es kaum überzogen sein zu behaupten, dass die gesamte soziale Lage in Mitteleuropa in den nächsten Jahrzehnten in hohem Maße von globalen Umbrüchen und insbesondere von der Entwicklung in Ost- und Südosteuropa sowie im Maghreb bestimmt werden dürfte.

Als Folge dieser Globalisierung entsteht zum einen schon innerhalb der sozialstaatlich flankierten Wirtschaftszentren ein *neues Arbeitslosen- und Armutspotential*, das nicht trotz, sondern als Folge allgemeiner Wohlstandsmehrung letztlich ausgegrenzt wird. Dieser Prozess wird von einer legalen Arbeitsmigration etwa innerhalb und zwischen den Ländern der EU und darüber hinaus verstärkt. Und schließlich wächst ein Reservoir illegal hier Arbeitender und Lebender heran, woraus sich wieder Rückwirkungen auf die Segmente der schon zuvor sozial Ausgegrenzten ergeben, verschieben sich doch hiermit Arbeits- und Lebensbedingungen nicht selten auf ein Niveau, das bislang nur in Ländern der so genannten Dritten Welt anzutreffen war. Zugleich entstehen damit in ihren Folgewirkungen nicht abschätzbare Problemzusammenballungen, denn Konflikte und Konkurrenzen um Lebenschancen gewinnen im Regelfall ihre Brisanz zwischen den unterschiedlichen Gruppen und Teilgruppen *am unteren Ende der Sozialpyramide* und nicht global zwischen allen Teilen der Gesellschaft!

Um die Zukunftsfähigkeit des Wirtschaftsstandortes sicherzustellen, wird im sozialen Bereich, aber auch in der Politik die *Gültigkeit von Gerechtigkeitsvorstellungen* graduell abgestuft. Politik richtet sich immer stärker gegen die Armen und immer weniger gegen die Armut! Zielte nämlich der Anspruch des politischen und wirtschaftlichen Liberalismus darauf, dass jeder Einzelne seines Glückes Schmied sein solle, so werden heute auf der einen Seite große Teile der Bevölkerung von der Möglichkeit ausgegrenzt, überhaupt etwas für diese Gesellschaft leisten zu können. Auf der anderen Seite wird die Leistung bestimmter Personenkreise geradezu überdimensioniert entgolten. War es die Politik des Sozialstaats, möglichst viele Risiken in den solidarischen Schutz der Sozialversicherung einzubeziehen, erleben wir heute zunehmende Ausgrenzungsprozesse besonders bei den schlechten sozialen Risiken, während besseren sozialen Risiken eine zusätzliche private Vorsorge anempfohlen wird. Und schließlich: Auch die Würde des Menschen ist in Scheiben zerlegbar: Es wird wieder stärker zwischen würdigen und unwürdigen Armen unterschieden. Sozialstaatlichkeit war als soziale Einbürgerung gedacht, sie erfährt nunmehr stärker Elemente der sozialen Ausgrenzung. Die exterritorialen sozialen Freihandelszonen in Teilen der Welt sind geographisch ein Stück näher an Westeuropa und damit auch an Deutschland gerückt.

Auf der Suche nach einem neuen sozialen Konsens

1995 lud die UN in Kopenhagen zu einem Weltsozialgipfel ein, über 80 Staats- und Regierungschefs folgten dieser Einladung. Juan Somavia, Vorsitzender des Vorbereitungskomitees für den Sozialgipfel 1995, formulierte, „dass die Bedrohung durch die Atombombe aus der Zeit des Kalten Krieges der durch eine soziale Bombe gewichen ist. Zwar treten die durch Elend und Ungerechtigkeit hervorgerufenen Spannungen wesentlich dramatischer im Süden auf. Aber das Wiederaufleben von Fremdenhass, die Anziehungskraft ultranationalistischer Appelle und autoritärer Konzepte und auch die nostalgische Betrachtung der kommunistischen Vergangenheit im Gebiet der ehemaligen Sowjetunion zeigen klar, dass der Norden dieser Bedrohung gleichermaßen ausgesetzt ist." Analog zu den Bemühungen der EU in den 1980er Jahren sucht nun die UN nach Möglichkeiten, soziale Ausgrenzungsprozesse zu Ungunsten der armen Staaten auch im wohlverstandenen Interesse der „reichen" Nationen zu thematisieren. Es bleibt aber bei symbolischer Politik, weil der strukturelle Zusammenhang zwischen Globalisierung und sozialer Ausgrenzung zumindest bei den Globalisierungsbefürwortern nicht nur nicht als Problem angesehen wird, sondern vielmehr in forcierter Globalisierung das Allheilmittel aller – auch sozialen Probleme – gesehen wird. Dieses ist keineswegs bloß ein ideologisches Problem, es basiert vielmehr auf sozialen Interessen, in deren Verfolgung die oben beschriebene soziale Polarisierung zwischen den Ländern, Regionen und Städten ebenso zunehmen wird wie die innerhalb dieser sozialräumlichen Einheiten selbst.

Verteilungskonflikte verlieren heute mehr denn je ihren vorrangig nationalen Bezug, gleichwohl können sie jederzeit auf nationaler Ebene eskalieren. Politik und sozialpolitischer Diskurs haben diese Entwicklung bislang nur höchst unzureichend zur Kenntnis genommen. Dabei steht das Konzept einer grenzenlosen Ökonomie und Globalisierung wirtschaftlicher Austauschprozesse ebenso vor seiner Vollendung wie zur Disposition. Die Entgrenzung der Ökonomie hat Wohlstandsmehrung, aber auch Wachstumsbedingungen geschaffen, die zunehmend externe soziale und ökologische Kosten verursachen, die mittelfristig auch Wirtschaftsinteressen in Frage stellen. Die Gründung der EWG war der Versuch, in einem den Nationalstaat zwar transzendierenden, aber gleichwohl begrenzten Gebiet Wirtschaftsprozesse zu forcieren. Entgrenzung ging in neuer Grenzsetzung auf. Dieser Zwischenschritt einer zwar global agierenden, letztlich aber binnengegliederten Wirtschaft wird derzeit übersprungen. Es bedarf feststrukturierter Subsysteme, die Bestand haben, eine eigene Identität entwickeln und Identifikationsmöglichkeiten für ihre (Wirtschafts-)Bürger zulassen. Der weltweit aufkeimende Nationalismus ist häufig die – ideologische – Reaktion auf die Aufgabe derartiger identitätsstiftender Subsysteme.

Eine zweite Überlegung wird sich mit der Lösung des Dilemmas beschäftigen müssen, dass die Handlungsmöglichkeiten der verbliebenen nationalen Sozialstaaten und erst recht des kommunalen „Sozialstaates“ immer weniger ausreichen, um die bei ihnen sozialräumlich verbleibenden Prozesse und Ergebnisse sozialräumlicher Segregation aufzufangen, zu gestalten und gegebenenfalls aufzuheben, umgekehrt aber eine übernationale Handlungsebene für die Lösung dieser Probleme nicht vorhanden ist. Sozialstaatlichkeit aber ist an begrenzte volkswirtschaftliche und soziale Prozesse gekoppelt; sie kann nur bei einem kalkulierbaren Verhältnis zwischen Leistungsanforderungen und materiellen Ressourcen existieren, ausgebaut und dann auch gegebenenfalls zurückgefahren werden. Diese Grenzen sind historisch mit den Nationalstaaten identisch gewesen, müssen dies aber nicht bleiben. Ein europäischer Sozialstaat ist denkbar, zunächst erst ein westeuropäischer. Dabei hat allerdings die Süderweiterung der EU gezeigt, dass die wirtschaftliche und soziale Verknüpfung höchst unterschiedlicher Volkswirtschaften und sozialer Sicherungssysteme mit großen Problemen und Konflikten behaftet ist. Umso stärker ist vor dem Irrtum zu warnen, man könne gleichsam nebenbei die EU beliebig erweitern. Die daran gebundenen sozialen und politischen Konflikte sind antizipierbar. Umgekehrt ist eine gesamteuropäische soziale Dimension unverzichtbar. In jedem Falle kann ein Sozialstaat, wie auch immer geographisch ausgeweitet, nicht ohne Grenzen sein.

Eine derartige politische und soziale Perspektive hin auf Europa wäre nur dann zu verantworten, wenn sie an die Diskussionen innerhalb der EU über die Verwirklichung von sozialen Rechten als Beitrag zur Verwirklichung von Bürgerrechten anknüpfen würde. Denn es wäre zu klären, wieweit derartige soziale Rechte gewährleistet werden können, aber auch wieweit sie gewährleistet werden müssen. Dies knüpft an Überlegungen innerhalb der EU unter ihrem damaligen Kommissionspräsidenten Jacques Delors zur Gewährung einheitlicher Mindeststandards im System der sozialen Sicherung an. Soziale Differenzierung und Hierarchisierung innerhalb einer Gesellschaft und im Verhältnis zu Nachbarstaaten werden dann stärker sozial akzeptiert werden können, wenn diese auf der Grundlage von Mindeststandards erfolgen, die auch sozial stärker Ausgegrenzten einen menschenwürdigen Lebensstandard sichern und nicht per se eine Abschottung gegen Zuwanderer von außen bewirken. Dabei wird es sehr darauf ankommen, die Qualität dieser Mindeststandards so festzulegen, dass damit nicht wieder vorrangig ökonomische Ziele (derzeit im Regelfall: Absenkung des Lohnniveaus) verfolgt werden, sondern vielmehr der Gedanke des sozialen Rechts und der Partizipation, wie er in der jüdisch-christlichen Tradition entwickelt und dann in verschiedenen Varianten liberalen, gewerkschaftlichen, sozialistischen, aber auch bürgerlich-konservativen Denkens weitergeführt worden ist. Über die liberalen Grund- und Freiheitsrechte hinaus, deren Bedeutung gerade angesichts wachsender Gewalt auch in unserer Gesellschaft wichtiger denn je ist, bedarf es also sozialer Grundrechte, zu denen die angemessene Gewährung von Nahrung, Kleidung, Wohnung, Bildung, Arbeit, Versorgung im Alter und im Krankheits-/Pflegefall gehören. Dieses für einzelne Sozialräume und im wechselseitigen Bezug zwischen Regionen, Staaten und im Verhältnis von Nord und Süd anzumahnen und auf der Agenda politischen Handelns zu halten, ist die zentrale Aufgabe für Politik und Bürgergesellschaft in den nächsten Jahren.

Michael Schefczyk

Autonomie

Zwischen Eigenverantwortung und Pflichterfüllung

Sprache ist verführerisch, auch wo sie es gar nicht sein möchte. Zu dem Verführerischsten der Sprache gehören – dies weiß „die Philosophie“ spätestens seit sie analytisch wurde – Substantive, wie das Wort „Staat“. Es verleitet uns zu Sätzen über das, was der Staat tut und leistet, wofür er verantwortlich ist und wofür er sorgt, ohne offen und direkt erkennen zu lassen, dass Staaten alles, was sie für die Bürgerschaft leisten wollen, zuvor von der Bürgerschaft nehmen müssen. Wie immer vermittelt und anonym: Letztlich sind es die Bürgerinnen und Bürger, die füreinander etwas tun und leisten. Es

Dr. Michael Schefczyk, Wissenschaftlicher Assistent am Lehrstuhl für Politische Philosophie der Universität Zürich.

gibt daher keine staatliche Versorgung als *Alternative* zur Eigenverantwortung der Bürger. Vielmehr muss sich der Staat für seine Versorgungsleistungen Mittel bei denen besorgen, die erfolgreich Verantwortung für sich übernehmen. Eigenverantwortung ist insofern die Grundlage von Versorgung. Sie ist die Bereitschaft, sich selbst in die Lage zu versetzen und in der Lage zu erhalten, seinen Pflichten gegenüber sich und anderen nachzukommen. Zu diesen Pflichten gehört, Selbstversorgungsfähigkeit anzustreben. Eine Person, welche die *Absicht* hätte, niemals selbstversorgungsfähig zu werden, sondern sich immer nur versorgen zu lassen, handelte infam; dasselbe gälte für eine Person, die sich absichtlich um ihre Selbstversorgungsfähigkeit brächte. Freilich: Die allermeisten Selbstversorgungsunfähigen haben diesen Zustand nicht beabsichtigt, sondern sind in ihn hineingeraten: durch Unglück, den natürlichen Gang der Dinge, aber auch durch persönliches Versagen wie Fahrlässigkeit, Gedankenlosigkeit oder Selbstüberschätzung.

Eigenverantwortung als Erhaltung der Fähigkeit, seinen Verpflichtungen nachzukommen, betrifft natürlich auch die Pflichten gegenüber anderen. Dass die Versorgung von Selbstversorgungsunfähigen zu diesen Pflichten gehört, ist selbst von Vertretern einer libertären Weltanschauung, wie F. v. Hayek oder M. Friedman, nicht bestritten worden. Zu deiner und meiner Eigenverantwortung gehört nicht nur, dass du und ich uns gegen Unwägbarkeiten absichern, sondern auch, dass wir uns bereithalten, in Notlagen füreinander einzustehen. Sozialstaaten sind nicht zuletzt rechtliche Organisationsformen für solche wechselseitigen moralischen Rechte und Pflichten. Auch bevor Sozialstaaten etabliert wurden, haben die Menschen in Europa diese Rechte und Pflichten anerkannt und ihnen zu entsprechen versucht. In Genossenschaften und wohltätigen Organisationen, in religiösen Einrichtungen und Vereinen der Arbeiterbewegung, natürlich auch im Rahmen freundschaftlicher, nachbarschaftlicher und familiärer Bindungen. Paul Hirst hat beschrieben, wie der Wohlfahrtsstaat in Großbritannien diese Vielzahl gesellschaftlicher Initiativen verdrängt und den „großen Staat" an ihre Stelle gesetzt hat. Und er hat dies mit der Frage verbunden, ob die Verrechtlichung moralischer Ansprüche – zweifellos hat sie zahllose Vorteile – nicht auch mit Nachteilen verbunden ist; ob nicht die Autonomie und Selbstbestimmung der Bürgerinnen und Bürger beschnitten wurde, deren Möglichkeit, sich aus freien Stücken und nach eigenen Vorstellungen zu assoziieren, um den Verpflichtungen gegeneinander gerecht zu werden. Hirst wirbt daher für eine Demokratie zivilgesellschaftlicher Assoziationen, für eine *associative democracy*. Was spricht *gegen* Hirsts Gedanken zivilgesellschaftlicher Autonomie? Zum einen, dass sie mit höherer Unsicherheit für die Bedürftigen verbunden ist, als staatliche Leistungsversprechen dies sind: Rechts- und Verwaltungsform sind berechen- und einklagbar, gesellschaftliche Initiativen nicht. Kommt es zu Initiativen, so zielen sie häufig nicht ausschließlich auf die neutrale Erfüllung eines moralischen Anspruchs auf Hilfe ab, sondern verknüpfen ihre Tätigkeit mit diversen politischen, sittlichen oder religiösen Erwartungen und nutzen tendenziell Abhängigkeiten aus. Ein letzter Punkt: Die Erfüllung eines positiven Rechts ist für die Empfänger viel weniger mit Scham und Stigmatisierung verbunden als die Erfüllung eines moralischen Anspruchs. Wird ihnen ihr Recht vorenthalten, müssen sie dies nicht einfach erdulden, sondern können Rechtsmittel einlegen. Damit wächst das Bewusstsein, dass einem etwas zustehe und nicht gnädigerweise gewährt werde. Diese Vorzüge: *Berechenbarkeit*, *Neutralität* und *Tilgung des Stigmas* sind in der Argumentation für die Verstaatlichung sozialer Sorge mit gutem Grund zur Geltung gebracht und als Errungenschaft hervorgehoben worden. Doch die Vorzüge haben eine Kehrseite. Neutralität, Berechenbarkeit und Tilgung des Stigmas zusammengenommen begünstigen die Illusion, Ressourcen seien einfach da und müssten nicht erwirtschaftet werden. Wer arbeitslos ist und gesetzlich befugt, angebotene Stellen abzulehnen, ohne die Ansprüche auf Unterstützung zu verlieren, übt einfach ein Recht aus. Niemand wird direkt dazu angehalten, über die sozialen Voraussetzungen und Konsequenzen dieses Rechts nachzudenken. Neutralität, Berechenbarkeit und Tilgung des Stigmas zielen genau auf diesen Effekt. Sie ersparen den Bürgerinnen und Bürgern in gewissem Umfang, die sozialen Vorbedingungen und Folgen ihrer Lebensentscheidungen zu bedenken, sorgen aber zugleich dafür, dass diese Entscheidungen durch die anonyme Menge der Steuer- und Beitragspflichtigen mitgetragen werden. Das muss nicht schlecht sein, weil es unter anderem eine für moderne Gesellschaften wichtige Bereitschaft ermutigt, auch exotische und riskante Wege zu gehen – beispielsweise eine Promotion in Byzantinistik anzustreben.

Aus dem Versicherungswesen wissen wir aber, dass – statistisch gesehen – Menschen zu hohe Risiken eingehen, wenn sie an den Kosten ihrer Entscheidungen nicht angemessen beteiligt werden. Die Verantwortung liegt hier offensichtlich nicht bei denjenigen, die von ihren sozialen Rechten Gebrauch machen, sondern bei der Gesetzgebung. Soziale Rechte müssen so gestaltet werden, dass die sozialen und ethischen Bedingungen ihrer Erfüllbarkeit nicht untergraben werden. Dazu gehört eben auch und vor allem, dass die Rechte in einer Weise gestaltet werden, welche die Notwendigkeit von persönlicher Autonomie, von Eigenverantwortung nicht in Vergessenheit geraten lässt.

Eigenverantwortung umfasst aber – wie gesagt – nicht allein Pflichten gegen sich selbst, wie eine lebenslange Bereitschaft zu lernen und für die eigene Gesundheit zu sorgen, sondern auch Pflichten gegenüber anderen. Die Reform des Sozialstaats sollte beide Dimensionen der Eigenverantwortung berücksichtigen und stärken, indem sie nicht nur geeignete Anreize setzt, sondern auch der zivilgesellschaftlichen Autonomie ausreichend Raum lässt. Eine der wichtigen Botschaften in Wilhelm von Humboldts „Versuch, die Grenzen der Wirksamkeit des Staates zu bestimmen" scheint mir zu sein, dass persönliche Autonomie und zivilgesellschaftliche Autonomie in einem engen Zusammenhang stehen. Humboldt befürchtete, dass eine „zu ausgedehnte Sorgfalt des Staates" und die Zurückdrängung zivilgesellschaftlicher Autonomie eine Schwächung der persönlichen Autonomie, der Fähigkeit zur Eigenverantwortung, nach sich ziehen werde. Denn in der Ausübung zivilgesellschaftlicher Autonomie erleben die Bürgerinnen und Bürger, dass sie es sind, die direkt oder indirekt für die sozialen Rechte einstehen. Der Staat kann lediglich eine Form sein, dieses Verhältnis der Menschen zueinander zu organisieren. Wird diese Grundtatsache verschleiert, so erscheint es, als sei dort ein sorgender Staat, der sich aus eigener Kraft um uns alle kümmern könne. Erreicht die Menge der Menschen, die dieser – durch den Staat selbst erzeugten – Suggestion erliegen, eine kritische Masse, kann er seine Leistungsversprechen nicht mehr einhalten. Es liegt daher im Interesse aller, der Verführung des Substantivs „Staat" zu widerstehen und eine Politik zu wünschen, die der persönlichen und zivilgesellschaftlichen Autonomie ausreichend Raum gibt.

Claus Reis

Beratung

Entscheidungsfreiheit oder Aktivitätszwang

Nicht nur Kultur- und Gesellschaftskritiker attestieren westlichen Konsumgesellschaften eine Entwicklungstendenz, in der deren Mitglieder in immer komplexeren und unübersichtlicheren Lebenssituationen immer mehr und immer weitreichendere Entscheidungen treffen müssen, ohne dass sie immer über sichere Kriterien für diese Entscheidungen verfügen. Dies kann bei scheinbar profanen Dingen wie der Wohnungseinrichtung beginnen (wer ist nicht schon einmal in einem Küchen- oder Bäder-„*Paradies*" angesichts der angebotenen Ausstattungsoptionen verzweifelt?) und wird nicht bei biographisch hochgradig relevanten Weichenstellungen wie der Berufswahl enden.

Die Befreiung aus Traditionen und Restriktionen, eines der Merkmale der „Individualisierung" im Sinne Ulrich Becks, ist so von vornherein ambivalent: Die Freiheit, die sie gewährt, ist „riskant" und birgt Zwänge; Entscheidungen können sich als falsch, ja unter Umständen als fatal erweisen, und die Angst davor, sich festzulegen, wird sozial nur selten akzeptiert.

Wir alle kennen ein probates Mittel, zu dem wir greifen können, wenn wir uns entscheiden müssen, gleichzeitig aber an unserer Kompetenz zweifeln, die „richtige" Entscheidung zu treffen, obwohl wir deren Folgen tragen müssen: Wir lassen uns möglichst kompetent beraten, ob von Freunden, Bekannten oder professionellen Beratern. Dies war auch früher so – nicht nur Herrscher hatten ihre Berater –, doch ist mit der „Enttraditionalisierung" unserer Gesellschaft die Anzahl möglicher Beratungsgegenstände und -anlässe sprunghaft angestiegen, wie sich an der Spezialisierung professioneller Beratung ablesen lässt: Stilberatung, Schönheitsberatung, Einrichtungsberatung, aber auch Sucht- und Schuldnerberatung, Erziehungs-

Dr. Claus Reis ist Professor an der Fachhochschule Frankfurt am Main mit dem Schwerpunkt Organisation sozialer Dienste.

beratung, Eheberatung und Familienberatung – die Aufzählung ist selbstverständlich nicht abschließend.

„Beratung" hilft somit als gesellschaftliche Institution die Spannung zwischen Optionen und Entscheidungen, gegebenen Handlungsmöglichkeiten und tatsächlicher Handlung zu überbrücken. Wir alle kennen die Spielregeln dieser Institution: Von Beratung erwarten wir, dass sie auf unser konkretes Entscheidungsproblem bezogen ist – wer beim Autokauf beraten werden möchte, wird allgemeine Ausführungen über die Entwicklungen der Automobilindustrie nicht als Beratung akzeptieren. Wir unterstellen, dass der Berater in irgendeiner Form ein „Experte" ist, sei es in fachlicher Hinsicht oder durch seine Lebenserfahrung. Deshalb akzeptieren wir die strukturelle Asymmetrie in der Beratungsbeziehung: Er ist Berater, wir die Ratsuchenden. Aber wir gehen davon aus, dass Beratung uns autonome Entscheidungen ermöglicht, wir also unsere Wahlfreiheit behalten und die Asymmetrie nicht so weit geht, dass er uns sagt, was wir tun *müssen*. Auch wenn unter Umständen Beratung nicht ganz freiwillig gesucht wird, sondern vielleicht sogar ein existenzieller Druck hierfür ausschlaggebend war, wie z.B. häufig in der Schuldnerberatung, so soll Beratung doch die Entscheidung über die gewählte Handlungsoption beim Ratsuchenden belassen, auch wenn diese dem Berater nicht gefällt – sonst ist sie keine Beratung.

Beratung ist in diesem Sinne eine wichtige Leistung des Sozialstaates, denn dessen Bürger leben nicht nur unter höchst unterschiedlichen Bedingungen, die zum Gegenstand von Entscheidungen und demzufolge von Beratung werden können (auch wenn – wie nicht nur die letzten Jahre gelehrt haben – u.U. Anlageberater und Schuldnerberater nacheinander den gleichen Kunden beraten, beispielsweise wenn Aktien auf Kreditbasis gekauft wurden), sondern sie verfügen auch über ganz unterschiedliche intellektuelle und emotionale Voraussetzungen, von ihrer Entscheidungsautonomie Gebrauch zu machen. Die Dienstleistung „Beratung" stellt dann – wie auch der Gesetzgeber z.B. im Sozialgesetzbuch (§ 14 SGB – Erstes Buch) oder im Bundessozialhilfegesetz (§ 8 BSHG) erkannt hat – eine wichtige Sozialleistung dar, um bereits bestehende Rechtsansprüche auf materielle Sozialleistungen überhaupt realisieren zu können.

Derzeit erleben wir einen „Beratungsboom", und zwar in einem Feld, in dem Beratung zwar nach dem Willen des Gesetzgebers schon immer eine wichtige Rolle spielen sollte, nämlich in der Sozialhilfe. In der Praxis konnte diese Rolle aber nur allzu selten realisiert werden. Unter unterschiedlichen Bezeichnungen (von der Erstberatung bis zum *Case Management*) werden Dienstleistungsangebote entwickelt, die einen beraterischen Kern haben und die alle vorrangig einem Ziel dienen sollen: Sozialhilfeempfänger mit qualifizierter Beratung gezielt zu unterstützen, so dass sie in ihrer Lebensführung und Entscheidungskompetenz gestärkt werden und in die Lage versetzt werden, ihren Lebensunterhalt ohne öffentliche Unterstützung zu bestreiten. Dieses Ziel wird als „Aktivierung" begrifflich überhöht, was unterstellt, der Ratsuchende bliebe ohne die Beratung passiv, verharre in Lethargie, ruhe sich auf dem Bezug von Sozialleistungen aus. Hierauf wird zurückzukommen sein.

Dieser Beratungsboom ist Bestandteil der praktischen Umsetzung des politischen Gedankens, dass die Herstellung von „Wohlfahrt" nicht allein eine Aufgabe des Staates sein kann, sondern Ergebnis kooperativen Zusammenwirkens, einer *Koproduktion* vieler Akteure sein muss: zwischen dem Staat, dem Markt, „intermediären" Instanzen wie Wohlfahrtsverbänden und Selbsthilfegruppen, aber gerade auch den privaten Haushalten. Dieser Gedanke hat seine empirische Grundlage in der Realität lokaler Sozialpolitik. Darin sind Akteursnetze charakteristisch, in denen eine Vielzahl von staatlichen, korporativen und privaten Akteuren jenseits hierarchischer Gliederungen auf der Basis relativer Autonomie zusammenwirken. Dabei ist die „Wohlfahrtsproduktion" – und dies ist letztlich entscheidend – auf eine Person hin zentriert, deren Wohlfahrt über diesen Produktionsprozess maximiert oder – falls er fehlgeleitet ist – minimiert wird. Wohlfahrtsproduktion ist deshalb stets auf konkrete „Arbeitsbündnisse" zwischen Professionellen und ihren Kunden oder Klienten hin ausgerichtet, insbesondere in den Fällen, in denen sich der Adressat der Wohlfahrtsproduktion nicht selbst helfen kann, sondern externe Unterstützung benötigt – hier setzen Dienstleistungen wie „Beratung" oder auch „Case Management" an.

Wohlfahrtsproduktion muss von den Individuen zunächst einmal selbst in Gang gesetzt werden, sie müssen sich als Antragsteller, Klienten und Kunden Zugänge zu den wohlfahrtsrelevanten Leistungen verschaffen – und benötigen hierzu u. U. Unterstützung in Form einer Beratung, die ihnen hilft, Entscheidungen zu treffen, und Wege ebnet, diese praktisch umzusetzen. Über die individuellen Wohlfahrtseffekte sozialstaatlicher Leistungen wird damit letztlich auf der interaktiven Ebene entschieden.

Sozialstaatlich vermittelte gesellschaftliche Integration wird somit durch die Modi realisiert, in denen die Akteure der Wohlfahrtsproduktion zusammenwirken und über welche die Position des „Leistungsempfängers" ausgestaltet wird. Wenn dieser als „Koproduzent" im Arbeitsbündnis den Dreh- und Angelpunkt der Wohlfahrtsproduktion darstellt, müsste seine Rolle sowohl unter dem Aspekt der Stärkung von Verantwortungspotenzialen wie auch wirkungsorientierter Hilfen konzeptionell und faktisch aufgewertet werden.

„Beratung" gewinnt damit eine zusätzliche Bedeutung: Als gesellschaftliche Institution der Vermittlung zwischen Handlungsoptionen und Handeln und damit der Realisierung von Entscheidungsfreiheit (freiheitsstiftende Funktion) wird sie im Rahmen des politischen Konzepts der Wohlfahrtsproduktion gleichzeitig zu einer zentralen Instanz der Realisierung sozialstaatlicher Leistungen (Sicherungsfunktion). Die hohe Bedeutung von Beratung macht es gerade im Feld der Sozialhilfe notwendig, die jeweiligen Gewichte der Akteure im Prozess der Wohlfahrtsproduktion gut auszubalancieren, insbesondere die Position des Koproduzenten ernster zu nehmen, als dies in der Vergangenheit häufig der Fall war, und die Dienstleistungen so zu gestalten, dass es den Adressaten ermöglicht wird, zumindest einen Teil der Wohlfahrtsproduktion selbst zu steuern. Dies beinhaltet nicht nur, die „Leistungsadressaten" in die Lage zu versetzen, sich als Koproduzenten zu verstehen und als solche zu agieren. Darüber hinaus geht es um die Realisierung von Mitspracherechten bei der Leistungserbringung (sozusagen um „extern gesteuerte Qualitätssicherung") und auf einer weiteren Stufe um die Mitbeteiligung der Leistungsadressaten bei der Konzipierung von Strategien der Wohlfahrtsproduktion.

Im Leistungsprozess wird die Ebene individueller Wohlfahrt transformiert in die moralische und sozialpolitische Ebene der Wahrnehmung und Bearbeitung auch konfligierender Interessen im Ausbalancieren individueller Rechte und gegenseitiger Verpflichtungen (wohlverstanden: nicht als abstrakte Pflicht des „Staatsbürgers" gegenüber der „Obrigkeit“, sondern als konkret auszuhandelnde Einbindung der autonomen Bürger in eine gemeinsam getragene Wertorientierung auf der Ebene des Gemeinwesens). An diesem Punkt weitet sich die bisher individualistisch konzipierte „Konsumentensouveränität“ des in seinen Entscheidungen autonomen Ratsuchenden in das Selbstbewusstsein des Wohlfahrtsbürgers, das neben Selbstverwirklichung auch Selbstbeschränkung kennt und diese dann – vielleicht – zu akzeptieren vermag, wenn sie diskursiv vermittelt und begründet ist und nicht paternalistisch oktroyiert wird. Vor diesem Hintergrund drohen etliche Konzepte der „Aktivierung“ (die umstands- und begriffslos „Fördern“ mit „Fordern“ verknüpfen, ohne dass der potenziell widersprüchliche Gehalt dieser beiden Begriffe entwickelt würde) die freiheits- und sicherheitsstiftende Funktion von Beratung in ihr Gegenteil zu verkehren. Wenn aus Freiheitsrechten Pflichten in dem Sinne werden, dass Handlungsalternativen schwinden, z. B. Arbeit um jeden Preis gesucht, Sprache gelernt, Verhalten geändert, Aufgaben erfüllt werden *müssen* (und zwar bei der Strafe des Verlustes der materiellen Existenzgrundlage wie z. B. in den meisten Staaten der USA, mithin unter Verletzung der Menschenwürde), dann kehrt sich Beratung in Zwang und würde von keinem von uns „Durchschnittsbürgern“ mehr als Beratung akzeptiert. Zudem suggeriert die Rede von der „Aktivierung“ nicht nur, dass der zu aktivierende Bürger ohne Beratung in Passivität verharren würde, was empirisch falsch ist, sondern unterstellt, alleine dadurch, dass er sein Schicksal nunmehr in eigene Hände legt, könne sich seine Situation substantiell verbessern. Auswegberatung verdient jedoch diesen Namen nur, wenn es objektiv einen „Ausweg“ gibt. Generell kann Beratung als Unterstützung bei Entscheidungen dort nicht greifen, wo es nichts zu entscheiden gibt, z. B. dann, wenn der Wille, eine Arbeit aufzunehmen, nicht durch einen Arbeitsplatz belohnt wird. Beratung, die sich alternativlos auf „Aktivierung“ richtet, erhöht den Entscheidungsdruck und -zwang, wirkt also gerade nicht ent-, sondern belastend und verschärft damit die Situation, die gemeinhin dazu führt, dass Beratung gesucht wird.

Eine Reform des Sozialstaates, die auf „Wohlfahrtsproduktion“ setzt, die skizzierte Dialektik von Beratung aber missachtet, wird nicht dazu führen, die Bürger verstärkt in die Verantwortung für ihr

Wohlergehen einzubeziehen, sondern – ganz in der Logik der „schwarzen Pädagogik" – letztlich diejenigen ausgrenzen, die „halsstarrig" nicht bereit sind zu sehen, dass ihre Berater nur „ihr Bestes wollen". Will der Gesetzgeber dies vermeiden, ist es unabdingbar, den Adressaten „aktivierender Beratung" hinreichende prozedurale Rechte einzuräumen, die absichern, dass sie nicht der – möglichen – Willkür ihrer wohlmeinenden Berater überlassen bleiben.

Ulrich Khuon

Bildung

Zur Unabschließbarkeit des Verstehens

Betrachtet man das Soziale nicht allein als Versorgungsgaranten oder als sicherndes Netz im Falle von Krankheit, Arbeitslosigkeit oder einer anderen Not, sondern als Grundbedingung menschlicher Existenz, dann ergibt sich daraus die Frage, wie man das lernt, was man offensichtlich braucht wie die Luft zum Atmen: Gemeinschaft – sie anzunehmen, zu erhalten und zu schützen. Und welche Aufgaben haben Erziehung, Bildung und Kunst in unserer hochbeschleunigten, diffizil vernetzten, von vielen Brüchen, Aufschwüngen und Abstürzen gezeichneten Welt?

Bildung kann die Fähigkeit vermitteln, all die kommunikativen Systeme, schnellen Verbindungen und Sprachen zu nutzen und zu perfektionieren. Wenn man freilich hört, dass in Folge des Zusammenrückens der Kontinente Mobilität und wachsende Unsicherheit des Arbeitsplatzes, Jobhopping und Selbsterfindungsreichtum angesagt sind, dann scheinen tiefer gehende Fähigkeiten vonnöten zu sein. Zum einen jene Kompetenzen, die in der Ich-Gesellschaft gerade nicht opportun sind, und methodisches Wissen, also das schnelle Erfassen neuer gedanklicher, handwerklicher und systematischer Ansätze. Ein scheinbarer Widerspruch: Die heutige Gesellschaft, die

Ulrich Khuon ist Intendant des Thalia Theaters in Hamburg.

Bindungen zunehmend flüchtiger versteht und gestaltet, fordert gerade diese Fähigkeit, Bindungen herzustellen. Da Bindungen aber nicht mechanisch begriffen werden können, steht an erster Stelle das Verstehen. Auch das Verstehen von uns selbst – und wie wir es fördern können.

Merkwürdigerweise geschieht dies am besten auf Umwegen, indem wir zunächst einmal etwas anderes als uns selbst verstehen lernen. Die viel zitierte Pisa-Studie hat gezeigt, dass es genau daran, am Verstehen eines Textes etwa, fehlt. Texte und Informationen scheinen durch viele Kinder nur noch hindurchzufließen. Wahrscheinlich glauben sie sogar, alles verstanden zu haben. In Wirklichkeit haben sie aber nur einem Sound gelauscht. Man kennt das aus der eigenen Erfahrung. Man könnte den gesamten *Parzival* oder Kellers *Grünen Heinrich* lesen, ohne irgendetwas Wesentliches zu erfassen, wenn man sich nicht immer wieder zur Deutung, Verdichtung und Vertiefung zwänge. So ist es mit allem, dem man begegnet. Ein schneller Reiz, das eilfertige zustimmende Abhaken, und der Blick schweift weiter.

Kunst, Literatur und Theater fordern anderes, das Leben übrigens auch. Wenn Peter Handke in seinen Werken etwa immer wieder die Wahrnehmung der kleinen Dinge, der Wunder im Alltäglichen, der beiläufigen Schönheit fordert, dann sagt er damit genau dies: dass der Genuss, aber auch schon die Erkenntnis einen genaueren, tieferen Blick voraussetzen. Das hat überhaupt nichts mit intellektueller Anstrengung oder Verstiegenheit zu tun.

Die Kunst macht uns das Selbstverständliche mehrfach fremd, indem sie unsere aktuellen Erfahrungen in anderen Zeiten und Formen spiegelt und wir dadurch dem scheinbar Selbstverständlichen distanzierter begegnen. Die Ästhetik, also die künstlerische Form, wird von vielen zunehmend als Erschwerung der Verständlichkeit und als Verschlüsselung empfunden. Auch wird oft bemängelt, dass ihre ethische oder praktische Anwendbarkeit nicht erkennbar seien. In Wahrheit ist das künstlerische Kompositionsgeschick eine Voraussetzung jeden Erzählens. Das Wirklichkeitsmaterial muss durch einen zu findenden Blick und Stil geordnet und zugespitzt werden. Diese Form führt den Betrachter einerseits zum Erkennen des Gegenstands und macht andererseits dessen Komplexität sichtbar. Die biblischen Gleichnisse beispielsweise verdeutlichen als literarische Kunstform immer ein Problem und seinen Lösungsansatz, belassen aber zugleich einen Rest an Offenheit, das heißt, sie beschäftigen uns weiter.

Dies ist das Geheimnis aller Kunst und der Bildung, die von ihr ausgeht. Sie reizt zur Beschäftigung, lässt das Problemfeld erkennen, führt eine Wegstrecke hinein, trägt also bei zum Verstehen und teilt uns schließlich mit, dass es restloses Verstehen nicht gibt. Das mag beim Betrachter Unbehagen erzeugen. Aber nur dann, wenn er davon ausgeht, das Verstehen gleiche einer Bergbesteigung, bei der irgendwann der Gipfel, also das Ziel erreicht ist. Das Verstehen ist aber eben der Weg und nicht der Gipfel, und es gilt ihn lustvoll und sorgsam zu gehen. Und genau dies, wie man den Fuß setzt, wie man Dinge und Menschen begreift, kann Literatur lehren.

Peter Handke hat auch hierzu den entsprechenden Ansatz geliefert, wenn er sagt: „Ich kann nur die lieben, die eine unsichere Sprache haben; und die mir gefallen, deren Sprache will ich unsicher machen." Die Unsicherheit als produktive Voraussetzung jeder geschärften Wahrnehmung.

Theater und Literatur sind also gerade im informellen Zeitalter, welches in erster Linie die Geschwindigkeit und Abrufbarkeit von Kommunikation und Information befördert, nicht aber deren Verarbeitung, wichtig wie eh und je. Sie lösen das Schwanken unserer Welt nicht auf, sie tragen aber dazu bei, es auszuhalten, es als Humanbedingung zu begreifen und trotzdem am Verstehen, d. h. an der Gemeinschaftsfähigkeit zu arbeiten. Odo Marquard hat dies in seiner *Apologie des Zufälligen* so formuliert: „Wer auf ein Problem gar keine Antwort gibt, verliert schließlich das Problem; das ist nicht gut. Wer auf ein Problem nur eine Antwort gibt, glaubt das Problem gelöst zu haben und wird leicht dogmatisch: auch das ist nicht gut. Am besten ist es, zu viele Antworten zu geben: das bewahrt das Problem, ohne es wirklich zu lösen."

Bettina Sokol / Bernhard Mann

Datenschutz

Ein Selbstbestimmungsrecht

Nur wer sich nicht oder nicht ausreichend aus eigenen Kräften und Mitteln helfen kann, erhält Hilfe und Unterstützung nach den sozialrechtlichen Vorschriften. Um die Leistungen den gesetzlichen Voraussetzungen entsprechend gewähren zu können, sind in aller Regel personenbezogene Daten zu verarbeiten. Diese Daten sind ganz überwiegend sensibler Art. Die von der Datenverarbeitung betroffenen Personen haben ein nachvollziehbares Interesse daran, dass Daten zu ihrer Person und somit zugleich über ihre Hilfsbedürftigkeit nicht unnötig offenbart werden. Deshalb ist ein effektiver Sozialdatenschutz unverzichtbar. So wie allen anderen Menschen steht auch den betroffenen Hilfsbedürftigen ihr Recht auf informationelle Selbstbestimmung zu – also ihr Grundrecht auf Datenschutz. Eingriffe in dieses Recht liegen nicht im Belieben der jeweiligen Sozialleistungsträger, sondern bedürfen immer einer gesetzlichen Grundlage. Der Gesetzgeber hat deshalb in § 35 Abs. 1 Satz 1 SGB I den Leistungsempfängerinnen und Leistungsempfängern jeweils einen Anspruch darauf eingeräumt, dass die sie betreffenden Sozialdaten von den Sozialleistungsträgern nicht unbefugt erhoben, verarbeitet oder genutzt werden dürfen (Sozialgeheimnis). Ergänzend stellt auch § 35 Abs. 2 SGB I noch einmal klar, dass eine Erhebung, Verarbeitung und Nutzung von Sozialdaten nur unter den Voraussetzungen des Zweiten Kapitels des Zehnten Buches zulässig ist.

Der wichtigste Grundsatz der Datenerhebung schreibt allen Sozialleistungsträgern vor, dass Sozialdaten bei den Betroffenen zu erheben sind (§ 67a Abs. 2 Satz 1 SGB X). Soweit im Übrigen eine Er-

Bettina Sokol ist Landesbeauftragte für den Datenschutz in Nordrhein-Westfalen. – *Bernhard Mann* ist Jurist und Leiter des Referates „Gesundheit, Soziales und Beschäftigtendatenschutz“ bei der Landesbeauftragten für den Datenschutz.

laubnisnorm für die weitere Datenverarbeitung nicht vorhanden ist, ist die Verarbeitung personenbezogener Sozialdaten allenfalls mit einer wirksamen schriftlichen Einwilligung der Betroffenen zulässig. Allerdings wäre auch für eine solche Einwilligungserklärung kein Raum, wenn das zugrunde liegende Verfahren gegen den Grundsatz der Datenvermeidung und Datensparsamkeit (§ 78b SGB X) verstoßen würde, weil die Aufgabe beispielsweise auch mit pseudonymisierten Daten erledigt werden könnte.

Personenbezogene Sozialdaten mit besonderer Qualität sind zudem noch verstärkt geschützt. Dies betrifft beispielsweise den Bereich der persönlichen und erzieherischen Hilfe, in dem eine Weitergabe solcher Daten nur bei Vorliegen ganz enger Ausnahmetatbestände möglich ist. Gleiches gilt auch für personenbezogene Sozialdaten, die zugleich unter den Schutz des Arzt-Patienten-Geheimnisses fallen. Häufig ist dann zusätzlich zur Rechtsgrundlage für die Datenverarbeitung das Vorliegen einer wirksamen Schweigepflichtentbindungserklärung notwendig (2-Schranken-Prinzip).

Da der umfangreiche Kanon der Befugnisnormen für eine Verarbeitung von Sozialdaten den Umgang mit diesen Daten weitgehend abschließend regelt, sind personenbezogene Sozialdaten im Wesentlichen auch gerichtsfest. Soweit nicht Ausnahmetatbestände, wie etwa § 68 und § 73 SGB X, gegeben sind, ist eine Datenübermittlung an die Gerichte in der Regel ausgeschlossen, es sei denn, es läge im Einzelfall eine wirksame Einwilligungserklärung der Betroffenen vor. Erst recht gilt diese Zugriffsbeschränkung für die Sicherheits- und Strafverfolgungsbehörden (vgl. aber auch § 72 SGB X).

Allerdings fordern die Sozialleistungsträger sowohl von den betroffenen Personen als auch von öffentlichen Stellen nicht selten die Herausgabe von Unterlagen unterschiedlichster Sensibilität, obgleich sie sie gar nicht wirklich benötigen. Das ist unzulässig, denn Unterlagen, die gar nicht zur Aufgabenerfüllung erforderlich sind oder zahlreiche zusätzliche Daten enthalten – so beispielsweise komplette Kontoauszüge über weit zurückliegende Zeiten –, dürfen nicht verlangt und erhoben werden. Weitere Beispiele für eine unzulässige Datenerhebung und Weitergabe reichen von direkten Anfragen bei Kreditinstituten und bei Arbeitgeberinnen oder Arbeitgebern hinter dem Rücken der betroffenen Personen über Eintragungen der Namen von Betroffenen auf Warengutscheinen sowie

Hausbesuchen ohne ihre Einwilligung bis hin zu längerfristigen Observationen des Bekanntenkreises von Sozialhilfeempfängerinnen und Sozialhilfeempfängern durch „Sozial-Detektive".

Insbesondere in den letzten Jahren ist zunehmend auch im Bereich der Gesetzgebung folgende Tendenz zu verzeichnen: Anstatt datenschutzrechtliche Fortschritte zu regeln, wird die Verwendung von Sozialdaten im Gegenteil für immer neue Datenverarbeitungszwecke ermöglicht und der Datenschutz damit eingeschränkt. Die mittlerweile gesetzlich vorgesehene Nutzung von Sozialdaten für Rasterfahndungen (§ 68 Abs. 3 SGB X) ist nur eines von vielen Beispielen. Mitunter ist die Gesetzgebungsgeschwindigkeit sogar so groß, dass ergänzende Regelungen gleichsam vergessen werden. Beispielsweise erlaubt § 117 Abs. 3 BSHG seit mehreren Jahren den Abgleich von Sozialdaten im Hinblick auf eine mögliche Eigenschaft als Halterin oder als Halter eines Kraftfahrzeuges mit der Zulassungsbehörde. Bis vor kurzer Zeit durfte die Zulassungsbehörde ihrerseits jedoch einen solchen Abgleichwunsch eines Sozialamtes nach der einschlägigen Regelung des § 35 Abs. 5 StVG nicht erfüllen. Das Gesetz wurde im September 2002 entsprechend geändert.

Wie die vorhandenen gesetzlichen Bestimmungen in der alltäglichen Datenverarbeitungspraxis der Sozialleistungsträger ausgelegt und angewandt werden, ist ein weiteres Kernproblem des Datenschutzes im Sozialbereich. Besonders nachteilig wirkt sich hier die in weiten Teilen leider unverändert gebliebene, lange und noch von obrigkeitsstaatlichem Denken sowie einer gewissen Behäbigkeit geprägte Verwaltungstradition aus. Wenn zum Beispiel bei der Datenerhebung und weiteren Datenverarbeitung Formulare und andere Vordrucke verwendet werden, die teilweise so alt sind, dass sie der Rechtslage von vor 20 oder 30 Jahren entsprechen, dann ist das für die Datenschutzrechte der davon betroffenen Personen fatal. Wenn außerdem den Beschäftigten der Sozialleistungsträger am Arbeitsplatz zum Teil ebenfalls nur veraltete Gesetzestexte zur Verfügung stehen, so sind die auf solchen Grundlagen gefundenen Entscheidungsergebnisse – zumindest unter Datenschutzgesichtspunkten – häufig nicht akzeptabel.

Die Kostenexplosion im Sozialleistungsbereich bewirkt andererseits die vielfältigsten Versuche der Sozialleistungsträger, durch Veränderung der Organisation Personal und Kosten einzusparen.

Nicht selten bleibt dabei der Datenschutz der Betroffenen ganz oder teilweise auf der Strecke. Weit verbreitet bei der Suche nach Einsparungsmöglichkeiten ist das Modell der Datenverarbeitung im Auftrag. Hierbei werden Teile der Datenverarbeitung auf Auftragnehmerinnen und Auftragnehmer verlagert. In solchen Fällen ist besonders gründlich zu prüfen, ob nicht statt der gewollten Auftragsdatenverarbeitung in Wirklichkeit eine Funktionsübertragung im Wege einer Aufgabenverlagerung stattfindet. Wird zum Beispiel faktisch die Datenverarbeitung – beispielsweise auf eine private Stelle – in der Weise übertragen, dass sie den Rahmen einer Rechenzentrumsaufgabe überschreitet und in den Bereich der Sachbearbeitung hineingeht, so handelt es sich dabei um Datenübermittlung und nicht um Auftragsdatenverarbeitung. Anhaltspunkt für eine Funktionsübertragung kann zum Beispiel sein, dass die Auftraggeberin selbst gar nicht über genügend fachkundiges Personal verfügt, um die verlagerte Aufgabensachbearbeitung durchführen zu können.

Nicht rechtmäßig ist es außerdem, wenn eine private Stelle als Auftragnehmerin parallel Verträge mit vielen unterschiedlichen Sozialleistungsträgern schließt und die Daten aller Leistungsempfängerinnen und Leistungsempfänger dieser verschiedenen Träger in einer gemeinsamen Datei abspeichert. Denn damit verfügt sie tatsächlich über eine zentrale Sammlung von Sozialdaten. Die einzelnen Sozialleistungsträger sind allerdings gesetzlich verpflichtet, Sozialdaten stets abgeschottet von Dritten zu verarbeiten, dass heißt insbesondere auch von dritten Leistungsträgern. Den Rechenzentren ist es erst recht nicht erlaubt, die ihnen anvertrauten Daten für eigene Zwecke zu verwenden und Gewinn bringend zu vermarkten. Dies gilt auch, wenn Apothekenrechenzentren die ihnen zu Abrechnungszwecken übermittelten Rezeptdaten der gesetzlich versicherten Personen patienten- und arztbezogen auswerten und diese Auswertungsergebnisse interessierten Personen oder Stellen, wie etwa der Pharmaindustrie, zu Verfügung stellen.

Problematisch ist häufig auch die nähere Ausgestaltung der verschiedenen Modelle „Arbeit statt Sozialhilfe". Sozial- und Arbeitsämter schalten hierbei private Stellen mit dem Ziel ein, dass diese Stellen Sozialhilfeempfängerinnen und Sozialhilfeempfänger in Beschäftigungsverhältnisse bringen. Der notwendigerweise stattfindende Datenaustausch hat sich – dem Erforderlichkeitsgrundsatz entsprechend – allerdings auf diejenigen Informationen zu beschränken, die die jeweilige Stelle unbedingt braucht. So ist es zwar unvermeidbar, dass einer privaten Stelle die Tatsache des Sozialhilfebezugs bekannt wird, nähere Angaben zu Art und Höhe der erhaltenen Sozialleistungen dürfen jedoch nicht übermittelt werden, da sie die Stelle nicht zu interessieren haben. Es genügt auch, wenn das Arbeits- und das Sozialamt davon unterrichtet werden, dass es gelungen ist, ein Beschäftigungsverhältnis zu begründen, und die Erbringung von Sozialleistungen damit nicht mehr notwendig ist. Mehr brauchen die Ämter für die Erfüllung ihrer jeweiligen Aufgaben in aller Regel nicht zu wissen.

Gerade die mit dem Charakter der Sozialleistungen oft verbundene Notwendigkeit, wesentliche Teile des Privatlebens einer staatlichen Stelle, nämlich gegenüber dem Sozialleistungsträger, offen legen zu müssen, verlangt, dass die betroffenen Personen derart umfassend über die Verarbeitung ihrer Daten informiert werden, dass sie einigermaßen sicher abschätzen können, wer was wann über sie weiß. Dies ist in der Praxis allerdings häufig nicht gewährleistet. Der Grundsatz der Transparenz der Datenverarbeitung wird noch viel zu selten beachtet. Die zahlreichen übrigen Datenschutzprobleme im Sozialbereich können an dieser Stelle noch nicht einmal angerissen, geschweige denn erschöpfend dargestellt werden. Zusammengefasst kann eine Bestandsaufnahme allerdings wie folgt lauten: Im Sozialbereich existieren zwar etliche Datenschutzregelungen, die aus der Perspektive der Betroffenen ihrem Recht auf informationelle Selbstbestimmung mehr oder weniger zufrieden stellend Rechnung tragen. Jedoch ist erstens eine Absenkungstendenz des Schutzniveaus im Sozialdatenschutz bereits auf der gesetzlichen Ebene zu verzeichnen und zweitens die Datenverarbeitungspraxis bei den Sozialleistungsträgern noch viel zu oft nicht einmal gesetzeskonform.

Rudolph Bauer

Dienstleistung

Schutz vor dem Staat und durch den Staat

Grundrechte sind Menschenrechte. Als solche gelten diejenigen unverzichtbaren, dem Individuum angeborenen, vor- und überstaatlichen Rechte, die allen Menschen in gleicher Weise – d. h. unabhängig von ihrer Staatszugehörigkeit – zukommen. Als Menschenrechte werden insbesondere die politischen Grundfreiheiten, das Recht auf Leben, auf Unverletzlichkeit der Person, auf Meinungs- und Glaubensfreiheit sowie auf Freizügigkeit betrachtet. Sie zu beanspruchen, steht jedem Individuum gleichsam „von Natur" aus zu.

Den Rang von Grundrechten erlangen die Menschenrechte dann, wenn alle innerhalb der Grenzen des Geltungsbereichs einer Verfassung lebenden Menschen unter ihrem staatlich garantierten Schutz stehen. Davon zu unterscheiden sind Bürgerrechte im engeren Sinne, die nach Maßgabe der Verfassung eines Landes nur dessen Staatsangehörigen zustehen. Den Rang staatsbürgerlicher Grundrechte erlangen die Menschenrechte dann, wenn sie in der Verfassung eines Staates für dessen Bürger/innen als positives Recht niedergelegt und unter Berufung darauf vor den Gerichten des betreffenden Landes einklagbar sind.

Philosophisch und rechtshistorisch betrachtet, steht die Entwicklung der Idee der Menschenrechte in engem Zusammenhang mit der Geschichte des Freiheitsgedankens und des Naturrechts. In diesem Sinne lassen sich die Wurzeln der politischen Ethik von der neuzeitlichen Lehre vom Gesellschaftsvertrag über die hochmittelalterliche Staatsphilosophie zurückverfolgen bis zur Ausbildung des Völkerrechts durch die Stoiker in der Antike. Die Geschichte der Grundrechte als der in den staatlichen Verfassungstexten positivier-

Dr. Rudolph Bauer ist Professor für Sozialarbeitswissenschaft an der Universität Bremen im Fachbereich Human- und Gesundheitswissenschaften und am Institut für Lokale Sozialpolitik und Nonprofit-Organisationen.

ten Menschenrechte setzte in Nordamerika mit der Unabhängigkeitserklärung, der „Bill of Rights" von 1776, ein, gefolgt von der Erklärung der Menschen- und Bürgerrechte in der Französischen Revolution von 1789. Auch das Bonner Grundgesetz von 1949 garantiert in seinen Artikeln 1 bis 17 einen Grundrechte-Katalog, dem in Artikel 1 das Prinzip der Unantastbarkeit und des Schutzes der Menschenwürde voransteht.

Bei den konstitutionellen Grundrechten (bzw. allgemeiner: bei den Menschenrechten überhaupt) lassen sich Anspruchs- und Abwehrrechte unterscheiden. Letztere bezwecken als die ursprünglicheren Menschenrechte den Schutz des Individuums vor staatlicher Willkür und Gewalt. Es handelt sich um Freiheits- und Gleichheitsrechte, die mit der Staatsform der Demokratie – des demokratischen Rechtsstaats – in einem unmittelbaren Zusammenhang stehen und insoweit objektive Prinzipien der Verfassungs- und Rechtsordnung mit umfassen. Beispielsweise sind freie Wahlen ohne Meinungs- und Pressefreiheit, ohne die Möglichkeit freier Versammlungen und Vereinigungen nicht vorstellbar. Umgekehrt verlangen Meinungs-, Versammlungs- und Vereinigungsfreiheit nach demokratisch-parlamentarischen Strukturen, Mitbestimmungs- und Entscheidungsprozessen.

Im Verlauf der politisch-ökonomischen Entwicklung moderner Staaten und Gesellschaften erweiterten sich die ursprünglichen Freiheits-, Gleichheits- und Schutzrechte des Einzelnen nicht nur in Richtung konstitutioneller demokratischer Rechtsstaatlichkeit, sondern es bildete sich auch der Anspruch auf soziale Grundrechte und die Teilhabe an ihnen aus. Soziale Grundrechte im Sinne von Anspruchs- und Teilhaberechten der Individuen gegenüber dem Staat wurden und werden bei diesem politisch eingefordert. Das Recht auf körperliche Unversehrtheit wurde ausgeweitet zu einem Recht auf Gesundheitsversorgung und Erholung. Zum Recht auf Leben kam die Forderung hinzu nach dem Recht auf die Gewährleistung eines Existenzminimums. Mit dem Recht auf Meinungsfreiheit verband sich der Rechtsanspruch auf allgemeine Bildung und auf die Zugangsmöglichkeit aller zu den Bildungseinrichtungen. Das Recht auf freie Berufswahl impliziert ein Recht auf Arbeit und die Gleichstellung von Mann und Frau.

Die im demokratischen Rechtsstaat garantierten Abwehrrechte gegen staatliche Gewalt und Willkür fanden ihre notwendige und konsequente Ergänzung in Gestalt der gesetzlichen Verankerung sozialer Grundrechte im Wohlfahrtsstaat. Das Individuum genießt demnach nicht nur Schutz vor dem Staat, sondern auch Schutz durch den Staat – und zwar nicht nur (wie bereits im Absolutismus) bei militärischen Bedrohungen von außen, sondern ebenso angesichts der Gefahr von gesellschaftlichen Verwerfungen infolge der Entstehung und Verschärfung sozialer Problemlagen im Inneren. Allerdings ist mit der Forderung nach sozialen Grundrechten deren Realisierung noch lange nicht abgeschlossen. Die Diskussionen und der Kampf darum dauern an.

Den politischen Forderungen und administrativen Erfordernissen, die sich aus den gesellschaftlichen Kämpfen um die Anerkennung von sozialen Grundrechten im Sinne der Anspruchs- und Teilhaberechte der Individuen ergeben haben und immer noch ergeben, wurde von den Parlamenten und Regierungen dadurch entsprochen, dass sie auf dem Wege der Gesetzgebung unterschiedliche Sozialleistungssysteme („Systeme sozialer Sicherung“) einrichteten. Zweck und Aufgabe dieser Systeme ist die Gewährung und Sicherstellung von Geld-, Sach- und Dienstleistungen bei Krankheit (gesetzliche Krankenversicherung), Invalidität (Unfallversicherung), Alter (Rentenversicherung), Arbeitslosigkeit (Arbeitsförderungsgesetz), Pflegebedarf (Pflegeversicherung) sowie bei einer Fülle weiterer gesellschaftlicher Probleme wie z. B. bei Wohnungslosigkeit und Armut, Erziehungs- und Partnerschaftsproblemen, Kriminalität und Gewalt, Behinderung oder Migration.

Personenbezogene soziale Dienstleistungen sind somit ein wesentliches, unverkennbares Handlungsinstrument bei der Gewährleistung sozialer Grundrechte und der Teilhabe an ihnen. Ob im Kindergarten oder im Alten- und Pflegeheim, ob bei Wohnungslosigkeit oder Sozialhilfebezug, ob bei der Resozialisation oder der Rehabilitation, ob Menschen arbeitslos, allein erziehend, behindert, psychisch krank oder auf der Flucht, ob sie Opfer von politischer Verfolgung oder von anderen Formen der Gewalt sind – die komplexen Prozesse der Stabilisierung und sozialen Vernetzung sowie die der verbalen und nonverbalen Kommunikation und Interaktion, wie sie bei personenbezogenen sozialen Dienstleistungen ein charakteristisches professionelles Merkmal und Ziel der beruflichen Qualifikation sind, bilden eine, wenn nicht die entscheidende Voraussetzung für die gesellschaftliche Integration der Menschen durch ihre Teilhabe an den sozialen Grundrechten.

Gegenwärtig unterliegen die für die Realisierung und Einlösung der staatsbürgerlichen Anspruchsrechte relevanten personenbezogenen sozialen Dienstleistungen – ähnlich wie auch die Geld- und Sachleistungen – der teils drohenden, teils auch faktischen Gefahr, eingestellt zu werden oder wenigstens nicht mehr im bisherigen Umfang und in angemessener Weise zur Verfügung gestellt bzw. erbracht werden zu können. Dieser Prozess einer um sich greifenden Einschränkung, Aushöhlung oder Liquidierung sozialer Grundrechte hat viele „Gesichter“: Leistungen werden eingestellt; der Leistungsumfang wird reduziert; bestimmte Zielgruppen werden vernachlässigt oder „ausgesteuert“; Fallzahlen werden erhöht; Einrichtungen werden geschlossen, Angebote eingeschränkt; qualifiziertes Personal wird entlassen; die Möglichkeiten der Aus- und Weiterbildung für die Angehörigen sozialer Berufe werden reduziert und ausgetrocknet.

Die Gründe für diese dramatischen Rückentwicklungen zu Lasten der betroffenen Bürger/innen sind vielfältig, lassen sich aber im Wesentlichen auf eine zentrale politisch-ökonomische Ursache zurückführen. Es handelt sich dabei um das neoliberale, in der Bundesrepublik bereits unter dem Bundeskanzler Helmut Kohl in den 90er Jahren des 20. Jahrhunderts gestartete, wirtschaftspolitisch motivierte Projekt, mit standortpolitischen Begründungen die Budgets der öffentlichen Haushalte auf Kosten der Sozialleistungen zu konsolidieren und zu sanieren. Indem die staatliche Politik ihre Entscheidungen – die dem Publikum als Reformmaßnahmen vorgestellt werden – an den Erfordernissen der öffentlichen und der privatwirtschaftlichen Ökonomie ausrichtet und dabei die sozialen Grundrechte vernachlässigt, wird eine Entwicklung rückgängig gemacht, die ursprünglich den demokratischen Sozial- und Rechtsstaat hervorgebracht hat.

Möglich ist die gegenwärtige Rückentwicklung bei den sozialen Dienstleistungen zur Gewährung von Grundrechten vor allem aus zwei Gründen. Zum einen deshalb, weil sowohl Staat als auch Gesellschaft heutigen Tages mit Herausforderungen konfrontiert sind, die, da sie in dieser Form historisch neu sind und telemedial auf drastische Weise vermittelt werden, wirkungsmächtiger erscheinen als die akuten Gefahren für Demokratie und Sozialstaat. Solche wirkungsmächtiger erscheinende Herausforderungen treten auf in Gestalt der im globalen Maßstab verbreiteten Schreckensmeldungen über Terrorismen, Genozide, biologische und andere Massenvernichtungswaffen.

Ein zweiter Grund für die fortschreitende Rezession sozialer Grundrechte ist weniger auffallend. Er ist darin zu erkennen, dass im Prozess der betriebswirtschaftlichen Ökonomisierung sozialer Dienste und der primär kommerziellen Ausrichtung ihres Angebots mehr und mehr konkurrenzwirtschaftliche Elemente auf verborgene Weise Einfluss nehmen auf die Vorgänge der Erbringung und Gewährung personenbezogener sozialer Dienstleistungen. Es macht einen grundsätzlichen Unterschied aus, ob bei der „Herstellung“ personenbezogener sozialer Dienstleistungen ethische Prinzipien den Ausschlag geben oder ob das ökonomisch-profitorientierte Gewinnstreben durch die Poren der komplexen Prozesse von interaktiver Kommunikation und sozialer Vernetzung in das Corpus der sozialen Grundrechte eindringt und dort – metaphorisch gesprochen – eine Art Krankheitsherd bildet, der zu dessen Tod führt.

Die ethische Qualität der personenbezogenen, professionell erbrachten sozialen Dienstleistungen – und nicht in erster Linie ihre betriebswirtschaftlich quantifizierte Quasi-Qualität – ist der entscheidende Maßstab für den Stellenwert sozialer Grundrechte in der gegenwärtigen Gesellschaft. Der Grad ihrer Gefährdung erweist sich in den negativen Auswirkungen auf die Menschenrechte bei weitem als viel dramatischer, als es die meisten der zahlreichen, desaströs wirkenden Schreckensmeldungen im Stile Hollywoods sind. Angesichts der Gefahr von innergesellschaftlichen Verwerfungen und Zerstörungsfolgen aufgrund der Entstehung und Verschärfung gesellschaftlicher Problemlagen bedürfen Menschen des Schutzes durch den Staat – und zwar wenn bzw. weil sie nicht selbst in der Lage sind, sich zu schützen. Sind sie dazu aber in der Lage (was meines Erachtens aber bei den meisten nicht der Fall ist!), soll der Staat sie nicht „fürsorglich“ entmündigen und „hilfreich“ bevormunden wollen.

Den Menschen, die sich selbst nicht zu schützen vermögen, jedoch mit der Berufung auf den Appell an ihre Eigenverantwortung qualifizierte, professionell erbrachte soziale Dienstleistungen vorzuenthalten, ist eine zynische Verletzung ihrer Menschenwürde.

Renate Schmidt

Familie

Die soziale Mitte

Manchen Unkenrufen der Vergangenheit zum Trotz: Die Familie lebt – und erfreut sich äußerster Beliebtheit. Sie ist und bleibt für die allermeisten Menschen die gewünschte Lebensform. In der Familie übernehmen Eltern und Großeltern, Kinder und Geschwister Verantwortung füreinander. Familie gibt Geborgenheit, Zusammenhalt und privates Glück. Das Vertrauen in die Verlässlichkeit von Familien ist ein wesentlicher Bestandteil unseres sozialen Gefüges.

In Zeiten beschleunigter gesellschaftlicher Veränderungen bleibt freilich auch die Familie davon nicht gänzlich unberührt. Wir wissen von höheren Scheidungszahlen, von einer wachsenden Zahl an Elternteilen, die ihre Kinder alleine großziehen, und von so genannten Patchworkfamilien. So mag es fast erstaunen, dass die Zeiten der klassischen Kernfamilie keineswegs vorbei sind. 78 Prozent aller Kinder wachsen nach wie vor mit ihren beiden leiblichen Eltern und Geschwistern auf.

Gerade in der jungen Generation ist die Wertschätzung der Familie eindrucksvoll gewachsen: Die große Mehrzahl ist nicht nur mit ihrer Herkunftsfamilie sehr zufrieden, sondern sie strebt auch für die Zukunft eine eigene vergleichbare Familie an. 75 Prozent der West- und 76 Prozent der Ostdeutschen, so belegen es die Jugendstudien, bezeichnen heute die Familie als ihren wichtigsten Rückhalt. In den angeblich heilen fünfziger Jahren waren es nur knapp 50 Prozent.

Renate Schmidt ist Bundesministerin für Familie, Senioren, Frauen und Jugend.

Endlich mal eine gute Nachricht, mag der Katastrophenmeldungen gewohnte Zuschauer der allabendlichen Fernsehsendungen denken. Und wirklich: Diese Umfrageergebnisse stimmen positiv, denn das Befinden der Familien – und damit meine ich ausdrücklich *jede* Form – ist gleichzeitig ein Spiegelbild unserer Gesellschaft. Die Familien bilden das stabile Zentrum der Gesellschaft, sie stehen auf kleinster Ebene für ihren Zusammenhalt. Denn die Familienmitglieder sind es, die in materieller, aber auch emotionaler Hinsicht Verantwortung füreinander übernehmen. In Familien werden in erster Linie die Werte und Tugenden, auf denen unsere Gesellschaft fußt, weitergegeben.

Politik für die Familien ist immer auch Gesellschaftspolitik. Viel zu lange wurde Familienpolitik als Anhängsel von Frauenpolitik (*Stichwort*: Vereinbarkeit von Familie und Beruf), Bildungspolitik (*Stichwort*: Ganztagsschule) und/oder Sozialpolitik (*Stichwort*: Armut) behandelt, anstatt konsequent die Sichtweisen und Lebenspläne der Familien ins Zentrum zu rücken. Egal, ob es um die Sicherung des Existenzminimums, um das Recht auf Arbeit, Wohnung und Erziehung, um ein Leben in Freiheit und Gleichheit geht: Für die Familien haben all diese Faktoren schon deshalb eine besondere Bedeutung, weil es hier auch um das Leben unserer Kinder und damit um unsere Zukunft geht.

Im Interesse der Familien ist es, die Lebensrisiken der Menschen möglichst klein zu halten. Armut und Arbeitslosigkeit sind sicher die größten Ängste und die bedrängendsten Erfahrungen, die eine Familie machen kann. Sie beeinträchtigen nicht nur deren gegenwärtige Lebensbedingungen, sondern haben auch auf die Entwicklung und den weiteren Lebensweg der Kinder großen Einfluss. Zu den sozialen Grundrechten der Kinder gehört aber nicht nur eine materielle Absicherung. Kinder haben auch ein Recht auf Erziehung und Bildung, das ihnen ein Leben als eigenständige, in jeder Hinsicht gleichberechtigte Bürger ermöglicht.

Der Staat gewährt seinen Bürgern und Bürgerinnen diese Grundrechte von Kindesbeinen an. Es liegt aber nicht allein in seiner Hand, dass sie sich tatsächlich in ihrer Wirkung entfalten können. Denn jeder und jede Einzelne trägt Verantwortung im jeweiligen sozialen Kontext, die sozialen Grundrechte seinen Nächsten zuteil werden zu lassen. Wir können für die Zukunft nur dann etwas bewirken, wenn Staat und Familie zusammenspielen und sich wechselseitig unterstützen. Das Prinzip des Förderns und Forderns gründet auf dieser Einsicht. Wir wissen, dass unser Land vor weit gehenden Reformen steht. Alle werden dazu einen Teil beitragen müssen. Grundsätzlich gilt aber, dass notwendige, vielleicht mitunter unpopuläre Veränderungen vor allem das Ziel verfolgen, unsere Gesellschaft und ihre Bürgerinnen und Bürger zu stärken.

Die Verantwortung des Staates

Geld im Werte eines Einfamilienhauses geben Eltern durchschnittlich aus, bis ihre Kinder das 18. Lebensjahr erreichen – sollten sie studieren, noch wesentlich mehr. Kinder gelten als Armutsrisiko. Dabei wird häufig übersehen, dass Familien in der Regel nicht deshalb arm sind, weil sie Kinder haben, sondern weil die Eltern wegen fehlender oder ungenügender Bildung arbeitslos sind, weil es schlechte oder gar keine Betreuungsmöglichkeiten für die Kinder gibt. Dies trifft in besonders hohem Maß die allein erziehenden Mütter. Ihnen muss ebenso wie allen anderen erwerbswilligen Elternteilen geholfen werden, (wieder) in die Berufstätigkeit hineinzukommen.

Es ist Aufgabe des Staates, den Menschen, denen dies aus eigener Kraft nicht gelingt, dabei auch materiell zu helfen – auch in Zeiten tief greifender Reformen unserer Sozialsysteme. Die wünschenswerte Konzentration der materiellen Hilfen auf untere Einkommensschichten und besonders Bedürftige wie z. B. Alleinerziehende ist uns aus verfassungsrechtlichen Gründen verwehrt. Es können aber neue Lösungen gefunden werden, die zumindest die finanzielle Organisation einer Familie erleichtern. Erfahrungen in anderen Ländern können hier hilfreich sein.

Eine Anhebung der Förderung durch das Familiengeld auf das Niveau der maximalen Förderung durch Kinderfreibeträge ist gegenwärtig ebenso wenig finanzierbar wie eine Anhebung des Erziehungsgeldes – ohne dass andere, wie ich glaube dringlichere Projekte darunter zu leiden hätten. Eine international vergleichende Studie der Bertelsmann-Stiftung hat uns kürzlich gezeigt, dass es künftig nicht mehr auf weitere und höhere Transferleistungen, sondern auf den differenzierten Ausbau einer guten Kinderbetreuung ankommt. Die deutlich höheren Geburtenzahlen anderer Länder wie

Dänemark, Schweden oder Frankreich, die uns in dieser Entwicklung weit voraus sind, sprechen Bände.

Kinderarmut reduzieren

Wir können und dürfen aber nicht die Augen davor verschließen, dass heute immer mehr Kinder in Armut leben. Insgesamt sind rund eine Million Kinder auf Unterstützung durch die Sozialämter angewiesen – bei rund fünfzehn Millionen Kindern und Jugendlichen bis zu 18 Jahren, die in Deutschland leben. Die meisten dieser Kinder, nämlich 56,3 Prozent, kommen aus Einelternfamilien. 22,5 Prozent der Sozialhilfe beziehenden Kinder sind Ausländer.

Häufig sind diese Kinder schon früh aus der Gemeinschaft ausgeschlossen, sie können an Ausflügen und Kindergeburtstagen nicht teilnehmen und sie lernen nicht, mit eigenem Geld umzugehen. Für ihre Entwicklung bedeutet dies, dass ihnen wichtige soziale und andere grundlegende Kompetenzen fehlen. Die Wahrscheinlichkeit, dass diese Kinder als Erwachsene wieder in Armut leben werden, ist groß. Deshalb ist es wichtig, den Eltern dieser Kinder künftig bessere Chancen zu geben.

Manche Lösungsmöglichkeiten sind da einfacher und vor allem schneller zu verwirklichen als andere. Die versäumte Integration ausländischer Familien wird beispielsweise nicht ohne weiteres nachzuholen sein. An anderer Stelle ist dagegen leichter anzusetzen. So mag es z. B. praktikabel und sinnvoll sein, Alleinerziehende auch innerhalb der ersten drei Jahre nach der Geburt ihres Kindes in das Programm der so genannten Maßnahmen zur Arbeitsförderung aufzunehmen. Denn für sie gilt das Gleiche wie für Arbeitslose: Je länger die letzte Erwerbstätigkeit zurückliegt, desto schwieriger wird eine Rückkehr in den Beruf. Das Prinzip des Förderns und Forderns gilt auch hier.

Der Abbau der Altersarmut hat zwanzig Jahre gedauert. So lange dürfen wir für den Abbau der Kinderarmut nicht benötigen, aber einige Jahre werden auch hier verstreichen. Schon in dieser Legislatur müssen erste Schritte erkennbar unternommen werden. Ich befürworte ein Kinderfördergeld für Eltern, deren geringes eigenes Einkommen die Bedürfnisse des täglichen Lebens nicht zu decken vermag. Zusammen mit dem Kindergeld können die Eltern die Mindestausgaben ihrer Kinder bestreiten.

Betreuung ausbauen

Vor allem im Interesse all dieser Kinder hat die Bundesregierung beschlossen, die Betreuung zu verbessern und weiter auszubauen – sei es über Tagesmütter oder institutionelle Betreuung. Dies gilt insbesondere für die unter Dreijährigen, aber auch im Kindergarten- und Hort-Bereich sind wir – und ich spreche hier im Wesentlichen von Westdeutschland – von einer bedarfsgerechten ganztägigen Betreuung noch weit entfernt. Auch die qualitativen Standards entsprechen sicherlich nicht überall den Wünschen.

Die Bundesregierung stellt aus diesem Grund den Ländern und Gemeinden 1,5 Milliarden Euro ab 2004 jährlich zur Verfügung, um den Ausbau der Tagesbetreuung im vorschulischen Bereich, insbesondere bei Kindern unter drei Jahren, zu unterstützen. Ähnliches gilt für die Erweiterung von Ganztagsschulangeboten, die über einen Zeitraum von vier Jahren mit vier Milliarden Euro gefördert werden sollen. Gerade Kindern aus benachteiligten Familien wird so die Chance auf gute und gleiche Bildungsmöglichkeiten eröffnet.

Jüngste Studien, zum Beispiel des Deutschen Instituts der Wirtschaft (DIW), haben ergeben, dass ökonomische Rationalität und sozialpolitische Notwendigkeit zumindest im Bereich der Kinderbetreuung kein Widerspruch sind. Der Ausbau der Kinderbetreuung bietet mittelfristig auch einen volkswirtschaftlichen Nutzen. Zusätzliche Steuereinnahmen und Sozialversicherungsbeiträge ergeben sich dann, wenn erwerbswilligen Müttern auf diesem Weg ermöglicht wird, wieder in ihren Beruf zurückzukehren. Betrachtet man die Nutzeneffekte des Betreuungsausbaus insgesamt, so sind sie, wie Berechnungen ergeben haben, drei- bis viermal so hoch wie die Kosten, die bei einem Ausbau der Einrichtungen zunächst entstehen.

Die Verantwortung der Gesellschaft

Eltern und Kinder brauchen in heutiger Zeit vor allem eins: Zeit füreinander. Und sie sollen so weit wie möglich selbst entscheiden, wie sie diese Zeit einteilen. Viele junge Frauen wollen heute in ihrem Beruf arbeiten, ohne auf eine Familie verzichten zu müssen – und umgekehrt. Ebenso wenig darf es Vätern zu ihrem Nachteil ausgelegt werden, wenn sie die Elternzeit in Anspruch nehmen, weil auch sie gerne miterleben wollen, wenn der Sprössling die ersten Schritte tut.

Es ist auch Aufgabe der Unternehmen, sie in diesem Wunsch zu unterstützen.

Wir brauchen eine neue Balance von Familie und Arbeitswelt, die es jeder Familie ermöglicht, selbst über die für sie richtige Lösung zu entscheiden. Das nützt auch den Unternehmen. Schon heute kann unsere Wirtschaft angesichts des derzeitigen Fachkräftemangels nicht mehr auf die am besten ausgebildete Frauengeneration verzichten. Wirtschaft, Unternehmen und Gewerkschaften sind deshalb gleichermaßen in der Verantwortung, eine familienfreundliche Unternehmenskultur auszubauen. Es gibt heute schon viele positive Beispiele, die zeigen, dass es auch für die Unternehmen selbst von großem Nutzen ist, wenn Mitarbeiter ihre Kinder in guter und verlässlicher Betreuung wissen.

An Bündnispartnern und Netzwerken mangelt es nicht. Deshalb wird die Balance von Arbeit und Familie bei den Tarifpartnern künftig eine wichtige Rolle spielen. Gewerkschaften ebenso wie Unternehmen und ihre Verbände signalisieren, dass dieser Komplex für sie einen hohen und zum Teil auch neuen Stellenwert hat. Auch auf die sozialen Organisationen und Wohlfahrtsverbände kommt es in dieser Frage an. Sie sind herzlich eingeladen, sich auf dem Gipfel der Bundesregierung „Betreuung und Bildung" Ende des Jahres mit eigenen Vorschlägen zu beteiligen und gesellschaftliche Vereinbarungen mit zu treffen.

Die Verantwortung der Familien

Der Staat kann eine gute Infrastruktur schaffen und die Familien in ihren Stärken fördern – die Verantwortung für ihre Kinder wird den Eltern damit nicht genommen. In der Familie entwickeln Kinder Vertrauen, Selbstbewusstsein und Bindung. Die Eltern sind nach wie vor die wichtigste Instanz für die Erziehung und die Persönlichkeits- und Charakterbildung ihrer Kinder, sie vermitteln zentrale Werte und Tugenden wie Toleranz, Respekt, Eigenständigkeit, Kritikfähigkeit und Solidarität. Wichtige Entscheidungen werden für die Kinder bereits im Elternhaus getroffen und Chancen und Bildungsmöglichkeiten werden in der Familie eröffnet.

Umso notwendiger ist es, dass sich Eltern intensiv um die Entwicklung ihrer Kinder kümmern und die Arbeit in den Schulen unterstützen. Nicht erst die Ergebnisse der PISA-Studie haben gezeigt, wie wichtig eine neue Bildungs- und Erziehungsverantwortung in unserem Land ist. Kinder brauchen Vorbilder, auch und gerade in der Familie. Wer als Mutter oder Vater etwas verspricht und regelmäßig nicht hält, der wird seine Kinder umsonst zu Glaubwürdigkeit und dem Einhalten von Verabredungen ermahnen. Wer als Mann nie zu Hause hilft, muss nicht erstaunt sein, wenn auch die Söhne kleine Paschas werden. Starke Eltern sind die besten Vorbilder für ihre Kinder.

Kinder und Jugendliche haben ein Recht auf Erziehung, auf klare Regeln und Vorbilder, die in allen Lebensbereichen ihre Gültigkeit haben müssen. Eine solche Verbindlichkeit verlangt, dass sich Eltern und Institutionen, aber auch die Gesellschaft insgesamt über Ziele und Leitbilder verständigen müssen und selbst vorbildlich handeln. Orientierende Maßstäbe sind dabei das Recht auf gewaltfreie Erziehung und das Lernen gewaltfreier Konfliktregelung in den Familien.

Ebenso sind die Eltern in erster Linie gefragt, wenn es darum geht, Kinder zu einem verantwortungsbewussten Umgang mit den Medien hinzuführen. Der ständige, unbegleitete Bilder-Konsum von Gewalt, Kriminalität und Sex ist schädlich. Kinder können an erster Stelle in der Familie lernen, wie man mit den Medien umgeht und in der Fülle der Angebote eine sinnvolle Auswahl trifft. Deshalb werden wir die Eltern in den Möglichkeiten und Methoden ihrer Erziehung stärken.

Zukunft mit Kindern

Stärken wir die Familie, können wir auch den gesellschaftlichen Wandel besser bewältigen. Familien geben Orientierung in einer Zeit der Individualisierung und der Vielfalt möglicher Lebensmodelle, sie sind Stützen unserer Volkswirtschaft und unserer sozialen Sicherungssysteme. Leistungsfähigkeit und gute Lebensqualität haben hier ihren Ursprung. Für unsere Zukunft gilt es, den sozialen Zusammenhalt, der in den Familien einen wichtigen Ursprung hat, zu fördern. Deutschland muss familien- und kinderfreundlicher werden. Es gibt eine gemeinsame Verantwortung für Staat, Wirtschaft und soziale Organisationen.

Angela Merkel

Freiheit

Soziale Sicherheit und aktive Bürgergesellschaft

Freiheit ist seit der Aufklärung das Schlüsselwort unserer Epoche. Für uns in Deutschland ist sie die verfassungsrechtliche Grundlage für Rechtsstaat, Sozialstaat und Demokratie.

In der Zeit der Teilung hatte die DDR den Anspruch erhoben, von beiden Systemen das gerechtere zu sein. Die Wirklichkeit nach 40 Jahren Diktatur war ein marodes Wirtschaftssystem, das als Sozialstaat dauerhafte soziale Sicherheit nicht bieten konnte. Zentralistischer Staatsdirigismus führte zum Verlust der Freiheit, verschleuderte wirtschaftliche Ressourcen und untergrub die Fundamente sozialer Sicherung. Andererseits wurde von den DDR-Bürgern viel Energie, Eigeninitiative und Engagement in das Private, ihren lebensweltlichen Raum der kleinen Freiheiten, gesteckt. Aus dieser historischen Erfahrung können wir lernen. Zentralstaatliche Lösungen sind für die aktuelle Bewältigung der Probleme unseres Sozialstaates untauglich. Stattdessen brauchen wir mehr Wettbewerb, Eigenverantwortung, Freiwilligentätigkeit, private Vorsorge – kurz: mehr Freiheit.

Die normativen Grundlagen für Politik, Wirtschaft und Sozialstaat in unserem Land sind Freiheit und Gerechtigkeit. Auf diese Werte stützt sich ordnungspolitisch die Soziale Marktwirtschaft. Wirtschaftliche Freiheit führte im Laufe der Jahrzehnte zu einem hohen Leistungs- und Lebensstandard. Dieses wiederum ermöglichte den Ausbau sozialer Sicherung und sozialer Teilhabe. Allerdings hat sich der Sozialstaat aufgrund einseitiger Betonung von Gleichheit und Verteilungsgerechtigkeit immer mehr zu einem umfassenden Wohlfahrtsstaat entwickelt, bei dem die ursprünglichen Notlagen aus dem Blick gerieten. Die Folge dieses Wohlfahrtsstaates

Angela Merkel war von 1991 bis 1994 Bundesministerin für Frauen und Jugend und von 1994 bis 1998 Bundesministerin für Umwelt, Naturschutz und Reaktorsicherheit. Seit 2000 ist sie CDU-Vorsitzende, seit 2002 Vorsitzende der CDU/CSU-Bundestagsfraktion.

waren zunehmende Spezialisierung und Professionalisierung, wachsende Verrechtlichung und auswuchernde Bürokratisierung. Dieses engte den Freiheitsraum der Bürger immer mehr ein. Ein markantes Beispiel dafür ist das Gesundheitswesen. Die Bürokratisierung der Medizin in Arztpraxen, Krankenhäusern und Verbänden nimmt inzwischen erschreckende Ausmaße an. Sie lässt Ärzten und Pflegekräften immer weniger Zeit für ihre eigentliche Aufgabe, die medizinische und pflegerische Versorgung der ihnen anvertrauten Patienten. Die periodisch wiederkehrenden Finanzierungsprobleme im Arbeitslosenbereich, im Rentensystem, bei der Pflegeversicherung oder im Gesundheitswesen sind weitere Alarmzeichen. Die demografische Entwicklung führt darüber hinaus zu einer „Altersgesellschaft", die einen Umbau der sozialen Sicherung notwendig macht.

Zu diesen innenpolitischen Entwicklungen traten in den letzten Jahren die Folgen der Globalisierung hinzu. Der weltweite wirtschaftliche Wettbewerb um Märkte und Standorte setzt auch die nationalstaatlichen Systeme sozialer Sicherung unter Wettbewerbs- und Anpassungsdruck. Ineffizienz im Renten-, Gesundheits- oder Arbeitsmarktsystem wie bei uns in Deutschland wird dadurch schonungslos aufgedeckt.

Dass mit dem Sozialstaat etwas nicht mehr stimmt, merken auch die Bürger. Nur noch 4 % meinen, mit dem System sozialer Sicherung sei im Großen und Ganzen alles in Ordnung. 55 % sehen die beitragsfinanzierten Sicherungssysteme mit großen Problemen konfrontiert, 40 % sind sogar der Ansicht, die Säulen unseres Sozialstaates ständen kurz vor dem Zusammenbruch.

Konsequenz muss die Neuausrichtung von Wirtschaft und Sozialstaat ein: Wir brauchen eine neue Soziale Marktwirtschaft. Der deutsche Sozialstaat muss von der Schieflage wieder in eine neue Balance von Freiheit und Gerechtigkeit gebracht werden.

I.

Was bedeutet dabei das Prinzip Freiheit?
In die Freiheit gestellt zu sein ist die existentielle Grundsituation des Menschen. Freiheit, das heißt die Fähigkeit zu eigenständigem Denken und Urteilen, zu Wahl, Entscheidung, Eigeninitiative, kreativer Gestaltung, Teilhabe, Respekt und Anerkennung. Diese Selbstbestimmung führt zur Übernahme von Verantwortung für sich und

andere. Auf diese Weise prägt Freiheit auch die Lebenspraxis der Menschen. Dieser zwischenmenschlichen, sozialen und politischen Freiheit entspricht die offene Gesellschaft. Die Vielzahl an Optionen, Einstellungen und Lebensweisen der Bürger wird vom Grundsatz der Freiheit her anerkannt. „Das Wesen der Politik ist Freiheit" – das war eine elementare Einsicht Hannah Arendts. Sie bezieht sich nicht nur auf Rechtsstaat und parlamentarische Demokratie. Sie muss auch für die Einrichtungen sozialer Sicherung und sozialer Teilhabe gelten. Gerechtigkeit heißt in dieser Perspektive zuerst die Herstellung von Freiheit für jedermann.

Freiheit als Grundlage unseres Sozialstaates bedeutet mehr persönliche Verantwortung, Möglichkeit zur Wahl, Selbsthilfe, Eigenvorsorge. Das stärkt das Individuum. Wer wählt, benötigt dafür Transparenz – im Gesundheitswesen, in der Arbeitswelt, im Rentensystem. Intransparenz führt zu schlechtem Leistungsangebot. Aus diesem Grund brauchen wir auch mehr Wettbewerb zwischen den Leistungsanbietern im Sozialsystem. Wettbewerb ist selbst Ausdruck freiheitlichen Handelns von Menschen. Er führt aber auch zu besseren Leistungen. Mehr Wettbewerb im Sozialstaat ist deshalb eine dringende Forderung.

Freiheit bedeutet selbstverantwortliche Lebensführung. Bevor man die Hilfen anderer beansprucht, ist man gehalten, das eigene Leistungspotential auszuschöpfen. Dazu gehört beispielsweise in der Gesundheitspolitik eine stärkere Selbstbeteiligung. Große Risiken wie chronische Erkrankungen werden von der Solidargemeinschaft der Versicherten getragen. Deshalb ist es dem Versicherten auch zuzumuten, bei der Inanspruchnahme von Leistungen einen kleineren Teil der Kosten selbst zu tragen. Voraussetzung dafür ist eine Wirtschafts- und Steuerpolitik, die dem Bürger auch den Spielraum für Eigenleistungen und langfristige Vorsorge verschafft. Die hohe Steuer- und Abgabenbelastung in Deutschland führt aber gerade zum Gegenteil: Die Bürger haben finanziell kaum noch Luft zum Atmen. Aus diesem Grund ist es wichtig, wirtschaftlich aus der Phase anhaltender Stagnation herauszukommen und endlich die Bedingungen für wirtschaftliches Wachstum durch mehr Markt und Wettbewerb zu schaffen. Stattdessen wächst die Schattenwirtschaft mit nie gekannten Wachstumsraten, allein im letzten Jahr mit 5,6 %. Inzwischen nimmt sie rund 17 % des Bruttosozialproduktes ein. Ohne wirtschaftliche Leistung und Wachstum ist auf Dauer auch kein sozialpolitischer Spielraum vorhanden. Deshalb weist die Deutsche Bischofskonferenz zu Recht darauf hin: Wirtschaftliche Produktivität und soziale Produktivität bedingen einander ebenso wie Leistungsgerechtigkeit, Verteilungsgerechtigkeit und Beteiligungsgerechtigkeit. Freiheit geht in Leistung nicht auf, aber Leistung ist wesentlicher Ausdruck von Freiheit.

Die Einführung freiheitlicher Lösungen für die Probleme des Sozialstaates führt über ein individualistisches Freiheitsverständnis hinaus. „Freiheit von" muss ergänzt werden durch „Freiheit zu". Dieses bedeutet solidarische Teilhabe, Einsatz und Verantwortungsübernahme für andere, praktizierte „Anwaltschaftlichkeit" (im Sinn von Diakonie und Caritas) für Menschen, die in Not geraten sind oder benachteiligt werden. Vor allem aber besteht „Freiheit zu" im Eingehen von selbst gewählten Bindungen. Neben Wettbewerb ist dieses die zweite wichtige Veränderung für den Bereich sozialer Sicherung. Familie, Kommune, Bürgerinitiative, soziale Einrichtungen bis hin zur staatlichen Gemeinschaft – sie alle leben von der ehrenamtlichen, freiwilligen Übernahme von Bindungen. Auch Wahlmöglichkeiten bekommen erst ihren Sinn in dem sie umgebenden sozialen Gefüge und damit in der Bindung. Freiwillig eingegangene Bindungen und selbst gesetzte Verpflichtungen sind Ausdruck von Verantwortung. Im Gesundheitswesen, bei dem Aufbau einer altersgerechten Gesellschaft, im Bildungsbereich, bei der Unterstützung Arbeitsloser oder in den modernen Formen der Familienunterstützung wird diesem freiwilligen Engagement in Zukunft eine erheblich größere Rolle zukommen.

II.

Die Verpflichtung zu sozialer Sicherung, die eine freiheitliche Lebensgestaltung möglich macht, hat im Sozialstaatsgebot des Grundgesetzes seinen Niederschlag gefunden. Dieses behält auch in Zukunft seine Geltung. Denn die sich entwickelnde Dienstleistungs- und Wissensgesellschaft beruht ebenso wie die traditionelle Industriegesellschaft auf einer hochspezialisierten Arbeitsteilung. Deshalb steht die Notwendigkeit sozialer Sicherung nicht in Frage. Mit der Wissensgesellschaft entsteht jedoch eine neue Qualität des Lebens und Wirtschaftens und damit ein neues Verhältnis zwischen Bürger und Sozialstaat. Das Wechselspiel von Aufgaben des Staates, der Gesellschaft und der Eigenverantwortung des Einzelnen muss deshalb neu justiert werden.

Aus meiner Sicht sprechen deshalb drei Gründe für einen Paradigmenwechsel zugunsten des Prinzips Freiheit:

Erstens hat die Wohlfahrtsentwicklung bei uns in den letzten Jahrzehnten zu einer Ausweitung sozialpolitischer Tatbestände, immer größerer Regelungsdichte und bürokratischer Organisation geführt. Die Folgen sind bis heute erhebliche Effizienzverluste, Kostenexplosionen und hohe Anspruchshaltungen an den Staat. Die Bereitschaft zur Eigenvorsorge, zur Eigeninitiative und Verantwortungsübernahme in den „kleinen Einheiten" ging dagegen immer weiter zurück. Das gilt es zu korrigieren.

Zweitens erfordert die entstehende Dienstleistungs- und Wissensgesellschaft Umorientierungen in der sozialen Sicherung. Den so genannten „Eckarbeiter" mit 45 Versicherungsjahren und einer Lebenseinteilung in die drei Phasen Ausbildung, Arbeit, Ruhestand wird es immer weniger geben. Gleichzeitig nimmt die Bedeutung vielfältiger Qualifikation und Erfahrung zu. Konsequenterweise muss der Bildungsbereich umgebaut werden zugunsten von Institutionen, die ein „lebenslanges Lernen" ermöglichen. In der Arbeitswelt brauchen wir erheblich flexiblere Regelungen, andere Zeitsysteme und mehr Optionsmöglichkeiten für Unternehmen wie für Arbeitnehmer. Dazu gehört auch die Änderung des Tarifvertragsgesetzes und des Betriebsverfassungsgesetzes, um betriebliche Bündnisse für Arbeit zu ermöglichen. Größere Flexibilisierung und breitere Entfaltungsräume dienen einer besseren Wettbewerbssituation Deutschlands angesichts der Globalisierung.

Drittens: Die alte soziale Frage – des Widerspruchs zwischen Kapital und Arbeit – ist durch die Soziale Marktwirtschaft geordnet worden. Inzwischen haben sich unterschiedliche „neue soziale Fragen" angesammelt, die der Problemlösung bedürfen:

- Die erste neue soziale Frage betrifft den Ausgleich der Regionen in Deutschland. Hier geht es nicht nur um einen Ausgleich von West und Ost, sondern um eine föderale Neuordnung. Substantiell gestärkt werden muss künftig vor allem die „Kommune". Ge-

rade hier schaffen größere Freiräume Lösungen für neue soziale Strukturen.
- Die zweite neue soziale Frage betrifft die Verteilung von Macht zwischen den organisierten und den nicht organisierten Interessen. Die bisherige Bevorzugung organisierter Lobbyarbeit führt zu strukturellen Defiziten bei Familien, allein erziehenden Müttern, bildungsmäßig Benachteiligten und anderen Gruppen.
- Die dritte neue soziale Frage betrifft das Verhältnis von Familie und Arbeitswelt. Immer mehr Frauen und Mütter wollen ihrem Beruf nachgehen. Die Neuordnung von Hausarbeit und Erwerbsarbeit ist überfällig.
- Die vierte neue soziale Frage betrifft die Herstellung von Generationengerechtigkeit. Der faire Ausgleich sozialer Chancen und sozialer Kosten wird hier zunehmend wichtiger. Dazu gehört, keine weiteren Schulden anzuhäufen zu Lasten der kommenden Generationen.
- Die fünfte neue soziale Frage betrifft die Verbreiterung von Bildungschancen. Schulische Defizite im europäischen Vergleich und soziale Bildungsgräben – siehe die PISA-Studie – müssen mit einer Bildungspolitik angegangen werden, die mehr Freiräume schafft, Wettbewerb zulässt und die Vielfalt beruflicher Wege ermöglicht.

Auf diese neuen sozialen Fragen müssen Antworten gefunden werden – zusätzlich zu den Fragen langfristiger Sicherung der Renten, des Aufbaus einer altersgerechten Gesellschaft und der Eindämmung drohender Kostenexplosionen im Renten-, Gesundheits- und Pflegebereich. Unser Sozialstaat alter Prägung ist mit diesen Anforderungen mehr als überlastet. Weitere sozialstaatlich-bürokratische Regelungen engen den Handlungsraum noch mehr ein. Die wachsenden Anforderungen im Bereich sozialer Sicherung und sozialer Teilhabe fordern freiheitliche Lösungen geradezu heraus.

III.

Wurde der Sozialstaat bisher durch die Forderung nach Gleichheit und Gerechtigkeit begründet, ist es an der Zeit, ihn in der Perspektive des Prinzips Freiheit zu reformieren. Der Sozialstaat stellt sich damit in erster Linie nicht in den Dienst der Gleichheitsfürsorge, sondern der Freiheitsfürsorge.

Das erfordert, systematisch mehr Freiräume für die Bürgergesellschaft zu schaffen: für Eigenverantwortung und ehrenamtliches, freiwilliges Engagement, für Eigeninitiative, neue Formen des Miteinanders, zivilgesellschaftliche Selbsthilfe, Mäzenatentum und Verbreiterung des Stiftungswesen. Dazu gehören vermehrte Wahlmöglichkeiten und stärkere individuelle Verantwortungsübernahme im Bereich der Eigen- und Mitvorsorge sowie der Prävention. Der Staat, auch der Sozial-Staat, sind letztlich wir alle. Auf diesem Fundament kann man in zwei innovative Richtungen weiterdenken:

Erstens geht es um die Einbeziehung der „aktiven Bürgergesellschaft" in die neue Organisation sozialer Sicherung. Die „aktive Bürgergesellschaft" ist Ausdruck der freiheitlichen Zusammenschlüsse der Bürger und ihres freiwilligen, ehrenamtlichen Engagements. Bürger wollen und können soziale Aufgaben übernehmen. Umfragen zeigen, dass erheblich mehr Menschen zum Engagement gerade auch in sozialen Bereichen bereit sind als bisher.

Menschen wachsen im Engagement. Ohne bürgerschaftliches Engagement stirbt nicht nur die freiheitliche Demokratie ab, gefährdet wären auch soziale Sicherung und soziale Teilhabe. Die „aktive Bürgergesellschaft" engagiert sich subsidiär für andere. Sie fragt nach neuen Freiheitsräumen für soziales Engagement und organisiert selbsttätig neue soziale Arrangements: Nachbarschaftshilfe, soziales Quartiersmanagement und Bürgerbüros, Mitverantwortung von Schülern und Schulen, bürgerschaftliche Hilfe in der Jugendarbeit, bei kulturellen Veranstaltungen oder der Altenhilfe, Einsatz in Freiwilligendiensten und im freiwilligen sozialen, ökologischen oder kulturellen Jahr, den flächendeckenden Aufbau von Freiwilligenzentren, Mitarbeit in den vielfältigen Selbsthilfegruppen. Hier liegt ein großes Potential, das für neue Formen sozialer Sicherung genutzt werden kann. Wir verfügen bereits über einige Erfahrungen im Aufbau einer solchen Bürgergesellschaft. Modellprojekte haben gezeigt, wie das Ehrenamt in den Aufbau einer altersgerechten Gesellschaft integriert werden kann. Stiftungen loben Wettbewerbe aus, die eine lokale Anerkennungs- und Beteiligungskultur fördern. Erfahrungen gibt es über die Kommunen hinaus auch auf Landesebene, vor allem im „Pionierland" Baden- Württemberg.

Zweitens müssen wir neu darüber nachdenken, was jeder zur eigenen wie zur gemeinsamen sozialen Sicherung beitragen kann.

Denn angesichts unterschiedlicher Verteilung von Einkommen werden auch die Beiträge jedes Einzelnen unterschiedlich ausfallen. Neben Fürsorge und Versicherung könnten deshalb „Zeitsysteme" treten. Andere Länder wie die USA oder Italien haben dies bereits in die Organisation ihres Sozialsystems aufgenommen.

Neben der Sozialhilfe wird bisher in Deutschland soziale Sicherung als Versicherung und damit in Form von Geldbeiträgen organisiert. Zur Reform des Sozialstaates in Deutschland sollte in Zukunft – neben dem Einbezug der „aktiven Bürgergesellschaft" – ein zeitbezogenes, auf Tauschleistung beruhendes soziales Sicherungssystem entwickelt werden. Das Prinzip lautet: Wer Zeit eingesetzt und eine soziale Leistung erbracht hat, bekommt dafür eine Gegenleistung gutgeschrieben. Diese kann im eigenen Bedarfsfall wahrgenommen werden. Ein solches System besitzt viele Vorteile, vor allem für eine alternde Gesellschaft.

All diese Überlegungen kennzeichnet die Überwindung der mentalen Hürden unseres traditionellen sozialstaatlichen Denkens. Gerade das wird gebraucht: der geistige und praktische Aufbruch zu neuen Ufern. Es ist wie in einer Gründerzeit: Neues Denken, Neugierde, Wissensdurst, Mut zu neuen Wegen müssen größeres Gewicht erhalten. Es geht um eine neue Ordnungspolitik nach dem Prinzip Freiheit und damit um die Förderung von Leistung im wirtschaftlichen und sozialen Bereich. Ebenso notwendig ist die Wertschätzung von Wettbewerb auch in Sozialbereichen, weitere Flexibilisierung, Dezentralisierung und der Abbau wuchernder, immer weniger auf die Lebenswirklichkeit zugeschnittener Sozialbürokratie. Vor allem aber geht es um die Anerkennung wie Aktivierung bürgerschaftlichen Engagements. Wer Pioniergeist, Wagemut, Unternehmensfreude und Motivation für freiwilliges Engagement wecken will, kann dies nicht auf dem Verordnungswege tun. Wer bei der Reform des Sozialstaates lieber auf bürokratische Regelungen setzt, anstatt den Bürgern zu vertrauen, wird schnell in Sackgassen landen.

Eines ist deshalb gewiss: Ohne Freiheit der Personen, ohne eine weiterentwickelte freiheitliche Grundordnung und größere freiheitliche Gestaltungsräume für die Bürger, für eine aktive Bürgergesellschaft im nationalen, europäischen und globalen Kontext wird es im 21. Jahrhundert nicht gehen.

Dietmar Mieth

Geburt

Auf die „schöne neue" Welt kommen

Wir alle werden geboren. Aber werden alle zukünftigen Generationen „geboren" werden? Oder werden sie, wie der gelehrte und berühmte polnische Science-Fiction-Autor Stanislaw Lem sagt, mit der zukünftigen „omnigenerativen Kreationistik" aus dem Labor kommen? Wird dies die Frauenbefreiung sein, dass wir nur noch Petrischalen und Brutkästen brauchen?

Wird damit das soziale Dilemma überwunden, dass Frauen Selbstverwirklichung, Beruf und Reproduktion im eigenen Leibe austragen? Mehr noch: Wird dadurch der Paradiesfluch überwunden (vgl. Gen 3,16–19), der dem Mann sagte, er werde sein Brot im Schweiße seines Angesichtes essen, und der Frau sagte, sie werde ihre Kinder unter Schmerzen gebären? Das wäre ja durchaus auf der Linie der neuen Götter der säkularen sozialen Entwicklung Wissenschaft, Technik und Ökonomie, welche die säkularen Naturgötter Selektion und Mutation begleiten: Die Vertreibung aus dem Paradies hört auf. Wir essen unser Brot „im Schweiße der Maschinen" (Ingeborg Bachmann), die Männer „herrschen" nicht mehr über die Frauen. Oder teilt sich die Menschheit in die unendliche Menge, für welche die Vertreibung aus dem Paradies weiterhin gilt, und die Privilegierten, die sich auf derem Schweiße und auf deren Schmerzen ein neues Jerusalem erbauen? Und haben wir denn das Recht, alte Flüche mit Moral zu würzen und mit religiöser Rabulistik aufrechtzuerhalten? Soll es allen schlecht gehen und nicht wenigstens einigen besser?

Der Oxforder Ethiker Julian Savulescu meint, wenn zukünftige Kinder vor ihrer Zeugung wählen könnten, sie würden eine Welt wählen, in welcher jene Embryonen und Föten, die sie selber einmal sein werden, deshalb eine größere Überlebenschance hätten, weil die

Dr. Dietmar Mieth ist Professor für theologische Ethik an der Universität Tübingen und Mitglied der Ethik-Beratergruppe der EU-Kommission in Brüssel.

Zahl der Geborenen nicht nur durch die Natur, sondern durch die Technik reduziert und die Überzähligen dabei als Fitnesssteigerer für andere verwendet würden, so dass am Ende eine größere Zahl mit größerer Gesundheit gerettet sein würde als dann, wenn man der Natur ihren Lauf ließe. So müsse man in dieser Situation eines angenommenen Urzustandes vor der Zeugung eine Welt wählen, in welcher man aufgrund technischer Selektion mehr Überlebenschancen hätte, auch wenn diese Überlebenschance unter Umständen nicht die eigene wäre.

Der intuitive Aufstand gegen solche Szenarien eines utilitaristischen Philosophen könnte sich durch Gewöhnung abschwächen. Denn die neuen Götter verändern unser moralisches Bewusstsein durch die Selbstverständlichkeit des kulturellen Wandels, den sie bewachen, ebenso, wie die alten Autoritäten es getan haben.

Aber können wir uns den Ausgangspunkt unserer moralischen Entscheidung nicht anders denken, als Savulescu ihn entworfen hat? Gehen wir statt von der Summe der Überlebenden und statt von der Präferenz für Fitness von den Rechten aus, die jeder Mensch hat. Wollen wir in einer Wahl des Urzustandes das kalte Reagenzglas und den sterilen Brutkasten mit der Wärme der Beziehung im Mutterleibe austauschen? Wollen wir eine Welt ohne das Glück und die Schmerzen des Mutterseins? Aldous Huxley, der Utopist der „Schönen Neuen Welt", hat einmal gesagt, der Fortschritt könne Probleme nicht lösen, sondern sie nur verändern. In der Tat, mit jeder Problemlösung eröffnen wir ein neues Problemfeld – manche meinen: die Büchse der Pandora.

Ein Plädoyer für ein Recht auf „natürliche" Geburt könnte missverstanden werden. Denn alles, was wir an Begleitung, Betreuung und medizinischer Versorgung tun, ist Kultur, nicht Natur.

Die rohe Natur, deren Wirkung nicht aus dem selektiven Raum kommt, den wir ihr aus kultureller Verantwortung zusprechen, ist immer noch menschenunfreundlich. So haben wir die Verantwortung dafür, was wir als „natürlich" erhalten, entfalten und gestalten wollen. Die blinde Natur sagt es uns nicht von sich aus, obwohl sie von sich aus viel Positives sagt. Aber wir sind es, die diese Sprache evaluieren, weil sie nur in uns zur Sprache kommt.

Warum also wollen wir „Natur"? Wir betrachten sie als Partnerin unserer Selbstverwirklichung in Freiheit, indem wir sie belassen, wo wir ihre Belassenheit brauchen. Das ist nicht anders als in unserer ökologischen Verantwortung. Die Natur zu lassen hat seinen Sinn darin, dass der belassene natürliche Zufall die Planung verhindert, der wir uns nicht verdanken wollen, um uns frei zu fühlen, wenigstens auf dem Feld des naturalen, wenn schon nicht auf dem Feld des sozialen Ausgangspunktes unserer Existenz.

Hannah Arendt hat den Ausgangspunkt unserer handelnden Freiheit die „Natalität" genannt, die „Geburtlichkeit". Handeln als Anfangen-Können ist die „Antwort" auf die Grundbefindlichkeit der Geburtlichkeit. Denn diese drückt die Anfänglichkeit des Menschen ebenso aus wie der Tod seine Endlichkeit. Arendt übersetzt Augustinus' *De civitate Dei*, 12, 21: „... damit ein Anfang sei, wurde der Mensch geschaffen, vor dem es niemand gab". Der Mensch ist nicht der Anfang der Welt, aber in der Anfänglichkeit, d. h. in der Ursprünglichkeit seiner Handlungsfähigkeit, ist erst zu sehen, dass es die Welt gibt. Arendt nennt das auch die „Erschaffung der Freiheit". „Die Geburt", sagt die Interpretin Christa Schnabl (Das Moralische im Politischen, Frankfurt a. M. 1999, 193) „garantiert die Kontinuität des Anfangens." „Weil jeder Mensch aufgrund des Geborenseins ein *initium*, ein Anfang und Neuankömmling in der Welt ist", so Hannah Arendt, „können Menschen Initiative ergreifen, Anfänger werden und Neues in Bewegung setzen" (Vita activa, München 6. Aufl. 1989, 166).

Der Zusammenhang von Geburt und Freiheit spiegelt sich konkret in der Freiheit, einen neuen Anfang zu setzen und Kontinuitäten zu unterbrechen. Da Handlungsfreiheit die Freiheit des Anfangenkönnens voraussetzt, ja sie vollzieht, wäre dieser Vollzug zerstört, wenn an die Stelle unserer Geburtlichkeit unser geplantes Sosein treten würde. Geburt setzt ins Dasein, nicht ins Sosein. Technik sollte Hilfsmittel zum Dasein sein, nicht Beherrschung unseres Soseins auf Kosten der Freiheit nachfolgender Generationen werden.

Arendts „Geburt" ist eine Metapher des Segens, nicht des Fluches. Und in der Tat überwiegen in der Bibel die Segenssprüche die Geburtswehen bei weitem. Die stärkste Form der Segensmetapher zielt aber auf die Geburt aus Gott. Diese dritte Betrachtungsweise der Geburt, ausgehend vom Prolog des Johannesevangeliums, ist nun ein zentrales Thema der christlichen Mystik. Auch hier geht es um den Anfang, um den Ursprung, um die Freiheit. Dass das Lebensprinzip des einzelnen Menschen, seine Seele, von Gott in einem einzelnen Akt seines Wollens gestiftet ist, das, so meint Thomas von Aquin, müsse wahr sein, um der Freiheit von elterlicher Schöpfung und Planung willen. Ist dann die belassene Natürlichkeit der Raum, den wir Gottes eigener Freiheit geben, um unsere Anfänglichkeit vom „Willen des Mannes und vom Blut der Frau" (Joh. 1,13) unabhängig zu sehen?

Aber könnte diese Freiheit nicht auch auf andere Weise wahrgenommen werden als durch das Belassen ihres natürlichen Raumes? Dann aber, um zu einer Vision Stanislaw Lems zurückzukehren, müsste eine christliche Synode in 500 Jahren vielleicht alle Dogmen auf eines beschränken: Wenn Geburt und Tod abgeschafft sind, wenn es keine Anfänglichkeit und keine Endlichkeit mehr gibt, wenn der Unterschied zwischen biotisierter Materie und materialisierter Biologie dahinfällt, bleibt nur noch der Mensch als Schöpfer. Ist das eine Richtung, in die wir wollen, obwohl wir die Erfahrung haben, dass der Mensch die Fehler, die er aufgrund seiner Endlichkeit – verstanden als Fehlerfähigkeit seiner Freiheit – macht, nicht mehr einholen kann? Was also wollen wir können?

Anselm Grün

Gemeinschaft

Was unser Miteinander trägt

Seit 39 Jahren lebe ich in einer Klostergemeinschaft. Wir sind etwa 100 Mönche, die täglich ihr Leben miteinander teilen. Die Gäste, die in unserem Gästehaus wohnen, fragen mich immer wieder, wie denn das Zusammenleben gelingt bei so vielen verschiedenen Cha-

Anselm Grün OSB, Dr. theol., leitet als Cellerar die Verwaltung der Benediktinerabtei Münsterschwarzach. Geistlicher Berater und Kursleiter für Meditation, tiefenpsychologische Auslegung von Träumen, Fasten und Kontemplation.

rakteren und wie die Alten und Jungen miteinander auskommen. Und ich spüre bei diesen Fragen nicht nur Neugier, sondern auch eine tiefe Sehnsucht nach Gemeinschaft. Gemeinschaft ist mehr als die Gesellschaft, mehr als ein Verein. Die Familie bildet eine Gemeinschaft. Die Pfarrgemeinde, die politische Gemeinde haben Elemente von Gemeinschaft an sich. Von der Gemeinschaft erwarten sich die Menschen Getragenwerden, Geborgenheit, Verständnis, Solidarität, Heimat und Zugehörigkeit.

In einer Gesellschaft, in der sich die Parteien und Interessenverbände gegenseitig bekämpfen und jeder nur das eigene Wohl im Blick hat, wächst die Sehnsucht nach Gemeinschaft, nach Solidarität und gegenseitiger Achtung. Die Frage ist, wie die Gemeinschaft gelingt. Der hl. Benedikt hat in seiner Regel konkrete Wege gewiesen, wie die Mönche ein Leben lang miteinander leben können. Dabei verzichtet er auf zu hohe Ideale. Er beschreibt konkret, wie die Mönche sich die Dienste in der Gemeinschaft teilen sollen. Er fordert Ehrfurcht voreinander. Die Jungen sollen die Alten ehren, die Alten die Jungen lieben. Und Benedikt zeigt, wie Konflikte in der Gemeinschaft gelöst werden können.

Der Verzicht auf zu hohe Ideale ist für mich eine wichtige Bedingung, damit Gemeinschaft gelingt. Zu hohe Ideale tragen zwei Gefahren in sich. Da ist einmal die Gefahr, dass man zu viel von der Gemeinschaft erwartet. Wir erleben das immer wieder bei jungen Menschen, die bei uns eintreten möchten. Sie erwarten, dass die Gemeinschaft ihre Probleme löst, dass sie sie von ihrer Einsamkeit befreit, dass sie sich immer geborgen und geliebt fühlen. Manchmal sind es infantile Wünsche. Die Gemeinschaft wird zur Ersatzmutter, an die man die gleichen Erwartungen stellt wie an die Mutter. Doch wer von einer Mutter zur anderen flüchtet, wird nie erwachsen. Und er wird immer wieder von der Gemeinschaft enttäuscht. Denn die Gemeinschaft ist keine Mutter, die alle meine kindlichen Wünsche erfüllt. Sie fordert mich auch heraus. Sie stellt mich vor Konflikte. Ich muss mich für die Gemeinschaft engagieren, anstatt nur von ihr zu profitieren.

Die zweite Gefahr zu hoher Ideale ist die Ideologisierung. Menschen, die sich einer Ideologie verschrieben haben, werden es auf Dauer in einer Gemeinschaft nicht aushalten. Es gibt immer wieder junge Menschen, die entweder extrem konservativ oder progressiv sind, die eine radikale Spiritualität möchten oder das Kloster als ökologischen Spitzenreiter verstehen. Hinter all diesen Idealen stekken berechtigte Wünsche und Bedürfnisse. Doch wenn man sich völlig mit diesen Ideen identifiziert, wird man blind für die eigenen blinden Flecken. Da entpuppen sich die spirituellsten Menschen dann als machtbesessen. Sie möchten unter der Fahne der Spiritualität über die andern bestimmen. Oder ökologische Vorreiter übersehen ihre aggressive Seite. Sie möchten ein gutes Miteinander von Mensch und Natur, aber sie merken gar nicht, wie sie ihre Mitbrüder aggressiv machen. Es gibt in vielen Konventen Mitbrüder, die die Mülltrennung auf ihre Fahnen geschrieben haben. Natürlich ist das ein wichtiges Anliegen. Doch wer nur dieses eine Ziel kennt, der geht bald den Mitbrüdern auf die Nerven. Er schnüffelt in jedem Papierkorb herum und tyrannisiert die ganze Gemeinschaft. Wer miteinander leben will, braucht Ideale. Aber er braucht auch eine gesunde Distanz zu den Idealen. C. G. Jung zufolge ist es immer gefährlich, sich mit archetypischen Bildern zu identifizieren. Dann wird man blind für die eigenen Schattenseiten. In der Gemeinschaft reiben sich die Einzelnen auch aneinander. Da wird deutlich, was echte Ideale sind und wo ich mich hinter Idealen verstecke, um andere Bedürfnisse damit auszuagieren, etwa das Bedürfnis nach Dominanz oder Kontrolle.

Was sind nun für Benedikt die wichtigsten Voraussetzungen für ein Gelingen von Gemeinschaft? Im 72. Kapitel seiner Regel nennt er einige Bedingungen: Die Brüder „sollen sich in gegenseitiger Achtung übertreffen. Ihre körperlichen oder charakterlichen Schwächen sollen sie gegenseitig mit großer Geduld ertragen. Im gegenseitigen Gehorsam sollen sie sich überbieten“ (RB 72,4–6). Die erste Bedingung ist die Ehrfurcht voreinander. In der Ehrfurcht beuge ich mich vor dem Geheimnis des anderen. Ich verzichte darauf, in sein Innerstes einzudringen. Manche Gemeinschaften scheitern, weil ihre Mitglieder alles voneinander wissen wollen. Jeder muss immer alles über seine Gefühle und seine inneren Bewegungen sagen. Das überfordert den Einzelnen und setzt ihn unter Druck. Die Ehrfurcht vor dem Geheimnis des andern schafft einen Freiraum mitten in der Gemeinschaft. Und die Gemeinschaft lebt von einem guten Miteinander von Distanz und Nähe. Wenn ich alles äußern muss, was mich bewegt, erfahre ich die Gemeinschaft wie ein Gefängnis, in dem ich kontrolliert werde. Doch ich kann auf Dauer nur in der Gemeinschaft leben, wenn ich auch meinen eigenen Raum habe, ein Geheimnis, das ich für mich behalten darf. Und ich brauche das Gefühl, mitten in der Gemeinschaft doch meinen ganz persönlichen Weg zu gehen. Ich muss mich nicht anpassen mit meinen Gedanken und Gefühlen. Sie gehören mir.

Echte Gemeinschaft ist nur möglich, wenn jeder sich auch seiner Einsamkeit stellt und diese Einsamkeit positiv sieht. Das Leben gelingt nur, wenn die gegenseitigen Pole, die zum Leben gehören, gebührend beachtet werden. Wir brauchen Nähe und Distanz, Einsamkeit und Gemeinschaft. Wer vor sich selbst davonläuft, wird sich in einer Gemeinschaft nie wohl fühlen. Auch in der Familie gibt es diese Einsamkeit. Sie ist die Quelle wahrer Weisheit. In der Einsamkeit lerne ich, mit mir selbst und mit Gott eins zu werden. Und wenn ich eins bin, dann erwarte ich nicht von der Gemeinschaft, dass sie meine innere Zerrissenheit heilt. Ich darf dann dankbar die Einheit erfahren, die mir die Gemeinschaft manchmal schenkt. Aber ich bin auch nicht frustriert, wenn diese Einheit nicht gelingt und mich auf meine Einsamkeit zurückwirft.

Die zweite Bedingung ist, dass die Brüder sich gegenseitig ertragen. Das heißt nicht, dass sie die Konflikte unter den Teppich kehren, damit die äußere Harmonie gewahrt bleibt. Die Gemeinschaft muss sich immer wieder den alltäglichen Konflikten stellen. Aber sie weiß auch um die Grenzen jeder Konfliktlösung. Viele haben in der Gemeinschaft das Gefühl, es würde ihnen besser gehen, wenn der oder jener nicht dabei wäre. Aber gerade die schwierigen Mitbrüder sind eine große Herausforderung für uns. Ich kann an ihnen meine eigenen Schattenseiten erkennen. Hermann Hesse meint einmal: „Was nicht in uns ist, das regt uns auch nicht auf." Die Mitbrüder, die mich aufregen, weisen mich auf das hin, was ich bei mir selbst noch nicht angenommen habe. Und ich lerne, die unterschiedlichen Charaktere zu verstehen und zu achten. Die Menschen müssen nicht alle so sein wie ich. Sie dürfen anders sein. Und es gibt Schwächen, die jemand nicht überwinden kann. Sie gilt es einfach zu tragen. Die Gemeinschaft wird mich nur dann tragen, wenn auch ich bereit bin, die einzelnen Mitglieder der Gemeinschaft zu tragen.

Die dritte Bedingung für das Gelingen von Gemeinschaft ist der gegenseitige Gehorsam. Das klingt für viele heute fremd. Doch gehorchen kommt von hören. Die Brüder sollen aufeinander hören.

Wenn ich auf den andern höre, auf seine Bedürfnisse und Wünsche, auf seine Gefühle und Nöte, auf seine Ideen und Ziele, werde ich selber bereichert. Ich kann Zugehörigkeit zur Gemeinschaft nur erfahren, wenn ich auf sie höre. Hören heißt nicht, hörig zu werden und das Eigene zu unterdrücken. Hören schafft vielmehr Beziehung. Und ich höre im andern immer auch etwas vom Unhörbaren mit, vom Geheimnis, das in der Stimme des andern zum Ausdruck kommt. Wenn ich mir manchmal politische Diskussionen anschaue, dann schmerzt es mich, wie die Teilnehmer der Diskussionen unfähig sind, aufeinander zu hören. Sie hören die Worte des andern immer nur als Stichworte für die eigenen Reden, die sie sich vorher schon ausgedacht haben und die sie unbedingt loswerden möchten. Sie hören nicht den andern als den Fremden, der ihnen etwas zu sagen hat, sondern als den Feind, den sie besiegen müssen. Aber so wird nie Gemeinschaft möglich.

Einander gehorchen heißt aber auch, füreinander Verantwortung übernehmen. Gehorsam heißt nicht, dass ich mich verleugne, sondern dass ich mich von den andern und von der Gemeinschaft in die Pflicht nehmen lasse, dass ich bereit bin, mich für sie zu engagieren und mich an sie zu binden. Aber der Gehorsam den Brüdern und dem Abt gegenüber enthebt mich nicht von der Aufgabe, immer wieder auf das zu hören, was Gott mir in der Stille meines Herzens sagt. Ich muss auch auf mich selbst hören, um gehorsam der zu werden, der ich von innen her bin, damit ich in Stimmigkeit lebe.

Die letzte Bedingung, damit eine Gemeinschaft gelingt, faßt Benedikt in die Worte: „Sie sollen gar nichts höher stellen als Christus, der uns alle miteinander zum ewigen Leben führe“ (RB 72,11f). Das klingt für manche vielleicht zu fromm. Doch es zeigt einen wichtigen Aspekt auf. Die Gemeinschaft braucht ein Ziel, das außerhalb ihrer selbst liegt. Nur immer um die eigenen Gefühle zu kreisen, ist kein solides Fundament, auf das man eine Gemeinschaft aufbauen könnte. Das Ziel muss auch mehr sein als eine gemeinsame Arbeit. Es muss ein jenseitiges Ziel sein, das den menschlichen Horizont übersteigt. Wenn die Brüder gemeinsam nach Gott suchen und Christus als die eigentliche Mitte ihres Lebens verstehen, dann entsteht eine Bindung, die tragfähiger ist als die gegenseitigen Gefühle. Viele suchen in der Gemeinschaft Heimat. Doch Heimat kann man weder schaffen durch eine schöne Wohnung noch durch schöne Erinnerungen. Heimat hat mit Geheimnis zu tun. Daheim sein kann man nur, wo das Geheimnis wohnt. Das Heim, das uns Heimat gibt, ist nicht das Haus, das wir bauen, sondern das Haus, in dem Gott in unserer Mitte wohnt, das Geheimnis, das uns übersteigt.

Ich erlebe immer wieder Menschen, die enttäuscht sind über ihre Gemeinschaft. Sie haben gehofft, in der Gemeinschaft lauter spirituelle Menschen zu treffen, die alle voller Idealismus sind. Und dann treffen sie auf durchschnittliche Menschen, Menschen mit Fehlern und Schwächen. Doch wenn nicht das Erleben von Gemeinsamkeit das Wichtigste ist, sondern Christus, dann werde ich durch enttäuschende Erfahrungen nicht frustriert. Vielmehr verweisen sie mich auf das eigentliche Ziel. Die Gemeinschaft wird nie meine Wünsche und Sehnsüchte erfüllen. Sie verweist mich sowohl in den beglückenden als auch in den enttäuschenden Erfahrungen über sich selbst hinaus auf Gott, in dem ich allein den Grund finde, auf dem mein Leben gelingt, auf dem ich mein Haus so bauen kann, dass es durch die Stürme und durch die Wellen und Wogen des Lebens nicht einstürzen wird. Es ist das Haus auf dem Felsen, von dem Jesus in der Bergpredigt spricht. Christus selbst ist für Benedikt der Fels, auf dem das Haus seiner Gemeinschaft sicher steht, immerhin nun schon über 1500 Jahre lang.

Norbert Blüm

Generationenvertrag

Versuch einer Erläuterung für die Nachwachsenden

Was er mit seiner Ernte mache, fragte der Fürst den armen Bauern. „Mit einem Drittel gewähre ich Kredit, das zweite Drittel verbrauchen meine Frau und ich, und mit dem letzten Drittel zahle ich meine Schulden ab“, antwortete der Angesprochene. „Wie denn das?“

Dr. Norbert Blüm war von 1982 bis 1998 Bundesminister für Arbeit und Sozialordnung. Er ist Mitglied des Deutschen Bundestags.

„Ganz einfach. Ein Drittel für meine Kinder, ein Drittel für meine Frau und mich und ein Drittel für meine alten Eltern."

In dieser Anekdote ist das ganze Geheimnis des „Generationenvertrages" enthalten.

Da die Jungen einmal alt werden und die Alten einmal jung waren, wird in diesen „Generationenvertrag" niemand übervorteilt oder benachteiligt. Denn ein früherer Vorteil wäre ein späterer Nachteil, und ein späterer Vorteil ein früherer Nachteil.

Der „Generationenvertrag" ist eine Variation der goldenen Regel: „Behandele deine Eltern so, wie du von deinen Kindern behandelt werden willst."

Das Verhältnis der Generationen basiert auf einem Naturverhältnis. Anders jedoch als die Tiere sind wir extrem auf den Zusammenhalt zwischen den Generationen angewiesen. Denn der Mensch ist das Schwächste unter allen Lebewesen. Kein Instinkt sichert sein Verhalten. Er kommt biologisch zu früh zur Welt und bedarf der frühen Hilfe, sich überhaupt in dieser Welt zurecht zu finden. Und am Ende seines Lebens verendet er nicht wie ein Tier. Ein erfülltes Alter ist schließlich mehr als ein Kampf um Lebensverlängerung.

Kultur kompensiert die natürlichen Defizite des Menschen. Der „Generationenvertrag" ist ein Kulturprodukt. Wir Menschen sind in die Natur eingebettet und übertreffen sie doch. Menschen können sich gegen die Natur, auch ihre eigene, versündigen: Tiere nicht. Deshalb ist schon früh der natürliche Zusammenhang zwischen Alt und Jung unter religiösen Schutz gestellt worden.

Von allen 10 Geboten, mit denen Gott auf dem Berge Sinai Moses zurück zu den Menschen schickte, gibt es nur eines, das mit einer irdischen Verheißung versehen ist. Es ist das 4. Gebot: „Du sollst Vater und Mutter ehren, auf dass es dir wohl ergehe und du lange lebest auf Erden."

Die Menschheit entwickelte sich seit Moses Zeiten weiter. Der Abstand zur Natur wuchs, und unsere Abhängigkeit von ihr schrumpfte. Wir setzten „Zivilisation" zwischen uns und die Natur, ohne uns allerdings von der Natur völlig befreien zu können. Den Verlust an natürlichen Verhältnissen ersetzten wir durch menschengemachte Institutionen. Die Menschen müssen sich jetzt durch Gesetze jene Sicherheit schaffen, für die in früheren Zeiten noch ungeschriebene Regeln sorgten.

Je mehr „ziviler Fortschritt“, um so mehr treten gesellschaftliche Institutionen an die Stelle der alten Naturwüchsigkeit: Die Familie, unter deren Dach drei Generationen (Kinder, Eltern, Großeltern) versammelt waren, gab im Laufe der Zeit immer mehr Aufgaben ab. Es entstanden Schulen für das Lernen, Werkstätten für das Arbeiten ... und die Rentenversicherung für die soziale Sicherheit.

Lernen und Arbeiten vollziehen sich jetzt außerhalb des Hauses. Eltern und Großeltern wohnen nicht mehr beieinander. Deshalb können sich die Großeltern auch nicht mehr einfach auf die direkte Sorge ihrer Nachfahren verlassen. Die Alterssicherung musste organisiert werden.

Fürsorge und Gegenseitigkeit

Die Frage war nun: „Wie soll das geschehen?“ Die Vorbilder aus früheren Zeiten schwinden nicht restlos aus der Erfahrung der Generationen. Zwei alte Grundmodelle des sozialen Zusammenhanges bieten sich auch heute noch an:

Das erste Grundmodell ist die familiäre Fürsorge: Niemand wird in der Not alleine gelassen, niemand darf verhungern. „Einer für alle, alle für einen.“ Die „Sozialhilfe“ ist eine Form der allgemeinen Fürsorge, welche die familiäre entlastete.

Das zweite Grundmodell orientierte sich am Prinzip der Gegenseitigkeit: „Wie du mir, so ich dir“. Das Gegenseitigkeitsprinzip ermöglichte es den Menschen, die engen Grenzen von Sippe und Stamm zu überschreiten. Die primitiven Hochzeitsrituale (Kuh oder Kamel gegen Frau) waren der erste Sprung aus der Enge der Großfamilie. Auch das ursprüngliche Strafrecht wurde durch die Gegenseitigkeit von Tat und Vergeltung geprägt. „Aug’ um Aug’, Zahn um Zahn“ setzte der blindwütigen Rache Grenzen. Mit der Erfindung des Marktes regelte das Gegenseitigkeitsprinzip auch den Warenverkehr, denn die Güter des einen werden gegen die Güter des anderen getauscht. Die Schwäche des einen wurde durch die Stärke des anderen wechselseitig kompensiert. So wurde Armut überwunden und Wohlstand geschaffen.

Gerechtigkeit und Barmherzigkeit

Bismarck, der Erfinder unserer Rente, entschied sich in der Alterssicherung gegen das Fürsorgeprinzip und für die Gegenseitigkeit von Vorleistung durch Beiträge und Leistung durch Rente. Die Jungen zahlen einen Beitrag und erhalten dafür einen Anspruch auf spätere Rente. Wie sie die Vorgänger behandelt haben, so sollen sie von ihren Nachfolgern behandelt werden.

Die Entscheidung für die beitragsfinanzierte Rente ist eine Entscheidung für das Gegenseitigkeitsverhältnis. Sie ist leistungsorientiert.

Die steuerfinanzierte Grundrente dagegen bleibt auf der Spur der Fürsorge. Die Grundrente wird mit Steuern aus dem anonymen Staatssäckel bezahlt und orientiert sich am Gleichheitsprinzip.

Die beitragsbezogene Rente folgt dem Prinzip der Tauschgerechtigkeit, weil sie an der Äquivalenz ausgerichtet ist. Die Beitragsrente steht dem Tauschprinzip der Marktwirtschaft näher als die Grundrente. Die Beitragsrente ist eine Form der solidarischen Selbsthilfe.

Mit der Lohnbezogenheit der Rente wird das Leistungsprinzip in den Sozialstaat integriert. Der Lohn ist in einer marktwirtschaftlichen Gesellschaft der Indikator für Leistung. Planwirtschaften dagegen bewerten Leistung autoritär nach den Maßgaben von Planungsbehörden.

Die Grundrente folgt eher dem Prinzip der Barmherzigkeit, steht der Fürsorge näher als die Beitragsrente und passt sich so besser in die Struktur einer Planwirtschaft ein. Denn die Grundrente verzichtet auf die Berücksichtigung der persönlichen Leistung bei der Festsetzung des Rentenanspruchs.

Die Grundentscheidung zwischen vorleistungsbedingter Versicherung oder zuteilungsabhängiger Versorgung kann durch kein noch so kluges Modernitätsgerede aus der Welt geschafft werden.

Die Rentenversicherung ist im Laufe der Zeit zu einem komplexen Alterssicherungssystem weiterentwickelt worden. Die Beitragsbezogenheit der Rente wurde durch Momente des sozialen Ausgleichs relativiert. Die gesetzliche Rente zahlt nicht nur die beitragsbezogene Altersrente, sondern zum Beispiel auch eine Rente für vorzeitige Erwerbsunfähigkeit. Die Erwerbsunfähigkeitsrente steht jedoch auch in einem Beitragsbezug, weil sie so berechnet wird, als hätte der Erwerbsunfähige bis zu seinem 60. Lebensjahr seinen ehemaligen Beitrag weitergezahlt. Die Erwerbsunfähigkeitsrente ist also nicht einfach eine bedarfsabhängige Unterstützung, sondern bleibt in einem relativen Zusammenhang mit der Beitragszahlung. Sozialer Ausgleich und Vorleistung werden also kombiniert.

Auch die Hinterbliebenenrente knüpft an Vorleistung an, weil sie die Beiträge des Verstorbenen in die Berechnung der Hinterbliebenenrente einbezieht. Die Berücksichtigung von Kindererziehung in der Rentenberechnung knüpft erstmalig nicht an den lohnbezogenen Beitrag des Versicherten an, sondern bewertet als Leistungsbeitrag auch die bestandserhaltende Funktion der Kindererziehung für die Rentenberechnung.

Der Staat zahlt zudem – wie schon zu Bismarcks Zeiten – einen Zuschuss, mit dem er den Bestand einer Einrichtung garantiert, die dem Staat Soziallasten abnimmt. Er entschädigt damit Leistungen, welche die Rentenversicherung im allgemeinen Auftrag erfüllt.

Steuerfinanzierte oder beitragsfinanzierte Rente sind die beiden Grundtypen, die den unterschiedlichen Grundmodellen und Solidaritätsformen entsprechen: die eine dem familiären Fürsorgeprinzip, die andere dem Gegenseitigkeitsprinzip.

Doch beide Grundformen gibt es mit Variationen. Die Grundrente gibt es beispielsweise klassisch bedarfsabhängig, also nur für die, welche sie notwendig haben, oder großzügig für alle als Mindestsicherung, ohne Rücksicht auf Bedürftigkeit.

Umlage und Kapitaldeckung

Die beitragsbezogene Rente gibt es in zwei Finanzierungsformen. Die eine nennt man das Umlageverfahren, die andere die Kapitaldeckung.

Beim Umlageverfahren werden die Beiträge nicht angespart, sondern direkt zur Finanzierung der laufenden Renten verwendet.

Beim Kapitaldeckungsverfahren werden die Beiträge angespart. Das so ersparte Vermögen und die damit erwirtschafteten Zinserträge dienen der Finanzierung der Renten.

Im Umlageverfahren entsteht der Anspruch der Beitragsgeneration, im Alter so gesichert zu werden, wie sie ihre Vorgängergeneration gesichert hat. Beitrags- und Rentenleistung entsprechen sich in ihren Werten spiegelbildlich. Zwar nicht in Geldbeträgen, aber in der jeweils proportionalen Teilnahme, gemessen am jeweiligen Sozialprodukt.

Das Finanzierungsgleichgewicht des Kapitaldeckungsverfahrens entsteht dadurch, dass das in der Erwerbsphase angesparte Vermögen nebst Zinsen den Ausgaben in der Rentenzeit entsprechen. Das Finanzierungsgleichgewicht des Umlageverfahrens besteht darin, dass die akuten Ausgaben den akuten Einnahmen entsprechen.

Der Unterschied verliert jedoch im Blick auf das laufende Sozialprodukt, aus dem beide schöpfen, viel von seiner prinzipiellen Differenz.

Beide Verfahren, ob Umlage- oder Kapitaldeckung, schaffen Ansprüche an ein zukünftiges wirtschaftliches Ergebnis. Wenn der zukünftige Ertrag der Wirtschaft schrumpft, kommen beide Verfahren in Schwierigkeiten. Ohne Sozialprodukt keine Beiträge zur Finanzierung der zukünftigen Renten, und ohne Sozialprodukt keine wirtschaftliche Nutzung der Sparergebnisse. „Maschinen kann man nicht essen“ (Nell-Breuning). Kapital ohne Nutzung ist sozial so viel wert wie das Eigentum an einer Eisscholle, die niemand braucht. Auch der geerbte Bauernhof ist nur so viel wert, wie der Erbe ihn nutzt oder nutzen kann.

Beide Finanzierungsformen haben Ähnlichkeiten mit einer Aktie, deren Kurswert nicht dem Nominalwert entspricht, sondern dem Wert im jeweiligen Zeitpunkt ihrer Verwertung.

Das Kapitaldeckungsverfahren ist allerdings im Unterschied zum Umlageverfahren nicht nur auf das wirtschaftliche Ergebnis in Deutschland angewiesen. Denn Kapital kann überall auf der Welt angelegt werden. Sinnvoll wird es allerdings nur dort angelegt, wo es Erträge bringt. Der Vorteil des Kapitaldeckungsverfahrens, nicht auf die nationale Wertschöpfung angewiesen zu sein, ist jedoch auch seine offene Flanke. Mit der Kapitaldeckung wird Alterssicherung von Wechselkurs- und Kapitalrisiken in der globalen Wirtschaft stärker abhängig, als es ein Umlageverfahren ist.

Die lohnbezogene Umlage bietet einen besseren Inflationsschutz als eine zinsabhängige Kapitaldeckung, weil Löhne und Preise in einem engeren Zusammenhang stehen als Zinsen und Preise.

Demographische Herausforderungen

Die großen Herausforderungen für unsere Alterssicherung sind die demographischen Veränderungen. Das demographische „Schicksal" der sinkenden Geburtszahlen ist allerdings keine exklusive Bedrohung der Rentenversicherung, sondern eine Gefährdung der gesamten Gesellschaft. Wenn die Bevölkerung zurückgeht, gerät das Gleichgewicht zwischen Zahlern und Empfängern in allen Bereichen außer Balance. Es fehlen jedenfalls in einer mittleren Übergangszeit Zahler, bis sich eine neue Balance wieder eingependelt hat.

Für die Demographie spielt allerdings nicht nur die „Kopfzahl" der Geburten eine Rolle, weil die Zahl der Geburten nicht allein die Zahl der zukünftigen Beitragszahler bestimmt. Selbst wenn über Nacht die doppelte Anzahl von Kindern geboren würde, wäre das Rentenproblem nicht gelöst, wenn die heute Geborenen morgen als Beitragszahler nur halb so viel und halb so produktiv arbeiten würden.

Um 1900 hat ein Landwirt drei Nichtlandwirte ernährt. Heute kommen auf einen Landwirt über achtzig Konsumenten. Eigentlich müssten wir nach der Kopfzahltheorie verhungert sein. Wir sind es aber nicht, weil die Wirtschaft ergiebiger geworden ist.

Dennoch gilt: Die Folgen des Geburtenrückgangs können nicht allein die weniger geborenen Kinder, wenn sie erwachsen sind, schultern, sondern müssen auch die tragen, die weniger Kinder geboren haben. Weniger Kinder sollten für die, welche weniger Kinder gebären, kein Vorteil sein, weil weniger Kinder für die Allgemeinheit ein Nachteil sind. Individuelle und soziale Ratio dürfen sich in einer geordneten Gesellschaft nicht in die Quere kommen.

Die Verlängerung der Lebenserwartung ist unter Versicherungskriterien die spezifische Aufgabe, auf welche die Rentenversicherung eine interne Antwort finden muss. Längere Bezugszeiten der Rente verursachen mehr Ausgaben. Diese können jedoch nicht alleine von den heutigen Beitragszahlern finanziert werden. Die heutigen Rentner haben zu ihren Beitragszeiten kürzere Rentenbezugszeiten finanziert, als die heutigen Beitragszahler finanzieren müssen. Selbst wenn die Rentenkassen prall gefüllt wären, bedürfte die Rentenversicherung einer demographischen Regel, welche die Generationslasten zwischen Alt und Jung gerecht verteilt. An der Finanzierung längerer Rentenbezugszeiten müssen sich also gerechterweise auch die Generationen beteiligen, welche – Gott sei Dank – einen längeren Rentenbezug in Anspruch nehmen können.

Auf die Verlängerung der Rentenbezugszeiten müssen umlagefinanzierte Rentenversicherung und kapitalgedeckte Privatversicherung reagieren. Die Rentenversicherung kann dies mit einer demographischen Komponente in der Rentenformel machen. Die Privatversicherung macht dies durch Berücksichtigung der Lebenserwartung, die in eine „Sterbetafel" eingeht, nach der Beiträge und Rente berechnet werden.

Familienkasse

Der Generationenvertrag, welchen der Bauer dem Fürsten erklärte, ist in unserem Sozialstaat nur unvollkommen nachgebildet. Das Sozialbudget weist eine Schlagseite zu Lasten der Kinder auf. Wir wenden auch proportional erheblich weniger für die Kinder als für die Rentner auf. Symmetrie zwischen Alt und Jung würde erst dann entstehen, wenn zu der einen Seite, der Alterskasse „Rente", auf der anderen Seite eine „Familienkasse" treten würde, welche die vielfältigen Leistungen für Kinder bündelt und finanziell die Aufbringung der dafür notwendigen Gelder proportional zwischen Kinderlosen und Eltern verteilt. Diese Familienkasse könnte dann auch die Altersbezüge von Eltern in allen Alterssicherungssystemen aufbessern.

Mit der Familienkasse wäre aus dem Zwei-Generationen-Vertrag ein Drei-Generationen-Vertrag geworden.

Für die Familienkasse wäre eine kinderspezifische Beitragsermäßigung in der Rentenversicherung ein schwacher Ersatz. Denn eine Ermäßigung des Beitrages wegen Kindern käme auch jenen Eltern zugute, deren Kinder später gar keine Beitragszahler werden, und auf der anderen Seite erhielten Mitbürger, die keine Beitragszahler sind, folgerichtig auch keine Beitragsermäßigung, auch dann nicht, wenn ihre Kinder später Beitragszahler werden. Eine Ermäßigung des Beitrages ist ebenso wie die Kindererziehungszeiten verteilungsungenauer, als es eine Familienkasse sein könnte.

Evolution statt Revolution

Es wird viel geredet über die Rentenversicherung. Die Helden einer „Rentenrevolution“ – „Siehe, ich mache alles neu“ – übersehen allerdings, dass bruchlos kein völlig neues System an Stelle des alten gesetzt werden kann. Ein „Systembruch“ müsste von der jungen Generation mit einer Doppelbelastung bezahlt werden: Die Generation der Erwerbstätigen müsste mit ihren Beiträgen erstens ihre Altersansprüche im neuen System bezahlen und zweitens das alte System so lange weiterfinanzieren, bis der letzte Beitragszahler des alten Systems gestorben ist. Denn die durch Beiträge erworbenen Ansprüche im alten System können auch verfassungsrechtlich nicht einfach ausradiert werden.

Der „Ruck“ zur Reform, der allerorts lautstark gefordert wird, bietet offenbar viel Gelegenheit für verbale Kraftmeierei – besonders, wenn der Ruck eine Aufforderung an andere ist: „Heiliger Florian, schütz' unser Haus, steck' das des anderen an.“

Das Rad wie die Solidarität wird nicht zum zweiten Male erfunden. Die Rentenversicherung kann anders organisiert, verbessert, reformiert werden. An dem Zusammenhalt der Generationen, dem „Generationenvertrag“, führt jedoch kein Weg vorbei.

Ohne Sozialstaat ist keine Marktwirtschaft funktionsfähig. Erst als die Absicherung der großen sozialen Risiken – Unfall, Krankheit, Invalidität – aus den Unternehmen herausgenommen und dem Sozialstaat übergeben worden war, konnte sich eine unternehmerische Ratio entfalten, die sich an im Wettbewerb erzielbarem Gewinn orientiert.

Und zu guter Letzt mündet alles in der Frage: „Wie viel Arbeit gibt es in Zukunft und wie ergiebig ist sie?“

Es bleibt uns nur die Evolution als eine sinnvolle Mischung von Erhalten und Verändern. Die revolutionäre „tabula rasa“, auf der alles neu geschrieben werden kann, ist keine brauchbare Unterlage für die Reform der Alterssicherung.

Kurt Beck

Gesellschaftsvertrag

Reform des Sozialstaats und Modernisierung der Wirtschaft

Wir brauchen einen neuen Gesellschaftsvertrag!

Im Mittelpunkt meiner Überlegungen steht die politische Grundauffassung, wonach unser Sozialstaat der Garant für ein Leben in Würde und Freiheit sowie für politische Teilhabe und damit die Grundvoraussetzung für die Stabilität unserer demokratischen Gesellschaftsordnung ist. Der Sozialstaat ist ohne Demokratie ebenso wenig lebensfähig wie unsere demokratische Gesellschaftsordnung ohne den Sozialstaat. Er ist darüber hinaus eine wichtige institutionelle Voraussetzung für die wirtschaftliche Weiterentwicklung des Standorts Deutschland. Soziale Sicherung steht nicht im Widerspruch zu ökonomischen Erneuerungsprozessen, sie ist vielmehr Bedingung für wirtschaftliche Innovationen. Gerade weil sich traditionelle Lebensweisen und soziale Bindungen auflösen, Erwerbsverläufe instabiler werden und sich die Risiken auf dem Arbeitsmarkt verschärfen, wächst das Bedürfnis nach sozialer Sicherheit. Damit der wirtschaftliche Strukturwandel nicht behindert wird, bedarf es also einer sozialen Absicherung auf hohem Niveau.

Ein Problem der gegenwärtigen gesellschaftspolitischen Auseinandersetzung ist, dass dem Sozialstaat oftmals eine Konkurrenz zur ökonomischen Modernisierung unterstellt wird. Dies führt oftmals zu Maximalpositionen auf der Seite derjenigen, die die Interessen der Wirtschaft vertreten, die dann Abwehrkämpfe von Gewerkschaften bewirken, sodass notwendige Reformen nur schwer oder gar nicht umsetzbar sind. Reformvorschläge werden vielfach von Lobbygruppen jeglicher Art öffentlich zerrissen, bevor sie überhaupt endgültig das Licht der Welt erblickt haben. Anstatt sich am Gemeinwohl, an Grundwerten, an Zielen zu orientieren, werden individuelle Vorteile verteidigt oder erstritten. Wer politisch überleben

Kurt Beck ist Ministerpräsident des Landes Rheinland-Pfalz.

will, muss deshalb in erster Linie beachten, dass er oder sie sich nicht mit zu vielen oder zu starken Interessenvertretungen anlegt. Die eigentliche Aufgabe, nachhaltig die Gegenwart und Zukunft zu gestalten, kommt dabei leider zu kurz.

Aus der Summe aller Wünsche in unserer Gesellschaft kann aber kein erträgliches Ganzes werden. Der gesellschaftliche Stillstand nutzt niemandem und schadet allen. Ich frage mich deshalb: Muss das so sein? Wie und wann gelingt es uns endlich, einen Diskurs zu führen, der ausgehend vom Gemeinsinn und von unserer freiheitlichen Verfassung zu einem neuen Gesellschaftsvertrag führt?

Wer nämlich – wie ich – zu den Grundfesten unseres Sozialstaates steht – ich meine damit die sozialen Sicherungssysteme und die soziale Infrastruktur –, der tritt nicht nur für seinen Erhalt ein, sondern auch für eine Umstrukturierung und glaubt an seine Reformfähigkeit. Nutzen wir also die Chancen der ökonomischen Krise, um unseren (Sozial-)Staat für dieses Jahrtausend zukunftsfest zu machen. Brechen wir die lähmende Erstarrung auf.

In einem ersten Schritt sollten wir Einigkeit darüber erzielen, welche Ziele wir verfolgen. Ein Leben in Würde und Freiheit setzt für mich voraus, den gleichen Zugang aller zu den gesellschaftlichen Grundgütern anzustreben, die für diese Würde, für politische Teilhabe, für Selbstachtung Voraussetzung sind. Neben dem Schutz und der Sicherung von zivilen und politischen Rechten sind dies der Zugang zu Bildung, Ausbildung und Erwerbsarbeit, die Vermeidung von Armut sowie die Pflege und der Schutz der Gesundheit.

Angesichts der bekannten Haushaltslagen von Bund, Ländern und Gemeinden müssen wir selbst dann, wenn uns Verbesserungen auf der Einnahmeseite gelingen sollten, Effizienz und Konzentration von Leistungen in den Mittelpunkt rücken. Dies beinhaltet einen noch stärkeren Mitteleinsatz in der Prävention, die Ausrichtung auf universelle Risiken, das Nutzen von Synergieeffekten, die Aktivierung der Betroffenen und die Bekämpfung von jeder Art des Missbrauchs, sei es beim Bezug von Sozialleistungen, durch Steuer- oder Subventionsbetrug oder Hinterziehung von Sozialversicherungsbeiträgen.

Da unsere Sozialleistungssysteme eng mit der Arbeitsgesellschaft verknüpft und auf diese ausgerichtet sind, bedarf es zudem einer umfassenden Strategie, um dauerhaft Beschäftigung auf dem ersten Arbeitsmarkt zu sichern.

Jenseits der ökonomischen Sicht ist Erwerbsarbeit auch unter dem Aspekt zu betrachten, dass sie im Leben eines jeden Menschen einen zentralen Stellenwert hat, seine materielle Basis sichert, ein immens wichtiger Bezugspunkt für sein Selbstwertgefühl ist und soziale Kommunikation schafft. Arbeitslosigkeit hingegen ist die Hauptursache für die finanziellen Probleme im Leistungsbereich des Sozialstaates und zudem Hemmfaktor für die ökonomische Entwicklung unserer Volkswirtschaft.

Durch ein umfassendes Strategiebündel und eine vernetzte Wirtschafts-, Industrie-, Finanz-, Arbeitsmarkt-, Bildungs-, Forschungs-, Sozial- und Umweltpolitik muss beim Übergang von der Industrie- zur Informations- und Wissensgesellschaft Beschäftigung auf dem ersten Arbeitsmarkt für alle gesichert bzw. wiederhergestellt werden. Dies ist in erster Linie Aufgabe der im wahrsten Sinne des Wortes „Arbeitgeber“. Aber auch die Gewerkschaften müssen ihre Verantwortung dazu wahrnehmen. Der Politik kommt dabei die Rolle zu, die wirtschaftlichen und sozialen Rahmenbedingungen beschäftigungsfördernd zu gestalten.

Reden wir heute noch über Arbeitslosigkeit, so wird morgen in vielen Bereichen Arbeitskräftemangel herrschen. Denn eines ist sicher: Die demographische Entwicklung wird dazu führen, dass immer weniger Erwerbspersonen – trotz Zuwanderung – zur Verfügung stehen. Im Sinne der Nachhaltigkeit ist es also schon heute notwendig, einen Paradigmenwechsel vorzunehmen und durch hohe Qualitätsstandards in der Ausbildung sowie lebenslanges Lernen dafür Sorge zu tragen, dass wir nicht in naher Zukunft im internationalen Wettbewerb scheitern, weil wir neue technologische Entwicklungen nicht mehr gestalten und neue Formen der Unternehmens- und Arbeitsorganisation nicht entwickeln können. Wer sich weigert, junge Menschen auszubilden, handelt also nicht nur sozial fragwürdig, sondern auch volkswirtschaftlich fahrlässig.

In den nächsten Wochen und Monaten entscheidet sich, ob es uns gelingt, wirklich einen Ruck durch die Gesellschaft gehen zu lassen. Anstelle von kleinkarierter Jammerei und gesellschaftspolitischem Stillstand müssen wir eine – vom Konsensgedanken getragene – Auseinandersetzung darüber führen, wie wir unsere freie, friedliche und soziale Gesellschaft des 21. Jahrhunderts gestalten wollen, eine Gesellschaft, in der Individuen mit ihrer gewachsenen Freiheit sozial verantwortlich umgehen können; in der eine neue Kultur der Selbstständigkeit und eine erneuerte Kultur der Solidarität sich nicht ausschließen, sondern einander ergänzen; die einen schonenden Umgang mit natürlichen Ressourcen ermöglicht und sich einpasst in eine Welt, in der aufstrebende Regionen in anderen Teilen der Erde ihre Chance suchen, an Wohlstand und Entwicklungsmöglichkeiten der westlichen Welt teilzuhaben.

Wir brauchen also einen neuen Gesellschaftsvertrag.

Ellis Huber

Gesundheit

Zur gesellschaftlichen Bedeutung des Gesundheitswesens

Shareholder-Value oder Nächstenliebe?

„Der moderne Kapitalismus ist verrückt geworden. Er ist außer Rand und Band geraten, und das Elend – überwiegend psychisches auf der Nordhalbkugel, überwiegend physisches auf der Südhalbkugel –, das auf dem Bodensatz seiner Skrupellosigkeit gedeiht, ist zum Erbarmen.“ Mit solch drastischen Worten beschreibt Daniel Goeudevert, ehemaliger Spitzenmanager der Volkswagen AG die allgemeine gesellschaftliche Veränderungsdynamik am Übergang von der Industrie- zur Informationsgesellschaft.[1]

Die Globalisierung der Wirtschaft, die Individualisierung des Lebens und die Kommerzialisierung der zwischenmenschlichen Beziehungen drohen das soziale Bindegewebe unserer Gesellschaften

Dr. Ellis Huber ist Vorstand der SEKURVITA BKK in Hamburg und Vorstandsmitglied des Deutschen Paritätischen Wohlfahrtsverbandes, Landesverband Berlin.

zu sprengen. Die neoliberalen Tendenzen zum Abbau des Sozialstaates verbinden sich dabei mit einem Neobiologismus in der Medizin. Die gesellschaftlichen Ressourcen werden für die Angebote der Gentechnologie, der Molekularbiologie und den medizinisch-industriellen Komplex aufgewendet. Für psychosoziale Gesundheit, soziokulturelle und sozialpflegerische Aufgaben fehlt das Geld. Droht also eine Medizin, die gut für die Reichen, aber unmenschlich für die Armen ist? Werden chronisch Kranke im Stich gelassen und sterbende Patienten ausgegrenzt?

Die entscheidende Frage lautet: Gehört das Gesundheitssystem der Bevölkerung mit ihren Bedürfnissen oder dem Kapital mit seinen Interessen? Mit dem Untergang des Sozialismus hat der Kapitalismus die sozialen Fragen nicht gelöst. Sie stellen sich neu und – wie alle Menschen spüren – drängender denn je. Wie lässt sich im Kapitalismus ein sozial gerechtes und human handelndes Gesundheitssystem realisieren? Die aggressiven und selbstsüchtigen Profitinteressen einer kapitalistischen Wirtschaft müssen durch ein Non-Profit-System der gesundheitlichen und sozialen Dienstleistung ausgeglichen werden, damit tatsächlich eine „Neue Mitte" zwischen individuellem und sozialem Wohlbefinden entsteht. Sozialer Gewinn und nicht individueller Profit sind das Produktionsziel eines modernen Gesundheitssystems: Gesundheit für alle Bürgerinnen und Bürger zu möglichst günstigen Kosten erfordert eine Politik, die individuelle und soziale Gesundheit zugleich anstrebt und das Gesundheitssystem vom Terror der Ökonomie und der Bürokratie befreit.

Angst und Hoffnung

Wir haben gerade den Übergang von einem Jahrtausend zum nächsten erlebt. Auch vor tausend Jahren hatte die Bevölkerung in Europa Angst davor, was die Zukunft bringt. Es war prophezeit worden, das Ende des ersten christlichen Jahrtausends werde auch das Ende der Welt sein. Als der kritische Zeitpunkt ohne die allgemein erwartete Sintflut vorüberging, atmete ganz Europa erleichtert auf. Und nach dem Millennium kam das Zeitalter der Kathedralen. Die Kathedralen waren der öffentliche Ort, wo politische Macht, geistliche Orientierung, die Bürgerschaft und die Wirtschaft zusammenkamen, um die öffentlichen Angelegenheiten zu verhandeln. Die Kathedrale gab der sozialen Gemeinde Identität und Sinn. Die Kirchen und Kathedralen waren Leistungen der Städte und Mittelpunkt der Gemeinwesen, eine erstaunliche Bündelung von schöpferischen Kräften, die den kollektiven Zusammenhalt über die individuellen Interessen stellten. Die mittelalterliche Kathedrale war nicht nur ein Ort der Andacht. In ihren Mauern spazierten die Leute, sie plauderten miteinander, Liebespaare trafen sich, man schlief und aß in der Kirche und hielt Gemeindeversammlungen ab. Die Kathedrale war Schauplatz von Rechtshändeln, Disputationen, Examensfeiern, Theateraufführungen und allen möglichen Geschäften. Der Kölner Dom wurde im Jahr 1248 begonnen und 1880 fertig gestellt, als die industrielle Gesellschaft ihren Siegeszug längst begonnen hatte. Die Universitäten, die Rathäuser, die Bahnhöfe, die Kernkraftwerke oder die Einkaufszentren konnten nie den Platz erobern, den die Kathedralen für die gesellschaftliche Identität hatten. Heute spürt die säkularisierte Gesellschaft an dieser Stelle ein Vakuum. Kann ich mich als Einzelner auf die Mitmenschlichkeit meiner Nachbarn wirklich verlassen und halten die sozialen Netze, wenn ich schwach und hilflos bin?

Die Arbeit mit Not leidenden Patienten und die Sorge für Kranke vermittelt einen besonderen Kontakt zum Kern des Menschlichen. Ein neues Gesundheitssystem könnte im nächsten Jahrhundert die gesellschaftliche Funktion der Kathedralen übernehmen und die Häuser zur Ehre Gottes mit Häusern für die Würde des Menschen ergänzen.

Es spricht nämlich vieles dafür, dass künftig die Krankenhäuser und die Arztpraxen zu Netzwerken werden, in denen Laien und Experten zusammenwirken und kreative Kräfte gesammelt werden, die dem Sozialen dienen und die Gefühle des Gemeinsamen ausdrücken können. Das sozial gestaltete Gesundheitssystem schenkt den Menschen den öffentlichen Ort, an dem die Belange des gesellschaftlichen Bindegewebes besprochen werden. Es bündelt als öffentlicher Treffpunkt die sozialen Kräfte so, dass die Menschen Sinn und Gemeinschaft erfahren. Ein solches Gesundheitssystem wird dafür sorgen, dass die Menschen gut auf die Welt kommen, ihr Leben dort möglichst lange autonom gestalten können und dann in Würde diese Welt auch wieder verlassen dürfen.

Gesundheit in der Kommunikationsgesellschaft

Gesundheit wird zum Maßstab für den sozialen Fortschritt der Informationsgesellschaft. Gesundheit ist Ressource und Produktivfaktor für die gesellschaftliche Entwicklung und nicht nur Kostenfaktor oder Produkt medizinischer Dienstleistung. In den letzten 20 Jahren haben die Vereinten Nationen (UN) einen ausdauernden Prozess internationaler Konsensfindung eingeleitet, der diese neue Sichtweise in politische Programme einbindet:

„Nachhaltige Gesundheit", das Leitbild der Weltgesundheitsorganisation (WHO), und „nachhaltige Entwicklung", das Leitbild der Umweltkonferenz von Rio, verknüpfen eine globale Wertorientierung mit lokalem Handeln. Beide Leitbilder setzen auf kommunale und regionale Aktionen und konzipieren eine ganzheitliche und neue Politik der Beteiligung. Die konkreten Projekte der „Gesundheit 21" und der „Lokalen Agenda 21" beweisen, wie Bürgerinnen und Bürger in ihren sozialen Gemeinschaften Gesundheit, Wohlbefinden und Lebensqualität erhalten und stärken können. Dort, wo die Menschen leben, arbeiten und ihre Verhältnisse richten, können sie durch Selbstorganisation und eigenes Handeln soziale Fortschritte erreichen. Inzwischen gibt es einen gesicherten Erfahrungsschatz und ein breites Wissen zur Umsetzung einer nachhaltigen Gesundheits- und Umweltpolitik.

Wirtschaft, Staat und Zivilgesellschaft stehen immer in einem Spannungsverhältnis zueinander und bilden miteinander agierende Wirkkräfte für die gesellschaftliche Produktivität und die soziale Entwicklung. Die Gesundheit der Bevölkerung hängt wesentlich davon ab, wie ausgleichend das Zusammenspiel von staatlicher Machtausübung, geldgesteuertem Markt und sozialer Selbstorganisation gelingt. Das Gesundheitssystem wird so zum Schlüssel für eine wirtschaftlich erfolgreiche und sozial attraktive Gesellschaft von morgen. Mit seiner Wirtschaftskraft, seinen humanen Werten und seiner sozialen Bedeutung kann es eine neue Balance zwischen Staat, Markt und Bürgergesellschaft herstellen.

Das Gesundheitssystem wird dadurch zur Basis für eine Reorganisation der Interessen des Gemeinwohls und zur gesellschaftlichen Quelle für neue Solidarität und Mitmenschlichkeit. Die Zivil- oder BürgerInnengesellschaft entwickelt Eigeninitiative, Selbsthilfe und freiwilliges Engagement von Menschen für andere. Diese soziale Wertschöpfung hat in den letzten Jahren mehr zu einer inneren Stabilisierung der Gesundheitssysteme beigetragen als staatliche Eingriffe oder wirtschaftliche Interessen. Heilen, Pflegen und Helfen sind soziale Wertschöpfungsprozesse, die unsere Gesellschaft bilden und zusammenhalten.

Gesundheit für den einzelnen Menschen und seine sozialen Gemeinschaften von der Nachbarschaft bis zur Nation wird zu einem gemeinsamen Wert, der nicht an der Börse gehandelt werden kann. Gesundheit als Ziel bildet ein Bindegewebe, das die Menschen jenseits von ökonomischen und privaten Beziehungen miteinander verbindet.

Ganzheitliche Medizin

Das Gesundheitssystem und die Medizin der Industriegesellschaft haben erfolgreich die Möglichkeiten einer pathogenetischen Sicht auf die Gesundheitsprobleme der Menschen kultiviert. Krankheit wird als Abweichung von der Regel verstanden, als Störung, die mit einem breiten Arsenal von Reparatureingriffen bekämpft wird. Das Gesundheitssystem erscheint als weit verzweigtes und für den Einzelnen nicht mehr durchschaubares Räderwerk einer hoch differenzierten Reparaturindustrie für körperliche, seelische oder soziale Schäden. Die bisherige Gesundheitspolitik will diese komplexe Maschinerie beherrschen und das Getriebe funktional steuern.

Am Übergang zur Informationsgesellschaft verändern sich die Sichtweisen. Die salutogenetische Perspektive fragt nach den gesunden Potenzialen des einzelnen Menschen. Krankheit wird als Handicap verstanden, als Beeinträchtigung des Lebens, die mit helfender Intervention bewältigt werden muss. Das Gesundheitssystem gilt als sozialer Organismus, in dem alle beteiligten Akteure sinnvoll miteinander kooperieren und im gemeinsamen Interesse handeln müssen. Die Gesundheitspolitik muss die Regeln des Zusammenspiels so formulieren, dass kranke Menschen mit angemessener und preisgünstiger Hilfe ihr Problem bewältigen und möglichst selbstständig ihr Leben meistern können.

Das Gesundheitssystem der Informationsgesellschaft wird daher mit gleicher Anstrengung gegen Krankheiten vorgehen und für Gesundheit sorgen. Die krankheitszentrierten Interventionsstrategien der Industriekultur werden mit den gesundheitsorientierten Entwicklungsprozessen des Informationszeitalters so verknüpft, dass im Gesundheitssystem der Zukunft beide Wege als gleich wichtig gelten und auch gleichberechtigt genutzt werden.

In der Theorie und Praxis von Medizin und Pflege muss also ein radikal neues Konzept realisiert werden, das gesundheitsförderliche (salutogene) und krankheitsbekämpfende (therapeutische) Maßnahmen umfasst. Die wissenschaftliche Trennung von Körper und Seele oder von Mensch und Umwelt, wie sie für das naturwissenschaftliche Verständnis der Medizin im 19. und 20. Jahrhundert typisch war, macht einem Denken Platz, in dem das menschliche Leben als hochgradig vernetzte Systemwelt begriffen wird. Die Gesellschaft beeinflusst die Gesundheit der Bürger durch die von ihr erzeugten Risiken und durch die von ihr bereitgestellten Gesundheitspotenziale. Mensch und Umwelt, Körper und Seele, Individuum und soziales Gefüge sind durch kontinuierliche Wechselwirkungen miteinander verknüpft. Krankmachende und heilende Faktoren wirken gleichermaßen auf das Individuum ein, und dieses prägt mit seinem Verhalten auch die sozialen Verhältnisse.

Sozial verantwortliche Medizin und Pflege sollten den einzelnen Menschen befähigen, möglichst selbstbestimmt und selbstverantwortlich mit seiner Lage fertig zu werden. Gesundheit heißt Autonomie für die betroffene Person: Autonomie trotz eines körperlichen, seelischen oder sozialen Handicaps. Autonomie ist also das „Produktionsziel" einer sozial verantwortlichen Heilkunst. Eine Politik, die inklusive statt exklusive Kräfte in der Gesellschaft stärken will, muss dafür sorgen, dass eine solche Heilkunst leicht und frei praktiziert werden kann.

Gesellschaft und Gesundheitssystem

Makroökonomen, die über die langfristige Dynamik volkswirtschaftlicher Entwicklungen forschen, fragen sich: Was wird künftig neue wirtschaftliche Aufbrüche begünstigen? Die Kondratieff-Wellen, benannt nach ihrem Erstbeschreiber, zeigen die langfristige Entwicklungsdynamik der Industriegesellschaften auf. Die langen Wellen der Ökonomie gehen immer einher mit einer technischen oder sozialen Basisinnovation, die dann jeweils neue Entwicklungsprozesse möglich macht. Das industrielle Zeitalter begann mit der Dampfmaschine, dem Webstuhl und der Textilindustrie. Inzwischen befinden wir uns im „fünften Kondratieff", geprägt vom Computer und der Kommunikationstechnologie. Am Übergang vom vierten zum fünften Kondratieff ist deutlich geworden, dass nicht mehr materielle Güter oder die Bereitstellung von Energie die wirtschaftlichen Erfolge bedingen. Die Fähigkeiten von Menschen mit kreativen Ideen, das menschliche Potenzial, also das so genannte Humankapital sind wichtiger geworden. Die Zukunft gehört Wirtschaftssystemen, die psychosoziale Gesundheit als Basis und Voraussetzung für ihr Werden und Entwickeln sehen. Psychosoziale Gesundheit wird somit zum Motor für die wirtschaftlichen Aufschwungprozesse der Zukunft.

Leo A. Nefiodow[2] stellt in seinem Buch über den sechsten Kondratieff nun die Frage, welche Basisinnovation den kommenden Kondratieff begründen wird, und er antwortet: „Der sechste Kondratieff wird seine Antriebsenergie aus dem Streben nach einer ganzheitlich verstandenen Gesundheit beziehen, in deren Zentrum, als Basisinnovation, die Erschließung psychosozialer Potenziale stehen wird." Sein Leitbild ist das einer „kooperativen Gesellschaft" im Gegensatz zur Konkurrenzgesellschaft mit ihren destruktiven und zerstörerischen Spannungen.

Wenn man dieser Wirtschaftstheorie folgt, avanciert das Gesundheitssystem zum Schlüssel für neue gesellschaftliche Produktivität. Gesundheits- und Sozialarbeit wird zum neuen Motor für den gesellschaftlichen Entwicklungsprozess. Wir müssen das Yang der kapitalistischen Industrie mit ihren egoistischen Potenzialen durch das Yin einer sozialen und gesundheitlichen Dienstleistungswirtschaft ergänzen, die nicht an Profitzielen, sondern am sozialen Nutzen orientiert ist. Dies wäre aber kein staatlich geplantes Organisationsmuster, sondern ein dynamischer gesellschaftlicher Wettbewerb um möglichst gute gesundheitliche Leistungen und menschlichen Nutzen.

Die Würde des Menschen kultivieren

Psychosoziale Gesundheit beschreibt das Beziehungsnetz von Gesellschaft insgesamt. Ein Land, das in der Lage ist, mit einem möglichst sinnvollen Aufwand an materiellen Mitteln, an Geld und Personal ein hohes Maß an sozialer Kohärenz zu schaffen, wird besser mit den Widrigkeiten des gesamten Lebens fertig werden als ein Land, das viel Geld in Polizei, in Ehekrisenberatung oder sonstige Einrichtungen zur Bekämpfung von sozialen Konflikten stecken muss. Psychosoziale Gesundheit wird wichtig auf dem Weg zu einer kooperativen Gesellschaft, die soziale und kommunikative, emotionale und intuitive Kompetenzen benötigt.

Diese Begriffe stammen von einem Ökonomen, nicht von einem Mediziner. Es geht beispielsweise darum, die individuelle Einfühlsamkeit für die Lage von anderen Menschen zu schulen. Eine gewaltige Bildungsaufgabe ist uns gestellt. Die Menschen müssen befähigt werden, mit ihren Gefühlen neu und anders, besser umzugehen. Ästhetische und ethische Kompetenzen sind zu kultivieren. Eine menschliche Ordnung und ansprechende Schönheit in Arbeitsprozessen entfalten zu können, beschreibt ebenfalls Fähigkeiten, die Menschen für andere mitbringen sollten. Ein Fach „Gesundheitsbildung" in den allgemeinbildenden Schulen wird selbstverständlich werden. Ethische Kompetenz zu fördern heißt, kooperative Tugenden zu pflegen und sie als bedeutsam im politischen Raum zu definieren: Fairness, Wohlwollen, Vertrauen, Gemeinschaftssinn, Solidarität, Leistungsbereitschaft und Offenheit gehören dazu.

Ist dies der Ruf nach einem neuen, idealen Menschen? Nein. Es geht nur darum, die vorhandenen politischen und gesellschaftlichen Kräfte zu nutzen, um neben den aggressiven, selbstsüchtig-egoistischen Energien, die ein kapitalistisches Wirtschaftssystem hat und braucht, auch eine Kultur der sozialen Verantwortlichkeit und der Mitmenschlichkeit zu unterstützen, die einen Gegenpol setzt. Die Zukunft gehört einer non-profit-gesteuerten Gesundheitswirtschaft, wo Wettbewerb um möglichst gute Ergebnisse herrscht und möglichst große Erfolge bei der Herstellung von Gesundheit für den einzelnen Menschen und die gesamte Bevölkerung zum Maßstab werden. Eigennutz und Nächstenliebe müssen dazu in einen neuen und vernünftigen Ausgleich gebracht werden. Dies ist eine Überlebensfrage der Gesellschaft, und langsam erkennen das die Ökonomen, die Industriellen und die Politiker. Ein Gesundheitssystem, das zur individuellen Geldvermehrung die Not der Krankheit ausbeutet, heilt für die Interessen der Wirtschaft nicht gut und nicht nachhaltig genug.

Für das Überleben der Gesellschaft wird die Kunst des Heilens und Helfens eine zentrale und neue Bedeutung bekommen. Volkswirtschaftliche Entscheider werden lieber Yogalehrer in Freiburg als Computertomographie-Produzenten in Korea oder Japan finanzieren wollen, weil das der Gesellschaft mehr hilft. Die Qualität von heilkundigen Menschen wird sich daran messen lassen, wie sehr sie soziale Verantwortlichkeit mitbringen und einsetzen.

Das Grundmuster der Einstellungen und Haltungen, die einen Heilkundigen wirklich auszeichnen, ist letztlich einfach zu definieren: für Ärzte ebenso wie für Medizinmänner oder Schamanen, überhaupt für alle, die helfend und heilend eingreifen wollen. Für alle gilt ein einfacher Satz: Behandele deine Patienten immer so, als wärst du es selbst; schädige keinen Menschen, belüge Patienten nicht, bestiehl niemanden und diskriminiere keinen. Mit diesen einfachen Regeln, durchgesetzt mit gesellschaftlicher Macht, lässt sich ein Gesundheitssystem zimmern, das individuelle und soziale Gesundheit miteinander verknüpft. Darum geht es: dass die Heilkundigen einer Gesellschaft eine Brücke schlagen zwischen individuellem und allgemeinem Wohl. Ärzte und Heiler müssen aufpassen, dass sie sich nicht für gesellschaftliche Interessen funktionalisieren lassen und diese gegen Individuen exekutieren. Sie dürfen aber auch nicht als Anwälte des Eigennutzes individuelle Interessen gegen das soziale Gefüge in Stellung bringen.

Am Übergang vom Industrie- zum Kommuniktionszeitalter ist ein neues Bewusstsein des sozialen Projektes „Gesundheitssystem“ ebenso notwendig wie ein neues Bewusstsein der Heilkundigen für ihre soziale Aufgabe. Das Kommunikationszeitalter wird eine integrierte Medizin, eine neues Denken und Handeln für die Heilkundigen und ein integriertes Gesundheitssystem hervorbringen, weil das Überleben der Gesellschaften insgesamt auf dem Spiel steht. Die Frage ist nur, wie schnell dieser Prozess vonstatten gehen wird.

Die neue Medizin und das neue Gesundheitssystem handeln und denken ganzheitlich, berücksichtigen körperliche, seelische, soziale und kulturelle Aspekte. Integriertes Denken und Handeln wird also künftig das Gesundheitswesen prägen. Heilkunst will Menschen ein höheres Maß an individueller Autonomie trotz Handicap vermitteln, und die biopsychosoziale Medizin bildet die Grundlagen für die Gesundheitsversorgung in der postindustriellen Gesellschaft. Das Gesundheitssystem wird nicht mehr als Megamaschine gesehen, dessen Räderwerk von einer Gesundheitsministerin gesteuert werden kann. Ein soziales Gesundheitswesen braucht ein Netzwerk von vielfältigen psychosozialen und medizinischen Diensten, die in einem lebendigen Organismus zusammenwirken: ein soziales Immunsystem, das Gesundheit für alle mit möglichst günstigem gesellschaftlichen Ressourceneinsatz verbindet. Dieses therapeutische Gewebe muss in sozialer Verantwortung arbeiten. Die Medizin und das Gesundheitssystem sind Teil der gesellschaftlichen Kultur, sie bilden ein Fundament der modernen Zivilgesellschaft und sie dürfen daher nicht den kapitalistischen Verwertungsinteressen unterworfen werden.

---

1 D. Goeudevert, Mit Träumen beginnt die Realität, Berlin: Rowohlt Verlag 1998.

2 L. A. Nefiodow, Der sechste Kondratieff, Sankt Augustin: Rhein-Sieg Verlag 1997.

Wolfgang Schäuble

Gleichberechtigung

Der Schlüssel zu sozialer und ökonomischer Gerechtigkeit

Anders als der Begriff der Gleichheit erscheint uns der Begriff *Gleichberechtigung* als ein neuerer, moderner Terminus. In politischen Diskussionen taucht er immer wieder auf, und zwar oftmals im Zusammenhang mit Fragen der Gleichberechtigung von Frau

Dr. Wolfgang Schäuble ist Bundesminister a. D., stv. Vorsitzender der CDU/CSU-Fraktion des Deutschen Bundestages und Mitglied des Präsidiums der CDU.

und Mann sowie der Diskussion um entsprechende Quotenregelungen, bei Fragen politischer Gleichberechtigung, sozialer Chancengleichheit oder der Emanzipation von Minderheiten in unserem Gemeinwesen. Woher kommt dieser Begriff, und wie ist mit dem Konflikt zwischen rechtlicher Gleichberechtigung und zunehmender sozialer Ungleichheit in unserem Sozialstaat umzugehen? Und warum bemühen wir überhaupt den Begriff der Gleichberechtigung, wenn wir seit über zwei Jahrtausenden mit dem Begriff der Gleichheit ausgekommen sind?

Der Terminus „Gleichberechtigung“ ist eng mit den politischen Entwicklungen nach 1789 und 1848 verbunden: „Gleich-Berechtigung“ erweiterte nämlich den Begriff der Gleichheit dahingehend, dass Gleichheit mit Recht/Berechtigung verbunden und damit konkretisiert wird. Mündige Bürger mögen zwar nicht als Menschen mit gleichen Talenten und vergleichbaren ökonomischen Möglichkeiten geboren werden; aus Sicht der Aufklärung sind sie aber in jedem Fall mit gleichen Rechten ausgestattet.

Mit der Französischen Revolution gewann das Ideal gesellschaftlicher Gleichheit (*égalité*) konkrete Relevanz. Individuen sollen als Staatsbürger (*citoyen*) gleich vor dem Gesetz sein, aber auch gegen politische und soziale Ungleichheit wurde vor den Toren der Bastille aufbegehrt. In Deutschland wurden diese Ideale ebenfalls revolutionär aufgegriffen: Der radikale Flügel der Demokraten von 1848 verstand Gleichheit nicht nur als Gleichheit vor dem Gesetz im Sinne von Gleichberechtigung, sondern durchaus auch als soziale Gleichheit. Weniger weitgehend wurden in der Frankfurter Nationalversammlung die Diskussionen um soziale Gleichheit geführt und auf das beschränkt, was man im Rahmen einer Rechtsordnung garantieren konnte: die Sicherstellung der Gleichheit vor dem Gesetz. Tatsächlich dauerte es dann noch knapp 70 Jahre, bis das Dreiklassenwahlrecht in Preußen im Jahre 1918 endgültig abgeschafft wurde.

Der offensichtliche Konflikt zwischen *rechtlicher Gleichberechtigung* und *sozialer/ökonomischer Ungleichheit* war es, der unserem modernen Begriff der Gleichberechtigung zum Durchbruch verhalf: Karl Marx formulierte das Problem, dass dem Individuum als *citoyen* Gleichheit im Sinne von rechtlicher Gleichberechtigung zugestanden werde, während das Verhältnis der Angehörigen der

Bourgeoisie zum Proletariat ein immer größeres Maß an ökonomischer Ungleichheit auszeichne. Ungleichheit könne vielleicht in der Sphäre des Rechts nominell beseitigt werden, aber nicht in der Sphäre ökonomischer Lebensumstände in der kapitalistischen Gesellschaft. In der Folge vermeiden auch zunehmend bürgerliche Demokraten den Begriff der Gleichheit und ersetzen ihn zur Konkretisierung durch Gleichberechtigung. Die Emanzipationsbewegung greift den Begriff „Gleichberechtigung“ Ende des 19. Jahrhunderts auf, um ihre konkreten Ziele der rechtlichen Gleichstellung der Frau hervorzuheben. Der abstraktere Gleichheitsbegriff tritt damit stärker in den Hintergrund. Heute bedienen wir uns einer Vielzahl von Formulierungen, um konkreten Bestrebungen zur Herstellung rechtlicher oder politischer Gleichheit Ausdruck zu verleihen: Gleicher Lohn für gleiche Arbeit, Gleichberechtigung der Geschlechter, soziale Chancengleichheit sind die entsprechenden Schlagwörter.

Diese Begrifflichkeiten sollten uns aber nicht darüber hinwegtäuschen, dass weder Marx und seine Anhänger noch wir selbst die mit dem Begriff der Gleich-Berechtigung verbundenen Probleme hinreichend gelöst haben. Im Gegenteil: Zwar haben wir rechtliche und politische Gleichberechtigung weitestgehend durchgesetzt, aber soziale und wirtschaftliche Gleichheit rücken in Deutschland wie auch global zunehmend in weite Ferne, und die Schere zwischen Arm und Reich öffnet sich auch bei uns immer weiter. So könnten wir uns fragen, was die Gleichberechtigung von Mann und Frau am Arbeitsplatz wert ist, wenn es keine Arbeitsplätze gibt. Was ist der gleichberechtigte Zugang zu Leistungen in einem Gesundheitswesen wert, welchem allein schon aufgrund der demographischen Entwicklung ohne durchgreifende Reformen der baldige Kollaps droht?

Um jegliche Missverständnisse zu vermeiden: Die Durchsetzung von Gleichberechtigung auf gesellschaftlicher, rechtlicher und politischer Ebene ist eine herausragende Leistung unseres Gemeinwesens. Auf der anderen Seite werden die Möglichkeiten der Gleichberechtigung nur diejenigen ausschöpfen, die entsprechend reale, ökonomische und soziale Möglichkeiten haben und auch willens sind, diese Möglichkeiten als Glieder einer staatlichen Gemeinschaft zu nutzen. Wer meint, dass der Gang zur Wahlurne ohnehin keinen Sinn hat, für den bleibt der Kampf für das allgemeine Wahlrecht ein bedeutungsloses Detail aus dem Geschichtsunterricht.

Eine der zentralen Aufgaben unseres Rechtsstaates ist es, dafür zu sorgen, dass Gleichberechtigung von Mann und Frau, von Kranken und Gesunden, von Jung und Alt auf allen Ebenen institutionell garantiert und verwirklicht wird. Was der Staat als Sozialstaat zwar fördern, aber nicht garantieren kann, ist soziale und ökonomische Gleichheit und gesellschaftliche Partizipation. Dabei kommt hinzu, dass sich ein Übermaß an rechtlicher Regelung, sei es durch Gesetze oder Tarifverträge, zunehmend als Hemmnis für notwendige Innovationen herausstellt. Es wird kaum noch bestritten, dass die Überregulierung unseres Arbeitsmarktes ein Grund für die zu hohe Arbeitslosigkeit ist. Und hohe Sozialbudgets in den öffentlichen Haushalten belegen nicht unbedingt die Effizienz sozialer Hilfen.

Hier enden die Möglichkeiten eines Rechtsstaats. Solidargemeinschaft ist mehr. Sie setzt auch auf die Kräfte des Einzelnen, auf moralisch gegründete und gebundene Verantwortung. Um die Schere zwischen politischer Gleichberechtigung und ökonomischer Ungleichheit nicht noch weiter auseinander klaffen zu lassen, ist an dieser Stelle der Einsatz und die Solidarität aller Bürger gefragt.

Genau hier liegt der Anknüpfungspunkt zum Anliegen des vorliegenden Sammelbandes *Ende der Solidarität? – Die Zukunft des Sozialstaats*. Deutschland als Sozial- und Rechtsstaat soll und wird Grundrechte und Gleichberechtigung garantieren. Aber wie steht es mit Werten? Zweifelsohne ist unser Gemeinwesen auf Werte wie Solidarität oder soziales Verantwortungsbewusstsein vital angewiesen, die nur von Bürgerinnen und Bürgern selbst gebildet, realisiert und gelebt werden können. Geht diese Solidarität verloren, droht jedes Gemeinwesen auseinander zu fallen und zum Opfer reiner Partikularinteressen zu werden.

Meiner Erfahrung nach wächst Solidarität am nachhaltigsten dort, wo sich Menschen auf lokaler Ebene, in Sportvereinen, Kirchen oder gemeinnützigen Organisationen zusammenschließen. Unser Sozialstaat lebt von ehrenamtlichem Engagement, von Menschen, die sich im sozialen Bereich für andere engagieren.

Unsere Ordnung der sozialen Marktwirtschaft ist eine moralisch begründete Ordnung. Die Hypertrophie von Eigennutz, wie wir sie nicht nur in mancher Perversion der *new economy* erleben, verstößt dagegen so sehr wie Teilnahmslosigkeit. Wer ein Übermaß an staatlicher Regulierung zu Recht beklagt, sollte sich freiwillig an

Verpflichtungen von Recht und Anstand halten. Weil Rechte und Pflichten zusammenhängen, bedeutet wirtschaftlicher Erfolg immer auch herausgehobene Verantwortung.

Gleiche Rechte bedeuten leider nicht immer gleiche Chancen. Solidarität und der Einsatz für den Anderen als den Nächsten sind die Mittel, um dieses Problem konstruktiv bewältigen zu können. Während Marx irrig bzw. utopisch davon ausging, soziale Ungleichheit mit der Schaffung einer klassenlosen Gesellschaft lösen zu können, steht heutzutage eine Hälfte unserer Gesellschaft in der Gefahr, das Problem zunehmender sozialer Ungleichheit als solches gar nicht mehr zur Kenntnis zu nehmen und sich in sich selbst zurückzuziehen, während die andere Hälfte an diesem Problem zu zerbrechen droht und arbeitslos, chronisch krank oder unzureichend ausgebildet auf der Strecke bleibt. Auch im internationalen Rahmen gilt: Die zunehmende Entkopplung von Gleichheit und Gleichberechtigung birgt große Risiken, da westliche Demokratien zwar Gleichberechtigung auf rechtlicher und politischer Ebene garantieren können, aber Ungleichheit gerade mit Blick auf ökonomische und soziale Verhältnisse immer stärker wächst. Während in Deutschland über 4,5 Millionen Menschen ohne Arbeit sind, leben über die Hälfte der Weltbevölkerung von weniger als 2 US-Dollar pro Tag. So ist etwa Indien nicht nur die größte, sondern auch eine der ärmsten Demokratien der Welt.

Unser Staat kann zwar institutionelle Unterstützung zur Sicherstellung von Gleichberechtigung und Förderung von ehrenamtlicher Tätigkeit gewähren, die Initiativen müssen aber in der Gesellschaft selbst entstehen. Träger sozialer und ehrenamtlicher Einrichtungen leisten hierbei bereits jetzt einen unverzichtbaren Beitrag, den es auszudehnen gilt und der eine vorbildhafte Wirkung auf die Wertorientierung der Menschen gewinnen muss.

Lösungen können nur von mündigen Individuen auf allen gesellschaftlichen Ebenen entwickelt werden und bedürfen der Verwirklichung auf lokaler wie nationaler Ebene, unterstützt durch einen Staat, der einen Rahmen vorgibt, der von den Bürgern selbst ausgefüllt wird. Gleichberechtigung ist der notwendige Schlüssel zu weniger Ungleichheit; die Tür zu mehr sozialer Gerechtigkeit muss aber in erster Linie von den Bürgern selbst aufgestoßen werden. Die Förderung von sozialem und wirtschaftlichem Ausgleich ist ein Prozess, den es immer wieder aufs Neue zu aktivieren gilt, statt über gesellschaftliche Ungleichheit lediglich zu lamentieren. Und hier liegt der zuvor Gescholtene am Ende wieder richtig: „Die Philosophen haben die Welt nur verschieden interpretiert, es kömmt drauf an, sie zu verändern“ (K. Marx, Thesen über Feuerbach).

Möge uns allen als gleichberechtigten Individuen die nötige Kraft und Energie zur Verfügung stehen, um unser Land und damit auch einen Teil der Welt als Solidargemeinschaft zu mehr Gleichheit hin zu verändern!

Gerd B. Achenbach

Gleichheit

Aus der unendlichen Geschichte eines Postulats

1. Ein andermal aber gab er ihnen dieses Gleichnis:
„Es war einmal ein böser König, der hatte drei Söhne. Eines Tages, da er sich gerüstet hatte, die Nachbarvölker zu überfallen, um sie sich dienstbar zu machen, rief er seine Söhne vor seinen Thron und sprach: ‚Seht, einem jeden von euch gebe ich zehn Pfund. Handelt damit, bis ich wiederkomme.‘

Damit zog er hinaus und unterwarf sich die Völker, auf die er sein Auge geworfen hatte.

Übers Jahr aber kam er wieder, forderte seine Söhne vor seinen Stuhl und sprach zu ihnen: ‚Laßt sehen, was ihr mit den Pfunden, die ich euch gab, erwirtschaftet habt.‘

Da trat der Älteste vor, der hatte das ihm Anvertraute verdreifacht. Danach der Mittlere, der hatte es verdoppelt. Der Jüngste aber kam und sprach zu seinem Vater:

‚Herr, ich fürchtete mich vor dir, wie das Volk sich vor dir fürchtet, denn du bist ein hartherziger Mann. Du nimmst, was dir

Dr. Gerd B. Achenbach gründete 1981 die weltweit erste Philosophische Praxis; Leiter der Lehrplankommission der Lessing-Hochschule zu Berlin und Meran.

beliebt, und gibst nicht dafür. Dein mächtiger Arm fährt aus und unterwirft sich die Völker und streicht ein von allen, die vor ihm zittern. Siehe, darum wickelte ich, was du mir gabst, in ein Schweißtuch und vergrub's. Da, nimm zurück, was Dein ist.'

Der König sprach zu ihm: ‚Du fürchtest mich, wie das Volk mich fürchtet?' Und er ließ nach seinen Wachen rufen, dass sie den unnützen Sohn hinauswürfen in die Finsternis, wo Heulen und Zähneklappen ist. Etliche aber aus dem Volk, die in Furcht vor ihm lebten, befahl er, vor aller Augen hinzumetzeln. Danach schlug er die zehn Pfund, die der Jüngste für ihn verwahrt hatte, dem Ältesten zu und sprach: ‚Wer hat, dem wird gegeben, dass er im Überfluss habe; wer aber nicht hat, dem wird auch noch weggenommen, was ihm blieb.' “

Jener aber, nachdem er ihnen dieses Gleichnis erzählt hatte, ward still in sich und traurig und sprach zu seinem Herzen: „Sie verstehen dich nicht. Spricht ihnen einer von einem Herrn und König, meinen sie, es sei von ihrem Gott die Rede. Denn vor den Mächtigen beugen sie das Knie, und den Reichen verkaufen sie ihr Herz. Von jenem aber, der geschunden und hinausgeworfen wird, sagen sie: ‚Recht so, wie ihm geschieht!' Habe ich ihnen nicht gesagt, ‚der Sohn des Menschen ist gekommen, zu suchen und zu retten, was verloren ist'? Aber sie haben mich nicht verstanden, ich lese es in ihren Gesichtern. Und wenn ich morgen im Tempel die Wucherer und Wechsler zur Rede stelle, die ihr Geschäft mit dem Elend treiben, dann werden sie mich noch immer nicht verstehen.“

2. Ein anderer kam, lieh sich einen fremden Namen, nannte sich Zarathustra und redete zu den Menschen und sprach zu ihnen im Gleichnis wie jener: „Es ist die giftige Tarantel, meine Freunde, die euch Gleichheit predigt. Die sich die ‚Guten und Gerechten' nennen, stachelt der ‚Wille zur Gleichheit' an, damit reizen sie den gelben Neid in eurer Seele. Zum Pharisäer fehlt ihnen nichts als – Macht. Doch seid auf der Hut! Ihre Ohnmacht macht sie erfinderisch: wer aufrecht geht, den stechen sie in die Ferse wie die Natter, die im Grase auf der Lauer liegt. ‚Wir wollen, was oben ist, unten sehen', predigen sie, ‚und was unten ist, wird triumphieren!' Also verkündet ihr Geist der Rache, und sie heißen ihn Gerechtigkeit. Ich aber sage euch: dass der Mensch erlöst werde von der Rache: das ist mir die

Brücke zur höchsten Hoffnung und ein Regenbogen nach langen Unwettern. Doch, meine Freunde, hört auch dieses Wort noch, das einst die Gerechtigkeit selbst mir verriet: ‚Die Menschen sind nicht gleich. Und sie sollen es auch nicht werden.' Darum sage ich euch: ‚Auf tausend Brücken und Stegen sollen sie sich drängen zur Zukunft', so läßt mich die Liebe reden. Der Hinkende wie der Läufer, der Stumme wie der Redner, die Scheue und die tüchtige Schöne, der Bedächtige wie der Gerissene, der aller Wiederkäuer des Geistes spottet – sie alle seien mir willkommen, wie sie das Leben willkommen hieß, das es gern bunt hat; zu bunt nach eurem Geschmack, ihr Prediger der Gleichheit, ich kenne euch."

Dann wurde auch jener, der zu ihnen vor der Höhle der Tarantel geredet hatte, still in sich und traurig und sprach zu seinem Herzen: „Da stehen sie und lachen, denn ich bin nicht der Mund für ihre Ohren. Einen Verächter der Gleichheit nennen sie mich! Als ob der Verächter der Gleich*macherei* nicht Verschiedenes *in gleicher Weise* liebte, ein jedes auf seine Weise."

3. Das Christentum, heißt es, habe den Gedanken der Gleichheit eingeführt: Ein jeglicher stehe vor Gott, und da gelte weder Stand noch Macht noch die Herkunft aus dem Volk noch Geschlecht oder Farbe der Haut. Das ist wahr. Doch gewöhnlich wird übersehen: da sind nur *bestimmte* Unterscheidungen zur Nichtigkeit herabgesetzt – Stand, Macht, die Herkunft aus dem Volk, das Geschlecht und die Farbe der Haut –, um einer *andern* Unterscheidung Gewicht zu verleihen. Denn jetzt heißt es: Dein Herz wird gewogen.

4. „Was ihr dem Geringsten und Kleinsten unter meinen Brüdern tut, das habt ihr mir getan." Dies der zweite Gleichheits-Grundsatz, den es in die Welt eingeführt hat. Er lautet: Es gibt die Geringen und die Stattlichen, die Kleinen und die Großen, die Hilflosen und Mächtigen, Arme und Reiche – alle aber, diese wie jene, sollt ihr gleichermaßen ehren und wertschätzen. Was ihr einem von ihnen antut, tut ihr Gott an.

5. Was christlich in Umlauf gebracht wurde, erhielt von Kant einen neuen Namen: *Würde.* Sie ist das säkulare Inkognito der „Ebenbildlichkeit" und auf dem Weg, Grundsatz der Menschenrechte zu werden. Die *Würde* eines jeden ist nicht sein Verdienst und wird nicht

erworben, sondern *zuerkannt* als „unantastbar". Darum gibt es im Blick auf die Würde – wie jetzt die Gleichheit aller Menschen heißt – kein Mehr und kein Weniger. Also wird die Würde der Menschen nicht taxiert, sondern *respektiert.* Der religiöse Gesichtspunkt, des Priestergewandes entledigt, lautet jetzt: Ein jeder ist zu respektieren, weil wir einem jeden Respekt *schulden.*

6. Gleichheit ist die Grundlage aller Gerechtigkeit. Wie einst ein jeder ohne Unterschied vor Gott stand, gilt im Rechtsstaat die „Gleichheit vor dem Gesetz". Und das heißt wieder: Die gewöhnlichen Unterschiede – Macht, Ansehen, Reichtum etc. – sind „vor dem Gesetz" außer Kraft gesetzt, um *einer* Unterscheidung Gewicht zu verschaffen, dem Ur-Teil *nach* dem Gesetz: Dieser hat es befolgt, jener übertreten.

7. Das schwierigste Kapitel beginnt in der Neuzeit. Das Skript dazu schrieb Jean-Jacques Rousseau. Freiheit und Gleichheit sollen ausgesöhnt werden, beide sich wechselseitig bedingen. Wie das? Die Freiheit, die allen gleichermaßen zusteht, ist der Anspruch, unabhängig zu sein von der Willkür anderer. Du sollst die Freiheit deines Nächsten respektieren, wie du deine Freiheit liebst. Gleichheit, das Fundament der *Gerechtigkeit*, wird so auch Grundlage der *Freiheit.* Freiheit, die du dir nimmst, nicht aber ebenso einräumst, ist Willkür. Dem, was du forderst, sollst du selber unterworfen sein.

8. Gleichheit als Voraussetzung von Freiheit und Gerechtigkeit wird zuletzt akut im Weltmaßstab: Nicht Gleiche, sondern Ungleiche – ungleich an Macht und Einfluss, wirtschaftlicher und militärischer Stärke – sollen sich als Gleiche anerkennen. Für den mächtigen Staat gilt das Völkerrecht in *gleicher* Weise wie für den kleinen und schwachen. Der Große kann vom Kleinen nichts fordern, dem er nicht selbst sich unterworfen hätte.

Zusatz: Beide Instanzen, die einst für Gleichheit einstanden, die Kirche und der Staat, verloren an Geltung, ins Zentrum rückte „der Markt". Hier gilt das Gesetz jenes Königs: Wer hat, dem wird gegeben und der steht im Licht, wer aber nicht hat, den wird die Finsternis verschlingen.

Verarbeitete Texte: Lk. 19, 11–27; Mt. 25, 14–30; Lk. 19,10; Nietzsche, Also sprach Zarathustra, II, „Von den Taranteln".

Peter Herrmann

Heimat

Die Ambivalenz des Vertrauten

Geliebtes Scheusal – gerade diese Worte des Ausdrucks einer Hassliebe fielen mir ein, als ich gebeten wurde, etwas zum Begriff Heimat im Zusammenhang mit sozialen Grundrechten zu schreiben. Die „Liebesbeziehung“ ist dabei scheinbar eine recht simple Angelegenheit. Heimat ist, „wo man sich wohl fühlt“ – so lautet eine landläufige Definition und gemeint ist wohl: Die Vertrautheit, die Routinen, die es jedem von uns ermöglichen, sich im Alltag zurechtzufinden, wenn es um Zuverlässigkeit geht und die Experimentierfreudigkeit, die man sich vielleicht im Urlaub gönnt, oftmals mehr stört, als dass sie weiterhilft. Aber genau da beginnt dann auch schon die Widersprüchlichkeit, die mit der Heimat verbunden ist. Das Vertraute ist das wenig Durchdachte, dasjenige, was einfach hingenommen, gar „gelebt“ wird, wenngleich die rechte Überzeugung vielfach fehlt.

Es ist interessant, einen Blick auf die vielen Klischees zu richten, mit denen die heimatlichen „Schwächen“ oftmals karikiert und auch kritisiert werden: Die genauen, ordnungsliebenden und effektiven Deutschen, die Iren mit ihrer Zurückgelehntheit und liebenswürdigen Art und die auf sich selbst bezogenen Franzosen. Die temperamentvollen Italiener stehen neben den „Kühlen aus dem Norden“. Es ließe sich fortfahren mit der Liste von „Landescharakteren“. Daneben gibt es dann noch die „regionalen Heimaten“ oder gar das Heimatdorf oder die Heimatstadt – mit jeweils ganz besonderen Eigenarten. Und das Seltsame ist: Keiner gibt nur einen Deut freiwillig von diesem Heimat-Charakter auf – wenngleich man oftmals nicht nur den Charakter der anderen bewundert, sondern insgeheim auch etwas von dem eigenen „verflucht“.

Dr. Peter Herrmann ist Hochschullehrer und freier wissenschaftlicher Berater im Bereich Sozialpolitik in Irland. Er ist auch in Freiwilligen-Organisationen auf örtlicher, nationaler und EU-Ebene engagiert.

Wie oft hörte ich Aussagen wie diese: „*Wie ich das hasse – man kann sich auf keinen verlassen*", beklagen sich meine irischen Landsleute, wenn sie wieder einmal auf den Handwerker vergeblich gewartet haben, oder sie bemerken bewundernd auf dem Bahnhof in Deutschland: „*Klar, der Zug ist pünktlich gewesen – genau zu der Zeit abgefahren und angekommen, die im Fahrplan steht.*" Oder auch genau umgekehrt schwärmen Bekannte, wenn sie mich in Irland besuchen: „*So sollte man es machen – nicht alles so ernst und genau nehmen.*" – „*Wenn's drauf ankommt, ist bei dir doch immer wer, der für dich durchs Feuer springt; nicht dieser ewige Egoismus.*" So loben dann beispielsweise die Iren die Deutschen und die Deutschen die Iren und ... – ja, und sie kehren sich beide um, die einen verbissen der Ordnung nachjagend, die anderen zum Chat, über den sie die Welt zu vergessen drohen. Entweder man will gar nichts aufgeben von den lieben Gewohnheiten oder man kann es nicht, auch wenn es sich um die ungeliebten „nationalen Charaktereigenschaften" handelt.

Freilich, viele Vorurteile sind hier auch im Spiel, und Wandlungen in der Zeit werden unter den Tisch gekehrt. Gleichwohl ist die Heimat etwas ganz Besonderes, mit einem ganz bestimmten Charakter – dem Heimat-Charakter, der die Menschen prägt und den die Menschen ausleben. Gerade jene, die ihren Schritt über die Heimatgrenze hinweg, in ein anderes Dorf, eine andere Region und erst recht ein anderes Land setzen, stellen fest, wie bedeutsam ihnen diese Heimat ist. Selbstverständlichkeiten werden auf einmal bewusst, und ebenso bewusst wird oftmals, wie sehr man in dem „Käfig der Ambivalenz" gefangen ist. Die erste Begeisterung weicht schnell dem Ruf nach dem Vertrauten und damit Verlässlichen – eben der „Heimat".

In anderen Worten: Heimat wird erst durch Fremde so richtig in ihrer Bedeutung klar. Oder wie es Georg Simmel in seiner *Soziologie* ausdrückte:

> Wenn das Wandern als die Gelöstheit von jedem gegebenen Raumpunkt der begriffliche Gegensatz zu der Fixiertheit an einem solchen ist, so stellt die soziologische Form des „Fremden" doch gleichermaßen die Einheit beider Bestimmungen dar ... Es ist hier also der Fremde nicht in

dem bisher vielfach berührten Sinn gemeint, als der Wandernde, der heute kommt und morgen geht, sondern als der, der heute kommt und morgen bleibt ...

Einen bekannten Ausdruck fand die Hassliebe bei Catullus, der ausrief:

> *Odi et amo, quare id faciam fortasse requiris. Nescio sed fieri sentio et excrucior.*
> (Ich hasse und ich liebe. Vielleicht fragst Du, warum ich dies tue. Ich kann es nicht erklären, aber ich spüre beide Gefühle in mir und ich fühle mich dadurch gepeinigt.)

Catullus, der 50 Jahre vor unserer Zeitrechnung diese Worte aussprach, machte – wohl ungewollt – deutlich, worum es bei einer solchen Hassliebe geht: um Rechte. Und auch hierbei ist eine große Zweischneidigkeit im Spiele: Er baute auf Überlegenheit gegenüber der Frau – auf die Routinen der Mächtigkeit –, dies war die Liebesseite. Doch er fühlte sich in genau dieser Macht durch die Intelligenz, Gleichwertigkeit und zugleich die Eigenständigkeit der Geliebten bedroht – was eben den Hass bewirkte.

Genau diese Beziehung ist es, die Heimat so leicht zum Problem werden lässt: Auf der Vertrautheit baut sich die Angst vor dem Anderen auf. Doch anstatt die Unsicherheit zu nutzen und die eigene Situation zu erkennen, entsteht eine Abwehrhaltung. Die Rechte von anderen werden – manchmal im Wortsinne – mit Füßen getreten. Und dabei wird so leicht übersehen, dass es im Grunde die eigene Rechtlosigkeit ist, die die Angst bewirkt.

Die Neugier und das Empfinden des Neuen als Bereicherung kämpfen mit der Macht der Routine. Es ist – scheinbar – leichter, andere zu zertreten, als sich selbst zu vertreten, die „kollektive Macht“ der Heimat verleiht auch dem Individuum eine Art Macht – die ganz persönliche und reale Macht des *savoir vivre* und die wenigstens scheinbare Macht des Dazugehörens. Und dies ist eine Macht, die sich aus der Tradition eines innerlich starken Landes, aber ebenso aus jener der Unterdrückung speisen kann.

Diese wird gerade derzeit in dieser Widersprüchlichkeit deutlich, wo wir Heimat scheinbar „verlieren“: im sich entwickelnden Europa. Der engstirnige Heimatsinn wird paradoxerweise jetzt wieder wach, da die Zeiten rasanten technischen und gesellschaftspolitischen Veränderungen unterliegen. Wo wir uns gestern noch im Vertrauten bewegten, finden wir uns heute schon nicht mehr zurecht – im Kleinen wie im Großen. Die alte Dorfstraße ist einer modernen Ortsdurchfahrt gewichen, der Laden um die Ecke wurde von einem Supermarkt verdrängt, und der freundliche Herr am Kassenschalter hat seinen Platz für einen Bankomaten geräumt. Die Grenzen lösen sich Stück um Stück auf, die Geldmünzen haben im Wortsinn nur noch auf der einen Seite einen Bezug zur gewohnten Lebensheimat, d. h. dem Nationalstaat, und wenngleich die Schallplattenfirma Deutsche Grammophon schon Jahrzehnte lang nur noch dem Namen nach deutsch ist, so wird doch zunehmend sichtbar, dass das *„made in Germany"* längst keinerlei wirkliche Bedeutung mehr hat.

All dies freilich lenkt vom Kern der Debatte ab: Es geht um die sozialen Rechte, von denen endlich begriffen werden muss, dass sie nicht teilbar sind. Sie sind dies weder als Rechte, die den Pass-Bürgern vorbehalten werden können, und sie sind dies ebenso wenig als Rechte, die eine Festung Europa als neue Heimat begrenzen. Rechte sind vielmehr unteilbar, und ebenso wichtig ist, dass sie Lebensrechte sind: Rechte auf ein „Leben in Würde", wie es kürzlich in der Diskussion um die EU-Verfassung hieß, und ebenso Rechte, die gelebt werden können, die das Alltagsleben aller bestimmen.

Somit ist Heimat doch nicht einfach dort, wo man lebt, wie es die herkömmliche Definition vorschlägt. Heimat ist vielmehr dort, wo man Rechte hat, wo der Zugang zur näheren Umwelt und das Ausgehen in die weite Welt gesichert sind. Eine solche Definition schlägt auch vor, dass Heimat sich letztlich nicht an äußeren Grenzen, den Landesgrenzen oder den Trennungslinien zwischen Orten festmacht. Vielmehr ist Heimat durch innere Offenheit gekennzeichnet: Es geht um den Zugang, den der Einzelne zu den kollektiven Gütern eines „Territoriums" hat. Die Frage nach der Heimat ist also nicht so sehr eine Territorialfrage, über die die Außenpolitik bestimmt. Vielmehr wird Heimat dort bestimmt, wo Grundrechte – zivile, politische und soziale Grundrechte – definiert werden. Damit sind vor allem das Innenministerium und das Sozialministerium als „Heimatministerien" gefordert. Mit Blick auf die EU heißt dies dann sicher auch, dass Europa solange zum Scheitern verurteilt bleibt, wie es Sozialpolitik nicht als wirkliche Aufgabe begreift. Bis dahin bleibt eine europäische Heimat die Realität für eine Minderheit: eine „Geistesheimat“ derjenigen, die sich über Grenzen hinweg für die Unteilbarkeit der Grundrechte einsetzen.

Lothar Böhnisch / Wolfgang Schröer

Jugend

Plädoyer für einen neuen sozialpolitischen Diskurs

Das 20. Jahrhundert gilt nicht umsonst als das Jahrhundert der Jugend, weil in ihm – sowohl demographisch als auch unter dem Aspekt der Modernisierung – die junge Generation als strategische Sozialgruppe einer fortschrittsorientierten Gesellschaft hervortrat. Jugend war im 20. Jahrhundert eine gesellschaftliche Figur und wurde als ein zentrales „principium medium“ (Karl Mannheim) der gesellschaftlichen Entwicklung angesehen. Der Jugend selbst ist diese gesellschaftliche Überhöhung nicht immer gut bekommen. Sie sollte über die Bildungs- und Sozialchancen, die ihr die Gesellschaft „jugendgemäß“ zu eröffnen meinte, profitieren. Doch gleichzeitig hat sie seitdem auch ein schweres Los zu tragen: Sie wird kontrolliert und bewacht. Verhaltensumschwünge in der Jugend werden intensiv registriert. Wenn etwas mit der Jugend nicht in Ordnung ist, scheint auch in der Gesellschaft etwas nicht zu stimmen oder umgekehrt. Die Jugend hat seit der damaligen Zeit zu beweisen, dass sie *gesellschaftsfähig* ist. Das *Moratorium*, den Bildungsaufschub und -raum, den die Gesellschaft der Jugend gewährte, war im 20. Jahrhundert entsprechend ihr – der Gesellschaft – Spiegel. An der Jugend vergewisserte sich die Gesellschaft des 20. Jahrhunderts, und die Jugend forderte diese heraus.

Prof. Dr. Lothar Böhnisch ist Inhaber des Lehrstuhls für die Sozialisation der Lebensalter an der Technischen Universität in Dresden;
Dr. Wolfgang Schröer ist Juniorprofessor am Institut für Sozialpädagogik der Technischen Universität Dresden.

Das 21. Jahrhundert wird dieser gesellschaftlichen Jugenddefinition die Grundlagen entziehen. Nicht nur die demographische Gliederung unserer Gesellschaft hat sich dramatisch auf das Alter hin verändert. Es ist vor allem die digitalisierte Struktur der Ökonomie, welche Druck auf die Jugend ausübt. Die jugendwissenschaftlichen Bilanzen zu Beginn des neuen Jahrhunderts in Deutschland muten deshalb wie ein Abgesang auf die Jugend und ihre eigensinnige und eigenwillige biographische und gesellschaftliche Kraft an: Wir nehmen Abschied von der Jugend des 20. Jahrhunderts (so Sander und Vollbrecht 2000 und so auch die Shellstudie *Jugend 2000*). Das Argument des vergangenen Jahrhunderts, dass mit der Jugend die Zukunft aufscheine, man an ihrer Gestalt die Eckpfeiler der zukünftigen Gesellschaft ablesen könne, greift nicht mehr. Jugend und industriegesellschaftliche Entwicklung, die gerade in den zwanziger und sechziger Jahren des 20. Jahrhunderts eng aufeinander bezogen waren, sind zunehmend entkoppelt. Das Modell des „Moratoriums" und des „Übergangs", an das sich die Pädagogik klammert und das „Jugend" bisher ausgemacht hat, ist somit schon in der klassischen Jugendzeit immer weniger greifbar.

Diese Entwicklungen sind mit dem Begriff der „Entstrukturierung der Jugendphase", wie ihn Thomas Olk geprägt hat, nicht mehr hinreichend fassbar, denn dieser Begriff besagt nur, dass sich das herkömmliche Jugendmodell pluralisiert und vielfach verschoben hat. So wird übersehen, dass die äußeren strukturellen Rahmenbedingungen der Lebensphase Jugend sich verändern. Zunehmend treten auch die Protagonisten der zukünftigen Ökonomie mit dem Versprechen auf, die neue Ökonomie könne selbst ein Lernfeld für die Jugendlichen sein. Jugendräume zur Selbstfindung müssten nicht mehr in Kontrast zur industriellen Logik durchgesetzt werden, sondern die neue entgrenzte Arbeitsgesellschaft biete Räume und soziale Möglichkeiten sowie ein Ensemble von privaten Lebens- und Sorgeverhältnissen, in denen die Jugendlichen sich entfalten könnten.

Dort, wo qualifizierte Arbeitsplätze vorhanden sind, will man die jugendlichen Potentiale – angesichts beschleunigter Technologie- und Marktentwicklung – *sofort* abrufen können, will nicht auf lange Ausbildungszeiten Rücksicht nehmen. Der gesellschaftliche Jugendbegriff, nach dem Jugend als Lebensphase aus der Arbeitsgesellschaft herausgenommen und in einem Moratorium sich entwickeln und qualifizieren kann, um dann mit einem so gewonnenen Status in die Gesellschaft eingegliedert zu werden (Integration durch Separation), wäre dann obsolet oder scheint sich zu entgrenzen.

Gleichzeitig mit diesen Entgrenzungstendenzen beobachten wir Entwicklungen, die mit dem Begriff der *Freisetzung* erklärbar sind. Jugendliche werden aus dem geschützten Entwicklungsraum Jugend herausgeworfen und geraten früh in eine Generationenkonkurrenz, auf die sie nicht vorbereitet sind. Der 35-jährige Arbeitslose wird sich nicht darum scheren, ob der Jugendliche nun – weil er im Entwicklungsübergang zur Gesellschaft, in der fragilen Phase der Identitätsfindung ist – den Arbeitsplatz dringender braucht als er. Er sieht ihn eher als Konkurrenten mit staatlich alimentiertem Wettbewerbsvorteil. Da können die Älteren schon großzügiger sein, wenn sie zwei Jahre früher in die Rente gehen. Die neue Generationenkonkurrenz, die sich vor den Augen der Jugendpädagogik abspielt, treibt Jugendliche noch weiter in die Familien mit dem Effekt, dass die öffentliche Verantwortung für die Jugend noch mehr privatisiert wird. Die einzelnen Familien kümmern sich um „ihre" Kinder und Jugendlichen mit einem teilweise unerbittlichen Familienegoismus und Durchsetzungsanspruch. Es geht um die eigenen Kinder – „die Jugend" allgemein und die anderen Jugendlichen interessieren nicht. Das Problem der Drogengefährdung von Kindern und Jugendlichen oder die Jugendarbeitslosigkeit interessieren erst, wenn die eigenen Söhne und Töchter davon betroffen sind. Erst dann wird gesehen, dass Jugendliche gegenwärtig mit sozialen Problemen konfrontiert werden – Arbeitslosigkeit, Konkurrenzdruck, Berufsnot –, von denen sie eigentlich im traditionellen jugendpädagogischen Modell des Moratoriums fern gehalten sein sollten.

Dabei wird insgesamt kaum berücksichtigt, dass Jugendliche sich auch weiterhin in der psychisch-physischen Entwicklung der Pubertät mit ihren Vor- und Nachphasen befinden und somit die Art und Weise, wie sie selbst mit diesen auf sie zukommenden sozialen Problemen umgehen, stark durch die Logik dieser Entwicklungsphase bestimmt ist. Der Zustand der Schwebe, der Unwirklichkeit und Unbefangenheit, in dem sich Jugendliche im pubertären Alter befinden, bestimmt in der Regel auch die Art und Weise, in der sie mit den ihnen nun auf einmal zugemuteten sozialen Belastungen umgehen bzw. umzugehen imstande sind. Sie sind zwar nach außen – im Umgang mit neuen Dingen, in der Rücksichtslosigkeit gegenüber Altem und in den Formen ihrer Abgrenzung von der Erwachsenenkultur – selbständig und selbstbewusst, aber sie leben dazwischen, sind noch nicht mit sich fertig und haben noch lange nicht ihren Platz in der Gesellschaft gefunden.

Ein Schauplatz, auf den die Jugendfrage heute wieder verschoben wird, ist der der Kriminalpolitik. Zwar hält sich noch die öffentliche Programmatik einer besonderen Verantwortung für die Jugend verpflichtet, aber sie ist gepaart mit einem erhöhtem Kontrollanspruch: Die Jugend hat sich entsprechend zu fügen, und das mehr als andere Generationsgruppen. Auch dies ist eine – wenn auch verbrämte – Form der Generationenkonkurrenz. Jugendliche geraten so in eine *Selbständigkeitsfalle*: Einerseits sind sie im gegenwärtigen Vergesellschaftungsprozess auf eine Art und Weise freigesetzt, dass sie früh soziokulturell selbständig werden; gleichzeitig verspüren sie den gesellschaftlichen Druck, sich zurückzunehmen, die Dynamik der Adoleszenz zu unterdrücken. Die Mehrheit lebt – mit der Unbefangenheit der Jugend – ihr eigenes Leben, um sich so an den sozialen und gesellschaftlichen Problemen, von denen das Jugendalter heute nicht verschont ist, vorbeizulavieren.

Es macht sich so ein Bewältigungsmodus des „Irgendwiedurchkommens“ breit, der zu unbedingtem biographischen Optimismus zwingt. Schon der Titel der Siegener Jugendstudie *null zoff & voll busy* verniedlicht allein die soziale Realität der ersten Jugendgeneration des neuen Jahrhunderts (Zinnecker u. a. 2002). Kaum thematisiert wird, dass die Entgrenzungstendenzen auch die Lebensführung der Jugendlichen auf den beruflichen Einstieg und die Sozialform der Selbstbehauptung zentrieren und ein Bedürfnis nach Harmonie erzeugen. Konflikte können nicht mehr als produktiv in der biographischen Lebensplanung gesehen werden („null zoff“). Ob ich etwas Sinnvolles tue, bemisst sich nicht mehr am Sozialen, sondern am biographischen Erfolg. Die Jugendlichen müssen – von welchem sozialen Ort aus auch immer – versuchen mitzuhalten, dabei zu sein, Optionen offen zu halten („voll busy“). Dies wiederum geht nur, wenn das eigene Lebensprojekt zum Dreh- und Angelpunkt des Sozialen wird und die Welt dann in Ordnung ist, wenn man mit sich selbst zufrieden ist, egal, was draußen vorgeht (vgl. Böhnisch/Schröer 2002). Bildung gerät auf diesem Weg in den Sog einer biographisierten Verwertungslogik und wird ihres grundlegenden Spannungsverhältnisses von gesellschaftlicher Erfahrung und Selbstbildung beraubt. Es werden Bildungsszenarien nach dem Muster konstruiert, ob die gesellschaftlichen Erfahrungen der biographischen Erfolgsgeschichte nutzen oder nicht.

In dieser Ambivalenz muss man auch das Ergebnis der 13. Shell-Jugendstudie *(Jugend 2000)* interpretieren, in der sich deutliche Hinweise auf biographiezentrierte – der Gesellschaft gegenüber indifferente – soziale Orientierungen finden. Während in früheren deutschen Jugendstudien der 1980er und 90er Jahre die Tendenz überwog, dass die Jugend eine gespaltene soziale Orientierung zeigte – gesellschaftlich-pessimistisch versus persönlich-optimistisch –, scheint für viele jetzt nur noch ein eher optimistischer Glaube an sich selbst orientierungsleitend zu sein. Das frühere Orientierungsmodell ließ sich jugendtypisch erklären: In der Pubertät steht das eigene Selbst narzisstisch im Mittelpunkt der Welt und der gesellschaftlichen Optionen, an denen man sich entsprechend reibt. Heute reiben sich viele Jugendliche nicht mehr am Gesellschaftlichen, sondern übernehmen früh das biographische Bewältigungsmodell der Erwachsenen. Die sozial indifferente Ausrichtung am Projekt des „eigenen Lebens“ und der jugendkulturelle Narziss gehen ineinander über. Die Mediengesellschaft feiert sie als optimistische Generation, die „Tritt gefasst“ hat, und übersieht dabei die utilitaristische Tendenz genauso wie die Tatsache, dass fast ein Drittel der Jugendlichen nicht Tritt fasst und möglicherweise im Sog des biographischen Scheiterns steckt.

Da hilft es auch wenig, mit dem Hilfskonstrukt der „Verlängerung der Jugendphase“ in das Lebensalter der jungen Erwachsenen hinein zu operieren und hier das Jugendmodell des Übergangs- und des Experimentierens anzusetzen. Denn diese Lebensphase ist schon voll in der Konkurrenz- und Verdrängungsszenerie der segmentierten Arbeitsgesellschaft aufgegangen. Hier kann die Jugend ihren Generationstrumpf, wie ihn noch Karl Mannheim (1970) für die „junge Generation“ herausgestellt hatte, nicht mehr ausspielen. So ist für viele junge Menschen in Deutschland und in anderen europäischen Ländern mit sozialstaatlicher Moratoriumskonstruktion die ehemals geschützte Jugendphase zum offenen und deshalb riskanten Bereich der Selbstbehauptung und Generationenkonkurrenz geworden. Das hochgehaltene Jugendmodell, an dem sich viele noch orientieren, kann damit leicht zur Generationsfalle werden, die die Jugendlichen bewältigen müssen.

Die Pädagogik bindet sich deshalb an eine neue Generationensolidarität, wie sie sich im privaten Bereich der Familien abzeichnet. Sie übersieht dabei aber die arbeitsgesellschaftliche und generationenpolitische Dramatik der Generationenkonkurrenz. Die veränderten Generationenbeziehungen werden zwar als Ergebnis neuer gesellschaftlicher Bedingungen gesehen – ähnlich wie bei der Familie –, aber vor allem als Bedeutungswandel im Bereich der privaten Erziehungs- und Sorgeverhältnisse. Angesichts der Entkoppelung lebensweltlicher und arbeitsgesellschaftlicher Bezüge – des Auf-sich-Gestelltseins der Individuen – rücken die Generationen wieder enger zusammen, sind neu aufeinander angewiesen, suchen die Gegenseitigkeit der Generationen (vgl. Liebau 1997). Die Kommunikation zwischen Jugendlichen, Eltern und Großeltern entwickelt sich entsprechend gleichberechtigt, ist nicht mehr hierarchisch, sondern in gesuchter Gegenseitigkeit eines „pädagogischen Sorgeverhältnisses" strukturiert (vgl. Zinnecker 1997). Über die sozial und kulturell nivellierenden, die Grenzen der Lebensalter aufweichenden Medien scheint eine „common culture" (vgl. Sander 1999) zwischen Jugendlichen und Erwachsenen zu entstehen, in der sich gemeinsame Verständigungs- und Bewältigungsmuster des Familienalltags konturieren. Wiederum ähnlich wie im Familiendiskurs erwarten Pädagogen und Sozialpolitiker eine neue, nun von den Menschen selbst gesuchte Generationensolidarität, ein Netzwerk der Einübung sozialer und demokratischer Schlüsselqualifikationen, kurzum einen lebensweltlich überzeugenden sozialen Lernort (vgl. Büchner 1995). Der Hinweis Franz Xaver Kaufmanns (1997), Generationenverhältnisse seien gleichermaßen als private wie als gesellschaftliche zu betrachten, zwar voneinander zu unterscheiden, aber genauso in der Wechselwirkung zueinander zu sehen, wird zwar in dem neuen pädagogischen Generationsdiskurs kategorial anerkannt, kaum aber paradigmatisch aufgenommen.

Aus der gesellschaftlichen Perspektive hat sich – so könnte man zusammenfassend formulieren – die Generationenfrage gegen die Jugend gedreht. Karl Mannheim hatte in den 1920er Jahren die kulturelle und soziale Kraft der Jugend und ihrer Symbole eng an den jeweiligen Modus der Vergesellschaftung gebunden. Eine Gesellschaft im Prozess der Modernisierung, die auf die Zukunftssymbolik Jugend nicht nur unter dem Aspekt der demographischen Reproduktion massenhaft angewiesen war, erzeugte auch ein Klima, in dem sich die soziale Gruppe Jugend entfalten, ein gleiches Zeitverständnis vermitteln und sich entsprechend sozial darstellen konnte. Ist die Arbeitsgesellschaft aber – wie heute – nicht mehr auf die massenhafte Qualifikation und Arbeit aller Jugendlichen angewiesen, zieht sie ihre Fortschritts- und Erneuerungssymbolik nicht mehr aus der Jugend, sondern aus ihrer ökonomisch-technischen Eigendynamik. Neue *Produktgenerationen* werden kreiert, auch das Symbol Jugendlichkeit hat sich von der Jugend abgelöst; vielleicht scheint die alte Jugendsymbolik noch in der Konsumwerbung auf, aber auch dort ist die Jugend längst eine Gruppe unter anderen. Dies und auch die im Jugendalter früh einsetzende Biographisierung haben die Generationseinheit Jugend immer mehr aufgelöst, die Kluft zwischen dem, was die Gesellschaft weiterhin von der Jugend erwartet, und dem, wie sich die einzelnen Jugendlichen in ihrer Befindlichkeit darstellen, ist größer geworden. Auch deshalb gelingt es den Jugendstudien immer weniger, eine gesellschaftliche Generationseinheit Jugend zu präsentieren. Die Sozialpädagogik kann also längst nicht mehr so selbstverständlich wie früher auf das Konstrukt Jugend in seiner gesellschaftlichen wie biographischen Relevanz zählen, sie muss mehr denn je in ihren Beziehungs- und Raumangeboten dazu beitragen, den Jugendlichen „Jugend zu ermöglichen".

Vor diesem Hintergrund stellt sich auch der Teilhabebegriff für die Jugend neu dar: Es geht nicht mehr um ein Moratorium, in dem Jugendliche Gesellschaft spielen sollen (vgl. z. B. die nie geglückten Versuche, Jugendparlamente einzurichten), sondern um soziale Teilhaberechte im Sinne von Bürgerrechten. Auch das Weißbuch der Europäischen Kommission zur Jugendpolitik mit dem Titel *Neuer Schwung für die Jugend Europas* proklamiert neue Formen „des europäischen Regierens (‚Gouvernance')" und will die Jugend für eine „aktive Staatsbürgerschaft" gewinnen, sieht dieses aber in erster Linie in dem Kontext, „Europa zum wettbewerbsfähigsten und dynamischsten wissensbasierten Wirtschaftsraum der Welt" zu machen. Die Frage nach der sozialen Gestalt von Jugend in der zukünftigen Arbeitsgesellschaft wird in allgemeine Überlegungen zu einer europäischen Bürgerrolle in der neuen Ökonomie eingeordnet. Die Grundrisse der zukünftigen europäischen Bürgergesellschaft werden dabei gezeichnet, ohne dass man sozialpolitisch ein Modell von Jugend in der zukünftigen Arbeitsgesellschaft entworfen hat (vgl. Böhnisch/Schröer 2002). Dabei hat natürlich die Jugend – von ihrem typischen Entwicklungsstatus her – immer noch eine Sonderstellung in der Gesellschaft. Diese ist gegenwärtig aber nicht mehr sozial verbindlich (wie in der Figur des Moratoriums angelegt) in einen sozialpolitischen Jugenddiskurs eingebunden.

Verwendete und weiterführende Literatur

Böhnisch, L./Schröer, W., Pädagogik und Arbeitsgesellschaft. Weinheim/München 2001.

Böhnisch, L./Schröer, W., Soziale Bürgergesellschaft. Zur Einbeziehung des Sozialpolitischen in den zivilgesellschaftlichen Diskurs. Weinheim/München 2002.

Büchner, P., Generation und Generationenverhältnis. In: Krüger, H. H./Helsper, W. (Hg.), Einführung in die Grundfragen und Grundbegriffe der Erziehungswissenschaft. Opladen 1995.

Kaufmann, F. X., Generationenbeziehungen und Generationenverhältnisse im Wohlfahrtsstaat. In: Mansel, J./Rosental, G./Tölke, A. (Hg.), Generationenbeziehungen, Austausch und Tradierung. Opladen 1997.

Kommission der Europäischen Gemeinschaften (Hg.), Weißbuch der Europäischen Kommission. Neuer Schwung für die Jugend Europas. Brüssel 2001.

Jugend 2000: Deutsche Shell AG (Hg.). Opladen 2000.

Liebau, E. (Hg.), Das Generationenverhältnis. Weinheim und München 1997.

Mannheim, K., Das Problem der Generationen. In: Mannheim, K., Wissenssoziologie. Neuwied/Berlin 1970.

Olk. T., Jugend und gesellschaftliche Differenzierung – Zur Entstrukturierung der Jugendphase. In: Zeitschrift für Pädagogik. 19. Beiheft. Weinheim und Basel 1985.

Sander, E., Common Culture. Dissertation. Technische Universität Dresden 1999.

Sander, U./Vollbrecht, R., Jugend im 20. Jahrhundert. In: Sander, U./Vollbrecht, R. (Hg.): Jugend im 20. Jahrhundert. Neuwied, Kriftel, Berlin 2000.

Zinnecker, J. u.a., null zoff & voll busy. Die erste Jugendgeneration des neuen Jahrhunderts. Opladen 2002.

Zinnecker, J., Sorgende Beziehungen zwischen Generationen im Lebenslauf. In: Lenzen. D./Luhmann, N. (Hg.), Bildung und Weiterbildung im Erziehungssystem. Frankfurt a.M. 1997.

Rita Süssmuth

Kindheit

Meine Grundausbildung zum Menschen

Wenn ich ein Kind wäre – eine Vorstellung, die ich sehr fürchte –, würde ich mich nicht im Einklang mit meinen Erfahrungen entwickeln wollen, sondern nur gegen sie.

Ich wüsste, dass die Menschen nichts Gemeinsames denken, das ich gern entdecken würde und an dem ich mich orientieren könnte, um es selbst einmal auszuprobieren und zu prüfen. Ich wüsste, dass die Menschen nichts Gemeinsames fühlen, in dem ich mich geborgen fühlen könnte.

Wenn ich nicht auf Dauer traurig und einsam werden wollte, müsste ich den Kampf gegen die ganze Welt, die mir begegnet, aufnehmen unter dem Bombardement ständig sich ändernder, bedrohlicher Fragen: Gibt es eine Ordnung, die nicht nur anderen, sondern auch mir nützlich ist? Gehöre ich zu jemandem, der es gern hat, dass ich zu ihm gehöre? Warum stehen sich Eltern oft nicht nahe? Meine Eltern sind mit ihrer Arbeit, ihren Hobbys, ihrem Vergnügen, ihren Beziehungen, ihren wechselnden Partnern beschäftigt, voller Unruhe, voller Unklarheit, voller Unzufriedenheit – was bedeute ich da, am Rande dieser tobenden Geschehnisse?

Störe ich? Ich störe auf jeden Fall in vieler Hinsicht. Habe ich eine Wichtigkeit? Wenn ich Glück habe, spielt man mir ein gewisses Wichtigsein vor, damit ich meine Unwichtigkeit nicht so merke.

Ich kann Ärger machen, soviel ich will, man wird mir erfreut Selbständigkeit bescheinigen, damit man mich ungehemmt mir selbst überlassen kann. Schon als Kleinkind drängt man mich, meine eigenen Entscheidungen zu treffen, damit man sich so wenig wie möglich um mich kümmern muss. – Würde ich irgendwann erkennen, dass mich diese Bedingungen nicht stärken, sondern dass

Prof. Dr. Rita Süssmuth war Bundesministerin für Jugend, Familie, Frauen und Gesundheit. Von 1988–1998 Präsidentin des Deutschen Bundestages.

ich ein Irgendwasmacher werde, der nur im Ungestalteten, im Zufall rührt?

Aber es könnte schlimmer kommen. Vielleicht begegne ich niemandem, auf den ich mich verlassen kann, der stellvertretend für mich weiterdenkt als ich, der die Folgen meiner Fehler und Irrtümer, die ich unweigerlich begehen werde, mildert und mich trotz allen Versagens immer wieder neu ermutigt und mich so vor einer mir unendlich groß, unüberschaubar und unbegreiflich erscheinenden Welt beschützt – und das nicht etwa, weil ich besonders hübsch, süß, lieb oder klug bin, sondern einfach weil ich da bin.

Wenn keiner den Willen, das Interesse und die Ausdauer aufbringt, mich – auch gegen meinen Widerstand – an geordnete Tagesabläufe zu gewöhnen, in denen es Stationen von Notwendigkeit und Wohltun gibt: regelmäßige Mahlzeiten, Hygienemaßnahmen, Aufgabenstellungen, deren Erfüllung mit Verständigkeit überwacht wird, kann ich als Mensch nur misslingen.

Fallen die Menschen aus, die mir die Magie der Sprache zeigen könnten, mit deren Worten und Begriffen es erst möglich wird, die schönsten und großartigsten menschenverbindenden Gedanken und Ideen einzufangen, werde ich in die dunkle Welt der brutalen Parolen und geistlosen Phrasen stürzen.

Meine Ernte als Störender, Überflüssiger wird schmal ausfallen: keine Teilhabe am Wohlstand, an Versorgtheit und Wärme, an der Sprache der Seele und des Geistes. Einsamkeit wird meine Folgestrafe sein, denn was ich an Sozialem nicht empfangen habe, werde ich kaum weitergeben können.

Für uns Kinder ist es von drängendster Wichtigkeit, dies herauszufinden: Worum geht es?

Meine Kameraden, meine Freunde und ich, wir alle arbeiten unentwegt an dieser Frage. Genaues weiß zwar niemand, aber dennoch gibt es interessante Antworten: Man soll nicht klauen. Aber alle klauen. Man soll lieb sein. Aber alle rasten aus, sobald ihnen etwas nicht passt. Wir sollen auf andere Rücksicht nehmen, aber wir treten gegen Türen, zu Hause, im Kindergarten, in der Schule, wenn es nicht nach unserem Willen geht. Wir toben und schreien, wenn uns jemand kritisiert. Wir probieren Macht aus: Wir unterdrücken diese, erpressen Schutzgelder von jenen, denken uns Quälereien für andere aus oder müssen selbst welche ertragen. Wir spielen Täter und Opfer. Wir missbrauchen Menschen und Regeln oder werden selbst missbraucht.

Aber es kann ja keinen wirklichen Missbrauch geben, wenn der richtige Gebrauch des Lebens nicht bekannt ist, nicht feststeht. Würde dieser Gedanke von mir Besitz ergreifen, mir zur inneren Selbstverständlichkeit werden?

Es gibt Respekt, so hören wir, und wir wissen ungefähr, was das ist. Es ist eine Startlinie, von der aus wir Ausflüge in die Respektlosigkeit unternehmen können. Hunderte und Tausende machen das, um zu sehen, was passiert, und um zu erleben, dass nichts passiert.

Wird mich der Gedanke überzeugen, dass die unzähligen möglichen Respektlosigkeiten viel mächtiger, viel aufregender, viel ergiebiger sind als der eine Respekt? Dass der Respekt nur dazu dient, Maß zu nehmen für unsere Frechheiten?

Wir Kinder hören davon, dass Menschen andere Menschen tottrampeln, nur um mal etwas Spaß zu haben, andere mit Revolvern bedrohen, um sich an deren Angst zu weiden, bevor sie diese dann erschießen, damit sie auch mal etwas richtig Cooles getan haben.

Was ist das, ein Mensch?

Vielleicht werde ich zur Kinderpornografie gezwungen.

Vielleicht muss ich auf den Strich.

Werde ich jemals die Motivation finden, freiwillig zu lernen?

Werde ich aus Enttäuschung, Wut, Gleichgültigkeit oder Faulheit meine Fähigkeiten begraben und berufsunfähig und menschlichkeitsunfähig werden?

Was ist wichtig, was gilt? Werde ich es herausfinden? Werde ich auf Menschen treffen, die mir helfen? Denen ich vertrauen kann? Die es gut meinen? Gibt es so etwas wie Gutmeinen überhaupt? Hat nicht jeder bei allem sein Eigeninteresse im Sinn? Werde ich die, die es vielleicht wirklich gut meinen, eventuell gar nicht erkennen oder anerkennen können?

Möglicherweise verpasse ich die entscheidenden Momente meines Lebens, weil ich gerade unter Drogen stehe, beherrscht werde von der Droge des Hasses oder der eines religiösen Wahns.

Es ist denkbar, ja es ist sogar wahrscheinlich, dass meine tiefste innere Überzeugung lauten wird: Beachtetwerden kann man sich kaufen. Sicherheit kann man sich kaufen. Gesundheit kann man sich kaufen. Vergnügen kauft man sich. Zärtlichkeit kauft man sich. Liebe kauft man sich – so dass ich nur noch in Ware denken kann, die man bestellt, geliefert bekommt, bezahlt, konsumiert.

Es ist wahrscheinlich, dass ich in eine Welt hineinwachse, in der es die freiwillige Zuwendung, die kostenlose Zuneigung, das Uneigennützige gar nicht mehr bringt. Wenn ich dann das Bedürfnis habe, etwas Nettes, Freundliches zu hören, bin ich gewohnt, für ein paar Cents die professionellen Nummern anzurufen. Fällt der Strom aus, fällt auch die Liebe aus. Normal.

Ich muss damit rechnen, dass ich die Formen des Liebevollen, die größten aller Daseinsmöglichkeiten, wie sie über die Jahrtausende von den schöpferischsten Menschen erfunden wurden, nicht mehr kennen lernen kann, weil sie von einem destruktiven gesellschaftlichen Geist in das Vergessen zurückgeschmettert wurden. Ausgelöscht, weil es ihnen angeblich an Egoismus und Narzissmus mangelte und ihnen nach heutigem Verständnis die ich-aufbauende Kraft der Selbstverwirklichung fehlte. Wahrscheinlich wird Arbeit etwas sein, wofür ich Geld bekomme, das ich aber, entsprechend der herrschenden Meinung, verachte, weil es meine Freizeit einschränkt. Die Einstellung, dass Arbeit sinnvoll ist und als wesentlicher Daseinsinhalt erlebt werden kann, dass ich mich mit ihr als Mithelfer verstehe, die Chancen der Menschheit zu vergrößern und die Lebensbedingungen aller zu verbessern, hat vermutlich ausgedient und könnte als geistige Störung gelten.

Es besteht große Aussicht, dass ich im Sport jede meiner Leistungen so bejubeln lerne, als wäre ich ein Gott – ein Gott, der vergisst, dass mich Eltern, Lehrer, Trainer über lange Zeiträume gefördert haben, dass ich medizinisch betreut und mit den modernsten Kleidungsstücken und Geräten versorgt wurde, hinter denen das Können und der Einsatz ganzer Industriezweige steht, ein Gott, der vergisst, dass sein Triumphgefühl des Sieges auf den Enttäuschungen der Verlierer aufbaut und ohne sie unmöglich wäre.

Ich werde wohl in den Abgrund des Gedankens fallen, dass alles, was andere können, nichts wert ist – und dies für positives Denken halten.

Ich werde, wenn nichts Unvorhergesehenes passiert, die Bedingungen der demokratischen Gesellschaft dafür einsetzen, Autokrat,

Tyrann und Gnadenloser zu werden, weil nichts in Sicht ist, was mich aufhält oder in Grenzen setzt. Ich werde Recht frech einfordern und die Gemeinschaft als meinen persönlichen Sklaven verachten. Vieles spricht dafür, dass mir das Wort „Pflicht" unbekannt sein wird. Dass ich Gründe in mir entdecke, die mich an Zusammenhalt und Engagement, an das Miteinanderlernen und die gemeinsame Arbeit am Fortschritt glauben lassen, damit ist wohl kaum zu rechnen.

Kindheit – Zeit dramatischer Entscheidungen: Wird die Glut der Zukunft angefacht oder ausgetreten? Wird es so kommen, dass es einer einzigen Generation gelingt, das gesamte humane Denken als lästige Dummheit abzuschütteln? Kultur und Tradition als hinterlistige Genusshemmer zu entlarven?

Werde ich als Kind zum Menschen ohne Fundament, zum bloßen Melker der großen Ideale von einst, Schlussauskoster von etwas, dessen Wurzeln mich nicht mehr interessieren? Wird der Jetztgenuss für mich zum Ganzen, und lasse ich den Menschen als Ganzes untergehen?

Die Kindheit könnte so zu einer Zeit des Betrogenwerdens verblassen, des Betrogenwerdens um die Dimensionen des Denkens und Fühlens, des vielschichtigen Hoffens und Wünschens. Meine Grundausbildung zum Menschen könnte mich ums Menschsein betrügen.

Ich sehe, dass es immer mehr Möglichkeiten gibt, die Niederlage des Menschen schon in seiner Kindheit festzuschmieden.

Wir können so viele soziale Grundrechte des Menschen formulieren, wie wir wollen: Dennoch dürfen wir von ihnen nicht erwarten, dass sie diese Niederlage auch nur im Geringsten aufhalten. Entscheidend bleibt, ob wir als Gesamtheit, als Gemeinschaft diese Rechte auch in ihrem Anspruch an uns selbst anerkennen wollen und eine Wirklichkeit gestalten, in der diese tatsächlich ausgeübt werden können.

Falls der Sozialstaat bedeutet, dass die sozialen Einstellungen und Tätigkeiten von den Menschen auf den Staat übertragen worden sind, die Menschen selbst aber ihre Sozialität aufgeben und verlieren, so wird es höchste Zeit, den Sozialstaat wieder zurückzudrängen in der Hoffnung, dass die Menschen dann das Soziale für sich selbst zurückgewinnen und es so wieder aushaltbar, ja sogar schön wird, Kind zu sein.

Wie es auch wieder schön wäre, ein Kind zu sein, wenn die Demokratie uns nicht zu einem Freiheitsverständnis verführen würde, mit dem wir uns leicht und unbeschwert davon befreien, tiefgehende Sorge für andere zu tragen, erst recht für unsere Kinder – die wir, schon während sie in den Windeln liegen, in die Freiheit hinauswerfen.

Und warum tun wir das?

Gestehen wir es doch ruhig ein: Um uns selbst mehr Spielräume für unsere eigenen Annehmlichkeiten und Bedürfnisse zu verschaffen. Um uns von unseren Verantwortungen zu befreien. Damit wir – während wir als Handlanger der Freiheit unsere Hände in Unschuld und Tugendhaftigkeit waschen – unser Dasein mehr und mehr in unbeeinträchtigt auskostbare Freizeit verwandeln können.

Robert Leicht

Kommunikation

„Anstelle einer Mitteilung ..."

„Hiermit teile ich Ihnen mit, dass ..." – mit solchen Worten der sich bürokratisch (auch: sozialbürokratisch) ankündigenden Mitteilung findet in Wirklichkeit oft das Gegenteil wirklicher Kommunikation statt. Manchmal (das kommt vor!) bekommt man dabei etwas – zumeist aber wird nach diesen angeblich kommunizierenden Worten etwas verweigert oder entzogen: „... dass Ihr Antrag abgewiesen, Ihr Einspruch zurückgewiesen, Ihre Bitte abgelehnt wurde." Fast immer jedoch erfolgt diese Form der Mitteilung, selbst im günstigs-

Robert Leicht ist politischer Korrespondent der „Zeit" (1992–1997 Chefredakteur) und Kolumnist des „Tagesspiegels" Berlin. Honorarprofessor an der Universität Erfurt, Präsident der Evangelischen Akademie zu Berlin.

ten Falle, von oben herab, aus der Position der autoritätsgestützten Überlegenheit. Wer etwas *so* zu sagen hat, hat eben auch etwas zu *sagen*. (Kommt es einmal anders, dann leiht sich der Unterlegene diese Redeweise – „Hiermit teile ich Ihnen mit ...“ – als Feigenblatt vor seiner Abhängigkeit aus.) Kommunikation ist eigentlich etwas anderes. Aber was?

Inzwischen haben wir eine regelrechte Kommunikationswissenschaft an unseren Hochschulen. Da redet man dann recht wissenschaftlich (und oft nur geschwollen) von Rezipienten, von Empfängern – also von Menschen, die etwas entgegennehmen dürfen, eben eine Mitteilung oder neudeutsch: eine *message*. (Was das Gegenstück zu den Rezipienten ist, das habe ich – so wenig betrifft mich diese Sprache – inzwischen wieder vergessen. Emittenten? Aber Emissionen, die haben doch irgendetwas mit Umweltverschmutzung zu tun – oder mit Kapitalsammelstellen.)

Da wird also vieles mitgeteilt – immer aber: etwas ... Also eine Information über eine Angelegenheit, einen Sachverhalt, eine Entscheidung. Aber stets: etwas ... Der Mitteiler ist in Wirklichkeit nicht mit dabei; er bleibt stets außen vor. Er hat eine Information – nur die gibt er her, sonst aber nichts. Er behält sie zwar weiterhin – jedoch nicht mehr nur für sich. Aber er selber bleibt für sich.

Nun ist diese Form der Kommunikation immer noch besser als nackte Sprachlosigkeit. Die tötet regelrecht. Aber einseitige Kommunikation ist nichts Halbes und nichts Ganzes, sie reicht weder zum Leben noch zum Sterben.

Immerhin, auch sie brauchen wir – und zwar unbedingt. Deshalb sieht unsere Verfassung beides vor; grundrechtlich geschützt ist die Informationsfreiheit ebenso wie die Meinungsfreiheit. Wer Ohren hat zu hören, darf hören, was er will – und wer reden will, darf reden, wie ihm der Schnabel gewachsen ist. Das gilt zwischen einzelnen Personen – im Gespräch, im Brief, am Telefon. Das gilt auch in der Öffentlichkeit und für die Medien, auch die Massenmedien, auch für die miesen Medien. Und all das brauchen wir und sollten wir schützen. Besser, dieses „Etwas“, die Ware namens Information, wird auf dem freien Markt der Möglichkeiten ausgetauscht als unter der Zensur des Staates. Aber immer noch heißt es dabei: „Ich teile Ihnen hiermit mit ...“ – auch wenn es nicht jedes Mal dazu gesagt wird. Alle Versuche der Medienveranstalter, diesen einseitigen Prozess „interaktiv“ aufzubrechen (durch Platz für einige Leserbriefe, durch Phone-Ins oder Hotlines) – all dieses ändert nichts Wesentliches am grundsätzlichen Gefälle: Der eine schreibt, redet, sendet – der andere liest, hört oder schaut hin. Aber tauschen sich die Träger der Informationsfreiheit einerseits und der Meinungsfreiheit andererseits jemals wirklich aus? Tauschen sie jemals ihre Rollen? Nein, im Grunde bleibt jeder, was er und wo er ist – für sich. Besser immerhin als ganz allein, aber durchwegs ziemlich allein.

Wirkliche Kommunikation findet aber erst dort statt, wo es kein Gefälle mehr gibt. Wo es nicht mehr nur heißt: „Hiermit teile ich Ihnen etwas mit ...“, sondern wo Menschen zunächst etwas *miteinander* teilen. Und zwar nicht einmal nur ihre Güter – das auch, und das wäre ja schon viel mehr als eine sachliche Mitteilung.

Merkwürdigerweise müssen wir in die biblische Sprache ausweichen, um der wahren Kommunikation auf die Spur zu kommen. Im 58. Kapitel des Jesaja-Buches heißt es: *„Brich dem Hungrigen Dein Brot.“* Und das leuchtet uns ja ein: Rede ihm nicht nur gut zu, sondern gib ihm wirklich – aber dann doch eben wiederum: etwas. Auch das sollen wir nicht gering reden, im Gegenteil: Wer Brot gibt statt leerer Worte, gibt wirklich etwas. Und „etwas teilen“ ist allemal mehr als „etwas mitteilen“. Aber dann heißt es ein paar Zeilen weiter: *„Wenn du den Hungrigen dein Herz finden lässt ...“* Herz – dieses Wort ist im Hebräischen aber nicht billig und sentimental zu reimen auf Schmerz, sondern es umfasst die Seele, das Leben, das Geschöpf, die Sehnsucht, das Empfinden, das Mitleid – die ganze Person. Wahre Kommunikation findet dort statt, wo Menschen sich nicht bloß einander etwas mitteilen (in Wirklichkeit nur: einer dem anderen), sondern wo sie *sich* einander mitteilen. Einander ganz mitteilen – das können wir Menschen freilich nicht. Es wäre anmaßend – und übrigens wohl auch mitunter recht peinlich. Aber etwas von diesem Sich-selber-dem-Andern-nicht-Vorenthalten gehört zu der wirklich gelingenden Kommunikation. Die wahre Kommunikation, die vollendete Selbstmitteilung – die nennen wir dann anders: Kommunion. Aber das ist auch ein anderes Kapitel, wenngleich derselbe eine Horizont.

Ein Recht auf Kommunikation, das können wir nur einseitig statuieren: Jeder darf hören, lesen, sehen, was er will; und er darf schreiben und sagen, was er will. Aber gelingende Kommunikation können wir nicht verordnen, obwohl es das ist, was wir Menschenwesen eigentlich brauchen. Und wahre, vollständige Kommunikation können wir nur erhoffen.

Gerhard Frank

Lebenswelt

Ein Zauberwort moderner Sozialarbeit?

Nach allen soziologischen Zeitdiagnosen geht die alltägliche Wirklichkeitserfahrung einer verlässlichen, soziale Sicherheit bietenden Lebenswelt zunehmend verloren. Solidarische Unterstützung im primären Lebensraum, in der Familie, in der Nachbarschaft, und im erweiterten Erfahrungsraum des Wohnquartiers oder des Dorfes sind schon seit längerem von Auflösungserscheinungen geprägt. Die Krise lebensweltlicher Zusammenhänge wurde von Jürgen Habermas als ein Problem der Reproduktion der Gesellschaft und der Persönlichkeit dargestellt. In kultureller Hinsicht zerfallen konsensfähige Deutungsmuster, d. h. das allgemein geteilte und gültige Wissen, womit Lebenswelten ihren gemeinsamen Sinn ausbilden konnten. Das bisher gemeinsam geteilte Wissen wird unzuverlässig. In gesellschaftlicher Hinsicht leidet mit dem Zerfall gemeinsamer Werte und Normen die soziale Integration. Uneindeutige Normen bedeuten aber, dass der Prozess der Anomie sich beschleunigt und die Gesellschaft in Untergruppen und Personen mit einer jeweils unterschiedlichen normativen Orientierung auseinander treibt. Schließlich hat die Auflösung klarer lebensweltlicher Gewissheiten auch Folgen für die Persönlichkeitsentwicklung. Wenn die Personen nicht mehr alle das gleiche kulturelle Wissen und die gleichen sozialen Normen teilen, wird ihre Gemeinschaftsfähigkeit auf eine harte Probe gestellt. Ohne gemeinsame Orientierung müssen sie eine eigene und flexible Identität

Dr. Gerhard Frank ist Professor für soziale Arbeit an der Fachhochschule in Nürnberg.

ausbilden. Ulrich Beck hat die Entwicklung der Persönlichkeit unter den modernen gesellschaftlichen Bedingungen als Prozess der Individualisierung beschrieben. Ohne dass sich die materielle soziale Ungleichheit ändern muss – immer noch gibt es auf einem insgesamt höheren Niveau das soziale Gefälle der ungleichen Chancenverteilung –, gewinnen die Individuen ein höheres Maß der Freiheit und mehr Autonomie zur Gestaltung ihrer Lebenssituation, ja ihrer Biographie. Seit den sechziger Jahren haben sich nicht nur sozialer Wohlstand und Bildungschancen für die meisten Gruppen in unserer Gesellschaft verbessert, sondern auch das Maß individueller Freiheit. Die Selbstbestimmung und das Selbstbewusstsein von Jugendlichen sowie die Fortschritte bei der Gleichstellung der Geschlechter sind hierfür Belege. Dem höheren Maß der Autonomie steht aber der Druck entgegen, die darin liegenden Chancen nutzen und den eigenen Weg gestalten zu müssen. Dies erfordert Kraft und setzt bereits ein bestimmtes Maß an Orientierung und Kompetenz voraus. Wer dem Druck, eigene biographische Entscheidungen zu treffen und unter dem Druck disparater Anforderungen der Gesellschaft eine klare Identität auszuprägen, nicht standhält, hat die negativen Folgen der Individualisierung zu tragen – im extremen Fall ein hohes Maß psychischer Instabilität und Einsamkeit.

An die Stelle traditionaler Lebenswelten sind mit der Entwicklung der Sozialpolitik, des Rechts und der sozialen Arbeit neue gesellschaftliche Unterstützungsformen getreten, welche die alten Muster der Solidarität zunehmend abgelöst haben. Die Versorgung und Unterstützung z. B. von Behinderten und Pflegebedürftigen wird immer weniger im Rahmen der Familie gewährleistet und immer häufiger durch ausgebildete Fachkräfte im Rahmen ambulanter sozialer Dienste oder stationärer Einrichtungen übernommen.

Mit der Einrichtung professioneller Unterstützungssysteme werden traditionelle, aber krisenanfällige Formen der Solidarität abgelöst und durch Erwartungen an die Leistungsfähigkeit professioneller sozialer Dienste und das Vertrauen auf die Funktionsfähigkeit der entsprechenden Sozialgesetze ersetzt. Dieses Vertrauen funktioniert überpersonal, ist also nicht daran gebunden, dass die Personen des eigenen sozialen Umfeldes eine soziale Verpflichtung spüren lassen oder nicht. Ob das „Systemvertrauen“ unter den gegenwärtigen

Zuspitzungen der Krise des Sozialstaates weiter gerechtfertigt ist, diese Frage setzt viele Menschen in Zweifel. Und dieser Zweifel wird von Seiten der Politik mit immer neuen Verunsicherungen, z. B. durch widersprüchliche Aussagen zum Renten- und Gesundheitssystem, tagtäglich geschürt. Eine Rückkehr zu alten Formen der Selbstverantwortung und unmittelbaren lebensweltlichen Solidarität ist jedoch schwierig. Zum einen hat das Sozialrecht seine Klientel im Lauf der Jahrzehnte regelrecht „erzogen". D. h., die Gewöhnung an Leistungsstandards erzeugt im Falle der Rücknahme den Widerstand und ein erhebliches Maß der Frustration des nutznießenden Publikums. Das schwerwiegendere Argument jedoch, warum in vielen Fällen die Rücknahme von Leistungsangeboten des Sozialstaates und seiner Institutionen schwierig wäre, besteht darin, dass die lebensweltlichen Ressourcen, die ursprünglich funktioniert haben, zum Teil gar nicht mehr bestehen, ja durch die sozialen Systeme selber teilweise untergraben und zerstört worden sind. Dadurch, dass die sozialen Systeme vieles von dem übernommen haben, was vorher durch lebensweltliche Solidarität geregelt wurde, z. B. Betreuung und Pflege, haben sie auch Grundlagen dieser lebensweltlichen Hilfefähigkeit gelähmt oder sogar aufgelöst. Nicht nur die Evidenz des Wissens, die fraglose Gewissheit, dass mich meine Verwandten im Falle meiner Not schon pflegen werden, sondern auch das Wissen darüber, was im konkreten Fall zu tun ist. Das frühere Laienwissen über viele Formen der Unterstützung, z. B. Hilfe für Menschen mit Behinderung, die Altenpflege oder auch die Kinderbetreuung, würde man heute als mindestens „semiprofessionell" beschreiben; es ist weitgehend verloren. Weil die Politik immer wieder auf die Betonung der Selbstverantwortung setzt und im Umbau genannten Rückbau der Sozialsysteme finanzielle Entlastung der öffentlichen Haushalte sucht, ignoriert sie dieses geschrumpfte Maß der Fähigkeit der Lebenswelt, Selbstverantwortung zu übernehmen.

Dennoch gibt es zu den sozialpolitischen Überlegungen einer stärkeren Betonung der Eigenverantwortung und Eigeninitiative der Individuen keine Alternative. Der weitergehende Individualisierungsprozess verlangt dies ohnehin. Unter der Bedingung, dass nun auch das Vertrauen in die sozialen Systeme erschüttert wird, zumindest was deren bisherige Leistungsfähigkeit angeht, bedarf es einer neuen Form der Einbindung in Gemeinschaften und des Aufbaus auch neuer Formen der Solidarität. Dieser Gedanke sollte sich nicht auf pekuniäre Selbstbeteiligungsformen beschränken, sondern den Aufbau bürgerschaftlichen Engagements beinhalten. Solidarische Netzwerke bedürfen eines starken Fundaments im Engagement von Laien für Laien. Aber auch die professionellen sozialen Dienste müssen ihre Wirkungen stärker im Lichte ihrer Eigenschaft überdenken, soziale Systeme zu sein, welche tief in Lebenswelten und den Alltag der Menschen eingreifen und diese, mit einem Wort von Jürgen Habermas, „kolonialisieren". Sie müssen zu neuen, sanfteren Unterstützungsformen kommen, die Eigeninitiative und Selbstverantwortung nicht lähmen, indem sie den Rat- und Hilfesuchenden alles abnehmen. Ein solcher Ansatz steht mit dem lebensweltorientierten Ansatz von Hans Thiersch seit längerem zur Verfügung.

„Lebenswelt" ist inzwischen ein Zauberwort für alle sozialberuflich Tätigen geworden. Ihm wurde mindestens seit dem achten Jugendbericht der Bundesregierung von 1990 eine allgemein geschätzte Orientierungsfunktion für die Handlungskonzepte der modernen Sozialarbeit und Sozialpädagogik zugesprochen. Lebensweltbezogene Sozialarbeit setzt auf „Hilfe zur Selbsthilfe", ebenfalls ein Motto, dem faktisch kaum jemand widerspricht. Da aber heute kaum eine Behauptung und schon gar kein Handlungskonzept der sozialen Arbeit (der moderne Überbegriff für die Teildisziplinen Sozialarbeit, i.e. die alte „Fürsorge", und Sozialpädagogik) unumstritten ist, macht es zunächst stutzig, dass der „Lebenswelt" und der auf sie bezogenen „Hilfe zur Selbsthilfe" so wenig Widerspruch entgegengebracht wird. Dies liegt vielleicht daran, dass dieser Begriff in der sozialen Arbeit, ganz anders als in der Soziologie oder in der Philosophie – der Begriff geht auf Edmund Husserl zurück –, so unklar, mehrdeutig und ohne eigentliche Gegenstandsbestimmung benutzt wird. Die Mehrdeutigkeit und Unbestimmtheit des Begriffs ist möglicherweise ein Vorteil. Er lässt für jeden, der ihn verwendet, alle möglichen Assoziationen zu den eigenen positiven Vorstellungen eines funktionierenden Sozialraumes zu. Er weckt Assoziationen über kulturellen Reichtum, soziale Integration und die Zuverlässigkeit von Personen sowie deren Fähigkeit zu wechselseitiger Empathie.

Soziale Arbeit versteht sich in Bezug auf Lebenswelten als eine Art Impulsgeber, nicht als Retter. Die Lebenswelt und die in ihrem

Orientierungsrahmen lebenden Menschen bedürfen in den Augen dieses Denkens keiner Rettung. Die Menschen können sich selber helfen, entwickeln und entfalten, wenn ihnen die geeigneten Hilfen zuteil werden. Meist reicht es hierzu aus, Schranken sichtbar zu machen und zu heben, damit die Menschen ihre Angelegenheiten und Nöte selber bewältigen können. Diese optimistische Sichtweise der Menschen und ihrer Potentiale hat in der lebensweltorientierten sozialen Arbeit dazu geführt, dass massive Fehlentwicklungen der sozialen Arbeit der sechziger, siebziger und auch noch späterer Jahre korrigiert werden konnten. Die übermäßige Spezialisierung und örtliche Konzentrierung von Großeinrichtungen, z. B. von Heimen und Anstalten der Erziehungshilfe und Behindertenhilfe, konnte zurückgeführt und wieder regionalisiert werden. Auch der Versuch, Regelschulen und Kindergärten zu Regeleinrichtungen auch für schwächere und behinderte Kinder zu machen, geht auf den Gedanken zurück, dass Lebenswelten selber zu einer positiven, integrierenden und nicht separierenden Entwicklung fähig sind, zum Nutzen beider Seiten: derer, die der Unterstützung bedürfen, und derer, die Unterstützung geben. Lebensweltlich vorhandene Ressourcen und Kompetenzen werden aktiviert, dort, wo sich Gefahren abzeichnen, wird durch präventive Unterstützung die soziale Desintegration verhindert. Die Alltagsnähe der Unterstützung wird durch den niedrigschwelligen Charakter der Angebote gewährleistet. Die Akzeptanz von Hilfen wird durch den Verzicht auf interventionistisches Gebaren allmächtiger Sozialsysteme (wie des früher eher eingriffsorientierten Jugendamtes) erhöht. Selbst dort, wo die Eingriffe in eine lebensweltliche Situation massiver sind, wie zum Beispiel bei den stationären Hilfen zur Erziehung, wird der Verlauf einer Hilfe und die Art der auszuwählenden Einrichtung gemeinsam mit den Betroffenen besprochen. Das betreffende Verfahren, das eine Hilfe zur Erziehung, etwa eine Heimunterbringung, einleitet, wird nicht nur im Konsens mit den Hilfesuchenden durchgeführt; die Hilfesuchenden haben das letzte Wort. Nur bei schweren Verstößen gegen elterliche Fürsorge und Erziehungspflichten ist die gerichtliche Intervention in das Elternrecht möglich. Aber die Hürden hierfür liegen zu Recht hoch. Das Kinder- und Jugendhilfegesetz (das achte Buch des Sozialgesetzbuches) ist insgesamt von dem Bemühen nach Förderung und Entwicklung, vom Gedanken der Unterstützung, nicht des Eingriffs geprägt. In diesem Sinne hat in der sozialen Arbeit das lange Zeit prägende Modell ärztlichen Handelns, in dessen Mittelpunkt eine professionelle Diagnose stand, weitgehend ausgedient und wurde durch ein Modell der gemeinsam zwischen Sozialarbeitern/Sozialpädagogen und Hilfesuchenden ausgearbeiteten „Problembewertung“ ersetzt. Insoweit trägt das Kinder- und Jugendhilfegesetz lebensweltliche Orientierungen und wird dem modernen Bedürfnis nach mehr Eigenverantwortlichkeit und Eigeninitiative von Eltern und Jugendlichen gerecht.

Soweit die Gedanken einer lebensweltorientierten sozialen Arbeit in die Praxis der Sozialgesetzgebung und der sozialen Arbeit eingeflossen sind, so weit erweist sie sich – auch ohne eine schärfere Fassung ihrer Begriffe und Konzepte – als wirkungsvoll. Ihre Überzeugungskraft entwickelt lebensweltorientierte Arbeit durch ihren Beitrag zur Kostensenkung, aber auch durch ihre genuine Haltung zur Autonomie der Hilfesuchenden und damit ihrer Würde.

Die Sache hat indes noch einen Haken, den man nicht außer Acht lassen sollte. Mit an der Spitze der Unterstützungssysteme steht mit der sozialen Arbeit nicht nur eine Profession von Helferinnen und Helfern, welche in den Fußstapfen der früheren Fürsorge steht, sondern auch eine Disziplin, welche neuerdings mit wissenschaftlichem Anspruch eine eigene Deutungsmacht über „soziale Probleme“ und die „richtigen Interventionsmethoden“ aufgebaut hat. Claus Offe hat in einer Analyse des Dienstleistungssektors auf die „Angebotsorientierung“ auch sozialer Dienste aufmerksam gemacht. Nicht alleine die Nachfrage nach sozialen Dienstleistungen und schon gar nicht ein „objektiv“ feststellbarer Bedarf bestimmt das Maß dessen, was in der sozialen Arbeit geleistet wird, wie viele Fachkräfte ausgebildet werden, was an Leistungen „vorgehalten“ werden muss. Am Diskurs über den Bedarf an sozialen Hilfen sind wesentlich die Institutionen der Profession und der Disziplin der sozialen Arbeit beteiligt. Hierbei besteht die Gefahr, dass soziale Arbeit genau dort die sozialen Probleme und den Unterstützungsbedarf sieht, wo sie selber ein Interesse nach ihrer eigenen Entwicklung hat. (Müssen Sozialpädagogen Erlebniswochenenden für angehende Industriemanager anbieten?) Die Verlockung, sich als autonome Profession und Wissenschaft zu etablieren, indem man die Unverzichtbarkeit des eigenen Expertenwissens gegenüber der Lebenswelt behauptet, ist allzu groß. Die soziale Arbeit als das offen zu halten, was sie immer war: ein disparates sozialberufliches und laiengeprägtes Handlungsfeld, in dem ganz unterschiedliche soziale Problemlagen gemeinsam mit den Betroffenen bewältigt werden und das flexibel auf neuen Bedarf und neue Fragestellungen reagiert, benötigt vielleicht weniger wissenschaftliche Kohärenz – und damit Deutungsmacht einer Disziplin – als die Fähigkeit, Widersprüche auszuhalten, manchmal auch die Borniertheiten in lebensweltlichen Denkweisen. Borniertheiten gibt es auf Seiten der öffentlichen Verwaltung selber nämlich zuhauf, z. B. in Form bürokratischer Vorschriften. Sie müssen sich nicht immer gleich so gravierend auswirken, wie im Falle jenes „illegalen“ Rettungsschwimmers in Frankreich, der 33 Leben rettete, um dann von den Behörden die Auflage zu erhalten, endlich die Rettungsschwimmerprüfung zu absolvieren.

Ulrich Schneider

Markt

„Hans im Glück" oder doch nur „Des Kaisers neue Kleider"?

Wer „Markt“ als Örtlichkeit zur Zusammenkunft von Käufern und Verkäufern begreift, wie noch Meyers kleines Konversationslexikon vor rund hundert Jahren, oder als abstrakte „Einrichtung zur Preisbildung“, wie die moderne Volkswirtschaftslehre, dem ist zweifelsfrei nicht zu widersprechen. Recht hätte allerdings auch, wer die Beatles als viel gehörte Musikkapelle der sechziger Jahre, Blue Jeans als recht robuste Beinbekleidung und Demokratie als volksnahe Form der kollektiven Willensbildung und Entscheidungsfindung ansieht.

Es gibt zeitlose Definitionen, denen vor allem gemein ist, dass sie immer richtig sind, aber nie etwas zu erklären vermögen.

Dr. Ulrich Schneider ist Hauptgeschäftsführer des Deutschen Paritätischen Wohlfahrtsverbandes – Gesamtverband in Frankfurt.

„Markt" ist längst mehr als eine volkswirtschaftliche Größe oder ein Modell des Verkehrs von Waren und Dienstleistungen. Markt, der freie selbstverständlich, hat es zum Gütezeichen gebracht, zum Wert, ja zum Lebensgefühl.

Markt, der freie, die freie Marktwirtschaft, sind die Gewinner der neunziger Jahre schlechthin. Der Zusammenbruch der DDR und anderer planwirtschaftlicher Systeme in der Achtzigern schuf die Grundlage für einen unbeschreiblichen Sieges- und Triumphzug nicht nur westlicher Demokratiemodelle, sondern eben auch jener Marktwirtschaft, die sich mit dem hehren Adjektiv „frei" schmückt. Die Geschichte selbst scheint in einer Art historischem Großversuch das nunmehr unverrückbare Ergebnis für alle unübersehbar und unabstreitbar erbracht zu haben: „Die freie Marktwirtschaft ist das überlegene System. Es ist effektiver, es ist billiger, es ist zuverlässiger und versorgungssicherer als alle anderen Wirtschaftssysteme und: es macht die Menschen frei! Wer sich in Denken und Handeln auf den Markt einlässt, streift die Ketten hoheitlicher Gängelei und Fürsorgerei ab, ist bereit zum Risiko, ist bereit, Verantwortung für sich zu übernehmen, jammert nicht, klagt nicht, sondern packt an – und ist am Ende erfolgreich!"

Markt wurde zur Einstellung, zum Handlungskriterium, zur Lebensweise.

Eine Art Massensuggestion schuf den Typus des Yuppie ebenso wie den neuen Aktienmarkt und eine gigantische Kursblase.

Dass dem Yuppie schließlich die Ich-AG folgte und dem Börsenboom Manfred Krug und die T-Aktie, tut der gesellschaftlichen Erfolgsstory freier Marktwirtschaft, die mittlerweile „Zeitgeist" zu nennen durchaus nicht zu hoch gegriffen ist, keinen Abbruch. Zu tief hat sie sich in den Köpfen, in denen naturgemäß ohnehin nur begrenzt Platz ist, etabliert.

Was schließlich an fast 40.000 Unternehmenspleiten im Jahr volkswirtschaftlich effizient sein soll, wo der Wohnungsmarkt bei 500.000 Wohnungslosen und der Arbeitsmarkt bei vier Millionen Arbeitslosen versorgungssicher sein sollen, wie es schließlich mit ökologischen und sozialen Folgekosten stehe – derartige kritische Hinweise dienen den Markt-Protagonisten bestenfalls als Nachweis dafür, dass der freie Markt im Zweifelsfalle eben noch nicht frei genug ist.

Stattdessen ist es gelungen die Kritiker selbst geschickt zu diffamieren. Wer nachdenklich wird und gar Bedenken entwickelt, im Grunde damit durchaus Tugenden zeigt, wird zum „Bedenkenträger" stilisiert, nahe dem Querulanten, den ohnehin noch nie jemand leiden mochte. Wer sich der Maxime widersetzt, dass der Zweck die Mittel heilige, und wer die Gesetze des freien Marktes nicht zum Tugend- und Moral-Ersatz erklärt, wird zum „Gutmenschen", der sich den Realitäten entziehen will und für den daher ebenso wenig Platz ist wie für den Bedenkenträger.

Da es den Kapitalismus im aktiven deutschen Sprachschatz ohnehin kaum noch gibt, entfällt die Kapitalismuskritik gleich mit bzw. bleibt einigen „Altlinken" vorbehalten, einer Art folkloristischer Veranstaltung bei PDS, SPD und Herz-Jesu-Marxisten.

Derart ideologisch flankiert (absolut cool: Michael Douglas in *Wall Street*), fand der Siegeszug von freiem Markt und Wettbewerb nicht nur regional, sondern auch sektoral Niederschlag und Ausdruck – als oberster Feldherr an der Spitze ein EU-Wettbewerbskommissar, der mit Argusaugen darüber wacht, dass alles und jedes dem Wettbewerb ausgesetzt wird, außer dem Wettbewerb, dessen Monopolstellung als Prinzip wirtschaftlichen Handelns mit allen Mitteln gegen Subventionen und Elemente hoheitlicher Planung verteidigt wird – sofern ein attraktives Geschäftsvolumen und entsprechende Rendite vermutet werden kann.

Die Frage, ob und weshalb irgendein Versorgungsbereich marktwirtschaftlich organisiert werden könnte und sollte, ist scheinbar obsolet geworden. In einer Art Umkehr der Beweislast ist nun zu begründen, welche zwingenden Gründe dafür sprechen mögen, wenn und dass ein Sektor sich nicht marktwirtschaftlichen Prinzipien unterwerfen soll und will.

Dass davon die Wohlfahrtspflege nicht verschont bleiben konnte, erstaunt nicht. Zum einen kann ein Bruttowertschöpfungsvolumen von 35 Mrd. Euro durchaus begehrlich machen, zum anderen war die Kritik an mancherlei ineffizienter Struktur alles andere als unberechtigt. Auch hatte die Wohlfahrtspflege trotz über hundertjähriger sozialpädagogischer Theorietradition offensichtlich den Verfechtern freier marktwirtschaftlicher Strukturelemente kein eigenes theoretisch ausformuliertes Modell der Sozialwirtschaft wirkungsvoll entgegenzusetzen.

Wer früher noch Klient, Hilfesuchender, ein Patient oder auch ganz schlicht ein alter, ein kranker oder ein behinderter Mensch war, war nun Kunde. Spottet diese Begriffsbestimmung auch jeglichem sozialpädagogischen Anspruch, da dem Kundenbegriff nun einmal eigen ist, dass er den Menschen auf den Entgegennehmer von Waren und Dienstleistungen reduziert – und zwar gegen Geld – und bestenfalls noch zum Ziel von Marketing und Werbung macht, so schien für viele doch endlich ein Terminus gefunden, der aus so manchem Mief befreien sollte, der luftig klang, mündig, und der deutlich machen sollte, wer denn nun eigentlich der König zu sein hat in der Einrichtung oder in der Beratungsstelle.

Die Kritik, die mit den Begrifflichkeiten freier Marktwirtschaft geführt wurde, traf und trifft durchaus die eine und andere wunde Stelle. Das Problem besteht jedoch schlicht darin, dass der Austausch von Begriffen noch keine Analyse ersetzt und die Anleihe in benachbarten Disziplinen wie Betriebswirtschaft und Volkswirtschaft zwar sinnvoll und sogar notwendig ist, jedoch nur begrenzt weiterhilft, wenn kein eigener, dem Gegenstand angemessener und aus der Auseinandersetzung mit dem Gegenstand erwachsener Reflexionshintergrund gegeben ist. Und dieser Gegenstand ist nun einmal – so paradox es klingen mag – der Mensch.

Der Durchmarsch des Kapitalismus fordert nicht nur die Praxis der Wohlfahrtspflege in einem durchaus positiven, weil Chancen bergenden Sinne heraus. Er fordert auch die eigenständige sozialpädagogische und sozialwirtschaftliche Theoriebildung und ihre Transformation in die Praxis. Andernfalls kann es dem einen oder der anderen trotz oder gerade wegen „Kundenorientierung“ und „Produktfamilie“ ergehen wie dem Kaiser in Andersens Märchen, und ein kleines Kind sagt: „Aber er hat ja gar nichts an!“

Jürgen Gohde

Menschenwürde

Ein antastbares und verletzbares Recht

„Wir achten die Würde jedes Menschen", heißt es im Leitbild Diakonie. „Wir treten besonders für die Menschen ein, deren Würde missachtet wird." In ihrem Handeln greift die Diakonie eine Intention ethischen Handelns auf, die der Tübinger Jurist Wolfgang Graf Vitzthum so ausgedrückt hat: „Handeln im Sinne der ethischen Norm der Menschenwürde soll der ‚Zerstörung des Verletzbaren wehren'."[1] Diakonisches Handeln ist nicht nur Hilfehandeln oder Hilfe zur Selbsthilfe, es ist nicht nur Bewahrung vor Zerstörung und Ausgrenzung, sondern diakonisches Handeln ist – wie jedes gemeinwohlorientierte Handeln – auch ein Beitrag zum öffentlichen ethischen Diskurs.

Diakonisches Handeln versteht sich im Einklang mit Artikel 1 des Grundgesetzes, in dem es heißt: „Die Würde des Menschen ist unantastbar". So selbstverständlich diese Worte einerseits über die Lippen gehen, so fragil ist andererseits das rechtsstaatlich begründete und kulturell geteilte Fundament der Menschenwürde, das Theodor Heuss einmal ein ‚nicht weiter begründungsbedürftiges Regulierungsprinzip'[2] genannt hat. Nicht nur in den Feuilletons namhafter Tageszeitungen, sondern auch in philosophischen und ethischen Fachdiskursen wird über den Wert und Nutzen der Kategorie Menschenwürde debattiert.[3]

„Die Würde der Menschen ist antastbar", heißt es provokativ in einer 1998 erschienenen Veröffentlichung des Philosophen Franz Joseph Wetz. Nicht nur der frühere Staatsminister Nida-Rümelin hat die ontologische Begrenztheit des Begriffs Würde kritisiert, der im Kant'schen Sinne an der Vernunft des Menschen orientiert ist.[4] Die Norm der Menschenwürde ist im juristischen und ethischen

Pfarrer Jürgen Gohde ist Präsident des Diakonischen Werkes der Evangelischen Kirche in Deutschland und stellvertretender Vorsitzender des Deutschen Vereins für öffentliche und private Fürsorge.

Diskurs wegen seiner Unschärfe in Frage gestellt worden. Auf einer Tagung der Akademie Hofgeismar im September 2001 stellte Kristiane Weber-Hassemer, Richterin und Mitglied des Nationalen Ethikrates, die Frage, ob das Problem der Abtreibung und Selektion von Embryonen und Föten mit der Kategorie der Menschenwürde überhaupt sachlich angemessen erfasst werden könne.[5]

Mit den gentechnischen Neuerungen werden grundlegende ethische Setzungen unserer Kultur brüchig. Das betrifft nicht nur die Würde des Menschen, sondern auch das Lebensrecht. Das Lebensrecht des ungeborenen Menschen steht seit Entwicklung und Ausweitung der Pränataldiagnostik zur Disposition. Sie ist von einer Untersuchung für Risikoschwangere zu einer Regeluntersuchung geworden. Mit der Forderung nach Einführung der Präimplantationsdiagnostik hat sich der ethische Streit verschärft. Der Molekularbiologe James Watson plädiert vor dem Hintergrund einer „evolutionsbiologischen und genetischen Auffassung der menschlichen Existenz" offen für die Tötung erbkranker Föten.[6]

Umstritten ist seit Jahren die utilitaristische Ethik Peter Singers, die eine Tötung behinderter oder kranker neugeborener Menschen für ethisch vertretbar hält und dabei mit der Unterscheidung von selbstreflexiven, autonomen, vernunftbegabten Personen einerseits und nicht schützenswerten menschlichen Wesen andererseits argumentiert.[7]

Aus der Sicht derer, die sich täglich für das Leben behinderter, alter und kranker Menschen einsetzen, befinden wir uns in einer Situation der ethischen Destabilisierung und immer neuer ethischer Grenzverschiebungen. Zu den vielfältigen Möglichkeiten der Selektion aufgrund neuer prädikativer Tests kommen mit den neuen Gentechniken auch neue ethische Dilemmata: z. B. dort, wo sich entwickelndes menschliches Leben zur Erforschung von Heilungsmöglichkeiten für alte und kranke Menschen genutzt werden soll. Der Grad der „Vernutzung" dieser frühen menschlichen Embryonen übersteigt alle bisher gestellten ethischen Dilemmata, die mit der modernen Transplantationsmedizin einhergingen.

Stellte sich bisher die Frage, ob einem sterbenden Menschen nach dem Hirntod Organe entnommen werden dürfen, so muss in der Frage der embryonalen Stammzellen entwicklungsfähiges menschliches Leben selbst zerstört werden, um Forschungsmaterial für eventuelle neue Heilungsmöglichkeiten zu liefern. Betrachtet man die gentechnische und ethische Entwicklung, so muss man zu dem Schluss kommen, dass sich die heftig umstrittene und häufig missinterpretierte Prognose des Philosophen Peter Sloterdijk auf traurige Weise bewahrheitet hat: Mit der Gentechnik – so scheint es – werden alle bisher bekannten „Regeln für den Menschenpark" ethisch neu definiert und sortiert.

Nichts scheint im ethischen Diskurs mehr allgemein tragfähig – nicht einmal fundamentale ethische Normen wie das Lebensrecht des Ungeborenen und die gleiche und unteilbare Würde aller Menschen. „Die ethischen Maßstäbe selbst sind es, die strittig geworden sind".[8]

Fundamentale ethische Normen sind nicht eindeutig. Das gilt auch für die als Argument in Anspruch genommene Menschenwürde: Menschenwürdig pflegen, menschenwürdig sterben – die Menschenwürde muss geschützt werden, wo Menschen in soziale Notlagen geraten, wo sie unter unwürdigen Bedingungen in Armutslagen und Konfliktsituationen leben. Menschenwürde dient als Argument gegen die Selektion und Abtreibung von Embryonen und Föten mit dem Merkmal Behinderung, sie dient als Argument gegen die fremdnützige Forschung an Nichteinwilligungsfähigen. Wie tragfähig ist das Argument mit der Menschenwürde angesichts der ethischen Grenzverschiebungen im öffentlichen ethischen Diskurs?

Die Menschenwürde steht auf dem ethischen Prüfstand. Die Menschenwürde ist kein genuin christlich-biblischer Begriff. Dignitas – Würde stammt aus der griechischen Philosophie. Die besondere Würde des Menschen wurde in der Antike durch die menschliche Fähigkeit zur Vernunft, zur Selbstreflexion und moralischen Reflexion begründet – also gerade mit den besonderen Fähigkeiten, die den Menschen über das Tier erheben. Das Besondere, nicht das Unvollkommene ist dann Inbegriff der Würde. In diesem Zusammenhang wird der Begriff auch in der Aufklärung – und bis heute von Staatsministern, Philosophen und Juristen verwendet. Es ist nach Immanuel Kant die Vernunft des Menschen und sein sittliches Vermögen, die es verbieten, den Menschen zu einem bloßen Mittel für die Interessen anderer zu degradieren – eine Definition, die bis heute in unser Grundgesetz hinein Wirkungen entfaltet. In den christlichen Kirchen wurde seit dem Mittelalter die abendländische

Philosophie mit der biblischen Rede von der Gottebenbildlichkeit des Menschen verbunden. Der Mensch besitzt Würde, weil er einerseits Geschöpf Gottes ist und andererseits als Ebenbild Gottes mit der Gestaltung seiner Umwelt beauftragt ist. Dass alle Menschen gleichermaßen Geschöpfe Gottes sind, begründet, warum Menschen nicht zum Zwecke anderer missbraucht werden dürfen. Damit sind Schutz- und Hilfsansprüche gleichermaßen begründet. Als Geschöpf kommt jedem Menschen untrennbar Würde zu, und zwar nicht aufgrund eigener Leistungen, sondern aufgrund der Beziehung des Schöpfers zum Geschöpf. Die Unantastbarkeit der Würde – und das ist das Besondere der biblisch-christlichen Interpretation – wird nicht aus den natürlichen Begabungen des Menschen oder der Natur der Gattung Homo sapiens begründet, sondern aus Gottes Beziehung zum Menschen. Diese Beziehung erweist sich nicht nur im Akt der Schöpfung, sondern – wie der Theologe Rainer Anselm überzeugend gezeigt hat – auch in seiner rechtfertigenden Beziehung zu seinen unvollkommenen sündhaften Geschöpfen.[9]

Wer tagtäglich mit Menschen in all ihrer Zerbrechlichkeit zu tun hat, zu dessen Bild vom Menschen wird gehören, dass Wert und Würde des Lebens darin liegen, dass alle Menschen auf bleibende Beziehungen angewiesen sind. Jeder Mensch besitzt Würde unabhängig von seinen körperlichen und geistigen Merkmalen. Ethische Normen sind allerdings interpretationsbedürftig. Die Menschenwürde wurde vor dem Hintergrund des humanistisch-christlichen Menschenbildes als Grundrechtsnorm formuliert und vielfach ausgelegt. Dabei zeichnen sich grundlegende Merkmale ab: die Auffassung, dass jeder Mensch einen Wert in sich selbst besitzt und nicht für die Interessen anderer zum Zweck gemacht werden darf, weiter die Vorstellung, dass die Würde unverrechenbar und unverlierbar ist, „über allen Preis erhaben", wie Kant formuliert hat.[10] Würde gilt als unteilbar, sie muss als zerbrechliches Gut geschützt werden.

Der Menschenwürde kommt als dem ersten Artikel unseres Grundgesetzes eine besondere Bedeutung zu. Der Verfassungsrechtler Paul Kirchhoff hat im Zusammenhang der bioethischen Debatte darauf hingewiesen, dass die „in eine Menschenwürdekultur eingebettete Freiheit … dem freiheitlichen Staat eine Wertungsmitte" gibt, die den Gestaltungsrahmen in ethischen Fragen markiert. Kirchhoff stellt fest: „Die freiheitliche Ordnung mag deshalb insoweit als multikulturell bezeichnet werden, als im festgefügten Werte- und Ordnungsrahmen des Grundgesetzes sich verschiedene Kulturen entfalten können. Wollte man das Stichwort der Multikulturalität hingegen als einen Wettbewerb gegenläufiger Kulturen deuten, dessen Ergebnis sich der nur beobachtende Staat zu eigen machte, so wäre die Freiheitlichkeit grundlegend missverstanden. Der freiheitliche Staat ist kulturoffen, solange er sich seiner eigenen Werte und Ordnungsprinzipien gewiss ist."[11] Ethik im Rahmen des demokratischen Rechtsstaates bedeutet die offene und öffentliche Ausgestaltung und Manifestation der rechtsstaatlichen, demokratischen Tradition des Zusammenlebens, wie sie sich in der Wertgebundenheit von Grundgesetz und Völkerrecht niedergeschlagen hat.

---

1 Zitiert bei: R. Anselm, Die Würde des gerechtfertigten Menschen, ZEE 43/1/1999.

2 Vgl. dazu R. Anselm, a.a.O.

3 Vgl. E. Herms (Hg.), Menschenbild und Menschenwürde, Gütersloh 2001.

4 J. Nida-Rümelin, Humanismus ist nicht teilbar, SZ vom 03.02.2001.

5 Die Krise der Ethik angesichts der neuen Biotechnologien. Tagung der Evangelischen Akademie Hofgeismar am 15.09.2001.

6 J. Watson, Die Ethik des Genoms, FAZ vom 26.09.2000.

7 Vgl. P. Singer, Praktische Ethik, Stuttgart ^{2}1994; vgl. auch O. Bayer, Selbstschöpfung? Von der Würde des Menschen, in: Die biologische Machbarkeit des Menschen, hg. v. Ch. Gestrich. Beiheft zur BThZ 18/2001, 43f.

8 Der Schutz menschlicher Embryonen darf nicht eingeschränkt werden. Erklärung des Rates der EKD zur aktuellen bioethischen Debatte. Pressemitteilung vom 22. Mai 2001.

9 R. Anselm, a.a.O.

10 Vgl. A. Pieper, Menschenwürde. Ein abendländisches oder ein universelles Problem, in: E.Herms (Hg.), Menschenbild und Menschenwürde, a.a.O., 20.

11 P. Kirchhoff, in: E. Herms, a.a.O., 165.

Diether Döring

Mitbestimmung

Ein Eckpfeiler des deutschen Sozialsystems unter Veränderungsdruck

Zum heutigen Profil der Mitbestimmung

In der Bundesrepublik Deutschland bestehen heute vor allem zwei Kernbereiche einer historisch gewachsenen und rechtlich abgesicherten Mitbestimmung:

- Die Mitbestimmung der Arbeitnehmer im *Betrieb* und *Unternehmen*. In den ersten Anfängen und in Analogie zur konstitutionellen Monarchie wird sie verstanden als Einschränkung der „Alleinherrschaft" des Unternehmers bzw. Eigners durch eine Art „Betriebsparlamentarismus". Dabei gehen die ersten Experimente auf einzelne reformorientierte Unternehmer zurück, bei denen nebeneinander sozialpolitische und pragmatische Gesichtspunkte – Konfliktregelung, Disziplinierung, Integration – maßgeblich waren. Die Gewerkschaften haben sich nach anfänglichen Reserven die Mitbestimmungsidee immer mehr zu Eigen gemacht – seit der Weimarer Zeit als Teil der Leitvorstellung „Wirtschaftsdemokratie"[1]. Die Einräumung erster branchenübergreifender Mitbestimmungsrechte erfolgte durch die Weimarer Gesetzgebung. Deren Weiterentwicklung bis hin zur paritätischen Mitbestimmung im Montanbereich 1951, der Unternehmensverfassung von 1976, den Betriebsverfassungsgesetzen (1952, 1972) und den Personalvertretungsgesetzen (1955, 1974) verankert dauerhaft die betrieblichen und die unternehmensbezogenen Mitbestimmungsrechte der Arbeitnehmer in der deutschen Wirtschafts- und Sozialordnung.
- Die Selbstverwaltung in der Sozialversicherung als *überbetriebliche* bzw. *sozialstaatliche Mitbestimmung*: Sie geht historisch auf

Prof. Dr. Diether Döring lehrt Sozialpolitik an der Johann Wolfgang Goethe-Universität in Frankfurt am Main und ist Leiter der Akademie der Arbeit in der Universität.

die Selbstorganisation von Beschäftigten zum Zwecke der sozialen Sicherung zurück. Diese im 19. Jahrhundert entstandenen selbstverwalteten Hilfsvereine und Hilfskassen werden im Laufe der Zeit stärker staatlich reguliert und schließlich mit der Bismarck'schen Sozialgesetzgebung in die Form gemeinsam von Arbeitgebern und Arbeitnehmern bzw. Versicherten verwalteter gesetzlicher Sozialversicherungen gegossen, die heute zumeist in den Entscheidungsgremien die Beitragsanteile von Arbeitnehmern und Arbeitgebern widerspiegeln. Sie repräsentieren somit eine paritätische Form der Mitbestimmung.

Neben diesen Bereichen, die man im engeren Sinne unter den Begriffen „Mitbestimmung" bzw. „Arbeitnehmermitbestimmung" fassen kann, bietet das deutsche Sozialsystem ein Geflecht von weiteren Mitwirkungs- und Gestaltungsrechten, die man unter den allgemeineren Begriff der „Partizipation" stellen könnte. So das Recht zur Gestaltung von Arbeitsbedingungen und Entgelten durch die Tarifvertragsparteien. So die Mitwirkungsrechte in der Arbeits- und Sozialgerichtsbarkeit. So die Handlungsmöglichkeiten der Wohlfahrtsverbände auf der Grundlage des Subsidiaritätsprinzips. Hinzu kommen gerade angesichts eines neuerdings eher moderationsartigen Regierungsstils „konzertierte Aktionen", „Bündnisse für Arbeit", Kommissionen unterschiedlichen Charakters und unterschiedlichen Gewichts, bei denen die Beteiligung von Vertretern der Beschäftigten quasi zum Standard gehört.

Diese im europäischen Vergleich starke Rolle der Mitbestimmung im Sozialsystem ist ein wesentliches Charakteristikum des deutschen Sozialstaats. Dieser hat sich – abgesehen von seinen älteren, aus der Armenfürsorge stammenden Elementen – im Kern stark aus der Arbeiter- bzw. Arbeitnehmerintegrationspolitik der Bismarckzeit entwickelt. Diese vorrangig auf die Verbesserung der materiellen Lage der Arbeitnehmer(innen) und den Ausbau der Arbeitnehmerrechte angelegte Strategie hat historisch die Position der Gewerkschaften gestärkt und wurde von diesen umgekehrt weiter befestigt. Diese auf das Arbeitsverhältnis zentrierte Sozialstaatskonzeption[2] hat sich bis dato gegenüber allen Ansätzen zu einer grundlegenden Veränderung als außerordentlich widerstandsfähig erwiesen.

Veränderungen

Die traditionellen Mitbestimmungselemente des deutschen Sozialstaats werden heute mit starken Veränderungen des wirtschaftlichen und gesellschaftlichen Umfeldes konfrontiert.

- Die zunehmende *Zentralisierung* der sozialpolitischen Entscheidungen auf der Bundesebene sowie die *rechtliche „Durchgestaltung"* der Sozialversicherung hat die Gestaltungsspielräume der sozialen Selbstverwaltung stark verringert. Besonders klein sind diese inzwischen in der gesetzlichen Rentenversicherung (und überhaupt im Geldleistungsbereich). Aber selbst dort, wo auf den ersten Blick noch größere Gestaltungsmöglichkeiten gegeben scheinen – so z.B. im Bereich der Vertragsbeziehungen der Kassen mit Leistungserbringern des Gesundheits- und Pflegebereichs – sind diese heute durch einen Paradiesgarten von Regulierungen eingeschränkt. Manche Entscheidungskompetenzen im Gesundheitsbereich – so die ärztliche Bedarfsplanung und die daran anschließende Versorgungssteuerung durch paritätisch besetzte Landesausschüsse der Ärzte und Krankenkassen – haben teilweise den Charakter eines mechanischen Vollzuges von der Bundesebene vorgegebener Bedarfsziffern angenommen. Darüber hinaus haben die Organisationsreformen in der sozialen Sicherung über die Bildung größerer Einheiten zwar administrative Kostenvorteile erreicht und die Schlagkraft erhöht, zugleich aber auch mehr Versichertenferne gebracht. Dies gilt insbesondere für den fortschreitenden Konzentrationsprozess bei den gesetzlichen Kranken- (und Pflege-) kassen. Der wenig eindrucksvolle Verlauf heutiger Selbstverwaltungswahlen macht mehr als deutlich, dass die Selbstverwaltung von den Versicherten selbst nicht mehr als ernst zu nehmendes Gestaltungsinstrument betrachtet wird. Eine Renaissance der Selbstverwaltung müsste von erweiterten Handlungsspielräumen der Kassen ausgehen. Dies wäre nur möglich im Rahmen einer staatlichen Regulierung, die sich künftig tatsächlich auf bestimmte Rahmensetzungen mit Mindeststandards beschränkt. Eigentlich ist genau dies die ursprüngliche Grundidee des Systems. Beispielhaft könnten wesentlich erweiterte „Einkaufsrechte" in Bezug auf medizinische und pflegerische Leistungen angeführt werden, mit denen ein eigenes Qualitäts- und Kostenprofil der jeweiligen Kasse entwickelt werden könnte. Dies würde im Übrigen eher zu einem echten Wettbewerb der Kassen führen, der sich nicht mehr nur auf Imageaspekte und Beitragssatzunterschiede beschränken müsste. Zu einem solchen Kurswechsel könnte beitragen, dass die Neigung zur durchgreifenden zentralen Steuerung letztlich zu einer Art „Vollverantwortung" des Staates für das Gesamtsystem geführt hat. Diese wird in einer Zeit engerer Verteilungsspielräume auch von den staatlichen Akteuren selbst wohl eher als Last empfunden, was die Bereitschaft der Politik zum Rückzug auf das Setzen von Mindeststandards erhöhen dürfte.

Diese eher auf den Gesundheits- und Pflegebereich bezogenen Betrachtungen sind nur teilweise auf die monetären Bereiche, insbesondere die gesetzliche Rentenversicherung, übertragbar. Hier geht die Entwicklung in eine andere Richtung: Mit der Alterssicherungsreform 2001 ist einerseits eine deutliche langfristige Niveauabsenkung bei der „ersten Säule" durchgesetzt worden, andererseits wird die kapitalgedeckte Zusatzvorsorge insbesondere auf der betrieblichen Ebene stark begünstigt. Dies hat seit 2001 einen regelrechten Paradigmenwechsel der Tarifpolitik ausgelöst, der bis dato zu immerhin rund 180 Altersvorsorgetarifverträgen mit fast 20 Millionen potentiell Begünstigten geführt hat. Dabei ist bei tariflich begründeten Versorgungswerken (u. a. Metallrente, Soka-Bau, Chemie-Pensionsfonds) eine gemeinsame Verwaltung und Ausgestaltung gesetzlich vorgegeben. Welche Dimensionen hier künftig heranwachsen werden, ist noch nicht absehbar. In mehreren Nachbarländern haben die Vermögenswerte betrieblicher Pensionsfonds heute bereits die Größenordnung des Bruttoinlandsprodukts erreicht.[3]

- Die stärkere *internationale Vernetzung* der Volkswirtschaften hat in Verbindung mit dem Abbau von Wettbewerbsschranken die Orientierung mindestens der großen Unternehmen tendenziell verändert. Die Bindung an die lokale bzw. nationale Basis ist deutlich schwächer geworden. Bei vielen traditionsreichen Großunternehmen fällt bereits heute die nationalstaatliche Zuordnung schwer (z. B. Deutsche Bank, Daimler-Chrysler, Farbwerke/Aventis). Diese Internationalisierung hat dazu beigetragen, dass die Politik bei

Maßnahmen mit Wirkung auf Standortfaktoren nur noch sehr vorsichtig agiert. Zu nennen ist hier die Steuer- und Abgabenpolitik, die Umweltauflagen, die rechtliche und administrative Regulierung sowie die Unternehmensverfassungspolitik und in diesem Rahmen die Mitbestimmung. Dabei spielt nicht nur die „objektive“ Lage eine Rolle, sondern in hohem Maße auch die Bewertung durch diejenigen, die wichtige Unternehmensentscheidungen treffen. Zudem relativiert sich die Wirkung auch geltender Mitbestimmungsregeln innerhalb von sich international ausrichtenden Unternehmen, schon gar, wenn die Zentrale sich im Ausland befindet. Auch feststellbare Gegenstrategien – z. B. die Bildung von Eurobetriebsräten – tragen hier einen eher defensiven Charakter und rechtfertigen nicht immer die Bezeichnung Mitbestimmung. Die Internationalisierung von Großunternehmen schwächt die Mitbestimmung nicht zuletzt deshalb, weil sie keineswegs den Charakter einer universellen internationalen oder europäischen Leitvorstellung hat. Deswegen ist auch nicht zu erwarten, dass die schrittweise stärker werdende europäische Regie zu einer Ausdehnung des deutschen Mitbestimmungsmodells oder auch eines nur annähernd vergleichbaren Modells in der EU beitragen wird. Die Mitbestimmungsidee deutscher Art ist im Übrigen im europäischen Raum deutlich „einsamer“ als die Idee der Selbstverwaltung von sozialen Sicherungseinrichtungen (z. B. die Arbeitslosenversicherung in Frankreich, Pensionskassen in den Niederlanden und der Schweiz). Diese Bemerkungen betreffen vorrangig die Mitbestimmung in größeren *Unternehmen*, nicht dagegen die Mitbestimmung im *Betrieb*. Sie hat eine unbestreitbare Bedeutung über höchst verschiedene Unternehmensgrößen hinweg und findet sich in Europa faktisch verbreiteter, wenn auch nicht in der von der deutschen Gesetzgebung geprägten Form. Das deutsche Modell der Unternehmensmitbestimmung dürfte dagegen einer weiteren schrittweisen Erosion unterliegen. Es sei denn, es gelingt einen europäischen Konsens zu erreichen, der allerdings mehr die Funktion, nicht so sehr die Konstruktionsprinzipien des deutschen Modells zum Gegenstand haben müsste. Ein solcher neuer Konsens mit einer notwendigerweise vorangehenden Debatte dürfte einen langen Atem erfordern.

Schaut man weiter in die Zukunft, so deutet sich an, dass auch in Deutschland aus dem Wachstum von kapitalstarken Pensionsfonds auf Branchen- und Unternehmensebene bis dato unbekannte Einflusspotentiale erwachsen könnten. Große Anlagekapitalien können ein gewichtiger finanzieller Einflussfaktor sein, wie sich nicht zuletzt im „Shareholder Activism" in den Vereinigten Staaten gezeigt hat. Er ging von gewerkschaftlich beeinflussten Pensionsfonds aus und hat teilweise die Rolle einer Art „Ersatzmitbestimmung" angenommen. Eine solche nicht nur an Alterssicherungszwecken orientierte Anlagestrategie von Pensionsfonds hat teils die Durchsetzung von bestimmten Beschäftigteninteressen zum Gegenstand, teils auch allgemein die Durchsetzung sozialer, ethischer und ökologischer Prinzipien in der Unternehmensstrategie.[4] Dieser in der deutschen Realität gegenwärtig noch eher randständige Aspekt dürfte künftig allein schon deshalb mehr ins Bewusstsein gehoben werden, da § 115, Abs. 2 des Altersvermögensgesetzes (AVmG) für betriebliche Pensionsfonds eine regelmäßige Berichtspflicht über die Berücksichtigung oder Nichtberücksichtigung ethischer, sozialer und ökologischer Anlagekriterien vorsieht.

Beide Hauptsäulen der Mitbestimmung werden zusätzlich von Veränderungen im *Erwerbssystem* tangiert. In allen modernen Ökonomien ist hier ein Differenzierungsprozess zu beobachten: Es zeigen sich wachsende Anteile teilzeitiger und zeitvariabler Beschäftigung, ein Bedeutungsanstieg selbständiger Tätigkeiten (echter und unechter Art) sowie eine sinkende Halbwertszeit der beruflichen Qualifikation. Alles dies trägt einerseits zu einer geringeren Verbindlichkeit und Kontinuität der Arbeitsbeziehungen im Unternehmen bei. Hinzu kommt der Einfluss der hartnäckigen Unterbeschäftigungslage, die die Angewiesenheit von Unternehmen auf die Mitbestimmung als Instrument der Konfliktregelung und der Einbindung der Beschäftigten generell reduziert. In die gleiche Richtung weist der Niedergang von klassischen *arbeitgeberfinanzierten* Elementen der betrieblichen Sozialpolitik (darunter auch „klassische" Formen der betrieblichen Altersversorgung). Der Wandel im Erwerbssystem schafft andererseits angesichts der Konzentrierung der Versicherungspflicht der deutschen Sozialversicherung am Arbeitnehmerstatus auch hier einen gewissen Verlust an Verbindlichkeit, der gleichzeitig die finanzielle Stabilität des Systems und die sozialpolitischen Handlungsspielräume reduziert. Dies tangiert die Handlungsmöglichkeiten des Sozialstaates ebenso wie die der Selbstverwaltung.

Für die Sozialversicherung und damit die hier angesiedelte Selbstverwaltung wird eine Neubestimmung der Versicherungspflicht seit längerem diskutiert. Die Versöhnung von Mitbestimmung bisheriger Art und veränderter Erwerbslandschaft ist sehr viel schwieriger. Voraussetzung einer zeitgemäßeren Abstimmung wäre sicherlich eine breitere, der Vielfalt stärker Rechnung tragende Definition des arbeitsrechtlichen Beschäftigtenbegriffs. Der fortschreitende Verlust an Verbindlichkeit in den Arbeitsbeziehungen dürfte aber auch damit nicht ausgeglichen werden. Letztlich kann der Wert der Arbeit in Unternehmen und Gesellschaft nicht durch rechtliche Vorkehrungen allein auf einem hohen Niveau gehalten werden. Sie bleibt angewiesen auf eine größere Knappheit an Arbeitskräften – also die Lösung des Beschäftigungsproblems!

---

[1] F. Naphtali, Wirtschaftsdemokratie, Frankfurt a. M. 1966 (erstmals 1928).

[2] L. Preller, Sozialpolitik – Theoretische Ortung, Tübingen/Zürich 1962; vgl. auch G. Esping-Andersen, The Three Worlds of Welfare Capitalism, Princeton 1990.

[3] Vgl. D. Döring, Zukunft der Alterssicherung. Europäische Strategien und der deutsche Weg, Frankfurt/M. 2002.

[4] Vom gesamten Anlagevermögen der Vereinigten Staaten sind gegenwärtig ca. 12 %, d. h. etwa 1,2 Billionen Dollar, „prinzipiengeleitet" angelegt. Fast 50 % davon gehören Pensionsfonds, weitere 30 % religiösen Institutionen bzw. Kirchen (vgl. D. Döring, Sozialpolitischen Optionen für Pensionsfonds, Frankfurt/M. 2003; in Vorb.).

Reinhart Wolff

Mobilität

„Wir sollen heiter Raum um Raum durchschreiten…"

Stufen

Wie jede Blüte welkt und jede Jugend
Dem Alter weicht, blüht jede Lebensstufe,
Blüht jede Weisheit auch und jede Tugend
Zu ihrer Zeit und darf nicht ewig dauern.
Es muss das Herz bei jedem Lebensrufe
Bereit zum Abschied sein und Neubeginne,
Um sich in Tapferkeit und ohne Trauern
In andre, neue Bindungen zu geben.
Und jedem Anfang wohnt ein Zauber inne,
Der uns beschützt und der uns hilft, zu leben.

Wir sollen heiter Raum um Raum durchschreiten,
An keinem wie an einer Heimat hängen,
Der Weltgeist will nicht fesseln uns und engen,
Er will uns Stuf' um Stufe heben, weiten.
Kaum sind wir heimisch einem Lebenskreise
Und traulich eingewohnt, so droht Erschlaffen,
Nur wer bereit zum Aufbruch ist und Reise,
Mag lähmender Gewöhnung sich entraffen.

Es wird vielleicht auch noch die Todesstunde
Uns neuen Räumen jung entgegensenden,
Des Lebens Ruf an uns wird niemals enden…
Wohlan denn, Herz, nimm Abschied und gesunde!

(Hermann Hesse)

Dr. Reinhart Wolff ist Professor für Sozialarbeit und Sozialpädagogik an der Alice-Salomon-Fachhochschule Berlin und Mitglied im besonderen Vorstandsausschuss des Deutschen Vereins für den ISD, Qualitätsentwickler und Organisationsberater in freier Praxis, Sprecher des Kronberger Kreises für Qualitätsentwicklung e.V.

Flüchtlinge – Migranten

Was der Dichter im *Glasperlenspiel* seinem Helden in den Mund legt – nicht an der Heimat zu hängen und aufzubrechen und Abschied zu nehmen, den neuen Anfang zu wagen – soll Lebenssinn stiften und Trost vermitteln, mit dem Schicksal versöhnen. Kein Wunder, dass diese Zeilen – sie sind im Jahre 1941 geschrieben – immer wieder zitiert werden. Wie Durs Grünbein kürzlich meinte, können sie offenbar als „biografische Talismane" dienen, denn die Realität des Lebens ist ja in der Regel nicht so zauberhaft, und die Anfänge des Lebens sind oft von Not und Unsicherheit geprägt. Hoffnung und Angst liegen oft dicht beieinander.

Beides gehört zu meinen frühesten Erfahrungen: Geboren am Anfang des 2. Weltkrieges im oberen Edertal, bin ich 1945 inzwischen 5 1/2 Jahre alt, als amerikanische Panzer im Frühjahr auf unseren Hof fahren. Die Soldaten sind freundlich und unsicher zugleich. Meine Mutter ist die einzige, die mit ihnen in ihrer Sprache sprechen kann. Überall nur Frauen und Kinder. Keiner weiß, was kommt. In den nächsten Wochen geht alles drunter und drüber. Plündernde Zwangsarbeiter, die jetzt frei sind, ziehen durch die Dörfer und wühlen bei uns die Schränke durch und nehmen mit, was sie brauchen können. Unsere Mutter und uns Kinder fassen sie aber nicht an. Uns kommt es wie ein Wunder vor. Und dann sind da überall fremde Familien, aus Schlesien und Ostpreußen vor allem. Sie sprechen ganz anders als wir, sie haben andere Namen. Niemand weiß, wie lange sie bleiben. Alle müssen zusammenrücken. Wir fünf Geschwister (unser jüngster Bruder wird gerade geboren) wohnen zusammen mit unserer Mutter in einem einzigen Zimmer. In Deutschland sind in dieser Zeit um die 11 Millionen Menschen als Flüchtlinge unterwegs. Und die „von hier", die „Einheimischen", sind in der Regel nicht entzückt, zumal wenn die „Fremden" geschickter und fleißiger sind und sich an die Arbeit machen, ohne jede Mühe zu scheuen, haben sie doch „alles" verloren, wie sie sagen, ihr Hab und Gut und vor allem ihre Heimat, nicht aber ihren Überlebenswillen und den Mut zum Neuanfang.

Erst später lerne ich, dass bereits Mitte des 19. Jahrhunderts fast die Hälfte der Bevölkerung aus dem hessischen Hinterland um Biedenkopf nach dem Zusammenbruch des alten Tuchfärberhandwerks nach Amerika ausgewandert war, wie aus vielen anderen Teilen Europas auch. Ökonomische Umbrüche mit der Folge von Hunger und Not und nicht zuletzt religiöse und politische Verfolgungen waren immer wieder Gründe für solche internationale Wanderungsbewegungen. Mit jeder Wirtschaftskrise, nach Kriegen und Bürgerkriegen und politischen Umbrüchen wuchsen die Migrantenströme an: wie z. B. 1945–1948 in Europa, 1948 und 1967 in Palästina, 1948/49 in China, 1948 in Indien und Pakistan, in den 70er Jahren in Vietnam und Kambodscha, nach dem Ende des Kalten Krieges 1989 in Europa, 1979–81 und dann wieder 2002 und 2003 in Afghanistan, nicht zuletzt seit den 80er Jahren in wachsendem Maße in den Krisenregionen Afrikas. Hier haben die Nachbarregionen jeweils die Hauptlast bei der Bewältigung der Flüchtlingsprobleme zu tragen, wie sich vor allem in West- und Südwest-Afrika, im Kongo und in Ruanda zeigt.

Europa und nicht zuletzt, ja vor allem Deutschland sind inzwischen, nachdem sie im 19. Jahrhundert Auswandererregionen waren, zu einer Einwandererregion geworden. Während in den 50er und 60er Jahren des vergangenen Jahrhunderts vor allem politische Flüchtlinge aus dem Osten Europas nach Westeuropa kamen, was dort als eine willkommene „Abstimmung mit den Füßen" gewertet wurde, sind es nach 1989 vor allem die Flüchtlinge aus den früheren Ostblockstaaten und vor allem aus dem Balkan, die neben einer wachsenden Zahl von Flüchtlingen aus der Dritten Welt zu uns kommen, während die Hunderttausende von „Gastarbeitern" aus Italien, Spanien und Griechenland und schließlich vor allem aus der Türkei zu „Einwanderern" geworden sind,[1] die allerdings oft Bürger zweiter Klasse geblieben sind und selbst nach jahrelangem Aufenthalt immer noch keine politischen Rechte besitzen und in sozialer und bildungsmäßiger Hinsicht benachteiligt sind.

Knapp 8 Millionen Menschen (oder ca. 9 % der Wohnbevölkerung) sind in Deutschland Ausländer, in Westeuropa sind es etwa 20 Millionen (ca. 5 % der Wohnbevölkerung). Diese Durchschnittszahlen täuschen aber über die tatsächliche Lage hinweg, gibt es doch Regionen, in denen der Anteil der Ausländer viel geringer oder auch um ein Vielfaches größer ist. So machen die Ausländer im Frankfurter Raum bereits fast 1/3 der Wohnbevölkerung aus, während es in manchen ländlichen Gebieten Ostdeutschlands nur ganz wenige Ausländer gibt. Dabei zeigt sich nun aber eine paradoxe Tendenz: Je weniger Ausländer es in einer Region gibt, umso heftiger zeigen sich ausländerfeindliche Tendenzen in der Bevölkerung. Daraus wird ersichtlich: Ausländer- und Fremdenfeindlichkeit ist eine Projektion aus eigener Unsicherheit und Schwäche. Ihr kann man mit konkreten Integrationsbemühungen und einem die Rechtsunsicherheit der Ausländer beseitigenden Zuwanderungsgesetz begegnen. Die sozialen Fachkräfte haben hier eine wichtige Aufgabe. Sie könnten dabei an die Erfahrungen der Flüchtlingsarbeit der Nachkriegsjahre, aber auch an die Arbeit des Internationalen Sozialdienstes anknüpfen, dem es seit mehr als 75 Jahren gelingt, Menschen zu helfen, Migrationsschicksale besser zu bewältigen, hierzulande wie weltweit.

Soziale Mobilität

Wir bewegen uns aber nicht nur über staatliche und kulturelle Grenzen. Wir bewegen uns vielmehr auch im Sozialgefüge einer Gesellschaft, die – jedenfalls in den modernen und dynamischen Gesellschaften, die keine statisch festgelegten Klassen- oder Kastengesellschaften mehr sind – durch das Auf und Ab sozialer Positionen geprägt ist, was zu permanenten Statusveränderungen und schließlich zu einer Verschiebung der Sozialstruktur insgesamt führt. Drei wesentliche Formen kann man dabei unterscheiden: die soziale Mobilität von Generation zu Generation (Generationenmobilität), die Mobilität innerhalb der jeweiligen Lebensgeschichte (individuelle oder karrierebedingte Mobilität) und die strukturelle Mobilität der gesamten Gesellschaft.

Die Erfahrung meiner Generation – die man mit Recht als eine Generation bezeichnen kann, die nach Krieg, Terror und Destruktion unwahrscheinliches Glück gehabt hat – ist es, dass eine unglaubliche Dynamik die gesellschaftliche Entwicklung bestimmte. Nachdem nach dem 1. und dann endgültig nach dem 2. Weltkrieg die feudalen und bürgerlichen Oberschichten abgestürzt und die Mittelschichten nach unten gedriftet waren, hatte sich im Westen zuerst mit restaurativer Tendenz eine differenzierte Schichtstruktur wiederhergestellt, die dann aber doch durch eine erhebliche Mobilität nach oben verändert wurde. Die Arbeiterschicht und die untere Mittelschicht verbesserten ihre Positionen, es kam zu einem Anstieg der Mobilität aus der Landwirtschaft in den Bereich der Industrie, aus der Industrie in den Dienstleistungsbereich, die absolute Mobilität nahm zu, so dass man sogar davon sprach, die bundesrepublikanische Gesellschaft sei zu einer „Mittelklassengesellschaft" geworden. In der DDR war diese Aufwärtsmobilität noch markanter, vor allem in dem Maße, in dem die Oberschichten enteignet oder blockiert wurden oder das Land verließen. Diese Mobilität wurde jedoch mit der zunehmenden „Schließung" der Aufstiegskanäle durch die politische Machtelite immer geringer, sodass sich „das politische Kapital zum wesentlichen Differenzierungsprinzip"[2] entwickelte.

Inzwischen ist es mit der Mobilität nach oben weitgehend aus: In fast allen entwickelten Gesellschaften nehmen die Abstiegsprozesse zu, kommt es zu einer verstärkten Reklassifikation, wachsen die Unterschiede zwischen oben und unten, werden die Armen ärmer und die Reichen reicher. Gleichzeitig geraten die Mittelschichten stärker unter Abstiegsdruck. Die Häufigkeit eines Berufswechsels nimmt zu und liegt bei den Männern nun etwa bei 18 % und bei den Frauen um 20 %. In Ostdeutschland haben nach dem Mauerfall knapp ein Drittel der Männer und über 40 % der Frauen eine Veränderung ihrer beruflichen Situation erlebt, nicht wenige werden in den Vorruhestand und in die Arbeitslosigkeit gedrängt, wobei Arbeitsverlust für insgesamt mehr als 4 Millionen (oder knapp 10 % der erwerbstätigen Bevölkerung) das bittere Schicksal ist.

In diesem Zusammenhang allein diejenigen, die abgestiegen sind oder abzusteigen drohen, aufzufordern, mehr Flexibilität und Mobilität zu zeigen, ist zynisch. Weiter führen hier Initiativen und Offenheit für verstärkte Bildungsprozesse (zur Bildung sozialen und kulturellen Kapitals, die jeder zu seinem Fortkommen braucht) und Beispiele beherzten bürgerschaftlichen Engagements für neue Formen der Solidarität und Unterstützung auf Gegenseitigkeit. Eine konkrete Gemeinwesen- und Netzwerkarbeit in den Bezirken und Regionen ist daher neben einer innovativen Arbeitsmarkt- und Wirtschaftpolitik das Gebot der Stunde.

Zeitliche und räumliche Mobilität

Mobilität hat aber schließlich eine zeitliche und eine räumliche Dimension. Wir leben nämlich in einer Gesellschaft, die sich zur Weltgesellschaft mit globalen kommunikativen Vernetzungen und immer schneller gewordenen Verkehrsverbindungen gewandelt hat, in der sich die Aktionskreise nicht nur der so genannten „global players", sondern von immer mehr Menschen erheblich erweitert haben, die flexibel hier und da arbeiten, beruflich und politisch an verschiedenen Orten sind, die viel reisen, kurz: deren Lebens- und Arbeitsrealität multilokal geworden ist. Dabei sind andere Regionen und Länder, ja sogar andere Kontinente, zunehmend vertrauter geworden.

Die Generation meiner Eltern, die ja in der Regel die meisten Jahre am gleichen Ort oder in der gleichen Region verbrachte, hätte sich eine solche Situation nicht vorstellen können. Meine eigenen Erfahrungen zeigen, dass sich ein ganz neues Muster ergeben hat. Meine Eltern lebten mit ihren Kindern an drei Orten im Hinterland, alle in einem Umkreis von 25 km: in Battenberg, Wallau und Biedenkopf an der Lahn. Ich zähle für mich bisher 14 Stationen: 3 bis zum Abitur, dann Villigst, Marburg, Berlin, Bonn, London, Paris, Berlin, Frankfurt, Berlin, Boston, Berlin.

In meinem Terminkalender im März 2003 sind die folgenden Arbeitsorte vermerkt: Berlin, Frankfurt, Trier, Bad Bentheim, Hoyerswerda, Sofia. Ich bin mit dem Auto, mit der Bahn und mit dem Flugzeug unterwegs und bin dennoch mit dem Laptop, dem Internet und dem mobilen Telefon mit meiner Hochschule und meiner Familie in Berlin verbunden. Das ist ein ziemliches Tempo und ein weiter Raum mit vielen Bezügen. Hier brauchen wir Ruhepole und Bindungen, „die uns schützen und helfen, zu leben". Sich konzentrieren und ausruhen, anhalten und in Bewegung sein, das Widersprüchliche balancieren, darauf käme es an.

---

1 Vgl. Rainer Münz / Ralf Ulrich: Bevölkerung. In: Hans Joas (Hg.), Lehrbuch der Soziologie. Frankfurt / New York: Campus Verlag, 2001, S. 477–503, 489.

2 Pierre Bourdieu, Politisches Kapital als Differenzierungsprinzip im Staatssozialismus. In: Ders., Die Intellektuellen und die Macht. Hamburg: VSA-Verlag, 1991, S. 33–39, 37.

Margot Käßmann

Nachhaltigkeit

Weil uns die Erde anvertraut ist

Der Begriff „Nachhaltigkeit“ ist mir erstmals Ende der 70er Jahre begegnet. Er bildete einen Ton im Dreiklang des Programms des Ökumenischen Rates der Kirchen „Für eine gerechte, partizipatorische und überlebensfähige Gesellschaft“. Später wurde „sustainability“ mit Nachhaltigkeit übersetzt, der Begriff der „Überlebensfähigkeit“ in der Übersetzung jener Jahre zeigt aber vielleicht noch dramatischer an als „Nachhaltigkeit“, worum es geht. 1974 hatte der Club of Rome in seinem berühmten Bericht über die „Grenzen des Wachstums“ deutlich gemacht, dass die Konsumorientierung der westlichen Nationen die Erde gefährdet. Zudem: Würden alle Nationen in diesem Stil leben, sie stände vor dem Kollaps. Klimaveränderungen, die Diskrepanz zwischen Armut und Reichtum, Umweltbelastungen würden es für kommende Generationen immer problematischer machen, die Erde zu bewohnen. Im Programm JPSS (For a Just, Participatory and Sustainable Society) heißt es: „Wenn wir unseren Glauben auf authentische Weise zum Ausdruck bringen und verkündigen wollen, dann müssen wir angesichts der Strukturen der Ungerechtigkeit unserer Zeit und der Gefahren, von denen das Überleben der Menschheit bedroht ist, Zeugnis von Gottes Gerechtigkeit und Liebe ablegen. Gleichermaßen bezeugen wir durch gerechtes Handeln unseren christlichen Glauben.“

Seit den 70er Jahren ist in den Kirchen eine verstärkte Verantwortung für die Umwelt und die Generationengerechtigkeit gewachsen. Nicht mehr „Machet euch die Erde untertan“ steht im Zentrum, sondern der Auftrag, die Erde zu bebauen und zu bewahren. Christinnen und Christen verstehen sich als Haushalterinnen und Haushalter Gottes, die Gott gegenüber rechenschaftspflichtig sind. Engagiert haben sich viele Kirchengemeinden auf den Prozess im

Dr. Dr. h.c. Margot Käßmann ist Landesbischöfin der evangelisch-lutherischen Landeskirche Hannovers.

Zusammenhang der Konferenz der Vereinten Nationen für Umwelt und Entwicklung in Rio de Janeiro 1992 eingelassen. Viele beteiligen sich an den damals initiierten Agenda-21-Foren vor Ort, Beispiele für nachhaltigere Produktionsmodelle und nachhaltige Konsummuster werden entwickelt. Sie arbeiten dabei mit anderen zivilgesellschaftlichen Gruppen zusammen, die aus anderer Motivation dieselben Ziele verfolgen.

Obwohl aber der Begriff Nachhaltigkeit Konjunktur hat, können bei weitem nicht alle etwas damit verbinden. Zu sehr wurde in der Vergangenheit eine ausschließliche Expertendiskussion um Windenergie, Biosiegel und andere – durchaus wichtige – Dinge geführt. Die gute Nachricht allerdings ist: Im vergangenen Jahr hat sich die Zahl der Menschen, die den Begriff kennen, mehr als verdoppelt. (Aktuelle Umfrage des Bundesumweltministeriums: 28 % der Bevölkerung haben den Begriff schon einmal gehört. Dies hängt sicher auch mit der Rio-Nachfolgekonferenz in Johannesburg 2002 zusammen.) Noch immer allerdings wird der Begriff hauptsächlich auf ökologische Fragen bezogen. Dabei liegt seine Chance gerade darin, dass er ökologische, ökonomische und soziale Aspekte des Gegenwartshandelns und der Zukunftsplanung verknüpfen will. Der Begriff „nachhaltige Entwicklung" war zunächst die politische Klammer der Politikbereiche Umwelt und Wirtschaft. So jedenfalls ist er von der Brundtland-Kommission 1987 geprägt worden. Die Kommission kennzeichnete mit dem Begriff der Nachhaltigkeit den Interessenausgleich von Nord und Süd und von Industriegesellschaft und Entwicklungsländern. Zugleich sollte der Begriff auf die neuen Herausforderungen einer globalen Umwelterhaltung und gerechten Ressourcenbewirtschaftung aufmerksam machen.

Heute ist deutlich: Ökologische Forderungen sind nicht von wirtschaftlichen und sozialen Aspekten zu trennen. Die Umweltpolitik hat dies spätestens anhand solch spektakulärer Aktionen wie des Verbots von Formaldehyd in Spanplatten gelernt (in diesem Fall: in den Entwicklungsländern, die ihre Produktion nicht so schnell umbauen konnten). Teils schmerzhafte Lernprozesse wurden zum Beispiel auch gemacht, als es um die deutschen Auslandsinvestitionen in große Bauprojekte (Dämme, Wasserspeicher und die Vertreibung indigener Bevölkerung) oder zum Beispiel um die Bedrohung der Meeresschildkröte Caretta caretta durch Tourismus-Großprojekte an den Stränden des Mittelmeeres ging. Die jüngste Vergangenheit – denken wir an die Ökosteuer und die Formel „5 Mark für einen Liter Benzin" – zeigt, dass der Zusammenhang von Ökologischem und Sozialem immer aufs Neue, und manchmal auch eher unglücklich, thematisiert wird.

Nehmen wir ein konkretes Beispiel, das auch im Rat für Nachhaltige Entwicklung (RNE) erörtert wurde: Mobilität. Wirtschaftsfachleute erklären, Mobilität von Menschen und Waren sei dringend notwendig für Innovation und wirtschaftliches Wachstum. Umweltverbände werden stets mahnen, dass Mobilität umweltverträglich gestaltet werden muss: von der Straße auf die Schiene etc. Unter sozialen Gesichtspunkten aber muss geklärt werden, dass unendliche Mobilität verlässliche Strukturen zerstört, Strukturen, in denen Kinder erzogen, Alte gepflegt, Behinderte betreut werden. Eine Chance des Begriffes der Nachhaltigkeit und beispielsweise auch des Rates für Nachhaltige Entwicklung in der Bundesrepublik besteht daher darin, aus den unterschiedlichen Diskussionszirkeln herauszukommen, um gemeinsam Lösungen für die Zukunft zu finden.

Die Erde ist uns anvertraut, sie zu bewohnen und sie für unsere Kinder, Enkelkinder, für folgende Generationen zu erhalten. Zudem wird für Christinnen und Christen, für alle entwicklungspolitisch Engagierten der Aspekt der Gerechtigkeit des Ressourcenverbrauches, der Entwicklungsmöglichkeiten immer wieder im Mittelpunkt stehen. So hat inzwischen auch die Wirtschaft Nachhaltigkeit in die Unternehmenspolitik aufgenommen. Allerdings ist Nachhaltigkeitsmanagement noch wenig verbreitet, und auch wenn Umweltfragen im Bewusstsein sind, so ist das Handlungsfeld „Soziales" (Indikatoren wie Frauenförderung, Gesundheitsförderung, Aus- und Weiterbildung, familienfreundliche Arbeitsplätze) noch eher sekundär. Erfreulicherweise ist aber an den Börsen beispielsweise inzwischen „Sustainability Rating" zu finden, ökologische und soziale Prüfkriterien zur Unternehmensführung und zum Umgang mit Stakeholdern. Allerdings: nur wenige deutsche Firmen sind von unabhängigen Rating-Agenturen in entsprechende Fonds aufgenommen worden. Ethisches Investment also?

Die Bundesregierung hat in ihrer Strategie für eine nachhaltige Entwicklung 21 Indikatoren aufgestellt, an denen sie sich messen lassen will. Da geht es beispielsweise um Klimaschutz, Ernährung,

Perspektiven für Familien. Könnten nicht auch die Kirchen Indikatoren entwickeln beispielsweise für nachhaltige Entwicklung in Kirchengemeinden? Oder Gütesiegel für nachhaltiges Engagement im Bereich von Kirche und Diakonie?

Im Kern ist Nachhaltigkeit etwas sehr Einleuchtendes und Naheliegendes: Entwicklung von Regeln und Werten, die von Rücksicht und Respekt voreinander, von gemeinsamen Lebensgrundlagen geprägt sind. Eine Solidargemeinschaft über Kontinente und über Generationen hinweg.

Zwei Beispiele:

- Entwicklung. Die Armut weltweit wächst ebenso wie die Weltbevölkerung. 2050 werden nach Schätzungen statt heute 6,2 Milliarden Menschen knapp 10 Milliarden die Erde bevölkern. Mehr als 700 Millionen Menschen sind heute schon unterernährt, täglich sterben 24.000 Kinder weltweit an Mangelernährung. Armutsbekämpfung ist daher ein entscheidendes Ziel nachhaltiger Entwicklung, und dazu gehört auch der Zugang zu Verhütungsmitteln.
- Wasser. Die übermäßige Nutzung von Böden und Landflächen zählt zu den größten Bedrohungen. Nach Schätzungen werden bis zum Jahr 2032 70 Prozent der Erdoberfläche durch Straßen, Städtebau und Bergwerke geschädigt sein. Die Hälfte der Weltbevölkerung wird unter Wassermangel leiden, während andere in den Fluten versinken. Auch hieran zeigt sich, dass soziale und ökologische Fragen untrennbar verbunden sind.

Aber: Nachhaltigkeit darf nicht in die Expertenfalle geraten, in der es nur noch um Zahlen, Daten, Fakten, Horrorszenarien geht. Nachhaltigkeit braucht Begeisterung. Sie braucht ein emotionales Engagement, das Umsetzungspotential in sich trägt. Vom Faktenwissen zur kreativen Selbstbegrenzung ist es ein großer Schritt. Nachhaltigkeit muss begeistern, und zwar mit Visionen, Phantasie, der Möglichkeit, sich zu beteiligen. Nachhaltigkeit und Begeisterung dürfen kein Gegensatz bleiben. So wird derzeit beispielsweise auf Initiative des RNE ein nachhaltiger Warenkorb entwickelt, damit Menschen beim Einkaufen, beim Konsum selbst eine Wahlmöglichkeit haben: nachhaltig oder nicht?

Eine Schreibwerkstatt „Jugend schreibt Zukunft" hat zudem gezeigt, dass Nachhaltigkeit „cool" sein kann. In einem Gedicht schreibt Catherine Stuarnig aus Hamburg (18 Jahre):

Zukunft

Wer bist du?
So weit weg und doch so nah.
Und wenn ich endlich da bin,
dann bist du schon wieder weg.
Wenn ich versuche, mir dich vorzustellen,
dann geht das nicht, denn du veränderst dich ständig.
Wer bist du?
Ich habe Angst vor dir.
Ja, Angst. Denn du bist unergründlich,
geheimnisvoll und unvorhersehbar.
Und doch präge ich dich und
bin für dich verantwortlich.

Nachhaltigkeit hat also durchaus eine Chance bei der jüngeren Generation. Und sie hat mit Blick auf den christlichen Glauben eine religiöse Dimension.

Mir persönlich liegt Nachhaltigkeit am Herzen, weil ich mich in die Verantwortung gestellt sehe, die uns allen anvertraute Erde so zu gestalten, dass alle Menschen in Würde leben können und dass die Generationen nach uns eine Chance haben, ihre Gegenwart und Zukunft nachhaltig zu gestalten. Insofern ist Nachhaltigkeit auch Teil des kulturellen Gedächtnisses, des Erinnerns an den Gott der Befreiung, der Israel aus Ägyptenland geführt hat und für uns zugänglich wird durch die Botschaft der Befreiung, die Jesus selbst eröffnet hat. Wir dürfen gestalten, selbst Schöpferkraft entwickeln. Dabei stehen wir in Verantwortung vor Gott und den Menschen und vor allem den uns nachfolgenden Generationen.

Hansjörg Seeh

Pflege

Ein Leben in Würde – auch im Alter

„Die Union anerkennt und achtet das Recht älterer Menschen auf ein würdiges und unabhängiges Leben und auf Teilnahme am sozialen und kulturellen Leben."

Dieser Artikel 25 aus der Charta der Grundrechte der Europäischen Union ist Normsetzung und Zielvorgabe zugleich. Niemand wird seine werthafte Richtigkeit bestreiten. Aber warum ist ein solcher Artikel speziell für ältere Menschen überhaupt notwendig?

Einer Antwort auf diese Frage nähert man sich, wenn die Trias *Würde – Unabhängigkeit – Teilnahme* auf pflege- und betreuungsbedürftige ältere Menschen fokussiert wird. Dann wird nämlich sehr schnell deutlich, dass einerseits diese an sich selbstverständlichen Rechte für die meisten älteren Menschen in einer solchen Situation nicht oder nicht umfänglich verwirklicht sind, dass man aber andererseits nicht um die Erkenntnis herumkommt, dass diese Zielvorgabe in ihrer umfassenden Dimension gar nicht zu realisieren ist.

Unabhängigkeit und Teilnahme am sozialen und kulturellen Leben sind Teilaspekte der Menschenwürde und unterliegen subjektiv unterschiedlichen Wahrnehmungen und Einschätzungen. Pflegebedürftigkeit in all ihren Ausprägungen und Stadien ist aber zwingend mit einem hohen Verlust an Unabhängigkeit und einer massiven Einschränkung von Teilnahmemöglichkeiten verbunden.

Um einen Fachterminus zu verwenden: Die so genannten Verrichtungen des täglichen Lebens sind für Pflegebedürftige nicht mehr allein zu bewältigen. Selbstverständlichkeiten wie Kämmen, Zähneputzen und Ernährung werden plötzlich oder mit der Zeit zum Problem und sind mit einem Verlust an Unabhängigkeit verbunden, der

Hansjörg Seeh war bis 2002 Sozialdezernent und Erster Bürgermeister der Stadt Freiburg und ist langjähriges Mitglied des Bundesvorstandes der Arbeiterwohlfahrt sowie Vorsitzender des Bezirksverbandes Baden e.V.

für Menschen mit einem „normalen" Gesundheitszustand schlicht unvorstellbar ist. Bettlägerige oder an den Rollstuhl gebundene Pflegebedürftige können viele Dinge nicht mehr tun oder erleben. Verschärft wird die Situation, wenn der Gesundheitszustand eine Betreuung in der eigenen Häuslichkeit nicht mehr erlaubt und ein Umzug in ein Altenpflegeheim ansteht. Der Verlust der eigenen Wohnung wird von den allermeisten Menschen als Verlust von Unabhängigkeit und damit auch als Verlust von Würde erlebt. Alle, die im Bereich Altenpflege arbeiten und Verantwortung tragen, müssen sich diese Tatsachen immer wieder vor Augen führen.

Aber gerade weil Unabhängigkeit und Teilhabe nicht vollständig wiederherzustellen sind, ist die Verpflichtung der Gesellschaft und vor allem der politisch Verantwortlichen, der Kostenträger und der Dienstleistungserbringer umso größer, alles daranzusetzen, um für pflegebedürftige Menschen das Machbare (und möglichst ein bisschen mehr) zu erreichen. Unabhängig von den schwierigen Rahmenbedingungen müssen sich die Träger von Einrichtungen und Diensten im Altenpflegebereich einer wertorientierten Pflege verpflichtet fühlen und Strukturen schaffen, die eine solche Pflege auch ermöglichen. Viele Träger haben inzwischen erkannt, dass dazu die Etablierung von Qualitätsmanagement-Systemen erforderlich ist, die den Dienstleistungsprozess im Sinne der Pflegebedürftigen verbessern und optimieren. Das bedeutet konkret eine konsequente Personalentwicklung und Qualifizierung der Mitarbeiter, transparente Betriebsabläufe, Kundenorientierung inklusive regelmäßiger Kundenbefragungen und vor allem die Bereitschaft, ein solches System als einen ständigen Verbesserungsprozess zu begreifen und sich niemals mit dem zufrieden zu geben, was gerade Stand der Dinge ist. Der Verweis auf die wirklich schlechten materiellen und personellen Rahmenbedingungen in der Altenpflege darf keine Ausrede sein, diese Aufgaben im Rahmen der eigenen Organisationshoheit nicht zu erledigen.

Allerdings muss ganz deutlich betont werden, dass alle Bemühungen, Pflegebedürftigen ein würdiges und weitestgehend unabhängiges Leben zu ermöglichen, nicht ausreichen werden, wenn unsere Gesellschaft nicht endlich zu einem Konsens findet, was eine individuell bedarfsgerechte Pflege und Betreuung eigentlich sein soll und welche Ressourcen dafür zur Verfügung gestellt werden müssen. Die Entwicklung der letzten Jahre hat jedenfalls einen akuten Pflegenotstand offenbart, den ich anhand von zwei Zusammenhängen kurz beleuchten will.

Zum einen hat der rein körperlich orientierte Pflegebedürftigkeitsbegriff des Gesetzes über die Soziale Pflegeversicherung (Sozialgesetzbuches – Elftes Buch, SGB XI) letzten Endes dazu geführt, dass wesentliche Bestandteile einer bedarfsgerechten Pflege wie z. B. die soziale Betreuung und die kommunikativen Aspekte im ambulanten Bereich gar nicht und im stationären Bereich unzureichend refinanziert werden. Die Pflegeversicherung ist eben nur eine Teilkaskoversicherung. Es besteht jedoch die große Gefahr, dass unsere Gesellschaft sich dann auch mit einer Teilpflege zufrieden gibt. Wenn der eigentliche Bedarf noch nicht einmal festgestellt wird (die Diskussion um Pflegebedarfsbemessungs- und Personalbemessungsinstrumente steckt in Deutschland noch in den Kinderschuhen), darf man sich nicht wundern, wenn diese Betreuungsaspekte immer mehr in den Hintergrund treten und aus finanziellen Erwägungen nicht mehr mitbedacht werden. Wie eine bedarfsgerechte Pflege zu finanzieren ist, ob beispielsweise alles der Pflegeversicherung aufzubürden ist, das muss danach diskutiert werden. Zunächst muss der Bedarf feststellbar sein, auf den jeder Einzelne einen Anspruch hat. Das findet derzeit in Deutschland nicht statt; deshalb ist hier dringender Handlungsbedarf gegeben.

Der zweite, mit dem ersten eng zusammenhängende Problemkreis besteht darin, dass für ältere pflegebedürftige Menschen so gut wie keine Präventions- bzw. Rehabilitationsleistungen zur Verfügung stehen. Dieser Hilfebedarf wird bei der Feststellung von Pflegebedürftigkeit gar nicht erst erfasst. Der Grund liegt auf der Hand und ist ein monetärer. Rehabilitationsleistungen sind von der gesetzlichen Krankenversicherung zu finanzieren und für diese ein reiner Kostenfaktor, während der finanzielle Nutznießer einer erfolgreichen Prävention bzw. Rehabilitation die Pflegeversicherung wäre, weil dadurch das Eintreten von Pflegebedürftigkeit verzögert oder verhindert werden könnte. Der im Sozialgesetzbuch XI festgelegte richtige Grundsatz „Rehabilitation vor Pflege“ existiert nur auf dem Papier, obwohl gerade eine erfolgreiche Rehabilitation zur Unabhängigkeit und zur Teilnahme am sozialen Leben beitragen würde. Diese Zusammenhänge sind Politik und Kostenträgern seit Jahren bekannt, ohne dass strukturelle Veränderungen im Verhältnis von gesetzlicher Krankenversicherung und sozialer Pflegeversicherung vorgenommen werden. Es gibt keine Anreizsysteme für eine erfolgreiche Rehabilitation. Alten Menschen werden Leistungen vorenthalten, für die sie Krankenkassenbeiträge zahlen. Der Gesetzgeber muss hier schnellstens korrigierend eingreifen.

Es steht also fest, dass der bestehende Pflegenotstand nur durch schnelle Reformen verbunden mit einer großen Kraftanstrengung aller Beteiligten beseitigt werden kann. Wirft man einen Blick in die Zukunft, so steuert diese Gesellschaft geradewegs in eine Pflegekatastrophe hinein, die durch demografische Entwicklungen ausgelöst wird. Diverse Modellrechnungen gehen von einem Anwachsen der Zahl der Pflegebedürftigen im Jahre 2020 um bis zu 50 Prozent aus; das bedeutet bis zu einer Million mehr Pflegebedürftige im Sinne des Pflegegesetzes bei ansonsten konstanter Bevölkerungszahl. Dabei wird die Zahl der Schwerstpflegebedürftigen (die weitgehend in einem Pflegeheim versorgt werden müssen) überproportional ansteigen. Hinzu kommt, dass die Zahl der dementiell erkrankten Menschen, die besondere Anforderungen an Pflege und Betreuung stellen, zunimmt. Diese Zahlen verdeutlichen schlagartig, dass die Finanzierung des Pflegerisikos völlig neu überdacht werden muss. Ob Erhöhung der Beitragssätze, Veränderung der Beitragsbemessungsgrenze, steuerfinanzierter Bundeszuschuss oder mehr Eigenvorsorge – all dies und noch mehr gehört auf den Prüfstand. Angesichts der Dramatik der Entwicklung darf es keine Tabus, weder im Denken noch im Handeln, geben.

Abseits aller Finanzierungsfragen kann heute niemand die Frage beantworten, wer diese steigende Zahl von Pflegebedürftigen in Zukunft eigentlich betreuen und versorgen soll. Die gesellschaftlichen Entwicklungsprozesse (hohe Mobilitätserfordernisse, steigende Frauenerwerbstätigkeit, Singularisierung der Gesellschaft) reduzieren jedenfalls die Möglichkeiten von Pflege und Betreuung im familiären Kontext ganz erheblich. Gleichzeitig stehen aufgrund demografischer Entwicklungen sowie der zu geringen Attraktivität des Berufsfeldes bereits heute nicht genügend professionelle Pflegekräfte zur Verfügung. Zum heutigen Zeitpunkt fehlen in der ambulanten und stationären Pflege bereits etwa 40.000 Pflegefachkräfte. Die Gründe dafür sind vielfältig und vor allem nicht einfach zu beheben. Mangelnde gesellschaftliche Anerkennung, Wochenend- und Teildienste, fehlende Aufstiegsmöglichkeiten und vor allem die hohen psychischen und physischen Belastungen des Berufes sind hier zu nennen. Dass die Altenpflegeausbildung ab 2003 durch das Altenpflegegesetz endlich bundeseinheitlich ausgestaltet wird, ist sicher ein Schritt in die richtige Richtung, aber mehr auch nicht. Die meisten Pflegekräfte beklagen, dass in ihrer Berufspraxis das, was ihnen in der Ausbildung vermittelt wurde, nämlich einen ganzheitlichen Pflege- und Betreuungsansatz zu praktizieren und damit die Unabhängigkeit und Selbständigkeit der Pflegebedürftigen so weit wie möglich zu erhalten, im realen Pflegealltag gar nicht umzusetzen ist, weil dafür insgesamt nicht genügend Personal zur Verfügung steht. Das wiederum führt zur Berufsflucht, und hier schließt sich der Teufelskreis. Die Träger von Diensten und Einrichtungen können durch Organisationsentwicklung, Qualitätsmanagementsysteme, Supervision und Qualifikationsangebote für Entlastung sorgen, aber an dem grundsätzlichen Problem, dass für zu viel unabweisbare Arbeit zu wenig Personal zur Verfügung steht, können auch sie wenig ändern.

Vor dem Hintergrund der aufgeführten Probleme und zukünftigen Entwicklungen dürfte eines klar geworden sein: Wie auch immer die dringend notwendigen Struktur- und Finanzreformen aussehen mögen, was auch immer zur Gewinnung von professionellen Pflegekräften getan werden kann, eine befriedigende und umfassende Lösung im Sinne unserer Ausgangstrias *Würde – Unabhängigkeit – Teilnahme* ist kaum zu erwarten, jedenfalls dann nicht, wenn man ausschließlich in den Kategorien öffentlicher Finanzierung und professioneller Pflege und Betreuung denkt. Ein weitergehender, langfristiger Ansatz kann eigentlich nur in der Freisetzung und Nutzbarmachung von bürgerschaftlichem Engagement im Zusammenhang mit der Betreuung pflegebedürftiger Menschen liegen. Wenn unsere Gesellschaft die Problematik lediglich unter dem Aspekt der Umverteilung von Mitteln oder gesetzlichen Veränderungsnotwendigkeiten diskutieren würde, wäre das zu kurz gedacht. Die Freie Wohlfahrtspflege als wichtige Trägerin von Diensten und Einrichtungen in der Altenpflege ist mit ihrer wertorientierten Arbeit, ihren Erfahrungen und Ressourcen in besonderer Weise geeignet, in ihren Qualitätsmanagementsystemen konkrete Schritte zu implementieren, um die Bürgerinnen und Bürger für ein solches Engagement zu gewinnen und es zu einem konstitutiven Element der Dienstleistungserbringung zu machen. Dazu gehören für Ehrenamtliche: geeignete Tätigkeitsbereiche, konkrete Aufgabenbeschreibungen, Entscheidungs- und Handlungsspielräume, Ansprechpartner zur Beratung und Begleitung sowie Schulung und Fortbildung zur Anwendung und Erweiterung von Kenntnissen und Fähigkeiten. Hauptamtliche Fachkräfte bedürfen ebenfalls der Unterstützung und Fortbildung für den Umgang und die Zusammenarbeit mit Ehrenamtlichen. Viele Einrichtungsträger befinden sich dabei bereits auf einem guten Weg.

Wir müssen alles dafür tun, diese Tendenz zu verstetigen, und dürfen mit unserem Engagement nicht nachlassen, das Thema Pflege baldigst einer adäquaten Lösung zuzuführen, weil ansonsten eine würdevolle Betreuung von Pflegebedürftigen in diesem Land in weite Ferne rückt.

Uwe Berlit

Rechtssicherheit

Die Balance zwischen Eigenverantwortung und Solidarität

Soziale Rechte sollen Rechtssicherheit schaffen. Sie wandeln einseitig gewährte Fürsorge in klar definierte, gegebenenfalls gerichtlich durchsetzbare Ansprüche auf Dienst-, Sach- und Geldleistungen. Damit anerkennen sie die vom Sozialstaatsprinzip des Grundgesetzes vorausgesetzte Subjektstellung der zur Lebensgestaltung auf staatlich organisierte Hilfen Angewiesenen. Soziale Grundrechte konkretisieren auf Verfassungsebene das Sozialstaatsgebot und bezeichnen die Lebensbereiche und -risiken, in denen eine ausschließlich marktvermittelte, eigenverantwortlich gestaltete Risikovorsorge

Prof. Dr. Uwe Berlit ist Richter am 5. Senat des Bundesverwaltungsgerichtes in Leipzig.

nicht ausreichen soll und ergänzende Intervention durch staatlich organisierte Sicherheitsgewähr erforderlich ist. Soziale Grundrechte berechtigen und verpflichten den Staat zu vielfältigen sozialstaatlichen Aktivitäten, um für die Einzelnen die realen Voraussetzungen von Freiheit zu schaffen. Sie sind auf Integration und Inklusion angelegt: Niemand soll aus dem gesellschaftlichen Zusammenhang deswegen herausfallen, weil ihm die erforderlichen Ressourcen zur Teilhabe am Leben in der Gemeinschaft und zur Führung eines menschenwürdigen Lebens nicht zur Verfügung stehen. Mehr Eigenverantwortung, Aktivierung von Selbsthilferessourcen, selbstgestaltete Risikovorsorge und Flexibilität als Leitprinzipien eines modernisierten Sozialstaates berühren die Rechtsgestaltung durch den Gesetzgeber (1.) ebenso wie die innere Struktur einfachgesetzlich garantierter sozialer Sicherheit (2.).

1. Im Verhältnis zum Gesetzgeber ist die zentrale normative Schwäche sozialer Grundrechte ihre Konkretisierungsbedürftigkeit. Soziale Grundrechte sind keine verfassungsunmittelbaren Leistungsrechte. Der demokratisch legitimierte Gesetzgeber hat bei der Begründung, Ausgestaltung und Aufhebung sozialer Rechte die Verantwortungssphäre des Einzelnen und der Gemeinschaft stets aufs Neue voneinander abzugrenzen; neben veränderten gesellschaftlichen Vorstellungen der richtigen Balance von Eigenverantwortung und gesellschaftlicher Solidarität wirken hier die veränderten Finanzgrundlagen des Staates (einschließlich der ausgelagerten Versicherungssysteme). Soziale (Grund-)Rechte schaffen wegen ihrer Ausgestaltungsbedürftigkeit im Zeitverlauf nur eine relative Rechtssicherheit. Bis zur Grenze der Sicherung des in der konkreten Leistungshöhe und -ausgestaltung sowie den Zugangsvoraussetzungen schwer definierbaren soziokulturellen Existenzminimums kann der Gesetzgeber bestehende soziale Rechte beschränken, aufheben oder den Zugang zu ihnen erschweren. Das Demokratieprinzip gebietet, dem Gesetzgeber beim Umbau des Sozialstaates ein Einschätzungsvorrecht und einen weiten Gestaltungsspielraum zuzubilligen. Lange Zeit war der dynamische Charakter sozialer Grundrechte tendenziell auf einen kontinuierlichen Ausbau, ein immer dichteres Netz sozialer Schutzgewähr gegenüber sozialen Risiken und gesellschaftlicher Ungleichheit angelegt. Vor dem Hintergrund knapper Mittel

hat sich unter den Schlagworten „Modernisierung“, Effizienzsteigerung, Aktivierung von Eigenverantwortung, mehr Flexibilität und Freiräume zur individuellen Festlegung des gewollten Sicherungsniveaus unter Beschränkung staatlich organisierter bzw. vermittelter sozialer Sicherung auf eine wie auch immer definierte „Grundversorgung“ ein Paradigmenwechsel bei den Vorstellungen zur Balance von individueller Risikovorsorge und gesellschaftlicher Solidarität ergeben.

Der reformierende Gesetzgeber darf diesem Paradigmenwechsel bis zur schwer definierbaren Grenze der Sicherung des soziokulturellen Existenzminimums folgen. Soziale Grundrechte umfassen keinen substanziellen Umgestaltungsschutz, kein generelles Rückschrittsverbot. Sie verpflichten den Gesetzgeber nicht, die Einnahmesituation der steuer- oder beitragsfinanzierten sozialen Sicherungssysteme dem aus dem sozialstaatlichen Status quo folgenden Ausgabenbedarf anzupassen oder die strukturell begrenzten staatlichen Ressourcen zu Lasten anderer Staatsaufgaben – etwa in Bildung, Infrastruktur und innerer sowie äußerer Sicherheit – auf die Erfüllung unveränderter sozialstaatlicher Verpflichtungen zu konzentrieren. Diese Schwäche sozialer Grundrechte wird nur teilweise kompensiert durch abwehrgrundrechtlich gesicherte Rechtspositionen (z. B. den Eigentumsschutz sozialversicherungsrechtlicher Positionen und die Aktivierung der leistungsrechtlichen Dimension des Schutzes von Ehe und Familie), den rechtsstaatlichen fundamentalen Vertrauensschutzgrundsatz, der Übergangsgerechtigkeit gebietet, und den Gleichheitsgrundsatz, der innerhalb der einzelnen Risikobereiche einer sachlich nicht gerechtfertigten Verteilung der durch den Abbau bewirkten Belastungen Grenzen zieht. Soziale Grundrechte können im primär sozialpolitischen Diskurs flankierende Funktion haben. Die politische Durchsetzungsschwäche strukturell kaum organisations- und konfliktfähiger Empfänger sozialstaatlicher Transferleistungen und personenbezogener Dienstleistungen können sie aber nur begrenzt und sektoral unterschiedlich ausgleichen. Wirkkräftiger werden Schutz- und Sicherungsbelange der Einzelnen regelmäßig erst dann, wenn sich – wie im Gesundheitswesen – organisations- und konfliktfähigere Akteure mit spezifischen Eigeninteressen (Pharmaindustrie, Ärzteschaft und Krankenhaus„industrie“) diese zu Eigen machen.

2. Rechtssicherheit nur im Rahmen der gesetzlich zugewiesenen und ausgestalteten sozialen Rechte – so der ernüchternde Zwischenbefund – konzentriert die Perspektive auf die Beachtung bestehender Rechte im Verwaltungsvollzug und ihrem gerichtlichen Schutz. Garant der Rechtssicherheit ist hier das ausgebaute, differenzierte System gerichtlichen Rechtsschutzes – aber eben nur nach Maßgabe des materiellen Rechts und klarer Verfahrensrechte. Deregulierung und mehr Flexibilität in den rechtlichen Vorgaben, die eine zielgenauere, wirksamkeitsorientiertere Verwendung der knappen Finanzmittel bewirken sollen, führen hier für die Einzelnen zu einem geringeren Maß rechtsstaatlich vermittelter Handlungssicherheit.

Der Einsatz von Instrumenten neuer Steuerungsmodelle wie dezentraler Ressourcenverantwortung und -steuerung, Kontraktmanagement, Controlling ergänzen die rechtsstaatliche Steuerung gerade auch der Sozialleistungsträger durch Recht um ökonomische Steuerungsimpulse. Sie berühren die Wirksamkeit von Recht. Namentlich bei den steuerfinanzierten Sozialleistungen ist schon heute zumindest punktuell in der Verfahrensgestaltung und bei der Leistungsentscheidung eine Überlagerung des Rechts durch reine Kostenerwägungen in der empirisch berechtigten Erwartung zu beobachten, dass sich diese Form „brauchbarer Illegalität“ insgesamt „rechnet“, weil nur ein geringer Teil der Betroffenen seine Rechte auch vor den Gerichten aktiviert. Rechtssicherheit ist nicht mehr selbstverständlich; zunehmend wird sie abhängig von der eigenverantwortlichen Aktivierung von Recht durch die Betroffenen. Das Recht ist mitunter nicht mehr für die Schwachen, sondern nur für die Wachen da.

Gravierender für die rechtsstaatlich vermittelte Handlungssicherheit sind Veränderungen der inneren Struktur sozial- und verfahrensrechtlicher Regulierungen selbst. Beispiele sind die Deregulierung durch unbestimmte, auslegungsbedürftige Rechtsbegriffe (Zumutbarkeit, Erforderlichkeit, Angemessenheit), eine kontinuierliche Verschärfung der Zumutbarkeitsanforderungen bei der Arbeitssuche und -aufnahme, die Aktivierung von Eigenverantwortung durch deutlich erweiterte Mitwirkungsobliegenheiten mit leistungsrechtlichen Konsequenzen bei unzureichender Mitwirkung, eine Umkehr der Beweislast bei der Erfüllung von Mitwirkungsobliegenheiten (etwa im Bereich der Arbeitssuche), die flexible Konkretisierung gesetzlicher Leistungsansprüche durch Richtlinien, Verwaltungsvorschriften etc., die etwa in der Krankenversicherung in erheblichem Umfange in unklarer Rechtsform von in ihrer demokratischen Legitimation umstrittenen Ausschüssen vorgenommen werden, oder der Einbau vertragsähnlicher Strukturen in das Leistungsrecht durch verbindliche Eingliederungsvereinbarungen oder Hilfevereinbarungen. Kehrseite von mehr Flexibilität sowie ziel- und passgenauerer Leistungsgewährung unter umfassender Aktivierung der jeweils individuellen Eigenverantwortung nach dem Grundsatz von „Fordern und Fördern" gerade im Bereich der bedarfsorientierten Sozialhilfe und der Hilfe bei Erwerbslosigkeit ist eine stärkere soziale Kontrolle und Individualisierung der Leistungsvoraussetzungen. Klare Rechts- und Anspruchspositionen werden für den Einzelfall durch eine sozialstaatsfremde „Gegenleistungsideologie" in ein vertragsähnliches Rechtsverhältnis überführt, in dem Art und Umfang der Leistungsgewährung in Ziel- und Hilfevereinbarungen zwischen Betroffenen und Verwaltungen konkretisiert werden.

Der im Kooperations-, Gegenleistungs- und Vertragsdenken angelegte programmatische Gleichrang von Sozialrechten und Sozialpflichten darf nicht darüber hinwegtäuschen, dass es sich um ein asymmetrisches, hierarchisches „Vertragsverhältnis" handelt. Dies gilt bereits für die gerichtlicher Kontrolle kaum zugängliche „Verhandlungssituation". In der Sache wirken „Qualitäts-" oder Angebotsmängel des Sozialleistungsträgers, also Mängel beim „Fördern", nicht anspruchsbegründend oder -erweiternd; sie reduzieren regelmäßig auch nicht das leistungsrechtliche „Fordern" gegenüber dem Einzelnen. Gesetzlich gesicherte Ansprüche werden in verhandel- und damit verzichtbare Positionen umgewandelt, bislang an klare Verfahrensstrukturen gebundene Mitwirkungsobliegenheiten in vertraglich fixierte, verbindliche „Selbstverpflichtungen" aufgelöst. Die fachlich angezeigte „Koproduzentenstellung" der Betroffenen bei der Erbringung sozialer Dienstleitungen ist normativ keine gleichberechtigte Partizipation, sondern zunehmend sanktionsbewehrte Obliegenheit.

Deregulierung des materiellen Rechts und sanktionsbewehrte Mitwirkungsobliegenheiten lassen überdies eine Minderung gerichtlich gewährleisteter Rechtssicherheit durch Zurücknahme der Kontrolldichte, etwa durch ausdrückliche oder faktische Anerkennung von Beurteilungsspielräumen, verwaltungsbehördlicher Standardsetzung in der Sache und in den Verfahrensabläufen erwarten. Erforderlich wären neue Formen einer systematischen, formalisierten, institutionalisierten kollektiven Beteiligung der Betroffenen an Prozessen der Standardsetzung auch bei den Verfahrensabläufen oder – bei Gestaltungsspielräumen im kommunalen Bereich – die politisch verantwortliche und verantwortete Festlegung von Standards durch Satzungsrecht, die zumindest eine öffentliche Diskussion und Kontrolle ermöglichte. Dies ist um so dringender, als die Wirkkraft der „advokatorischen" Vertretung der Interessen der Betroffenen durch die Wohlfahrtsverbände sinkt; diese stehen selbst – als Leistungserbringer im „Dritten Sektor" – unter dem ökonomischen Druck veränderter Finanzierungsregelungen und – paradigmatisch hier der Pflegebereich – gezielt geförderter privater Konkurrenz und sind in unterschiedlichem Umfange von Finanzzuweisungen der Kommunen abhängig.

Neue Probleme für die Rechtssicherheit zeichnen sich auch aus der systematischen Einbindung Privater in die Realisierung sozialer Grundrechte nicht lediglich bei der Leistungserbringung, sondern in die Entscheidung über Ob, Art und Umfang einer Leistung selbst ab. Selbst wenn – außer in Fällen förmlicher Beleihung – die Entscheidungs- und Gewährleistungsverantwortung beim hoheitlichen Sozialleistungsträger verbleibt, sind bei der Überstellung an „private Dienstleister" und aufgrund der Diversifizierung der Leistungserbringer – auch bei Rahmenvereinbarungen zum Verfahrensgang und zur Qualitätssicherung – aus Sicht der Leistungsberechtigten zumindest faktisch Durchsetzungs-, Beweis- und Verfahrensprobleme zu besorgen. Der effektivitäts- und effizienzorientierte Einbau wettbewerblicher Strukturen unter privater Beteiligung in die Bewältigung sozialstaatlicher Sicherungsaufgaben darf die klare Zuordnung der rechtlichen Verantwortung für die Erfüllung sozialer Rechte nicht tangieren.

Der laufende Umbau des bundesdeutschen Sozialstaates bewirkt eine Reduktion sozialpolitischer Standards mit den Mitteln des Rechts, garantiert überwiegend aber weiterhin formelle Rechtssicherheit auf materiell niedrigerem Niveau. Die Grundstruktur rechtlich gesicherter und durchsetzbarer Ansprüche steht nicht generell zur politischen Disposition. Das soziokulturelle Existenzminimum ist derzeit durch die Sozialhilfe als Auffangnetz gesichert. Dies kann sich bei der Zusammenführung von Arbeitslosen- und Sozialhilfe ändern, wenn die sanktionsbewehrten Mitwirkungsobliegenheiten in dem neu zu schaffenden System für Erwerbslose erweitert werden, ohne dass – wie derzeit in der Arbeitslosenhilfe – die Hilfe zum Lebensunterhalt als letztes Sicherungsnetz bereit steht, oder in dem neuen System typisierende Leistungspauschalen an die Stelle bedarfsdeckender Hilfe treten. Dann wirkt die formelle Dimension von Rechtssicherheit bei sozialen Grundrechten als materielle Garantie sozialer Mindestsicherung.

Richard Hauser

Reichtum

Die ungleiche Verteilung von Einkommen und Vermögen

Im Jahr 2001 legte die Bundesregierung ihren *ersten Armuts- und Reichtumsbericht* vor.[1] Dieser Bericht beruhte auf einer großen Zahl von wissenschaftlichen Gutachten zu einzelnen Feldern gesellschaftlicher Ungleichheit: Einkommen, Vermögen, Arbeitsmarkt, Bildung, Wohnen, Gesundheit, Behinderung und Pflegebedürftigkeit sowie Zuwanderung. Im Ergebnis zeigte sich, dass die „neue" Armut der „alten" Armut ähnelt und dass „neuer" Reichtum meist von „altem" Reichtum kommt.

Die Ausführungen über *Armut* sind Gegenstand einer breiten öffentlichen Diskussion. Sie trafen auch mit einer Initiative der Europäischen Union zusammen, die neuerdings im Rahmen der *offenen Methode der Koordinierung* regelmäßig Vergleiche über das Aus-

Professor Dr. Richard Hauser lehrt Sozialpolitik an der Johann Wolfgang Goethe-Universität in Frankfurt am Main und ist Experte für Armutsforschung und soziale Sicherung. Er ist Vorstandsmitglied im Deutschen Verein für öffentliche und private Fürsorge.

maß *sozialer Ausgrenzung* in den Mitgliedsländern anstellt. Die EU-Länder werden sich daran messen lassen müssen, wie erfolgreich die von ihnen aufgestellten *nationalen Aktionspläne zur Bekämpfung sozialer Ausgrenzung* sein werden.

Demgegenüber wurde den nicht minder wichtigen Ergebnissen des Berichts über *Reichtum* kaum Beachtung geschenkt. Diese Ergebnisse sind allerdings unvollständig und ungenau, da es einerseits keine allgemein akzeptierte Definition von Reichtum gibt und da andererseits viele statistische Datengrundlagen fehlen. Gerade weil diese Probleme bestehen, ist eine klärende öffentliche Diskussion erforderlich; denn der für das Jahr 2004 geplante *zweite Armuts- und Reichtumsbericht* sollte nicht nur eine Fortschreibung darstellen, sondern auch bestehende Lücken schließen.

Reichtum ist ein schillernder Begriff.[2] Es besteht kein Konsens darüber, ab welcher Einkommens- und Vermögenshöhe man eine Person als „reich" bezeichnen kann und ob nur der ein „wahrer" Reicher ist, der zusätzlich zu hohem Einkommen und hohem Vermögen einen hohen Bildungsstand aufweist, der sich guter Gesundheit erfreut, der hohes gesellschaftliches Ansehen genießt und der seinen Reichtum auch zur Förderung des Gemeinwohls einsetzt. Zu fragen ist auch, was in diesem Zusammenhang der Verfassungsgrundsatz in Artikel 14 Absatz 2 des Grundgesetzes besagt: „Eigentum verpflichtet. Sein Gebrauch soll zugleich dem Wohle der Allgemeinheit dienen." Ebenso ist ungeklärt, wie illegal erworbenes Vermögen behandelt werden soll. Auch kann man fragen, ob es in einem demokratischen Staat eine obere Grenze für Reichtum geben sollte, damit die Spanne zwischen *Arm* und *Reich* nicht zu groß wird und das demokratische Prinzip *eine Person, eine Stimme* nicht durch übermächtigen politischen Einfluss weniger Reicher ausgehöhlt wird. Schon Platon sagte sinngemäß: Wenn ein Staat gesellschaftliche Spaltung vermeiden will, dürfen extreme Armut und extremer Reichtum nicht entstehen. Deshalb muss der Gesetzgeber die noch akzeptablen Grenzen von Reichtum und Armut festlegen. Platon meinte, dass die maximale Spannweite zwischen Einkommen und Vermögen der Reichen und der Armen das Verhältnis von 4 zu 1 nicht überschreiten sollte. Dies zeigt, dass es zwei Aspekte von Reichtum gibt, die beide zu beachten sind: den individuellen Aspekt und den gesellschaftlichen Aspekt.

Aus individueller Perspektive kann man feststellen: Hohes Einkommen und hohes Vermögen ermöglichen Luxuskonsum, die Beschaffung der besten Gesundheitsleistungen und die Finanzierung des Besuchs teurer Bildungseinrichtungen für die Kinder; sie verleihen aber auch Sozialprestige und – wenn das Vermögen in Form von Unternehmenseigentum besteht – Verfügungsmacht. Schließlich gewährleisten hohe Vermögen Unabhängigkeit und Sicherheit.

Hohe Vermögen können durch Ersparnis aus hohem laufendem Arbeitseinkommen gebildet werden; aber hohe Vermögen sind auch wieder eine Einkommensquelle, ohne dass eigene Arbeitsleistung hinzutreten muss. Vermögen in Form von Grund und Boden, Häusern und Unternehmensbeteiligungen kann auch durch Wertsteigerungen, die weit über die Inflationsrate hinausgehen, wachsen. Die im letzten halben Jahrhundert eingetretenen Bodenpreissteigerungen und der einige Jahre anhaltende Börsenboom mögen als Hinweis genügen. Schließlich können hohe Vermögen auch durch Erbschaft entstehen. Man spricht nicht grundlos von der heute im mittleren Lebensalter stehenden Generation als der „Generation der Erben", der das nach dem Zweiten Weltkrieg akkumulierte Geldvermögen, das Eigentum an Grund und Boden und das nicht zerstörte oder neu geschaffene Gebäudevermögen sowie das Unternehmensvermögen zufallen wird. Hier spielt das durch das Grundgesetz in Artikel 14 Absatz 1 garantierte Erbrecht die entscheidende Rolle. Erbschaften fließen aber den Erben nicht ungeschmälert zu, sondern sie werden aufgrund des Erbschaftsteuergesetzes entsprechend dem Prinzip der Besteuerung nach der steuerlichen Leistungsfähigkeit mit Abgaben an den Staat belastet; dies mindert ihren Einfluss auf die Vermögensverteilung innerhalb der nächsten Generation.

Nun könnte man meinen, dass jedermann die Chance zur Vermögensbildung habe und daher die Vermögensverteilung nicht ungleichmäßiger sein werde als die Einkommensverteilung. Dies ist aber keineswegs der Fall. Das Nettovermögen, also das Bruttovermögen abzüglich Schulden, pro Kopf ist weit ungleichmäßiger verteilt als das Pro-Kopf-Nettoeinkommen.[3] Wenn man die Personen zum einen nach der Höhe ihres Nettoeinkommens und zum anderen nach der Höhe ihres Nettovermögens anordnet, dann kann man fragen, wie hoch der Anteil der untersten 30 % der Personen am gesamten Nettoeinkommen und am gesamten Nettovermögen ist. In den alten Bundesländern bezogen im Jahr 1998 die untersten 30 % der Bevölkerung zwar 16,0 % des gesamten Pro-Kopf-Nettoeinkommens, aber sie besaßen – wenn man das Gebrauchsvermögen (Bekleidung, Wohnungseinrichtung, Autos etc.) weglässt – nur 0,7 % des gesamten Nettovermögens. Demgegenüber bezogen die obersten 30 % der Bevölkerung 48,5 % des Nettoeinkommens, aber sie besaßen 76,3 % des Nettovermögens.[4] Vergleicht man die Anteile der obersten 30 % mit den Anteilen der untersten 30 %, so zeigt sich beim Nettoeinkommen ein Verhältnis von 3 zu 1, beim Nettovermögen aber von 109 zu 1. Auch die Rückerstattung von in der ehemaligen DDR enteignetem Grund und Boden, Häusern und Betrieben an westdeutsche Eigentümer hat die Vermögensungleichheit erhöht. In den neuen Bundesländern sind die Nettoeinkommen etwas weniger ungleich verteilt als in den alten, aber die Vermögensverteilung ist noch ungleichmäßiger. Dies ist vor allem das Ergebnis von enormen Wertsteigerungen beim Grund und Boden nach der Wiedervereinigung.

Diese Zahlenangaben stellen eine Untergrenze der Ungleichheit dar, weil die Statistik lückenhaft ist und insbesondere die Haushalte mit ganz hohen Einkommen und mit ganz großen Vermögen überhaupt nicht erfasst.[5] Wenn man die Situation auf den Punkt bringen will, dann kann man eine Nettoeinkommensgrenze und eine Nettovermögensgrenze festlegen und fragen, wie groß der Bevölkerungsanteil derjenigen ist, die oberhalb beider Grenzen liegen. Legt man diese „Reichtumsgrenzen" beim Doppelten des Pro-Kopf-Nettoeinkommens und des Pro-Kopf-Nettovermögens fest, so zeigt sich, dass die Gruppe der „Reichen" etwa 3 % der Bevölkerung umfasst.[6] Der ihnen zurechenbare Einkommensanteil liegt bei etwa 9 %, der Vermögensanteil bei 17 %. Innerhalb dieser Gruppe sind insbesondere Selbständigenhaushalte, aber auch Angestellten- und Beamtenhaushalte überproportional vertreten. Weiterhin ist interessant, dass sich diese „Reichtumspopulation" zum überwiegenden Teil aus Alleinstehenden und Ehepaaren ohne Kinder zusammensetzt. Wegen der erwähnten statistischen Lücken muss auch diese Zahl wieder als eine Untergrenze betrachtet werden.

Aus gesellschaftlicher Perspektive muss diese Sicht ergänzt werden: Unbestritten ist, dass sich in einem marktwirtschaftlichen Wirtschaftssystem die größten Teile des volkswirtschaftlichen Sachkapitals und der Forderungen in Händen privater Haushalte befinden sollten. Sie bilden deren Vermögen. Ebenso ist unbestritten, dass die Bildung zusätzlichen Produktivvermögens eine der Grundlagen für Produktivitätssteigerungen und weiteres wirtschaftliches Wachstum darstellt. Aber eine zu starke Konzentration des Vermögens in wenigen privaten Händen ist keine notwendige Funktionsbedingung für ein marktwirtschaftliches System. Auch wird bezweifelt, dass extreme Einkommensunterschiede erforderlich sind. Eine breite Streuung des Vermögens, insbesondere des Produktivvermögens, fördert den Wettbewerb und erschwert die Bildung von wettbewerbspolitisch unerwünschten Monopolen. Eine breite Vermögensstreuung ist aber auch ein wichtiges Element einer demokratischen Gesellschaft, um den Einfluss einzelner Gruppen auf den politischen Willensbildungsprozess zu begrenzen.

Allerdings muss man konstatieren, dass die seit den 50er Jahren des vorigen Jahrhunderts betriebene Politik zur Förderung der Vermögensbildung in breiten Schichten nur geringe Wirkung hatte; denn immer noch ist Vermögen viel ungleichmäßiger verteilt als Einkommen. Allerdings hat die Ungleichheit der Verteilung der Nettoeinkommen und der Nettovermögen seit dem Eintreten der Massenarbeitslosigkeit Mitte der 70er Jahren nur mäßig zugenommen. Das System der sozialen Sicherung und das Steuersystem wirkten ausgleichend. Angesichts des Meinungswandels in der Öffentlichkeit besteht aber nunmehr die Gefahr, dass der Sozialstaat abgebaut und dass seine ausgleichende Wirkung stark reduziert wird. Dann würde die Ungleichheit der Einkommens- und Vermögensverteilung noch gravierender werden, und es würde sich zeigen, dass nur die Reichen wegfallende staatliche Leistungen leicht durch Kauf am Markt ersetzen können.

---

[1] Bundesministerium für Arbeit und Sozialordnung, Lebenslagen in Deutschland. Der erste Armuts- und Reichtumsbericht der Bundesregierung, Bd. I, Bericht, Bd. II, Daten und Fakten, Bonn 2001.

[2] Vgl. auch die Ausführungen in Ernst-Ulrich Huster (Hrsg.), Reichtum in Deutschland. Die Gewinner in der sozialen Polarisierung, Frankfurt a. M./New York 1997, sowie Richard Hauser, Holger Stein, Die Vermögensverteilung im vereinigten Deutschland, Frankfurt a. M./New York 2001.

[3] Genau genommen handelt es sich dabei um ein gewichtetes Pro-Kopf-Nettoeinkommen, da zweite und weitere Personen im Haushalt nur ein Gewicht von 0,5 bis 0,7 erhalten, um die Einsparungen beim gemeinsamen Wirtschaften und den geringeren Bedarf von Kindern zu berücksichtigen.

[4] Die Zahlenangaben beruhen auf Auswertungen der Einkommens- und Verbrauchsstichprobe des Statistischen Bundesamtes aus dem Jahr 1998. Vgl. Richard Hauser, Irene Becker, Forschungsprojekt: Einkommensverteilung im Querschnitt und im Zeitverlauf 1973–1998, veröffentlicht durch das Bundesministerium für Arbeit und Sozialordnung, Bonn 2001, Tab. 6.1.6, S. 89, sowie Richard Hauser, Holger Stein, Die Vermögensverteilung im vereinigten Deutschland, Frankfurt a.M./New York 2001, Tab. 6.2, S. 131.

[5] Die Einkommens- und Verbrauchsstichprobe schließt unter anderem Haushalte mit monatlichen Nettoeinkommen von mehr als DM 35.000 aus. Eine Schätzung von Merz auf Basis der Einkommensteuerstatistik zeigte, dass hiermit etwa 37.000 Haushalte aus der Erhebung ausgeschlossen sind. Außerdem sind auch die Haushalte in den obersten erfassten Einkommensgruppen unterrepräsentiert. (Vgl. Joachim Merz, Forschungsbericht: Hohe Einkommen, ihre Struktur und Verteilung, veröffentlicht durch das Bundesministerium für Arbeit und Sozialordnung, Bonn 2001.) Außerdem wurde das Unternehmensvermögen, soweit es nicht in Form von gehandelten Aktien verbrieft ist, nicht erhoben. Deren Wert dürfte sich auf ungefähr 1.500 Milliarden DM belaufen. (Vgl. Stefan Bach, Bernd Bartholmai, Forschungsbericht: Verteilung des Produktivvermögens auf private Haushalte und Personen, herausgegeben vom Bundesministerium für Arbeit und Sozialordnung, Bonn 2002). Diese nicht erfassten Eigentumsrechte und Beteiligungen an Einzelfirmen, Praxen, Personengesellschaften und Gesellschaften mit beschränkter Haftung dürften ganz überwiegend dem obersten Fünftel der Vermögensbesitzer gehören.

[6] Richard Hauser, Irene Becker, Forschungsprojekt: Einkommensverteilung im Querschnitt und im Zeitverlauf 1973–1998, veröffentlicht durch das Bundesministerium für Arbeit und Sozialordnung, Bonn 2001, Tab. 8.2.2, S. 178.

Axel Frhr. von Campenhausen

Religion

Kirchliche Institutionen als Schrittmacher sozialen Engagements

1. Das Christentum äußert sich als Religion seit dem Urchristentum nicht nur in Lehre und Predigt, sondern insbesondere auch in diakonischem und karitativem Wirken in der Gesellschaft. Die Verkündigung der kirchlichen Botschaft braucht und fordert den Dienst für die Mitmenschen. Der Verzicht darauf machte die Kirche weltlos, ihre Beschränkung auf den Dienst am Menschen machte sie gottlos.[1] So gehören seit unvordenklicher Zeit die *piae causae* (milde Stiftungen) und ein kirchlich getragenes Schulwesen zu den Wurzeln des heute so genannten Dritten Sektors.

Dem Staat wurde erstmals mit der Reichsverfassung von 1919 die Aufgabe zugewiesen, „den gesellschaftlichen Fortschritt zu fördern". Bei der Umsetzung dieses durch die Präambel der Weimarer Reichsverfassung unterstrichenen staatlichen Interesses wurde nicht nur die Zielrichtung und die Notwendigkeit der Einrichtung und die Form sozialer Hilfe gesetzlich festgelegt, sondern auch die Zusammenarbeit von öffentlichen und freien Trägern. Nunmehr traten neben die Kirchen als Träger sozialer Dienste auch weltliche Organisationen wie die Arbeiterwohlfahrt (1919), das Deutsche Rote Kreuz (1921) und der Paritätische Wohlfahrtsverband (1930). Das Verhältnis der freien Wohlfahrtspflege zum Staat regelte 1924 die Verordnung über die Fürsorgepflicht.[2] Sie sah vor, dass die Länder und deren Fürsorgeverbände einzelne Aufgaben mit Zustimmung der Betroffenen auf Verbände und Einrichtungen der freien Wohlfahrtspflege übertragen durften (§ 5 Abs. 1 und 2). Zugleich wurde vorgeschrieben, dass die Fürsorgeverbände keine neuen Einrichtungen schaffen sollten, soweit geeignete Einrichtungen der freien

Prof. Dr. von Campenhausen ist Staatskirchenrechtler und Präsident a.D. der Klosterkammer Hannover. 1996–2002 Vorsitzender des Bundesverbandes Deutscher Stiftungen e.V.

Wohlfahrtspflege ausreichend vorhanden seien (§ 5 Abs. 3). Diese waren in großer Zahl konfessionell geprägt. In weiteren Bestimmungen wurde die Zweckmäßigkeit der Ergänzung der öffentlichen durch die freie Wohlfahrtspflege und eine sinnvolle Abgrenzung der öffentlichen und der freien Sozialhilfe vorgezeichnet.

In den sechziger Jahren des 20. Jahrhunderts wurde das Verhältnis der öffentlichen Wohlfahrtspflege zu den freien Trägern weiter präzisiert. Das Bundessozialhilfegesetz (BSHG) von 1960[3] sah die Zusammenarbeit der staatlichen und kommunalen Behörden mit den Kirchen und Verbänden der freien Wohlfahrtspflege, deren Selbstständigkeit bei ihren Aufgaben (§ 10 Abs. 2) und eine angemessene Unterstützung der freien Verbände vor (§ 10 Abs. 3). Wichtig war, dass das Gesetz den Gedanken aufnahm, dass die Träger der Sozialhilfe eigene Einrichtungen nicht schaffen sollten, soweit geeignete Einrichtungen der freien Wohlfahrtspflege vorhanden sind, ausgebaut oder geschaffen werden können (§ 93). Schließlich erkannte das Gesetz an, dass die Empfänger der Hilfe eine ihren Wünschen entsprechende Ausgestaltung der Hilfe (konfessionelle Anstalten) beantragen können, sofern dadurch keine unvertretbaren Mehrkosten entstehen. Damit respektierte das Gesetz das Verlangen nach pluraler Gestaltung der sozialen Hilfe.

Obwohl diese Bestimmungen an die bewährten Regelungen der zwanziger Jahre anknüpften, gaben sie Anlass zu einem Verfassungsstreit, dessen Kern die Subsidiaritätsregelung war. Von kommunaler Seite wurde das Rangverhältnis zwischen öffentlichen und freien Trägern als unangemessen empfunden und als Widerspruch zum Sozialstaatsprinzip, dem Gedanken der kommunalen Selbstverwaltung und der kommunalen Autonomie kritisiert. In der berühmten Sozialhilfeentscheidung vom 18. 7. 1967[4] hat das Bundesverfassungsgericht die Bedenken gegen die Verfassungsmäßigkeit der Vorranglösung zurückgewiesen mit dem Hinweis, dass dem Staat kein Monopol der sozialen Betätigung zukomme, wenn ihm auch bei Heranziehung der freien Verbände die Gesamtverantwortung obliege. Diese die früheren Regelungen bestätigende Entscheidung ist bis heute maßgebend.

2. Das Nebeneinander von öffentlichen und freien Trägern, von denen die kirchlichen die größte Gruppe bilden, schließt eine Ver-

drängung der freien Träger aus. Das Nebeneinander ist nicht nur verfassungsrechtlich zulässig, sondern geboten, auch wenn die freien Träger öffentliche Finanzierungshilfe erhalten müssen, um arbeiten zu können. Daseinsvorsorge ist eine Staatsaufgabe. Das bedeutet aber nicht, dass der Staat selbst durch öffentliche Träger die Aufgaben erfüllen müsste.[5]

Dem modernen Sozialstaat wohnt die Tendenz inne, seine Aktivitäten kontinuierlich auszuweiten. Er stützt sich dabei auf seine umfassende Kompetenz für das Gesundheits-, Sozial- und Schulwesen und auf seine überlegene Finanzkraft. Hinzu kommt als neue Quelle schwieriger Rechtsfragen die europäische Einigung. Ihr Streben nach wirtschaftlicher und arbeitsrechtlicher Homogenisierung ist ein Faktor, der mittelbar auf den sozialen Sektor mit der Konsequenz durchschlägt, dass der Markt in den Non-Profit-Sektor einbricht. Dazu macht das Fehlen einer staatskirchenrechtlichen Kompetenz die europäischen Regelungen blind für Besonderheiten der religiös bestimmten freien Träger im sozialen Sektor.

Diese Entwicklungen machen die Grenzziehung zwischen staatlicher Beherrschung und Selbstständigkeit der freien Träger zu einem Dauerproblem. Die Grenze zu bestimmen, ist gleichwohl nötig. Sie gewährleistet die Wahlfreiheit des Bürgers und Hilfesuchenden und die Angebotsfreiheit der freien (kirchlichen) Träger als Hilfeleistende. Sie dient der Wahrung pluraler Strukturen in der Gesellschaft durch wertbestimmte Angebote.[6] Ohne eine solche Grenze ist die Freiheit religiös bestimmter freier Träger gefährdet, wie auch das Institut des freien Trägers selbst als gemeinnützige Organisation und tragende Stütze für die Erfüllung der dem Sozialstaat obliegenden Aufgaben. Markt und Staat sind keine Alternativen.

In der Sozialwissenschaft wird darauf verwiesen, dass gemeinnützige Organisationen mit einem gesellschaftlichen Vertrauensvorschuss arbeiten. Dies sei die Grundlage auch für die Gewährung fiskalischer, insbesondere steuerlicher Vorteile und direkter finanzieller Unterstützung durch die Öffentlichkeit. Dieser Vertrauensvorschuss sei eng mit relativ hohen moralischen Erwartungen verbunden. Gemeinnützige Einrichtungen verfolgen nämlich nicht ausschließlich kommerzielle, sondern soziale und gemeinwohlorientierte Aktivitäten.[7] So gilt als unbezweifelt, dass Konsumenten bestimmter Leistungen nach Möglichkeit kommerzielle Angebote meiden und statt dessen Non-Profit-Organisationen vorziehen. Sie erscheinen vertrauenswürdiger, weil sie keinen Anreiz haben, Überschüsse zu erwirtschaften, und keine Gewinne ausschütten müssen. Daraus ergäben sich auf bestimmten Märkten Wettbewerbsvorteile.[8]

Angesichts des Hineinreichens der karitativen Tätigkeit der freien Träger in den Raum der staatlichen Sozialverantwortung kann das grundsätzliche Verhältnis staatlicher Fürsorge und freier Tätigkeit auf dem identischen Arbeitsgebiet der sozialen Vorsorge in einem freien, die Grundrechte der Staatsbürger respektierenden Staat nur von der Grundlage aus geordnet werden, dass beiden Seiten ein Feld der Betätigung offen steht. Sinnvolle Ergänzung und Zusammenarbeit ist also nicht nur eine Regelung der praktischen Vernunft, sondern ein Gebot sachgerechter gesetzlicher und administrativer Gestaltung.[9]

Die freien Träger verwirken ihren grundrechtlichen Schutz nicht dadurch, dass sie in ein staatlich organisiertes Planungs- und Finanzierungssystem eingebunden sind und ohne dieses System nicht mehr leistungsfähig wären. Die grundrechtliche Freiheit ist heute weitgehend nur noch auf der Basis sozialstaatlicher Vorleistungen realisierbar.[10] In vielen Fällen ist die wirtschaftliche Abhängigkeit von staatlichen Leistungen Folge früherer staatlicher Leistungsofferten oder des Verbots, marktgerechte Preise zu veranschlagen.[11] Man kann hier von der Freiheitsvorsorge als Staatsaufgabe sprechen.[12]

3. Die Tätigkeit der Kirchen und Religionsgemeinschaften im sozialen Sektor ist bis heute eine Selbstverständlichkeit, wie die Zahl der kirchlichen Einrichtungen eindrücklich belegt. Von den in der Gesamtstatistik der Einrichtungen und Dienste der Freien Wohlfahrtspflege für das Jahr 2000 ausgewiesenen ca. 93.500 Einrichtungen entfallen allein auf die Diakonie der evangelischen Landeskirchen und auf den Deutschen Caritasverband jeweils mehr als ein Viertel (Diakonie ca. 26.000; Caritas ca. 25.500).[13] Darauf beschränkt sich das kirchliche Engagement im sozialen Sektor nicht. Im Rahmen des in Art. 7 des Grundgesetzes gewährten Rechts zur Errichtung privater Schulen unterhalten die beiden großen Kirchen ca. 1.400 allgemeinbildende und berufsbildende Schulen, die im Schuljahr 1999/2000 über 400.000 Schüler besucht haben.[14]

Neben Sportvereinen, Einrichtungen der Arbeiterwohlfahrt usw. bilden die kirchlichen Einrichtungen des Weiteren eine Besonderheit. Sie genießen das Grundrecht auf Religionsfreiheit nach Artikel 4 des Grundgesetzes und haben das verfassungsrechtlich verbürgte Recht kirchlicher Selbstbestimmung (Art. 140 Grundgesetz/Art. 137 Abs. 3 Weimarer Reichsverfassung) als Stütze ihrer selbstständigen Tätigkeit. Nicht zuletzt haben sie die kirchlichen Institutionen hinter sich. Diese sind seit tausend Jahren in der Auseinandersetzung mit der staatlichen Gewalt geübt. Man kennt hier alle Abgrenzungsprobleme des modernen säkularen Staates zur Religion. Diese sind von den Kirchen durchgefochten und zum heutigen Konsens entwickelt worden, dass nämlich der Staat im Bereich des Sozialen kein Monopol hat und die Staatsbürger als Religionsgenossen die Freiheit haben, sich selbst in konfessionellen Einrichtungen zu organisieren und im gesellschaftlichen Bereich tätig zu werden. So sind auf staatskirchenrechtlichem Gebiet viele Fragen für das allgemeine Verbandsrecht richtungsweisend erkämpft und geklärt worden, wie z. B. in dem von den Kommunen angestrengten Verfahren vor dem Bundesverfassungsgericht, welches zu der oben erwähnten Sozialhilfeentscheidung[15] führte.

Schon vor Jahrzehnten ist darauf hingewiesen worden, dass der Großteil der erfolgreichen Verfassungsbeschwerden auf dem Gebiet des Staatskirchenrechts erhoben wurde.[16] Jüngst sind die Kirchen als die erfolgreichste Klägergruppe in Karlsruhe bezeichnet worden.[17] Das beruht nicht auf besonderer Prozessfreudigkeit, sondern auf der Tatsache, dass die kirchliche Institution seit Jahrhunderten mit ihrer auch heute verfassungsrechtlich einzigartigen Stellung dem Staat gegenübersteht. Dabei ist ihr für die Freihaltung eines gesellschaftlichen Bereichs eine Schrittmacherfunktion zugewachsen.

In einer Welt der leeren Kassen, die staatliche Stellen der Versuchung aussetzt, mit dem Geld strangulierend zu regieren, wo gleichzeitig der Ruf nach verstärktem gesellschaftlichen Engagement ein Gemeinplatz geworden ist und Europa mit vielen nicht geklärten Fragen dunkle Schatten wirft, sind die kirchlich gebundenen Einrichtungen im sozialen Bereich ein wichtiger Faktor. In gewisser Weise haben sie sich seit dem frühen 19. Jahrhundert als Vorkämpfer der gesellschaftlichen Freiheit bewährt. Auch heute sind sie der stärkste Garant der Offenheit der Gesellschaft in einem säkularen, pluralistischen, weithin mit Steuermitteln finanzierten sozialen Bereich.

[1] J. Isensee, Die karitative Betätigung der Kirchen und der Verfassungsstaat, in: Handbuch des Staatskirchenrechts der Bundesrepublik Deutschland, Bd. 2, [2]1995, S. 665 (666).

[2] Verordnung über die Fürsorgepflicht vom 13. 2. 1924, RGBl. I, S. 100.

[3] Heute im BSHG i. d. F. der Bkm. vom 23. 3. 1994, BGBl. I, S. 646, ber. S. 2975.

[4] BVerfGE 22, 180.

[5] BVerfGE 22, 180 (209).

[6] So bereits A.v. Campenhausen, Art. „Freie Träger", in: Evangelisches Staatslexikon, 1987[3], Sp. 959; ders., Staatskirchenrecht im Dritten Sektor, in: H. Kötz/ P. Rawert/K. Schmidt/R. Walz (Hrsg.), Non Profit-Law Yearbook 2003, im Erscheinen.

[7] St. Toepler, Quellen und Grundlagen externer Finanzierung, in: Bertelsmann-Stiftung (Hrsg.), Handbuch Stiftungen, 1998, S. 593 (605).

[8] Ebd., S. 606.

[9] Vgl. dazu nur U. Scheuner, Karitative Tätigkeit der Kirchen im heutigen Sozialstaat. Verfassungsrechtliche und staatskirchenrechtliche Fragen, in: Essener Gespräche zum Thema Staat und Kirche, Bd. 8 (1974) S. 43 ff.

[10] Vgl. dazu D. Murswiek, Grundrechte als Teilhaberechte, soziale Grundrechte, in: Handbuch des Staatsrechts, Bd. V, 1992, § 112.

[11] Vgl. hierzu insbesondere die Finanzierung von Krankenhäusern sowie dazu O. Depenheuer, Finanzierung und Organisation der kirchlichen Krankenhäuser, in: Handbuch des Staatskirchenrechts der Bundesrepublik Deutschland, Bd. 2, [2]1995, S. 757 (775 f.).

[12] R. Herzog, Ziele, Vorbehalte und Grenzen der Staatstätigkeit, in: Handbuch des Staatsrechts, Bd. III, 1988, § 58, Rdnr. 75 f.

[13] Vgl. Bundesverband der Freien Wohlfahrtspflege e.V. (Hrsg.), Gesamtstatistik der Einrichtungen und Dienste der Freien Wohlfahrtspflege, Stand 1.1.2000; Diakonisches Werk der Evangelischen Kirche in Deutschland (Hrsg.), Einrichtungsstatistik, Stand 1.1.2000; Deutscher Caritasverband (Hrsg.), Zentralstatistik, Stand 1.1.2001.

[14] Vgl. Statistik der katholischen Schulen, Stand 1999/2000, in: Handbuch katholische Schule, Bd. 5, 2001, S. 184 ff. sowie das vom Kirchenamt der Evangelischen Kirche in Deutschland in Zusammenarbeit mit dem Comenius-Institut der EKD herausgegebene Verzeichnis der allgemeinbildenden, sonderpädagogischen und berufsbezogenen Schulen in evangelischer Trägerschaft, Stand 1999, aktualisiert 2002.

[15] BVerfGE 22, 180.

[16] A. Hollerbach, Das Staatskirchenrecht in der Rechtsprechung des Bundesverfassungsgerichts (II), AöR 106 (1981), S. 218 (222).

[17] M. Hartwig, Korporative Religionsfreiheit und soziale Tätigkeit, in: R. Grote/ T. Marauhn (Hrsg.), Religionsfreiheit zwischen individueller Selbstbestimmung, Minderheitenschutz und Staatskirchenrecht – Völker- und verfassungsrechtliche Perspektiven (Beiträge zum ausländischen öffentlichen Recht und Völkerrecht, Bd. 146), 2001, S. 509 (544).

Ursula Friedrich

Selbsthilfe

Eigeninitiative fördern – Eigenleistung fordern

Selbsthilfe – dieser Begriff erinnert mich an die Worte meiner Mutter „Hilf dir selbst, so hilft dir Gott", wenn wir unsere kindlichen Probleme bei ihr abladen wollten, damit sie diese für uns lösen möge. Diese Haltung unserer Mutter hat uns früh gelehrt, dass wir Unterstützung nur erwarten können, wenn wir unsere Probleme selbst angehen.

Ich halte diese Lebensregel, die mit dem Nachrang- oder Subsidiaritätsprinzip als eines der tragenden Strukturprinzipien in das Bundessozialhilfegesetz übernommen wurde, für einen richtigen Ansatz, die Sozialleistungen auf ihre Wirkungen und auf ihre Wirksamkeit hin zu überprüfen.

In der Gesetzessprache des Bundessozialhilfegesetzes lautet die zum Strukturprinzip erhobene Lebensregel: „Sozialhilfe erhält nicht, wer sich selbst helfen kann oder die erforderliche Hilfe von anderen erhält." Dieser so postulierte Nachrang der Sozialhilfe gilt umfassend gegenüber allen anderen Sozialleistungen genauso wie gegenüber eigenen Mitteln des Hilfesuchenden einschließlich der Ansprüche, die er gegen Dritte hat. Mit dem Nachranggrundsatz wird der Hilfesuchende verpflichtet, aktiv bei der Beseitigung seiner Notlage mitzuwirken. Mit dieser Pflicht, nach Kräften daran mitzuwirken, von Sozialhilfe wieder unabhängig zu werden, wird der Anspruch auf öffentliche Leistungen entscheidend eingegrenzt. Die Pflicht zur Selbsthilfe ist als ein Unterfall des Nachranggrundsatzes[1] anzusehen, die im Sozialhilferecht zu einer Arbeitspflicht konkretisiert wird. Jeder Hilfesuchende ist verpflichtet, seine Arbeitskraft zur Beschaffung des Lebensunterhalts für sich und seine Angehörigen einzusetzen. Diese Verpflichtung zur Aufnahme jeder zumutbaren Arbeit darf nicht mit Zwangsarbeit verwechselt werden. Der maßgebliche Unterschied liegt darin, dass die Entscheidung über die An-

Ursula Friedrich ist Beigeordnete beim Deutschen Landkreistag.

nahme oder Ablehnung einer Arbeit vollkommen frei ist. Sie ist nur an die Folge gekoppelt, den Anspruch auf Nothilfe der Allgemeinheit zu verlieren.

Der Nachranggrundsatz wird im Bundessozialhilfegesetz durch den Grundsatz der individuellen Bedarfsdeckung als weiteres Strukturprinzip der Sozialhilfe ergänzt. Mit dem individuellen Bedarfsdeckungsgrundsatz wird der Umfang der staatlichen Notfallhilfe konkretisiert und beschränkt: Die Sozialhilfeleistungen sollen die Führung eines menschenwürdigen Lebens ermöglichen, aber zugleich nicht über das hinausgehen, was zur Behebung der Notlage notwendig ist.[2] Niemand soll mehr als das unbedingt Notwendige zum Lebensunterhalt erhalten. Dabei gehört hierzu nicht allein Essen, Trinken, Kleidung und Wohnung, sondern auch notwendige Mittel zur Aufrechterhaltung der sozialen Kontakte, der gesellschaftlichen Bezüge und in gewissem Umfang die Teilnahme an kulturellen Ereignissen und Informationen. Dies alles wird unter dem Begriff des soziokulturellen Existenzminimums zusammengefasst. Zwingende Aufgabe des Staates ist, die notwendigen Mittel zur Existenzsicherung und für ein menschenwürdiges Dasein im Falle der Not zur Verfügung zu stellen.[3] Nachrang- und individueller Bedarfsdeckungsgrundsatz charakterisieren die Sozialhilfe als Leistung der öffentlichen Fürsorge. Sie finden ihre Verankerung im Grundgesetz und sind Ausfluss des Sozialstaatsprinzips.

Beide Prinzipien, die in den einzelnen Vorschriften des Sozialhilferechts weiter konkretisiert und ausdifferenziert sind, begrenzen den Leistungsanspruch und steuern den Zugang zum Sozialhilfesystem als so genanntes letztes Netz der sozialen Sicherung. Sie sind das Pendant zur Beitragssatzstabilität und zum Äquivalenz- und Solidaritätsprinzip. Allerdings haben diese Grundsätze in der 40-jährigen Geschichte des BSHG vielfache Durchbrechungen erfahren, die anderen sozialpolitischen Zielen wie Familienförderung oder Absicherung der behinderten Menschen geschuldet waren. Die ursprünglichen Steuermechanismen der Sozialhilfe haben so eine Einschränkung in ihrer Funktion und ihrer Wirkung erfahren und die Ausgabendimensionen in der Sozialhilfe von insgesamt 24 Milliarden € im Jahr 2001 (9,7 Milliarden € Hilfe zum Lebensunterhalt und 14,3 Milliarden € Hilfe in besonderen Lebenslagen) nicht entscheidend eindämmen können.

Die gesellschaftlichen Entwicklungen, die Finanznot der öffentlichen Kassen, die hohe Arbeitslosigkeit und die Forschung nach ihren Ursachen geben Anlass, darüber nachzudenken, ob die im Sozialhilferecht verankerten Prinzipien, die den Anspruch auf staatliche Hilfe gegenüber der Verpflichtung zur Selbsthilfe austarieren, noch im Gleichgewicht sind oder nicht im Laufe der Jahre Verschiebungen zu weniger Selbsthilfe und zu mehr staatlicher Unterstützung eingetreten ist. Als Erstes fällt auf, dass die jüngere Generation gesetzliche Ansprüche auf Sozialleistungen mit einer ganz anderen Selbstverständlichkeit ausschöpft, als es in Zeiten, in denen die Grundlagen des sozialen Sicherungsnetzes gelegt wurden, der Fall war. Das Bewusstsein, dass die gesamte Gesellschaft mit allen Einkommensschichten – und nicht nur wenige Reiche – das Sozialleistungsniveau erwirtschaften muss, ist immer mehr in den Hintergrund gedrängt worden und hat zu einer Anspruchshaltung in Bezug auf soziale Absicherung geführt, die angesichts der wirtschaftlichen Entwicklung so nicht mehr finanzierbar ist.

Eine solche Debatte um den Wohlfahrtsstaat und über die ökonomischen Zusammenhänge wird auch im internationalen und europäischen Bereich geführt, und diese Debatte hat auch immer schon die nationalen Diskussionen beeinflusst. In der gegenwärtigen Debatte dominieren die klassischen Themen, wie der Einfluss des Wohlfahrtsstaates auf das ökonomische Wachstum, die Bestimmung einer angemessenen Aufgabenverteilung zwischen öffentlichen und privaten Systemen, deren Finanzierung sowie die Wahl zwischen und die Gestaltung von verschiedenen öffentlichen Leistungsformen. Eines der zentralen Themen in dieser Diskussion ist, welches Maß an Eigenverantwortung und Eigenleistung von den Bürgern erwartet werden kann. Hierzu passt die nationale Debatte über einen schlanken Staat, der den Bürgern mehr Freiraum zu eigenverantwortlichen Entscheidungen lässt. Zu viel Staat ersticke die Antriebskräfte und entmündige die Bürger. Der Sozialstaat werde dadurch unsozial, da er in bester Absicht das Gegenteil dessen erreiche, was er wolle.[4] In dieser Auseinandersetzung wird also der Mangel an Selbsthilfe und Selbsthilfeverpflichtungen als eine wesentliche Ursache des überbordenden Sozialstaates angesehen.

Die Einforderung von mehr Eigenverantwortung und Selbsthilfe bestimmen auch die Überlegungen für eine Reform der Sozialhilfe.[5] Sie sind unter den Stichworten „Fördern und Fordern" Hauptziele, die mit der Zusammenlegung von Arbeitslosenhilfe und Sozialhilfe für Erwerbsfähige erreicht werden sollen.

Die Sozialhilfe ist mit ihren 2,7 Millionen Empfängern von Hilfe zum Lebensunterhalt und 1,5 Millionen Empfängern von Hilfe in besonderen Lebenslagen zu einer sozialen Sicherung mit viel größerem Umfang und einer grundlegenderen Bedeutung angewachsen, als sie der Gesetzgeber ursprünglich bei In-Kraft-Treten vorgesehen hatte. Für viele Menschen ist die Sozialhilfe nicht eine vorübergehende, auf eine akute Notlage abgestellte staatliche Hilfe mehr, sondern eine Absicherung auf Dauer. Dies zu ändern, muss Ziel sozialer Reformen sein, die an mehreren Ecken anzusetzen haben. In erster Linie müssen die Reformen der sozialen Sicherungssysteme auch dazu dienen, dass neue Arbeitsplätze entstehen. Ein solches Ziel würde erreicht, wenn die Sozialabgaben und damit Lohnnebenkosten entscheidend zurückgefahren werden könnten. Dabei fällt die kommunal- und steuerfinanzierte Sozialhilfe in den Belastungsteil der steuerlichen Lohnnebenkosten. Nur mit einer Stärkung der Selbsthilfeverpflichtung wird dies gelingen. Davon ausgehend kann in der Binnenstruktur der sozialen Sicherung ein neues gesellschaftliches Leitbild vom mündigen Bürger verankert werden. Auch im Sozialhilferecht müssen die notwendigen Ansätze zur Umsteuerung geschaffen werden, damit der hohe Verwaltungsaufwand durch rationelle und effiziente Verfahren reduziert wird und Finanzmittel freigesetzt werden. Der richtige Ansatz dürfte auch hier die Stärkung der Selbsthilfe und Eigenverantwortung der Hilfeempfänger sein. Die Ausfüllung des unbestimmten Rechtsbegriffs der individuellen Bedarfsdeckung durch die Rechtsprechung hat in der Vergangenheit zu einer ausufernden Kasuistik geführt, der mit einer Pauschalierung der Leistung begegnet werden sollte. Mit pauschalen Leistungen wird dem Hilfeempfänger die notwendige Eigenverantwortung zurückgegeben und Anreize für wirtschaftliches Handeln gesetzt. Wenn wie bisher alles nur denkbar Notwendige zum Lebensunterhalt von staatlicher Seite finanziert wird, besteht wenig Anreiz, sich mit eigener Anstrengung um eine Verbesserung der Lebensverhältnisse zu bemühen. Bedarfsdeckende Pauschalen führen aber nur dann zu mehr Selbsthilfe und zu dem erwünschten Ergebnis, wenn diese nicht in Folge des individuellen Bedarfsdeckungsgrundsatzes aus welchen Gründen auch immer ergänzt werden müssen. Es erscheint deshalb notwendig, dass im Bundessozialhilfegesetz dem Selbsthilfegedanken mehr Bedeutung und Vorrang eingeräumt wird gegenüber dem Grundsatz der individuellen Bedarfsdeckung.

Diese Überlegungen sind nur ein kleiner Ausschnitt zu dem großen Komplex „Selbsthilfe". Es sollte damit die aktuelle Diskussion über ein neues Leitbild von mehr Selbstverantwortung, über einen aktivierenden Staat und den mündigen Bürger aufgegriffen und in Bezug zu Reformüberlegungen hinsichtlich des Sozialhilferechts gebracht werden.

---

1 Rothkegel, Die Strukturprinzipien des Sozialhilferechts, S. 112.

2 Rothkegel, a.a.O., S. 14 und 16.

3 BVerfGE 82, 60 ff., 80.

4 Roman Herzog, So viel Sozialstaat ist unsozial, www.chancenfueralle.de

5 Antrag der Fraktionen SPD und Bündnis 90/DIE GRÜNEN, Fördern und Fordern – Sozialhilfe modern gestalten, BT-DS 14/7293.

Karl von Wogau

Sicherheit

Ein Konzept für Nachhaltigkeit und Stabilität

Vor etwa drei Jahren ist auf europäischer Ebene eine Charta der Grundrechte der Europäischen Union ausgearbeitet worden. Vertreter der Regierungen der Mitgliedsländer, der nationalen Parlamente, des Europäischen Parlamentes und ein Vertreter des Kommissionspräsidenten beschrieben in 54 Artikeln die grundlegenden Rechte der Bürger der Europäischen Union. Dabei wird auch auf Sicherheit Bezug genommen.

Dr. Karl von Wogau ist seit 1979 Mitglied des Europäischen Parlaments. Seit Januar 2002 ist er Mitglied des Ausschusses für auswärtige Angelegenheiten und Verteidigungspolitik sowie der Delegation des Europäischen Parlaments zur Parlamentarischen Versammlung der NATO.

Die Charta der Grundrechte besagt explizit, dass jede Person das Recht auf Freiheit und Sicherheit hat (Artikel 6). Dadurch wird das Spannungsverhältnis zwischen Raum für Entfaltung und Schutz vor Risiken beschrieben. Dieses Gegensatzpaar existiert allgemein im Bereich „Sicherheit".

An dieser Stelle soll auf zwei wesentliche Bereiche von Sicherheit hingewiesen werden, die es zu unterscheiden gilt: äußere Sicherheit und innere Sicherheit. Während äußere Sicherheit sich mit Verteidigung im klassischen Sinne beschäftigt, hat innere Sicherheit in erster Linie mit dem polizeilichen Gewaltmonopol zu tun. Das heißt, die Anwendung von Waffengewalt und die Verfolgung von Straftaten bleiben dem Staat vorbehalten. Das Gewaltmonopol des Staates ist aber auch notwendig, um das zugesagte Recht auf Eigentum zu garantieren. Wenn diese Grundregel modernen Zusammenlebens, eine Basis unseres Rechtssystems, akzeptiert wird, garantiert sie bereits ein gutes Stück Sicherheit.

Sicherheit bedeutet Stabilität und Frieden – die beiden wesentlichen Erwartungen der Bürger an die Europäische Union. Auf dieser Grundlage werden Lebensverhältnisse planbar, was sich auch positiv auf den Wohlstand einer Gesellschaft auswirkt. Mehr Wohlstand bedeutet wiederum finanzielle Sicherheit. Dies unterstreicht, wie wichtig eine stabile Gesellschaft ist, die als gerecht angesehen und deren Rechtssystem akzeptiert wird.

Im wirtschaftlichen Bereich gehört zu diesem Ordnungsrahmen die Soziale Marktwirtschaft. Ihr zentrales Merkmal ist der Wettbewerb in freien und offenen Märkten. Die Charta der Europäischen Grundrechte garantiert hierfür die unternehmerische Freiheit (Artikel 16). Wenn dieser Wettbewerb gesichert ist, führt er zu einer besseren und kostengünstigeren Versorgung der Bürger mit Gütern und Dienstleistungen. Zum gesicherten Rahmen dieser Ordnung gehören auch soziale Regeln zum Schutz der Menschen und der Umwelt gegen Ausbeutung. Mit diesem Wirtschaftssystem steigt die Wahrscheinlichkeit, dass eine Wohlstandsverteilung erreicht wird, die von weiten Teilen der Gesellschaft als gerecht angesehen wird – ein wichtiges Kriterium für Sicherheit in einer Gesellschaft.

Sicherheit geht aber noch darüber hinaus. Wie steht es mit der wachsenden Kriminalität in Großstädten? Hier geht es um wesentliche Beeinträchtigungen der Sicherheit und damit der Lebensqualität. Eine größere Polizeipräsenz kann hier den Symptomen abhelfen, aber es geht hier eher um die fehlenden Gemeinsamkeiten: Auf der einen Seite gibt es Menschen, denen die Gesellschaft nicht genug Sicherheit anbietet und für die darum das bestehende System seine legitimierende Funktion und seine Akzeptanz verliert. Auf der anderen Seite fördert die Ausgrenzung bestimmter Bevölkerungsgruppen eine immer weiter gehende Entfremdung vom Rest der Gesellschaft. Es handelt sich also um einen zweiseitigen Prozess, bei dem Angstgefühle und Bedrohung auf beiden Seiten Sicherheit zerstören.

Äußere Sicherheit auf der anderen Seite ist der Rahmen bzw. das Fundament für jede Form der Sicherheit in einem Land. Der Staat muss den Ordnungsrahmen, den er vorgibt, auch nach außen verteidigen können. Deshalb muss ein Staat eine Armee, einen Grenzschutz und auch eine Polizei haben. Sie garantieren die festgeschriebene Ordnung, innerhalb derer Sicherheit und Wohlstand entstehen können.

Innere und äußere Sicherheit verschwimmen allerdings zunehmend. Entwicklungen, die die innere Sicherheit eines Staates gefährden, wie z. B. mangelnde Integration oder auch Terrorismus, sind immer weniger autonome Entwicklungen, die innerhalb eines Staates gelöst werden können. Integration von Zuwanderern ist eine zweiseitige Herausforderung – für diejenigen, die kommen, und für diejenigen, die schon da sind. Auch bei dieser Thematik hilft es, wenn Stabilität und Wohlstand in einer Gesellschaft vorhanden sind.

Terrorismus ist das andere Beispiel dafür, dass die Grenzen zwischen innerer und äußerer Sicherheit zunehmend fließender werden. Wo früher hausgemachte Ursachen für das Aufkommen terroristischer Gruppen wie der RAF oder der baskischen ETA standen, sprengt internationaler Terrorismus von der Art des 11. September die Grenzen des einzelnen Staates. Einerseits können in diesem Bereich Maßnahmen ergriffen werden, die eindeutig in den Bereich „innere Sicherheit“ gehören, etwa neue Methoden der Datenspeicherung (biometrische Daten). Andererseits gehört dazu auch das Austrocknen von Finanzierungswegen solcher Terroristen, die weltweit handeln. Auch Kampfeinsätze in anderen Ländern können notwendig sein, um zu verhindern, dass von dort weitere Bedrohung für das eigene Staatsgebiet ausgehen kann.

Wir befinden uns aktuell in einer schwierigen Situation. Die

Ereignisse des 11. September haben uns gezeigt, dass unsere offenen Gesellschaften viel verletzlicher sind, als das vielen bewusst war. Dabei muss uns klar sein, dass die Verantwortung auf verschiedenen Handlungsebenen liegt. Zunächst einmal entsteht Sicherheit vor Ort. Die Gemeinden spielen deshalb eine wichtige Rolle dabei, Sicherheit in der Gesellschaft aufzubauen. Andererseits finden Verbrechen heute auch auf einer internationalen Ebene statt, wie etwa bei Terrorismus, Drogenhandel oder anderer organisierter Kriminalität. Es bedarf besonderer Anstrengungen, um dieses Problem zu lösen. Die grenzüberschreitende Zusammenarbeit der Polizei ist unverzichtbar, um internationale Verbrechen bekämpfen zu können. Deshalb wurde vor einigen Jahren Europol eingerichtet. Allerdings hat die Behörde bisher nur Informationsaufgaben. Um die Effizienz zu erhöhen, müssen die Handlungsmöglichkeiten von Europol in Zukunft noch ausgebaut werden.

Zusammenfassend kann man feststellen, dass nachhaltige Sicherheit in einer Gesellschaft vor allem durch soziale Stabilität entsteht. Dasselbe trifft auf eine Staatengemeinschaft zu: Auch hier erhöht sich die Sicherheit für alle, wenn es eine stabile Beziehung zwischen den Staaten gibt, die im weitesten Sinne auch als gerecht empfunden wird. Die Europäische Union ist hierfür das beste Beispiel, das derzeit existiert.

Josef Homeyer

Solidarität

Reformbarrieren überwinden – Eigenverantwortung stärken – Solidarität ermöglichen

Überlegungen zum Prinzip der Solidarität beginnen mit dem Bild vom Menschen: Von seiner Natur her ist der Mensch als Person kein isoliertes, sondern ein soziales Wesen, und als solches zur Verwirklichung seiner Anlagen und Ziele auf die Zusammenarbeit mit

Dr. Josef Homeyer ist Bischof von Hildesheim.

anderen angewiesen. Deshalb braucht er eine Gesellschaft, in welcher der Einzelne sich als Person entfalten kann, er braucht das solidarische Miteinander, die wechselseitige Verpflichtung und Bereitschaft, füreinander einzustehen. Dieses ist notwendige Bedingung einer gerechten und humanen Gesellschaft. Eine Gesellschaft, in der Solidarität praktiziert wird, zeichnet sich durch das helfende Miteinander der Einzelnen und der kleinen Einheiten, allen voran der Familien, aber auch der Nachbarschaften, der Kirchengemeinden, der Selbsthilfegruppen usw. aus. Sie lebt von solchen zwischenmenschlichen Netzwerken, die in den letzten Jahren unter der Bezeichnung „zivilgesellschaftliche Akteure“ an Aufmerksamkeit und Wertschätzung gewonnen haben.

Solidarität findet jedoch nicht allein auf dieser zwischenmenschlichen Ebene statt. Sie ist mehr als die Forderung an den Einzelnen, sich sozial-karitativ für seine Mitmenschen in Not einzusetzen. In modernen Gesellschaften ist Solidarität auch auf institutioneller Ebene organisiert. In der Bundesrepublik Deutschland ist dieses in Form des Sozialstaates und der sozialen Sicherungssysteme geschehen. Die sozialstaatliche Ordnung Deutschlands bietet auch heute noch der großen Mehrheit der Bevölkerung soziale Sicherheit auf hohem Niveau.

Doch steht der Sozialstaat vor der Überforderung und droht zu kollabieren, wenn versucht wird, Solidarität allein durch sozialstaatliche Maßnahmen zu organisieren. Institutionelle Solidarität braucht die individuelle Solidarität. Der Sozialstaat kommt nicht ohne Netze der Solidarität von Mensch zu Mensch aus, und umgekehrt bedürfen diese zwischenmenschlichen Netze der Freiheit vor den Kompetenzanmaßungen des Sozialstaates. Eine sozialstaatliche Ordnung, die sich an richtig verstandener Solidarität orientiert, folgt der Überzeugung, dass der Mensch nicht nur zu solidarischem Handeln verpflichtet ist, sondern auch die Freiheit haben muss, solidarisch zu sein, und dass sie nur dann gesichert werden kann, wenn der Einzelne zur Übernahme der ihm möglichen Eigenverantwortung bereit und fähig ist.

Die institutionellen Formen der Solidarität in unserem Land – der Sozialstaat, insbesondere aber das solidarische Gesundheitssystem und die Alterssicherung – befinden sich gegenwärtig in einer fundamentalen Krise. Diese Krise zu bewältigen, gehört zweifelsohne zu den größten Herausforderungen, vor denen unsere Gesellschaft heute steht. Die Systeme sozialer Sicherung müssen grundsätzlich neu geordnet werden, um ihre Leistungsfähigkeit für die Zukunft zu sichern. Deshalb ist eine Reflexion darüber notwendig, was Solidarität heute bedeutet und wie viel Solidarität auf sozialstaatlicher Ebene organisiert und gewährleistet werden muss. Das Verhältnis von Versorgung und Eigenverantwortung zu bestimmen, ist die grundsätzliche Herausforderung der Reform des Sozialstaats. Konkret stehen wir vor der Frage: Welche sozialen Leistungen wird künftig der Staat erbringen, und wie viel Eigenverantwortung und Eigenleistung wird der Einzelne tragen müssen? Deshalb müssen wir die grundlegenden Fragen für das Verständnis von Solidarität neu beantworten: Wer braucht die Solidarität der Gemeinschaft wirklich? Wie viel Solidarität können wir von der Gemeinschaft verlangen, und wie viel muss aus Solidarität vom Einzelnen verlangt werden? Haben gut gemeinte soziale Strategien zuweilen unsoziale und negative Folgen? Befähigt der Sozialstaat zur Eigenständigkeit und Eigenverantwortung, oder entmündigt er?

Seit Jahren wird eine Reform bzw. die Neudefinition der Solidarität in der Sozialen Marktwirtschaft und eine innovative Weiterentwicklung des Sozialstaates angesichts seiner Herausforderungen behindert. Wodurch? Was sind die strukturellen Barrieren, deren Überwindung die notwendige Voraussetzung für eine erfolgreiche Neuordnung des Sozialstaates ist?

Es sind vor allem zwei Barrieren, die nicht nur Teilbereiche des Sozialstaats, sondern die Sozialpolitik im politischen System insgesamt betreffen: Erstens gilt das politische System der Bundesrepublik im internationalen Vergleich als stark korporatistisch geprägt. Das heißt, die Interessen unterschiedlicher Bevölkerungsgruppen werden vorzugsweise über einflussreiche Verbände und ihre Vertreter an die Politik herangetragen. Das birgt das Risiko, dass in den politischen Auseinandersetzungen leichter organisierbare, verbandlich definierte Partikularinteressen weit nachhaltiger zur Geltung kommen als die weniger gut organisierbaren Interessen, obwohl diese den übergreifenden Gesichtspunkten des „Gemeinwohls“ häufig eher entsprechen.

Konsequenz dieser korporatistischen Verfassung ist zweitens eine Denkblockade: Alle sozialpolitischen Vorschläge werden primär unter Verteilungsgesichtspunkten wahrgenommen und diskutiert. Sozialpolitik gilt weithin als Verteilungspolitik. Dabei wird übersehen, dass auch die Steigerung wirtschaftlicher Leistungskraft den ärmeren Bevölkerungsteilen zugute kommt und dass auch Wirtschaftspolitik, die zur Steigerung der wirtschaftlichen Leistungsfähigkeit führt, Sozialpolitik ist. Bei den anstehenden Reformen des Sozialstaates geht es somit auch um die Beseitigung von Produktionshemmnissen und die Förderung der Beschäftigung. Dass sich das politische System Deutschlands mit seinem zunehmend fehlentwickelten Föderalismus zudem in einer unübersehbaren Selbstblockade befindet und es darüber hinaus (im Gegensatz zur Wirtschaftspolitik) an partei- und verbandsunabhängigem wissenschaftlichem Sachverstand mit Bezug auf Fragen der Sozialpolitik fehlt, erschwert die Überwindung der Reformbarrieren zusätzlich.

Die hier skizzierten Reformbarrieren müssen überwunden werden. Welches ist nun aber der Weg, der beschritten werden muss? Woran können wir uns bei der Reform des Sozialstaates orientieren? Fundamentale Richtschnur muss sein, den Menschen ins Zentrum allen gesellschaftlichen Handelns zu stellen, sowohl in der Wirtschafts- wie in der Sozialpolitik. Die Basis der Sozialen Marktwirtschaft liegt in einem christlich inspirierten Menschenbild, dessen Kernbestand heute von einem breiten Konsens getragen wird. Es geht darum, den Mitgliedern unserer Gesellschaft Lebenschancen zu geben und Beteiligung zu ermöglichen – und dies in einer Weise, dass man von einer menschlichen und gerechten Gesellschaft sprechen kann. Dieser personalen Perspektive folgt die Verpflichtung, subsidiäres Handeln zu ermöglichen. Subsidiarität stellt den Einzelnen in den Mittelpunkt. Seine Eigenverantwortung muss gefördert werden, nicht die Fremdverantwortung, seine Selbständigkeit statt seiner Abhängigkeit. Der kleineren Einheit muss der Vorrang gegenüber dem Zugriff der größeren gewährt werden. Gleichzeitig verlangt aber Subsidiarität die solidarische Unterstützung dieser kleineren Einheiten dann, wenn sie alleine ihre Aufgaben nicht bewältigen können. So ermöglicht Subsidiarität durch Solidarität Freiheit. Brauchen wir hierzu nicht eine Art „Subsidiaritäts-Check"? Könnte nicht durch eine „Konzertierte Aktion" der gesamte Sozialstaatskomplex nach dem Kriterium des Subsidiaritätsprinzips auf notwendige Reformen durchforstet werden?

Der Staat, der beansprucht, alle Bereiche menschlichen Lebens gestalten, regeln, ordnen und organisieren zu können, muss dem ermöglichenden Staat weichen, der durch einen Ordnungsrahmen sicherstellen muss, dass es zu einem Ausgleich der Interessen kommt. Er muss die Voraussetzungen für mehr Beteiligungsgerechtigkeit schaffen und aktives Bürgerengagement ermöglichen. Dabei geht es im Übrigen zunächst nicht um eine Entlastung des überforderten Staates, sondern vor allem um die Würde des Menschen, die Eigenverantwortung, die Beteiligung jedes einzelnen Menschen.

Wir sind in den vergangenen Jahrzehnten vielfach einem quantitativen Fortschrittsdenken gefolgt, basierend auf dem Glauben: Je mehr materielle Güter die Menschen haben, umso besser wird es ihnen auch gehen. Dieses Paradigma stößt, wie wir wissen, an seine Grenzen. Es ist deshalb eine integrale soziale Politik erforderlich.

Diese Perspektive bedeutet zweierlei: Zum einen muss alles, was gegenwärtig unter „Sozialpolitik“ läuft, an seinen Folgen für die Menschen und die Gesellschaft gemessen werden (und nicht nur an der guten Absicht oder an der Binnenlogik der Systeme). Das heißt: Es muss immer auch gefragt werden, wo mit „sozialen“ Argumenten nur Besitzstände befriedigt werden oder wo gut gemeinte soziale Strategien unsoziale und negative Folgen haben. Und zweitens bedeutet es für die Sozialpolitik: Es müssen all jene Politikfelder, besonders die Familien- und die Bildungspolitik, in die Sozialpolitik hereingeholt werden. Sie sind für die soziale Entwicklung viel entscheidender als vieles, was innerhalb der traditionellen Sozialpolitik mit viel Aufwand gepflegt wird. Gesucht wird also eine Entwicklungspolitik für ein entwickeltes Land – gegen den Vorrang des Bestehenden vor dem Künftigen, der Besitzstände vor dem Notwendigen, der Interessen von heute vor den Interessen von morgen.

Es ist zu fragen, an welchen Leitbildern sich der reformierte Sozialstaat orientieren soll: Reicht es aus, wenn der Sozialstaat Verteilung organisiert, oder sollte er nicht stärker zu Beteiligung befähigen und Chancen auf Teilhabe eröffnen? Wäre es tatsächlich unzureichend, wenn er nicht mehr umfassende Sozialleistungen erbrächte, sondern vorrangig Hilfe in Notlagen gewährte? Sollten nicht die Dienstleistungen eines qualifizierenden Staates an Stelle des Transfers von Geldleistungen im Vordergrund sozialstaatlicher Tätigkeit stehen? Vor allem aber: Müsste der Sozialstaat nicht seine zentrale

Aufgabe darin finden, zur Stärkung der zwischenmenschlichen Netzwerke die Familien zu unterstützen und zu sichern, und seine Leistungen von dieser Perspektive aus entwickeln, nicht mehr vom Blickwinkel des einzelnen Erwerbstätigen aus?

Die Probleme des Sozialstaates fordern die Gesellschaft fundamental heraus. Neu definierte Solidarität sieht die Wahrnehmung der Eigenverantwortung als notwendig an. Dies macht frei für Solidarität mit demjenigen, der unsere Solidarität tatsächlich nötig hat. Solidarität und Eigenverantwortung stellen keinen Gegensatz dar, im Gegenteil: Solidarität darf gerade nicht nur die Erwartung an die Solidarität des anderen meinen, nicht nur den Anspruch auf Solidarität der Gemeinschaft mit dem Einzelnen, sondern ebenso die Möglichkeit, solidarisch mit anderen und der Gemeinschaft zu sein. Solidarität ist und bleibt Verpflichtung des Einzelnen gegenüber seinen Mitmenschen.

Ein so skizziertes Verständnis von Solidarität soll diese nicht abschwächen. Es geht nicht um das Ende der Solidarität, ebenso wenig um das Ende des Sozialstaats. Ein größeres Maß an Eigenverantwortung einzufordern, wird aber notwendig sein, um Solidarität zu sichern.

Karl Kardinal Lehmann

Sonntag

Zeit des Innehaltens

„Stirbt der Sonntag am Wochenende?"

Vor einigen Jahren fassten die Vereinten Nationen den Beschluss, künftig nicht mehr den Sonntag, sondern den Montag als den ersten Tag der Woche anzusehen. Als ein Institut der Meinungsforschung

Karl Kardinal Lehmann, Prof. Dr. phil. Dr. theol. Dr. h.c. mult., lehrte Dogmatik und Ökumenische Theologie an den Universitäten in Mainz und Freiburg. Seit 1983 Bischof von Mainz, seit 1987 Vorsitzender der Deutschen Bischofskonferenz. 2001 zum Kardinal ernannt.

vor einiger Zeit nach der Wichtigkeit der Zehn Gebote fragte, kam das dritte Gebot „Du sollst den Tag des Herrn heilig halten“ auf den letzten Platz. Nur ein Drittel der Befragten wollte es noch für heute gelten lassen.

Es ist nicht viel mehr als 100 Jahre her, dass durch ein allgemeines Beschäftigungsverbot die Sonn- und Feiertage arbeitsfrei wurden und die Sechs-Tage-Woche zur Einführung kam. Dies war ein Segen für die Menschen, die nun Zeit zur Erholung und zur Entdeckung ihrer Begabungen, zur tieferen Gemeinschaft der Familie und auch zum regelmäßigeren Gottesdienst fanden. Der Sonntag war wesentlich durch den Kirchgang, also das Zusammenkommen der Gemeinde zum Gottesdienst, bestimmt. Inzwischen ist die Freizeit erheblich ausgeweitet worden und umfasst in unseren westlichen Gesellschaften den Samstag und den Sonntag. Das „Wochenende“ bietet so viel Freizeit wie an den Arbeitstagen zusammen. Es ist mehr und mehr die Freizeit des Einzelnen geworden; auch die Mitfeier des sonntäglichen Gottesdienstes wurde zum nur noch privaten Entschluss. Das „Miteinander“ schrumpft zusammen. Dies gilt auch in räumlicher Hinsicht: Arbeit und Wohnen, Familie und Freizeit rücken meist auseinander. Die freie Zeit vertreibt man, indem man das riesige Angebot der Freizeitindustrie nützt, das freilich auf seine Weise neue Abhängigkeiten und unaufhörlichen Stress erzeugen kann.

„Stirbt der Sonntag am Wochenende?“ Treffend hat so einer die Not des Sonntags in unserer Gesellschaft gekennzeichnet. Die Krise ist also tief und rührt sogar an die Fundamente des Menschlichen.

Der Sonntag als Auferstehungstag des Herrn

Die ersten Christen waren der Überzeugung, dass man ohne Sonntag nicht leben könne (vgl. Ignatius von Antiochien, Brief an die Magnesier 9,2). Die Zeit der Woche und das ganze Leben bekommen von hier Richtung und Maß. Der Ursprung des Sonntags weist auf die Auferweckung Jesu Christi zurück, die den Jüngern in den Erscheinungen des auferstandenen Herrn zur Gewissheit brachte, dass er lebt. Wahrscheinlich knüpfte man bei der Ausbildung des „Herrentages“ (vgl. Offenbarung 1,10), wie er bald heißt, an die

Mahlgemeinschaften des Auferweckten mit seinen Jüngern an (vgl. Lk 24, 28–43; Joh 20,19–26), in denen die Anfänge der Feier des eucharistischen „Herrenmahles“ (1 Kor 11,20) nach Ostern zu sehen sind. Jede Feier des Sonntags ist ein lebendiges Gedächtnis und Bekenntnis der Auferstehung (vgl. dazu die wichtige Aussage zum Pascha-Mysterium in der Liturgiekonstitution des Zweiten Vatikanischen Konzils, Art. 106). Die Christen versammeln sich um ihren Herrn und legen gemeinsam Zeugnis davon ab, dass Jesus Christus lebt.

Der Sonntag im Licht der ganzen Bibel: Tag der Schöpfung und Neuschöpfung

Hinter dem Herrentag steht der Sabbat des Alten Testaments. Sonntag und Sabbat sind zwei verschiedene Tage geworden und geblieben. Dennoch stehen sie in einer ganz engen Verbindung. Man sieht dies schon daran, dass die Christen das Gebot der Heiligung des Sabbats konsequent auf den Sonntag bezogen. Wir lernen mehr über den christlichen Sonntag, wenn wir uns – ohne den Unterschied zwischen beiden zu leugnen – auf die gemeinsamen Wurzeln besinnen.

Die Aufforderung, den Sabbat zu heiligen bzw. zu achten (vgl. Ex 20,8–11 und Dtn 5,12–15), ist breiter bezeugt als jedes andere Gebot und nimmt unter den Zehn Geboten den größten Raum ein. Die einfachste Form dieses Gebotes sagt schon fast alles über den Sinn: „Sechs Tage kannst du arbeiten, aber am siebten Tag sollst du aufhören. Selbst in der Zeit des Pflügens und des Erntens sollst du ruhen“ (Ex 34,21). „Sabbat“ heißt in der Tat: aufhören mit jeder Arbeit, alle Tätigkeiten unterbrechen und einstellen, schließlich ruhen. Die positive Wendung mahnt uns, den Sabbattag zu „achten“ und zu „heiligen“. Sabbat und Sonntag bedeuten in der Kultur der Menschheit eine Befreiung vom Joch des unaufhörlichen Arbeitszwanges und ein öffentliches Zeugnis für Gott.

Es ist erstaunlich, welche wichtigen Hinweise das Alte Testament uns gibt:

Geschenkte Freiheit

Der Ruhetag soll Israel daran erinnern, dass es aus der Knechtschaft in Ägypten befreit wurde (vgl. Dt 5,15). Ein Leben mit Gott ist allen Machthabern gewachsen. Zu Recht haben die Christen an dieses Heilsereignis des Alten Bundes angeknüpft und in der Auferstehung Jesu Christi *die* große Befreiung des Menschen gesehen, den nun keine Macht und kein Tod mehr besiegen kann. Am Herrentag möchte uns Gott an diese geschenkte Freiheit und alle Wohltaten der Offenbarung erinnern.

Heiligung und sein Segen

Die Aufforderung zur Arbeitsruhe wird mit der Bedeutung des Ruhetages bei der Erschaffung der Welt begründet: „Und Gott segnete den siebten Tag und erklärte ihn für heilig; denn an ihm ruhte Gott, nachdem er das ganze Werk der Schöpfung vollendet hatte“ (Gen 2,3; vgl. Ex 20,11). Gott „heiligt“ diesen Tag, d. h. er sondert ihn von den Werktagen ab, entzieht ihn den Zwängen und Bedürfnissen der Arbeitswelt und bestimmt ihn zum Freiwerden für Gott und zum Freisein für die Menschen. Ähnlich hat die junge Christenheit mit großer Kühnheit statt des siebten Tages den „ersten Tag der Woche“ als Ruhetag angesetzt. Für den von Gott befreiten und beschenkten Menschen beginnt die Woche, also das Ganze unseres Lebensgefüges, mit dem Ruhetag, der uns Atem schöpfen lässt. Die Bibel sagt an einer Stelle sogar von Gott: „Am siebten Tag ruhte er und atmete auf“ (Ex 31,17).

Dies hat auch Folgen für unseren Umgang mit der Welt. Wer am Sonntag frei geworden und beschenkt worden ist, sieht auch die Schöpfung neu. Er misst nicht alles nur mit dem Kalkül der Nützlichkeit und des Wertes für ihn selbst; er lernt darum auch schonen und bewahren. Die Wahrung des Sonntags hat einen hohen Rang bei der Schärfung unserer Verantwortung für die natürlichen Lebensbedingungen.

Die soziale Dimension

Die Schrift mahnt auch zur Arbeitsruhe am Herrentag, „damit dein Rind und dein Esel ausruhen und der Sohn deiner Sklavin und der Fremdarbeiter zu Atem kommen“ (Ex 23,12). Die Bibel nennt an dieser Stelle ein soziales Motiv. Es werden Menschen genannt – „der

Sohn der Sklavin und der Fremde" –, die Willkür und Ausbeutung besonders ausgesetzt und schutzlos sind. Der Ruhetag ist gerade wegen dieser besonders Abhängigen und Wehrlosen da. Das Gebot der Ruhe eröffnet auch eine Gleichstellung der Menschen vor Gott und in ihren elementaren Rechten (vgl. dazu Ex 20,10; Dtn 5,14). Die Propheten wehren sich leidenschaftlich, wenn die Menschen den Sinn des Ruhetages nicht erkennen wollen und ihn zu einem Tag der Geschäftigkeit missbrauchen (vgl. Am 8,5; Jes 1,13; Jer 17,21ff; Hos 2,12ff; Neh 13,15ff; vgl. auch Ex 16,20ff.).

Nächstenliebe und Hilfe in Not stehen, so sagt das Neue Testament in ähnlicher Weise, nicht im Gegensatz zur Heiligung des Herrentages. Unter den wenigen Stellen des Neuen Testamentes, an denen der erste Tag der Woche erwähnt wird, findet sich die Aufforderung, am Herrentag für die Bedürftigen in Jerusalem zu sparen und zu sammeln (vgl. 1 Kor 16,2). Jesus selbst hatte dafür den Weg gewiesen, wenn er in Auseinandersetzung mit einer gesetzlichen Beobachtung des Sabbats einschärfte: „Der Sabbat ist um des Menschen willen da, nicht der Mensch um des Sabbats willen" (Mk 2,27).

Elementare Herausforderungen heute

Die Feier des Herrentags ist die Antwort der Kirche auf das, was Gott in der Geschichte des Heils getan hat und noch tut. Der Sonntag ist jedoch darüber hinaus die Mitte des menschlichen Lebensraumes, das Maß und der Rhythmus für die Zeit des Einzelnen und der Gesellschaft.

Das Sonntagsgebot

Die so genannte „Sonntagspflicht" darf nicht äußerlich verstanden werden. Der Sonntag selbst erschöpft sich auch nicht im Gottesdienst. Wer sich aber immer wieder vom Gottesdienst fordern lässt, dessen Leben kann sich vertiefen und frei werden. Darum ist das recht verstandene Sonntagsgebot nicht eine lästige Pflicht, sondern ein Anruf an unsere Freiheit, unser Leben einzeln und gemeinsam am Sonntag vor Gott zu bringen: einmal innezuhalten im Trott des Alltags, still zu werden und über sich und sein Leben nachzudenken, Fehler demütig zu bekennen, frischen Mut für einen Neuanfang zu fassen, frei zu werden von den Götzen unseres Lebens, uns hellhörig wieder auf die Nächsten hin zu öffnen, unser Gewissen zu schärfen, einen Größeren in unserem Leben als Herrn und Meister anzuerkennen, dem Einzigen die Ehre zu geben und nur den anzubeten, vor dem allein man die Knie beugen darf und kann. Die Erfüllung der „Sonntagspflicht" ist so am Ende eine Wohltat, eine Hilfe zum gelungenen Leben und ein Geschenk erfüllter Zeit.

Gegenwärtige Brennpunkte

Familie und Freundschaften

Der Sonntag ist oft darum zerfallen, weil die Gemeinschaft der Familie zerstört ist. Wie viel Gemeinsamkeit gibt es hier noch? Haben wir ein wenig Zeit füreinander: zum Gespräch, zum gemeinsamen Nachdenken, zur Feier, zum Besuch bei anderen, Kranken, Alten, Bedürftigen und Toten, zum unverzweckten Spiel, zur Stille, zum Lesen, zu jener Zuwendung und Zärtlichkeit, die nicht hastig und gierig „haben" und besitzen wollen, sondern den anderen sein und aufblühen lassen? Der Sonntag ist ein Tag der Gemeinschaft, der Kultur und der Pflege gesellschaftlicher Intimräume (Ehe und Familie, Freundschaften usw.) und wirkt so der Vereinsamung und Anonymität in der heutigen Gesellschaft entgegen.

Die Vereine

Mit vielen freue ich mich über die große Zahl und die Vielfalt des Vereinslebens in unseren Städten und Dörfern. Dies ist ein wichtiges Gegenmittel gegen das Versinken in Passivität, Langeweile und bloßem Konsumismus. Der Mensch ist aber am Sonntag nicht bloß das Mitglied eines Vereins, der nicht selten einen totalen Anspruch entwickelt, gerade auch auf junge Menschen. Jeder Mensch ist auch das Mitglied einer Familie, Ehepartner, Freund, Glied einer Glaubensgemeinschaft. Auch dafür muss Zeit und Raum sein!

Die moderne Arbeitswelt

Unsere Arbeitswelt ist in großer Veränderung begriffen. Im Namen von Produktivität und Wettbewerbsfähigkeit wird in jüngster Zeit vielfach eine Ausweitung der Sonntagsarbeit gefordert. Die Kirche hat für wirtschaftliche Interessen durchaus Verständnis, aber sie bittet die Unternehmer inständig darum, den Sonntag nicht dem Vorrang „ökonomischer Gesetzlichkeiten" zu opfern. Die so genannte „wirtschaftliche Unentbehrlichkeit" ist kein letzter Maßstab, der sich über jahrtausendealte kulturelle Errungenschaften und menschliche Grunderfahrungen hinwegsetzen dürfte. Produktion und Rentabilität sind wichtig, aber sie allein machen nicht den Sinn des Lebens aus. Auch einzelne „Ausnahmen", die in unserer Gesellschaft oft rasch zur Regel werden, können mehr oder weniger rasch zu einem Dammbruch führen, der das Sonntagsruhegebot aushöhlt. Die Kirche bittet darum die Wirtschaft, im Interesse der arbeitenden Menschen und ihrer Familien die Kultur des Sonntags zu wahren, und den Staat, im Namen der Menschlichkeit die bestehenden Verfassungsgebote zu achten und die Grenzen von wirklich notwendigen Ausnahmen eng zu ziehen.

Der Sonntag und die Menschenwürde

Der Sonntag hat auch die Aufgabe des Schutzes vor einer weitgehenden oder totalen Ökonomisierung des Menschen. In einer notwendigerweise stark von Leistung geprägten Gesellschaft schafft gerade der Sonntag, wenn er richtig begangen wird, eine Zone der Freiheit. Er verhilft auch zum Abstand von dem sich immer mehr beschleunigenden Wandel sowie vom Anpassungsdruck des Erwerbslebens. Die Woche öffnet sich darum auch am Sonntag auf das Lebensganze hin, auf die Frage nach dem Woher und Wohin sowie dem Sinn des Lebens überhaupt. So ist der Sonntag eine Form, „Zustimmung zur Welt" (J. Pieper) und zum Leben im Ganzen zu geben, einen Tag der Orientierung, der Vergewisserung des Lebenssinnes sowie der Öffnung auf Transzendenz und auf Gott hin zu gewinnen. Insofern ist die Feier des Sonntags, gerade wenn es auch um das Freiwerden von Zwängen geht, ein Erfordernis der Menschenwürde, ein Protest gegen die Vermarktung des Menschen und gegen die Versklavung durch die Arbeitswelt.

Der Sonntag: Bedingung gelungener Freiheit

Alle Geschöpfe, besonders die Menschen, sollen Gelegenheit erhalten, sich von den Zwängen der Gesellschaft und unserer Welt freizumachen und sich zu erholen. Der Rhythmus von Arbeit und Freiheit von ihr ist für die Existenz des Menschen ähnlich wichtig wie seine soziale Grundanlage. Darum steht der Sonntag nicht zu unserer freien Disposition. Zu den Bedingungen gelungener Freiheit gehört eine würdige Feier des Sonntags. Es ist kein Zufall, dass der Sabbat für die Juden ein ganz besonderes Geschenk Gottes an die Menschheit ist – nicht minder der Sonntag.

Konrad Deufel

Sozialhilfe

Das „Netz unter dem Netz" – keine Hängematte

Missbrauch?

Mit der Regelmäßigkeit von Ebbe und Flut beginnt immer wieder neu im Sozialstaat der Bundesrepublik Deutschland die Diskussion um den Missbrauch der Sozialhilfe. Von unqualifizierten Äußerungen bis hin zu dumpfen Parolen und Beschimpfungen werden Sozialhilfeempfängerinnen und Sozialhilfeempfänger an den Pranger gestellt: Sie seien gar nicht wirklich in einer Notlage und nähmen daher fälschlicherweise Leistungen des Sozialstaates und der Kommunen in Anspruch. Entsprechende Geschichten, eine empörender als die andere, werden in der Boulevardpresse und in anderen Medien zur Abschreckung erzählt.

Gewiss, es gibt Missbrauch, das bösartige Ausnutzen gut gemeinter, eigentlich die Existenz sichernder Leistungen. Nichts Gutes, was nicht missbraucht werden könnte! Dabei gerät aus dem Blick, dass diese Leistungen Menschenrecht und menschliche Würde gerade in Zeiten persönlicher und familiärer Not sichern sollen. So jedenfalls ist Sozialhilfe seit eh und je gedacht gewesen, gleichsam als „Netz unter dem Netz" der vorrangigen Sozialleistungssysteme.

Die Wurzeln dieser sozialstaatlichen Leistungen reichen in das Bettel- und Almosenwesen des Mittelalters, die kirchlich geprägte

Dr. Konrad Deufel ist Oberstadtdirektor der Stadt Hildesheim und Vorsitzender des Deutschen Vereins für öffentliche und private Fürsorge.

Armenpflege und die Hospize in den größeren Städten zurück. Das Preußische Allgemeine Landrecht von 1794 zählte Armenpflege zu den Aufgaben der „Polizey", die als „gute Polizey" vorzustellen ist. Die Industrialisierung im 19. Jahrhundert, die Arbeiterfrage als soziale Frage führten zur weiteren Ausbildung von Grundformen heutiger sozialer Leistungen.

Mit dem „Elberfelder System" begann im Jahre 1886 die erfolgreiche Verbindung von bürgerschaftlich-ehrenamtlicher Tätigkeit mit der neuen Form des (eingetragenen) Vereins unter dem Dach kommunaler Verantwortung. Dort definierte eine Stadt ihre Aufgabe, Menschen gerade dann beizustehen, wenn sie sich selbst nicht mehr helfen können. Über viele Entwicklungsphasen hinweg hat das zum System des Bundessozialhilfegesetzes unseres Grundgesetzes geführt, getragen von den in unserer Verfassung grundgelegten Rechten und Werten wie Respekt vor Person, Würde und Lebensrecht des einzelnen Menschen.

Dass daraus manche Fehldeutung entstand, mancher diese Hilfe so interpretierte, dass er sein „Schicksal als einklagbaren Rechtsanspruch" missdeutete (so ein früherer Präsident des Bundesverwaltungsgerichtes), tut diesem wichtigen Gedanken keinen Abbruch. Neben diesem Anspruch an die „Stütze" steht noch viel zu viel verschämte Armut bei der Inanspruchnahme solcher Leistungen, ist die Zahl von Kindern und Jugendlichen in der Sozialhilfe eine echte Provokation für unseren Sozialstaat. Und es bleibt dabei: Die weit überwiegende Anzahl von Sozialhilfeempfängerinnen und Sozialhilfeempfängern erhält ihre Leistungen zu Recht, nach sorgfältiger Abwägung ihrer Ansprüche und Lebensperspektiven, und die Leistungen bestehen oft nicht nur darin, dass ihnen Geld in die Hand gedrückt wird, sondern dass Hilfe zur Selbsthilfe und Hilfe zur Arbeit durch verantwortungsvolle kommunale Stellen geleistet wird. Wenig bekannt ist übrigens auch, dass Sozialhilfe selten dauerhaft oder auch nur langfristig bezogen wird. Im Gegenteil: Es gibt eine hohe Fluktuation. Sehr viele Menschen stehen nur weniger als ein Jahr im Sozialhilfebezug. Daraus lässt sich positiv schließen, dass sich die Menschen eben gerade nicht in der sozialen Hängematte behaglich einrichten, sondern so rasch wie möglich wieder auf eigene Füße kommen wollen. Dass es dabei Ausnahmen gibt – wer mag das bezweifeln?

Arbeit statt Sozialhilfe – aber wie?

Eine ähnliche Debatte wird mit schöner Regelmäßigkeit zum Thema „Abstandsgebot“ geführt. Diese Regel ist der gute Grundsatz, dass es sich lohnen muss zu arbeiten und es sich nicht lohnen soll, soziale Transferleistungen zu beziehen – was tatsächlich eine Verkehrung des Kerngedankens des Sozialstaates wäre.

Insbesondere bei Leistungen an mehrere Personen und an eine Familie kann eine unmittelbare Nähe zum Einkommen niedertariflicher Gehaltsgruppen entstehen, vor allem dann, wenn noch weitere Leistungen dazukommen. Da gilt es, Abstand zwischen Erwerbseinkommen und Sozialhilfe zu halten. Aber wie soll das geschehen? Wenn man nicht von vornherein die Sozialhilfeleistungen für zu hoch hält („Wir können uns den Sozialstaat nicht mehr leisten!“), ließe sich diese Frage anders beantworten als mit Kürzung der Sozialhilfe: Wieso sind die niedertariflichen Gehaltsgruppen eigentlich mit Nebenabgaben so belastet? Würde man die Steuerfreigrenze weiter heraufsetzen, die Sozialversicherungsanteile nicht so hoch ausfallen lassen, zwei gleichzeitige Einkommen in einer Familie aus den unteren Einkommensbereichen nicht so belasten, dass sich arbeiten kaum mehr lohnt, weil so viel weggekürzt wird, dann hätten jene Einkommensgruppen netto mehr im Geldbeutel, der Abstand wäre noch viel deutlicher gewahrt und der soziale Friede wiederhergestellt. Wenn also Staat und öffentliche Hand sich mehr zurücknehmen wollten, wäre das Problem sach- und menschengerecht gelöst – und man müsste nicht die ehrlichen Sozialhilfeempfängerinnen und Sozialhilfeempfänger stigmatisieren.

Eine herausragende ordnungspolitische Aufgabe liegt derzeit darin zu klären, wie die Verantwortung zwischen Bund, Ländern und Kommunen im Hinblick auf die Bewältigung der Arbeitslosigkeit wahrgenommen werden soll. Wenn Wirtschaftspolitik und Arbeitsmarktpolitik bundespolitische Aufgaben sind, dann liegt beim Bund die Finanzverantwortung und im Kern auch die Aufgabenverantwortung für diesen herausragenden sozialpolitischen Fachbereich. Andererseits haben Landkreise und Städte in den letzten Jahren Erstaunliches erreicht: Hunderttausende arbeitsloser Menschen wurden qualifiziert und fanden Zugang zum zweiten, vor allem aber auch zum ersten Arbeitsmarkt. Daraus ergibt sich derzeit die offene

Frage, wer nun konkret vor Ort die Aufgabe übernimmt, arbeitslose Menschen zu qualifizieren und zu vermitteln.

Wichtig ist die überregionale wechselseitige Information, denn wie soll sonst zum Beispiel im Westen eines Landes bekannt sein, welche Arbeitsplätze im Norden, Süden oder Osten zur Verfügung stehen, wie sollen also Vermittlungen dorthin erfolgen können? Es wird – bei allen grundsätzlichen Meinungsverschiedenheiten der politischen Verantwortungsebenen – darum gehen, wie die Aufgabe am besten erfüllt werden kann. Wer bringt welche Erfahrungen ein? Welche Rolle soll die Arbeitsverwaltung zukünftig spielen? Wie kann die Kompetenz der kommunalen Seite erhalten bleiben, denn dort liegt die Kenntnis über die sozialen Netze, Bezüge, Zusammenhänge für die arbeitslosen Menschen und ihre Familien, die Möglichkeiten des Stadtquartiers, der Stadt, des örtlichen Wirtschafts- und Arbeitsmarktes? Andererseits müssen Drehtüreffekte, doppelter Bürokratieaufwand und ein Zweiklassensystem in den aktiven Leistungen vermieden werden. Vor allem aber muss denen, die die Aufgabe in vollem Umfang erfüllen sollen, auch das ganze Instrumentarium arbeitsfördernder Hilfen – nach den Grundsätzen von Fördern und Fordern – zur Verfügung stehen.

Die Grundfrage ist, ob aktive Arbeitsmarktpolitik nicht gerade jene Kommunen überfordern muss, bei denen der größte Handlungsbedarf besteht: Denn je größer die Strukturschwäche des lokalen Arbeitsmarktes, umso größer ist der Abstand zwischen der Anzahl der arbeitslosen Menschen und den Chancen ihrer Vermittlung.

Eines ist allerdings klar: Der Ruf nach Kürzung von Bezugsfristen und Leistungen bestraft die Arbeitslosen und ihre Familien. Warum eigentlich? Waren es ihre Führungsfehler, die zu Arbeitslosigkeit geführt haben? Wie passt das zusammen: Hohe Abfindungen für die Chefs und Kürzung der Leistungen für die arbeitslos gewordenen Arbeitnehmer?

Wer so denkt, zäumt das Pferd von hinten auf: Es ist Pflicht der Politik, günstige Rahmenbedingungen für das Wirtschaften zu organisieren, und Aufgabe der Unternehmer, mutig, entschlossen und in sozialer Verantwortung für wirtschaftliche Entwicklung zu sorgen.

So qualifizieren sich Staat und Gesellschaft als sozial und solidarisch – und nicht durch den wohlfeilen Abbau von Unterstützungen in schwerer Lebenslage.

Konzentration auf den Kern

Eine weitere Herausforderung liegt darin, dass Sozialhilfe heute oft nicht mehr Sozialhilfe in ihrem ursprünglichen Sinne ist. Zu viel wurde dort im Laufe der Jahrzehnte abgeladen: lange Jahre für die Pflege alter Menschen verantwortlich, immer noch die Hilfegrundlage für Menschen mit Behinderungen, hoffentlich nicht mehr lange Verschiebebahnhof für Menschen und Familien bei Arbeitslosigkeit. Der Grundsatz, dass Sozialhilfe nur subsidiär, also als letztes Netz zur Verfügung stehen soll, wurde jahrzehntelang verletzt, weil die vorrangigen anderen Leistungssysteme nicht armutsfest sind. So kommt es, dass Menschen in existenzieller Not sich oft an mehrere Behörden wenden müssen, um in ihrer Notlage nicht persönlich unterzugehen – was damit an Demütigungen verbunden ist, kann man nur ahnen.

Will die gute und wichtige Hilfe in existenzieller Not nicht durch Überlast untergehen, müssen die anderen vorrangigen Leistungen ihre Pflichten wieder voll erfüllen und muss Sozialhilfe wieder zu dem werden, als was sie gedacht war: letzte Hilfe, damit persönliche Not nicht zur persönlichen Katastrophe wird, für den Einzelnen nicht und nicht für seine Familie und seine Angehörigen.

Daher müssen auch regelmäßige Systembrüche des Gesetzgebers zurückgewiesen werden: Wer zum Beispiel für Menschen mit Behinderungen wirklich sozialstaatlich etwas leisten will, muss ein eigenes Rehabilitationsrecht schaffen. Es genügt nicht, Pflichten und Bemessungsgrundsätze der Sozialhilfe für diesen Personenkreis zu durchbrechen, die Struktur der Sozialhilfe damit in Frage zu stellen, um am Ende behaupten zu können, man habe für diese Menschen sozial etwas geleistet – und die örtliche und überörtliche Sozialhilfe bezahlt dafür, so vor kurzem durch den Bundesgesetzgeber geschehen.

Weitere Strukturfragen und ein Ausblick

Grundlage des deutschen Sozialsystems ist das Subsidiaritätsprinzip: Der Staat soll erst dann tätig werden, wenn private und freigemeinnützige Institutionen nicht mehr helfen können. Das hat über die Jahre zu einer fruchtbaren Zusammenarbeit zwischen den kommunalen Sozialverwaltungen und der Freien Wohlfahrtspflege geführt. Durch tief greifende Veränderungen unserer gesellschaftlichen Strukturen ist diese bewährte Zusammenarbeit, auch in Fragen der Hilfen in Notlagen wie der Sozialhilfe, auf den Prüfstand gestellt. Längst sind es nicht mehr nur die bewährten Wohlfahrtsverbände, die fachlich kompetent, gut organisiert und wirtschaftlich stark ihre Dienste und Einrichtungen als Partner der öffentlichen Hand anbieten.

Gemeinnützige, auch gewerbliche Anbieter gehören schon seit langem und mit hoch qualifizierten Angeboten zu den Dienstleistern sozialer Hilfen. Das gilt bereits auch für die klassischen Felder der sozialen Arbeit, die über lange Zeit nur von der Freien Wohlfahrtspflege geleistet worden war. Die Beziehungen unter den Anbietern selbst, deren Arbeits- und Verantwortungszusammenhänge einerseits und das Wechselspiel mit den Sozialhilfeträgern andererseits, müssen neu geordnet werden. Das Bundessozialhilfegesetz hat sich dem geöffnet: Zu dem ursprünglich alleinigen Vorrang der Freien Wohlfahrtspflege nach dem Subsidiaritätsprinzip sind die Grundsätze von Wirtschaftlichkeit und Sparsamkeit getreten. Nach ihnen bemisst sich – mehr und mehr auch in Form von Leistungsverträgen –, wem die öffentliche Hand Verantwortung (und damit Geld!) zum Handeln übergibt. Wettbewerb unter den Trägern, Gesichtspunkte von Markt, Angebot und Nachfrage fordern zu selbstkritischer Betrachtung heraus.

Neue Führungsstrukturen, ein verändertes Mitarbeiterbewusstsein und ergänzende Formen der Ausbildung stehen in dieser Entwicklung auf der Tagesordnung – und auch die für Sozialhilfe verantwortliche öffentliche Hand muss darüber nachdenken, ob das System des Pflegesatzes, sei er nun gedeckelt oder progressiv oder wie auch immer, und damit der Lenkung und Bevormundung durch Finanzen und Kontrolle noch zeitgemäß ist. Muss man nicht darüber nachdenken, ob Leistung, Qualität und Preis im richtigen Verhältnis stehen, statt Vorgaben und Prüfungen bis in Kleinigkeiten zu machen?

Sollte man nicht der Eigenverantwortung und Kompetenz des einzelnen Trägers mehr zutrauen, statt ihn zum Beispiel in einer Heimmindestbauverordnung (die regelmäßig als Heimhöchstbauverordnung missverstanden wird!) an detaillierte Quadratmetervorgaben zu binden, andernfalls es kein Geld gibt? Die wirtschaftliche Ausprägung der gemeinsamen Verantwortung für Menschen in Not und Bedrängnis und Hilfebedürftigkeit muss neu definiert werden.

In diesen Zusammenhang gehört auch die Frage der Qualitätssicherung und damit der Definition von Standards. Es ist richtig, als Teilschritt eines neuen Weges diese Art Festlegung von Qualitäten des Angebots und der damit verbundenen Kosten als erste Möglichkeit zu wählen. Das kann zu mehr Wirtschaftlichkeit und mehr Transparenz führen. Aber auf dem halben Weg bleibt stehen, wer per gesetzlicher Vorgabe den Trägern die Erfüllung dieser Anforderungen auferlegt, sie aber nicht in Stand setzt zu tun, was von ihnen verlangt wird.

Es steht dabei auch zu vermuten, dass mancher Freiraum im sozialen Dienst durch Abbau von Bürokratisierung, Überregulierung und misstrauischer Kontrolle gewonnen werden kann – es muss nicht von vornherein mehr Geld kosten, aber alle würden aufatmen.

Lange Zeit ist die Diskussion auch vom Gedanken „ambulant vor stationär“ beeinflusst worden. Dahinter stand die richtige Idee, dass es in vielen Fällen menschengerechter sein kann, dem Hilfesuchenden etwa im Bereich der Altenpflege die Dienste zu Hause, in seinem gewohnten Umfeld, anzubieten. Lag schon eine Übertreibung darin, dieser Art von ambulantem Dienst generell den Vorrang zu geben – wo doch, zum Beispiel bei dementen Menschen, wesentlich qualifizierter im Heim geholfen werden kann –, so wurden auch alle Warnungen in den Wind geschlagen, die Sache werde am Ende teurer kommen statt billiger, wie man gehofft hatte. Nun ist eingetreten, was zu erwarten war: Die Gelder werden allenthalben knapp und der finanziell erzwungene Rückzug des Ambulanten vor dem Stationären geht still und leise vor sich.

Damit verbindet sich aber eine dramatische Veränderung von Angebot und Nachfrage: Weil der Heimaufenthalt von den Betroffenen selbst immer später gewählt wird, wird die Herausforderung an die Pflege immer größer, die Verweildauer in den Pflegeheimen immer kürzer, werden die Mitarbeiterinnen und Mitarbeiter über die Maßen beansprucht (80 % der ausgebildeten Fachkräfte verlassen in den ersten fünf Jahren auf Nimmerwiedersehen ihren Beruf!) und der Aufenthalt in den Heimen ist immer weniger attraktiv.

Hier sind neue Konzepte zur Pflege, zur Ausbildung und zur Gewinnung sowie zum Erhalt der Motivation von Mitarbeiterinnen und Mitarbeitern gefragt.

In der derzeitigen wirtschaftlichen Krisensituation zeigt sich allerdings – und es wird in den Rufen nach Abbau des Sozialstaates deutlich –, dass unsere sozialen Systeme allesamt auf wirtschaftliches Wachstum angelegt sind, andauernde Wirtschaftskrisen sich also verhängnisvoll auswirken können. Konkret: Eine Stadt, die Gewerbe und Industrie und damit Gewerbesteuer verliert, muss wegen steigender Arbeitslosigkeit in der Sozialhilfe immer mehr leisten, und gerade zu dieser Zeit gehen ihr die Mittel aus.

Es ergibt sich dabei aber auch ein anderer Zusammenhang: Erst eine gute und erfolgreiche Wirtschaftspolitik macht eine qualifizierte Sozialpolitik möglich; wird dagegen wirtschaftliches Handeln durch staatliche Maßnahmen immer mehr belastet, steht am Ende soziales Handeln zur Disposition, aber für soziales Handeln waren diese gut gemeinten Eingriffe doch gedacht. Gut gemeint ist nicht immer gut, wie man weiß!

Trotz alledem: Es gilt, kühlen Kopf zu bewahren! Der Sozialstaat der Bundesrepublik Deutschland, die Verantwortung der Städte, Gemeinden und Kreise vor Ort für die dort lebenden Bürgerinnen und Bürger ist nicht nur unersetzlich, sondern Garant für friedliches und prosperierendes Zusammenleben. Dafür gilt es auch im zusammenwachsenden Europa zu werben. Kaum in einem anderen europäischen Land gibt es diese Struktur von kommunaler Selbstverwaltung, freien Trägern, Verbänden der Wohlfahrtspflege und sozialstaatlichem Handeln von Bund und Ländern. Dies alles – auch unter schwierigen Bedingungen – zu erhalten, an ihm weiterzubauen, es zu pflegen, ist die Herausforderung der nächsten Jahre. Die Menschen, die nicht allein mit ihrer Lebenslage fertig werden können, vertrauen auf die Starken in der Gesellschaft; gerade die Benachteiligten haben ein Recht auf Menschenwürde und Respekt vor ihrer Person.

Heiner Geißler

Sozialstaat

Alle von allem für alle

Politik sei nichts anderes als das Bemühen, das geordnete Zusammenleben der Menschen zu ermöglichen, sagte Aristoteles schon vor 2400 Jahren. Aber welche Ordnung soll gelten? Seit Menschen Politik machen, sind wegen dieser Frage unzählige Kriege geführt und wahrscheinlich Millionen von Menschen getötet worden. Inzwischen verfügt die Menschheit, zumindest die westliche Welt, über Erfahrungswerte, die als Grundlage einer weitgehend akzeptierten Ordnung genommen werden können. Dazu gehört zweifellos der uneingeschränkte Schutz der menschlichen Würde. Mancher denkt, die Menschenwürde sei etwas fürs Feuilleton oder für ein philosophisches Seminar. Richtig ist, dass in einer Welt, in der die Gier nach Geld die Hirne der Menschen zerfrisst, die menschliche Würde immer größeren Schaden nimmt. Aber sie hat gerade für den Sozialstaat eine grundsätzliche Bedeutung und führt, wenn sie in der politischen Ausgestaltung beachtet wird, zu sehr eindeutigen und harten Konsequenzen. Karl Marx hat in einer seiner frühen Schriften zur Judenfrage gesagt: Der Mensch, wie er geht und steht, ist nicht der eigentliche Mensch, sondern er muss das richtige gesellschaftliche Bewusstsein haben und der richtigen Klasse angehören. Die Nationalsozialisten sagten: der richtigen Rasse; die Nationalisten: der richtigen Nation; die Fundamentalisten: der richtigen Religion. Und wenn die Menschen das Pech hatten in den zurückliegenden Zeiten bis auf den heutigen Tag zur falschen Klasse, Rasse, Nation und Religion zu gehören, wurden sie liquidiert, vergast, zu Tode gefoltert, selektiert, ihrer Rente beraubt und zu Tode gespritzt. Die Frage nach dem richtigen Menschenbild ist also aus den Erfahrungen, die die Menschen miteinander gemacht haben, mehr als berechtigt, und es kann nur das kontradiktorische Gegenteil von dem sein, was die

Dr. Heiner Geißler war von 1982–1985 Bundesminister für Jugend, Familie und Gesundheit; von 1977–1989 Generalsekretär der CDU.

Ideologen aus dem Menschen gemacht haben. Um es in den Worten von Marx abgewandelt zu sagen: Der Mensch, wie er geht und steht, ist der eigentliche Mensch, in seiner Würde unantastbar, unabhängig davon, ob er Mann oder Frau ist, Deutscher oder Ausländer, Christ oder Muslim, voll leistungsfähig oder behindert, jung oder alt. Wenn wie in England Leute, die älter als 80 Jahre sind, keine Bypass-Operation, kein künstliches Hüftgelenk mehr bekommen und vom Dialyseapparat abgeschaltet werden, es sei denn, sie haben genügend privates Geld, um dies finanzieren zu können, dann ist diese Selektion nach Alter und Einkommen ein moralisches Desaster. Ebenso wird die Menschenwürde verletzt, wenn die in der Gegenwart lebenden Erwachsenen die Umwelt so versauen, dass die Kinder und Enkelkinder keine Chance mehr auf ein glückliches Leben haben. Die Achtung der Menschenwürde und die daraus resultierenden Grundwerte der Freiheit, Gleichheit, Brüderlichkeit sind entscheidende Elemente für jede staatliche Ordnung, aber gerade eben auch, wie an den wenigen Beispielen zu erkennen war, für den Sozialstaat. Das Durcheinander in der sozialpolitischen Diskussion hat vor allem darin seinen Grund, dass ethische Grundsätze nicht mehr beachtet oder aus dem Bewusstsein verdrängt werden. Kostengesichtspunkte drängen sich dann in den Vordergrund – die Gesundheitsministerin fragt nicht mehr, welche Gesundheitspolitik dient dem Patienten und seiner ausreichenden Versorgung mit guten Medikamenten und ärztlicher Hilfe, sondern danach: Was darf das Ganze kosten? Es ist pervers, die gesundheitliche Versorgung des Menschen dem Diktat des Geldes zu unterwerfen, ohne ein hinreichendes Konzept für eine humane ärztliche und medikamentöse Betreuung des Menschen zu haben – ein Konzept, in dem klargestellt wird, dass für jeden, der krank wird, ärztliche und krankenhausärztliche Hilfe erreichbar sein muss. Und dann erst kann die Finanzierungsfrage gestellt werden, die natürlich auch beantwortet werden muss.

Dass in unserem Wertesystem die Dinge durcheinander gehen, kann man auch leicht an der Bewertung der drei Grundwerte Freiheit, Gleichheit, Solidarität erkennen. Noch vor 25 Jahren konnte ich als Generalsekretär der CDU die Parole vertreten „Freiheit statt Sozialismus“. Das war hart an der Grenze des Zulässigen, aber doch begründbar. Heute ist nicht mehr die Freiheit gefährdet, auch nicht die Gleichheit vor dem Gesetz, gefährdet ist heute die Solidarität, die Solidarität zwischen Reichen und Armen, zwischen West und Ost, Männern und Frauen, Deutschen und Ausländern, den Menschen und der Schöpfung – und leider, muss man hinzufügen, zwischen Arzt und Patient, Zahnärzten und Patienten, ja sogar zwischen Krankenkassen und den bei ihnen versicherten Menschen. Die Ursache für diese Verletzung der Menschenwürde ist die zunehmende Macht des Geldes, des internationalen Kapitals. Die Sozialbeziehungen werden monetarisiert. Statt Kündigungsschutz gibt es Abfindungen. Anstelle der Sozialen Marktwirtschaft ist Shareholder Value getreten, eine Wirtschaftsphilosophie, in der nur noch der Börsenwert, der Aktienkurs eine Rolle spielt und ein Unternehmen ausschließlich und allein nach seiner Kapitalrendite, die es für die Aktionäre abwirft, bemessen und von den Analysten an der Börse auch so eingestuft wird. Die Folgen für die Menschen sind verheerend. Ich habe auch einmal daran geglaubt, dass die Armut geringer wird, wenn das Kapital in die letzten Winkel der Erde vordringt und die Welt zu einem globalen Shoppingcenter mutiert, in dem in Kuala Lumpur dieselben Waren gekauft werden können wie in Berlin. Der Unterschied besteht nur darin, dass in Berlin fast alle alles kaufen können und in Kuala Lumpur fast alle nichts. Auf der Erde leben 1,3 Milliarden Menschen, die pro Tag weniger zum Leben haben als den Gegenwert eines Dollars, 2 Milliarden haben kein sauberes Trinkwasser und können ärztlich nicht regelmäßig versorgt werden. Auf der Erde leben 225 Menschen mit einem Vermögen von zusammen 1 Billion Dollar, das ist genauso viel wie die Hälfte der Menschheit, nämlich 3 Milliarden, insgesamt an jährlichem Einkommen haben. Gleichzeitig sammeln in Madras 50.000 Kinder Altpapier für einen Lohn von 15 Euro-Cents am Tag. Laut UNICEF leiden mehr als 200 Millionen Kinder unter 5 Jahren an Vitamin-A-Mangel und täglich sterben etwa 35.000 Kinder an leicht vermeidbaren Krankheiten wie etwa Durchfall. Einfache und billige Salz-Zucker-Lösungen könnten schon helfen, eine ausreichende Versorgung mit Vitamin A würde die Kindersterblichkeit um bis zu 25 % senken und viele Kinder vor schweren Behinderungen bewahren. Niemand wird wohl im Ernst behaupten, dass bei einem börsentäglichen Umsatz von 1,5 Billionen Dollar die Politik nicht in der Lage sein sollte, die einfachsten Bedingungen zu erfüllen, um den Menschen gegen Krankheit und Not zu helfen. „Shareholder Value" muss durch eine internationale Soziale Marktwirtschaft ersetzt werden. Die neue soziale Frage ist global geworden.

Nun kann man die Auswüchse des globalen Kapitalismus nicht ausschließlich für die Probleme der Kranken- und Rentenversicherung in Deutschland oder Europa verantwortlich machen, zumal im Vergleich zu Menschen in anderen Erdteilen die europäischen Bürgerinnen und Bürger unter sozialen Gesichtspunkten in einem fast paradiesischen Zustand leben. Aber nicht nur ist alles relativ, sondern auch in Europa hat z.B. die Zwei-Klassen- oder besser gesagt die Drei-Klassen-Medizin ihren Vormarsch längst angetreten, sie steht, um es militärisch auszudrücken, kurz vor dem Durchbruch und droht, ein im Prinzip vernünftiges Gesundheitssystem zu zerstören. Das deutsche Gesundheitswesen hat nämlich von seiner Konstruktion her einen unschätzbaren Vorteil gegenüber rein privatkapitalistischen Lösungen wie in den USA oder sozialistischen Lösungen wie in England oder in einer Reihe von osteuropäischen Staaten. Unser Gesundheitssystem geht davon aus, dass die ärztliche Versorgung eine öffentliche Aufgabe ist. Diese kann, muss aber nicht von staatlichen Institutionen und Organisationen wahrgenommen werden, sondern kann genauso gut, wenn nicht sogar besser, von Privaten und Frei-Gemeinnützigen erfüllt werden, ohne dass dadurch diese öffentliche Aufgabe zur Privatangelegenheit der privaten Anbieter werden darf. Dies ist aber der weit verbreitete Irrtum vieler Ärzte, obwohl sie doch eben aus dem Grund, dass sie eine öffentliche Aufgabe erfüllen, Mitglieder einer öffentlich-rechtlichen Körperschaft, nämlich der Ärztekammern und der Kassenärztlichen Vereinigungen, sind. Das System knirscht und ächzt in seinen Fugen, weil immer mehr Beteiligte die ethische Grundlage dieser Ordnung verletzen und verlassen. Dann kommt es zu Exzessen auch finanzieller Art, die die Politik nun wieder durch Ausgrenzungen und Kürzungen zu reparieren versucht, anstatt die ethische Ordnung des Gesundheitswesens wiederherzustellen. Wer krank feiert, obwohl er gar nicht krank ist, ist nicht ein geschickter Mensch, der sich das wiederholt, was er vorher bezahlt hat, sondern ein Betrüger. Wer aber einen anderen krankschreibt, obwohl der Betreffende gar nicht krank ist, ist um kein Haar besser. Eine Verletzung dieser Normen muss Sanktionen nach sich ziehen. Ohne ethische Grundlage wird die Politik wetterwendisch, flatterhaft, und immer neue Änderungen werden vorgeschlagen. Globalbudgets werden eingeführt, dann wieder teilweise abgeschafft. Dann wird an den Handelsspannen bei den Apothekern manipuliert. Dann werden wieder Bonussysteme vorgeschlagen und neuerdings sollen die Skifahrer mit ihren Unfällen schuldig sein an der Finanzmisere der Kassen. Auf jedes Finanzproblem wird hektisch reagiert. Es fehlt ein Gesamtkonzept und das Bewusstsein einer ethischen Gesamtverantwortung. Infolgedessen wird das Chaos immer größer.

Ich fasse zunächst einmal zusammen. Den Menschen im heutigen Sozialstaat fehlt das ethische Bewusstsein, dass die Solidarität Basis der sozialen Sicherungssysteme ist. Weiter ist die Absicherung der Grundrisiken des menschlichen Lebens wie Alter und Krankheit, Arbeitslosigkeit, Pflegebedürftigkeit und Unfall eine öffentliche Aufgabe und nicht die Privatangelegenheit der Beteiligten.

Drittens muss die Sozialpolitik das Ziel definieren, das sie erreichen will, also zum Beispiel, dass im Gesundheitswesen ärztliche Hilfe im allgemeinsten Sinne für jedermann erreichbar sein muss, und zwar zunächst einmal unabhängig davon, wer diese Leistungen bezahlt. Erst dann kommt die Frage nach den Finanzen. Dann können auch die beliebten Vorschläge diskutiert werden: die Zuzahlungen, die Teilprivatisierung der Rentenversicherung, Plus- und Bonussysteme.

Alle diese Vorschläge, die unter dem Diktat des Kostendrucks stehen, machen aber keinen Sinn, wenn nicht die eigentlichen Ursachen für die Probleme der Finanzierung des Sozialstaates erkannt werden.

Zunächst einmal hat unser Sozialsystem den schweren Nachteil, dass die Kosten ausschließlich finanziert werden über Beiträge, die vom Lohn berechnet und anteilig von Arbeitgebern und Arbeitnehmern bezahlt werden. Der Lohn ist der ausschließliche Bezugsfaktor. Steigt die Zahl der Arbeitslosen, sinkt die Zahl der Beitragszahler, die Leistungen bleiben aber gleich. Die dadurch entstehenden Finanzlücken werden wieder durch höhere Beiträge ausgeglichen, wodurch wieder Arbeitsplätze abgebaut werden: So entsteht ein Teufelskreis, ein Circulus vitiosus, der sich wie in einem Schneeballsystem immer breiter über die sozialpolitische Landschaft wälzt. Die Fixierung auf den Lohn ist ein entscheidender Kern des Problems. Wenn Benchmarking, also Lernen von anderen, ein Codewort ist für eine erweiterte Erkenntnisfähigkeit, dann sollte man aber nicht nach den Vereinigten Staaten mit ihrem frühkapitalistischen Gesundheitssystem schielen, sondern sich vor der Haustür umsehen. In der Schweiz haben wir sowohl in der Renten- wie in der Krankenversicherung eine Volksversicherung. D. h. alle zahlen von allem für alle. Der Milliardär und Unternehmer ist genauso Mitglied der gesetzlichen Renten- und Krankenversicherung wie der Arbeitnehmer und der Freiberufler und alle zahlen ihre Beiträge von ihrem Einkommen: der Unternehmer von seinen Kapitalerträgen, der Gemeinderat von seinen Sitzungsgeldern, der Hausbesitzer von seinen Mieteinnahmen, der Arbeiter von seinem Lohn, der Beamte von seinem Gehalt, der Abgeordnete von seinen Diäten. Wie gesagt, alle zahlen von allem für alle. Nun braucht man das Schweizer System nicht sklavisch in den Einzelheiten zu übernehmen, aber der Grundgedanke ist richtig, alle Einkommensarten an der Finanzierung des Sozialsystems zu beteiligen. Man könnte theoretisch das Ganze auch über die Steuern finanzieren. Aber die Beteiligung von Privatversicherungen, Selbstverwaltungskörperschaften und der Versicherten selber an der Organisation der eigenen Versicherung verspricht bessere und rationalere Ergebnisse als ihre staatliche Bürokratisierung. Dieses Modell hat zum Beispiel in der Rentenversicherung ein phantastisches Ergebnis: Eine Grundrente in einem Korridor zwischen 1400 Franken und 2800 Franken, innerhalb dessen die Rente nach dem Äquivalenzprinzip berechnet wird, bei einem Beitragssatz von knapp 10 Prozent für Arbeitgeber und Arbeitnehmer, also je 5 Prozent für beide Seiten, während bei uns die Beitragssätze in der Rentenversicherung bei 20 Prozent liegen. Entscheidend ist die grundsätzliche Beseitigung der Bindung der Beiträge ausschließlich an den Lohn und die Verbreiterung der Finanzierungsbasis durch die Einführung einer allgemeinen Volksversicherung, und zwar sowohl in der Renten- wie auch in der Krankenversicherung.

Die zweite entscheidende Ursache für die Finanzierungsprobleme unserer Sozialversicherungssysteme liegt in der demographischen Entwicklung. Die Zahlen sind allgemein bekannt. Bei gleichbleibender Zuwanderung (100.000 netto pro Jahr) und Geburtenrate wird sich die Bevölkerung in Deutschland von jetzt 82 Millionen bis zum Jahre 2050 auf 58 Millionen verringern, die Zahl der Erwerbstätigen von 41 Millionen auf 26 Millionen. Die Konsequenzen aus dieser Entwicklung sind beängstigend. Natürlich gibt es auch positive Resultate: Die natürlichen Ressourcen werden weniger beansprucht, die Infrastruktur wird entlastet und vielleicht gibt es weniger Staus auf den Autobahnen. Aber damit hat es sich schon. Eine verringerte Nachfrage wird zu einer Verkleinerung des Binnenmarktes führen. Die Zahl der Konsumenten nimmt um ca. 28 Prozent ab. Für den Immobilienmarkt und den mit ihm verbundenen Kapitalmarkt wird das besonders schmerzliche Konsequenzen haben. Eine stark verringerte Nachfrage wird dazu führen, dass Eigentumswohnungen und Häuser dramatisch an Wert verlieren und als Sicherheit für den Kapitalmarkt verloren gehen. Insgesamt wird sinkender Wohlstand, aber auch ein steigender Bedarf an öffentlichen Finanzen das Ergebnis sein. Wir debattieren seit zehn Jahren über die Frage, ob Deutschland ein Einwanderungsland ist. In einigen Jahrzehnten wird Deutschland ein Auswanderungsland sein, weil junge Leute, die etwas können und etwas erreichen wollen, in einem sterbenden Land nicht bleiben werden. Die Folgen für die sozialen Sicherungssysteme sind bekannt. Im Jahre 1950 war das Verhältnis von Erwerbstätigen und Rentnern 6,9:1, jetzt im Jahre 2003 4:1 und im Jahre 2050 werden es 1,8:1 sein. Eine langfristige Reform der sozialen Sicherungssysteme kann an dieser demographischen Entwicklung nicht vorbeigehen. Es ist einer der großen Fehler der derzeitigen Politik, dass die Verantwortlichen sich scheuen, die Konsequenzen aus dieser unbestreitbaren Entwicklung zu ziehen. Natürlich kann man die Frage stellen, ob die Demographie das eigentliche Problem darstelle. In Wirklichkeit handelt es sich ja zunächst um die Frage, ob in den nächsten Jahrzehnten genügend Arbeitsplätze vorhanden sind, also im Wesentlichen um eine wirtschaftspolitische Frage. Aber haben wir die Menschen, die diese Arbeitsplätze besetzen können? Wenn der Status quo aufrechterhalten bleibt, natürlich nicht. Die Rentenaltersgrenze ist bereits nach oben gesetzt, aber das Rentenzugangsalter liegt immer noch bei 58 Jahren. Eine Erhöhung würde eine Erleichterung, aber keine langfristige Lösung bringen. Dasselbe gilt für die Erhöhung der Frauenerwerbsquote, die dazuhin eine radikale Änderung der Familienpolitik voraussetzt mit dem

Ziel, nicht nur Familien mit Kindern endlich wirksam zu entlasten, sondern auch die Vereinbarkeit von Beruf und Familie für beide Elternteile entscheidend zu verbessern. Auch die Erhöhung des Produktivitätsfortschritts wird bei dieser Betrachtung nicht außen vor bleiben dürfen. Aber alle Fachleute sind sich darüber im Klaren, dass alle drei Komponenten zusammengenommen nicht in der Lage sind, die Probleme der negativen demographischen Entwicklung auch nur annähernd positiv zu beantworten. Infolgedessen bleibt nur eine Lösung übrig, die einigermaßen effizient, wenn auch nicht vollständig, die demographische Entwicklung ausgleichen kann. Eine höhere Zuwanderung wird die negativen Folgen zwar nicht ganz beseitigen, aber mildern und abbremsen. Zusammen mit einer leichten Erhöhung der Geburtenhäufigkeit – mehr wird nicht erreichbar sein – wird man erreichen können, dass im Jahre 2050 das Verhältnis von Erwerbstätigen und Rentnern sich gegenüber den Zahlen, die ich oben genannt habe, verbessert auf 3,0:1 oder 3,2:1; allerdings nur dann, wenn eben nicht netto 100.000 Personen pro Jahr zuwandern (das wären bis zum Jahre 2050 insgesamt 5 Millionen), sondern erheblich mehr. Eine wirksame Abbremsung ist erst ab einer Zuwanderung von ca. 400.000 netto pro Jahr zu erwarten. Damit wäre zwar für die nächsten hundert Jahre das Problem auch nicht gelöst, aber bis zum Jahre 2050 würde die Finanzierung unserer sozialen Sicherungssysteme auf einer gesicherten Grundlage bleiben können und in Deutschland und Europa würde Spielraum gewonnen werden, um andere Lösungen ins Auge zu fassen.

Natürlich führt dies zu einer Veränderung unserer Gesellschaft: der Ausländeranteil stiege auf ungefähr 25 %. In der Schweiz geht man bis zum Jahre 2050 von einem Ausländeranteil von 30 % aus, ohne dies allerdings mehrheitlich zu problematisieren. Auch in Amerika gibt es weite Bereiche, wo die Angelsachsen sich in der Minderheit befinden und zum Beispiel von der Mehrheit spanisch gesprochen wird. Wenn Europa und Deutschland ihre wirtschaftliche Geltung behalten und wir nicht zum Altersheim der Welt werden wollen, bleibt nur diese radikale Alternative übrig, die allerdings nur möglich ist, wenn die politisch Verantwortlichen dieses Problem offen ansprechen und auch offensiv ein entsprechendes Konzept der Zuwanderung vertreten. Dies bedeutet auch, dass wir ein neues Bild der Gesellschaft von morgen brauchen. Es wird nicht ein modernes Sparta sein können mit drei Klassen von Menschen: Spartiaten, Perioken und Heloten, sondern eine Gesellschaft gleichberechtigter Bürgerinnen und Bürger, deren Staatsangehörigkeit nicht mehr davon abhängig ist, ob in ihren Adern deutsches oder germanisches Blut fließt, sondern ob sie sich als Verfassungspatrioten, wie Dolf Sternberger es einmal formuliert hat, zu diesem Staat und seinen Verfassungsrechten bekennen. Mit diesem neuen Begriff der Nation gleichen wir uns den Staaten an, die schon längst diese Modernisierung vollzogen haben, wie zum Beispiel die USA, Frankreich oder die Schweiz.

Die Zukunft der sozialen Sicherungssysteme ist daher im Wesentlichen davon abhängig, ob wir in der Lage sind, unsere sozialen Sicherungssysteme von einem lohnbezogenen Finanzierungssystem auf eine Volksversicherung umzustellen, wie sie im Prinzip in der Schweiz vorhanden ist, und zweitens, ob wir einen gesellschaftlichen Wandel akzeptieren, der die Zuwanderung von jährlich 400.000 Menschen aus dem Ausland ermöglicht. Dies ist eine gewaltige Aufgabe, aber ihre Erfüllung ist die einzige Alternative zu dem sozialen und finanziellen Desaster, das uns und unsere Kinder sonst in den kommenden Jahrzehnten erwarten wird.

Manfred Rommel

Stadt

Erst denken, dann bauen

Mein Leben habe ich weithin in Städten verbracht. Das bedeutet aber nicht, dass ich Allgemeingültiges über das Wesen der Stadt sagen könnte. Der größte Teil meiner Aufenthaltsdauer in Städten verlief in geschlossenen Räumen wie Büros, Sitzungssälen, Autos, wenn ich den zum Teil recht spärlichen Nachtschlaf außer Betracht lasse. Das Nachtleben, das für größere Städte typisch ist, aber während

Manfred Rommel war 22 Jahre lang Oberbürgermeister der Landeshauptstadt Stuttgart sowie langjähriger Präsident des Deutschen Städtetages und des Städtetages Baden-Württemberg.

meiner Amtszeit in Stuttgart immer mehr zurückgedrängt wurde, musste auf mich verzichten. Meine Lebenskraft reichte einfach für solche Dinge nicht aus. Ich habe ein freundliches Heim und auch eine im Ganzen freundliche Familie und ich bin froh, wenn ich abends nicht fort muss. Ich bin also meilenweit von jenen entfernt, die mit der Devise leben: Es ist besser, man darf nicht mehr heim, als man darf nicht mehr fort. Ich will nicht fort, aber ich musste oft fort, gegen meinen Willen, so dass ich mir alle Außentermine als Verdienste zurechnen könnte, wenn Immanuel Kants Auffassung zutrifft, dass das, was man gerne tut, kein Verdienst sei, sondern nur, was man ungern tut, weil einen das Pflichtgefühl dazu drängt. Es ist bei dieser Sachlage kein Wunder, dass es bei uns von verdrossenen Pflichtbewussten wimmelt, die meinen, es müsste eigentlich alles besser sein, auch wenn schwer ersichtlich ist, wie es besser sein könnte. Ich klammere mich demgegenüber an der Meinung fest, Gott habe den Menschen nicht so geschaffen, wie er nicht sein soll, damit er so wird, wie er nicht zu sein vermag.

Wie dem auch sei: Natürlich äußere ich mich über die Stadt und ihre Bürger. Auch die Perspektive, die ein Bürgermeister aus seinem Büro oder diversen Sitzungssälen oder Besprechungszimmern heraus hat, verleiht Ausblick, Überblick und Einblick. Ein Bürgermeister kennt auch viele Bürger, weil diese ihn kennen. Ihnen bleibt nämlich gar nichts anderes übrig, als ihn zu kennen, weil er dauernd in der Zeitung kommt und auch als Redner oder als einer, der die Ehre seiner Anwesenheit gibt oder unter uns weilt, irgendwo da ist. Die meisten Bürger haben zunächst einmal das Bedürfnis, von der Stadt in Ruhe gelassen zu werden. Nicht zu viele amtliche Briefe, nicht zu enge Vorschriften, kein vermeidbarer Lärm, auch nicht im Rahmen der Stadtbelebung, die, wie vieles in der Politik, zwar gut gemeint, aber einzelnen Bürgern ziemlich lästig ist. Ich denke hier an den unermüdlichen Dudelsackspieler oder an den Leierkastenmann, aber auch an deren Opfer, den Steuerberater zum Beispiel, der gerade einen legalen Weg sucht, um seinem Klienten wenigstens einen kleinen Teil seines Geldes zu erhalten. Auch mich selber möchte ich hier anführen. Jedes Mal, wenn ich einen Einfall hatte und diesen festhalten wollte, ließ ein Musikproduzent die Melodie erklingen „wenn der Hund mit der Wurst über den Eckstein springt“, oder es klopfte an der Tür und der Einfall war weg. Musik ist in der

Regel nur bei rhythmischen und monotonen Tätigkeiten willkommen, beim Tanzen, bei einem Umzug, beim Bügeln. Wer etwas Komplizierteres tun muss, empfindet sie als störend. Anders sieht es aus, wenn der Mensch nichts tut, als Musik zu hören. Handelt es sich um junge Menschen, kann die Musik nicht laut genug sein. Kein Wunder, dass die junge Generation nicht immer hört, was die Alten ihr zu sagen haben. Aber auch das kann seine Vorteile haben, denn nicht immer ist das hilfreich, was ein älterer Mensch sagt, der von der Erfahrung gebeugt und von seinen Leiden gequält zum Pessimismus neigt. Der Pessimismus ist im Alter normal, in der Jugend nicht. Um den Pessimismus zu vertreiben, wird die bereits erwähnte Stadtbelebung in Angriff genommen.

Der Wiener Literat und Aphoristiker Karl Kraus erklärte, er sei selber gemütlich. Er brauche niemand für die Herstellung von Gemütlichkeit. Heute verlangen die Jugend und jene, die bereits etwas die Jugendlichkeit überschritten haben, dass eine Stadt nicht langweilig sei, sondern unterhaltsam. In ihr sollen so genannte Events stattfinden, auf Deutsch: Es soll etwas los sein, an dem viele Gleichgesinnte teilnehmen. Die Erwartung einzelner Medientheoretiker, der Mensch würde künftig mit virtuellen Erlebnissen zufrieden sein, daheim bleiben und nicht mehr überall hin wollen, hat sich nur teilweise verwirklicht. Zwar werden die Zeiträume, die der Mensch durchschnittlich vor dem Fernsehapparat und dem Computer verbringt, immer länger. Aber das reicht nicht. Man möchte darüber hinaus auch noch das unmittelbare Erlebnis haben. Das ist erfreulich. Die Schreckensvision einer über das Wochenende menschenleeren Stadt, die den Konkurrenzkampf mit den elektronischen Medien verloren hat, verwirklicht sich nicht. Amerikanische Zukunftsforscher, die vorausgesagt haben, High Tech werde das Bedürfnis nach High Touch nicht zum Erlöschen bringen, sondern auslösen und anfachen, hatten bislang recht. Aber warten wir ab, ob es so bleibt, wenn sich die Nutzung des Internet weiter ausbreitet.

Die Stadt als Ort für Events und Entertainment, also als eine Art Paradies des Zeitvertreibs, gewinnt nicht nur für die eigenen Bürger Bedeutung, sondern auch für die des Umlandes. Rings um die Städte, vor allem die größeren, findet eine Entdörferung des Dorfes statt. Die Langeweile in den Dörfern am Sonntag, gegen die Bierkrug und Mostglas nur mühsam aufkamen, gibt es heute nicht mehr, dank des Fernsehens und dank der Motorisierung. Der moderne Mensch ist der motorisierte Mensch, einer, dessen Leben sich in größeren Räumen abspielt als früher. Wehe, es ist einer nicht motorisiert. Er gehört einer Minderheit an, deren Leben immer schwieriger wird. Ganze Dörfer und Stadtbezirke setzen voraus, dass ihre Bewohner Auto fahren. Geschäfte und Dienstleistungsangebote in fußläufiger Entfernung werden immer seltener. Einkaufszentren auf der grünen Wiese, mit umfassendem Waren- und Parkplatzangebot, ziehen die Bürger und deren Kaufkraft an sich. Die Folge ist, dass immer mehr Orte und Ortsteile für Bürger, die kein Auto (mehr) fahren können, unbewohnbar werden. In der Großstadt und in den Verdichtungsräumen bietet ein öffentlicher Personennahverkehr mit einem verdichteten Fahrplan einen gewissen Ausgleich. Aber im ländlichen Raum sind die Entfernungen zu den Haltestellen und die zeitlichen Abstände in den Fahrplänen größer. Hieran lässt sich nicht viel ändern, denn es kommt die öffentliche Hand teuer zu stehen, wenn sie statt Fahrgästen heiße Luft transportieren lassen soll.

Aber es gibt trotz jetzt Jahrzehnte zurückliegender Bemühungen keine autogerechten Städte und es kann auch keine geben. Um eine Stadt autogerecht zu machen, müssten die Verkehrsflächen so erweitert werden, dass für die übrigen Funktionen der Stadt nicht mehr genügend Flächen übrig blieben. Dann entfielen auch wesentliche Gründe, um in sie hineinzufahren. Man könnte zwar überall hinfahren, aber man wüsste nicht mehr warum. Also werden wir uns damit abfinden, dass es keine Harmonie zwischen Stadt und Auto geben wird und der Verkehr ein Problem bleibt, das sich allenfalls lindern, aber nicht lösen lässt. Die Straßen, auch viele verkehrsberuhigte, werden gefährliche Orte für Kinder bleiben, der Schulweg wird mit großer Umsicht zurückgelegt werden müssen, und viele Eltern werden die Kinder mit dem Auto in Kindergarten und Grundschule bringen. Wer sagt, das sei nicht schön, hat Recht. Aber es ist in der diesseitigen Welt nur selten möglich, das Ideal zu verwirklichen. Es kommt eher darauf an, sich, wenn auch mit mäßigem Tempo, in die richtige Richtung zu bewegen, und selbst die Frage, welche Richtung die richtige sei, muss immer wieder neu gestellt werden. Gehen wir davon aus, dass die Menschheit die Aufgabe hat, die Welt dort, wo sie es nicht bereits ist, vernünftig zu machen. Die Vernunft erschließt sich eher dem, der denkt, nachdenkt, vordenkt, ausdenkt und zu Ende denkt. Für die Richtung des Denkens aber sind die Werte wesentlich, die allen politischen Bemühungen den tieferen Sinn geben. Die Franzosen bezeichnen einen verwirrten Menschen als *déboussolé*, was „ohne Kompass" bedeutet.

Früher, auch noch in meiner Jugend, war das Misstrauen in die Großstädte und ihre Einwohner groß. Das anonyme Leben, die mangelnde soziale Kontrolle, die rasche Veränderung des Wertbewusstseins, des Lebensgefühls und der Lebensumstände, das alles beunruhigte Menschen, deren Vorstellungen aus der Beständigkeit ländlichen Bewusstseins und ländlichen Herkommens stammten. Hier ist vieles anders geworden. Das Leben auf dem Lande wird dem in der Großstadt immer ähnlicher, und in den Großstädten bilden sich dezentrale Strukturen in den verschiedenen Stadtbezirken aus. Die längst eingemeindeten Dörfer und Städte leben wieder auf und entfalten ein Eigenleben, das unbedingt gepflegt werden sollte, denn es ist auch das soziale Gerüst für die Übernahme ehrenamtlicher Tätigkeit. Eine Gefahr, dass sich dieses Eigenleben so radikal entfaltet, dass eine Verdörferung der Stadt zu befürchten ist, besteht nicht, es sei denn, die Kommunalpolitiker bemühen sich gerade darum, Fehler zu machen. Nach Krieg und den ersten Jahren des Wiederaufbaus tauchte in der Politik das Schlagwort „Ballungsraum" auf. Als solche Räume wurden Räume bezeichnet, die dicht besiedelt waren und über viele Arbeitsplätze und erhebliche Steuerkraft verfügten, aber auch von Umweltschäden heimgesucht wurden. Bald ertönte die Parole, diese Räume müssten „entballt" werden, womit gemeint war, Menschen und Wirtschaft sollten in die ländlichen Räume verlagert werden. Wie das in einer freiheitlichen Demokratie gemacht werden sollte, blieb unklar, bis man darauf kam, dass das Wort „Ballung" einen bedrohlichen Charakter habe und es durch das Wort „Verdichtung" ersetzte, dem als weitere Wortschöpfung das Wort „Entdichtung" folgte. Man wäre wohl noch bis zur „Verdünnung" gekommen, aber zum Glück breitete sich die Erkenntnis aus, dass die Verdichtung ökologische Vorteile hat, zum Beispiel durch geringe Versiegelung der Erdoberfläche infolge kompakten Bauens, zu dem die Verknappung des Bodens zwingt, durch Nutzung umweltfreundlicher leitungsgebundener Energien (Gas, Fernwärme, Nachtstrom) und durch den öffentlichen Personennahverkehr. Vor allem aber wollen Wirtschaft und Gesellschaft diese Verdichtungsräume, denn sonst würden sie sich nicht in der ganzen Welt dort niederlassen. Es lässt sich somit nicht sagen, dass die Millionenstädte auf der Welt wie Tokio, Berlin, New York ein Irrtum seien. Es gibt Gründe dafür, dass sie da sind. Zu diesen gehören die vielen Kontaktvorteile und die Ausstattung mit differenzierten und qualifizierten Dienstleistungen.

Über die Städte und deren Bezirke denkt man in der Regel erst dann so richtig nach, wenn sie schon gebaut sind. Dann erkennt man besser, was falsch war. Nietzsche spricht hier von der Melancholie alles Fertigen. Die Einsicht kommt vielleicht zu spät, aber selten umsonst, denn fast immer besteht Gelegenheit, weitere Fehler zu machen und folglich auch zu vermeiden. Einem hohen Luftwaffenoffizier eines heute befreundeten Landes erzählte ich die Geschichte des Stuttgarter Wiederaufbaus und wies darauf hin, dass die Kriegszerstörungen es ermöglicht hätten, etliche städtebauliche Fehler zu korrigieren. Er sagte daraufhin trocken: „Macht keine neuen Fehler. Wir kommen nicht wieder!“ Wenn eine Stadt von ihren Bürgern als Heimat empfunden werden soll, sowohl von jenen, die in ihr geboren sind, als auch von jenen, die zugezogen sind, dann muss sie ihre Identität bewahren, das heißt sinnvollen Denkmalschutz durchsetzen, ihre Geschichte pflegen und sich zu den Eigenarten ihrer Bürger bekennen, einschließlich des Dialekts. Wem diese Eigenarten peinlich sind, weil sie ihm provinziell erscheinen, sollte sich vor Augen führen, dass gerade das scheinbar Provinzielle das besondere Profil schafft. Ohne die bayerische Folklore wäre München ganz anders, ohne die schwäbischen Eigenheiten wäre auch Stuttgart ziemlich blass. Im Widerspruch liegt das Originelle. Im Übrigen ist Provinzialität weniger an eine Landschaft gebunden, sondern ein geistiger Zustand. Was ihre soziale Qualität anbetrifft, haben die Städte, glaube ich, Fortschritte gemacht. Dazu haben die Verwaltungen, aber auch in oft vorzüglicher Weise die Kirchen und andere Organisationen beigetragen. Nicht nur die pauschale Qualität ist besser geworden, sondern auch die kleinteilige. Nachbarschaften erhalten und bilden sich. Sie wirken der Anonymität und Vereinsamung entgegen. Besonders wichtig ist diese Entwicklung auch für die Integration ausländischer Mitbürger. Europabewusstsein und Respekt vor Menschen aus anderen Ländern und Kulturkreisen kann nicht nur von oben gefordert, empfohlen und gepredigt werden, sondern muss auch aus der gesellschaftlichen Realität heraus wachsen. Das ist besonders wichtig, wenn Bürger mit unterschiedlichen religiösen Überzeugungen zusammenleben. Glaubensstärke zeigt sich nicht durch ängstliche Feindseligkeit gegen anders Glaubende, sondern durch Toleranz und selbstbewusste Großzügigkeit.

Gerechtigkeit sollte, soweit möglich, praktisch werden und nicht nur mit dem fahlen Licht der Utopie die traurige Realität beleuchten. Der Gegensatz zwischen Haben und Nicht-Haben, zwischen Arm und Reich bleibt eine Frage der Gerechtigkeit und damit ein Thema der Sozialpolitik, gerade auch in den größeren Städten, in denen der Anteil der weniger Verdienenden und der sozial Schwachen besonders hoch ist. Deshalb sind dort auch die Pro-Kopf-Ausgaben für Soziales höher als im Umland. Es ist verständlich und natürlich, dass die Lage der Armen, der Arbeitslosen und der Behinderten als verbesserungsbedürftig empfunden wird, und es ehrt einen Menschen, der so empfindet. Allerdings ist auch Sozialpolitik die Kunst des Möglichen. Die Grenzen des Möglichen mit dem moralischen Argument zu durchbrechen oder zu erweitern wäre nur durch ein Wunder möglich, und ein solches ist, besonders in Fragen der Finanzen, äußerst selten. Mir ist kein Fall der wunderbaren Geldvermehrung bekannt und deshalb empfehle ich, wenn ein finanzwirtschaftlicher Vorgang nur durch ein Wunder erklärt werden kann, das Rechnungsprüfungsamt mit der Untersuchung dieses Phänomens zu beauftragen. Auf allen politischen Ebenen heißt Sozialpolitik nicht nur Umverteilung, sondern auch Sorge dafür, dass soziale Missstände nicht eintreten. Es hat somit auch das Bemühen um gute Standortbedingungen für Arbeitsplätze sozialpolitischen Gehalt und auch die Sorge um das Steueraufkommen, um die Standortgunst und um die Kultur. Es ist durchaus möglich, dass die Wirtschaftskraft der klassischen Industrieländer nicht mehr in dem Maße wachsen wird, das wir aus der Vergangenheit gewohnt sind. Dann werden in stärkerem Maße Möglichkeiten der Persönlichkeitsentwicklung nachgefragt werden, die unabhängig vom Zuwachs materieller Mittel bestehen. Darauf vorbereitet zu sein, auch das ist Sozialpolitik.

Wilhelm Schmid

Sterben

Perspektiven auf ein erfülltes Leben

Memento mori, „bedenke, dass du sterben musst“: Die philosophische Lebenskunst gründet seit jeher im Bewusstsein von der Begrenztheit des Lebens – und im Nachdenken über deren Bedeutung. Was wäre das Leben, wenn es den Tod nicht gäbe? Es ist paradox, aber wir verdanken dem Tod das Leben, denn wenn es diese Grenze nicht gäbe, könnte das Leben in der Tat als gleichgültig erscheinen. Es ist die Grenze des Lebens, die auffordert zu leben und auf erfüllte Weise zu leben. In der Romantik wurde das Bewusstsein von dieser notwendigen Polarität von Leben und Tod gepflegt: „So wie ohne Tod kein Leben ist, so ist ohne wahres Gefühl des Todes auch kein wahres Gefühl des Lebens”, heißt es bei Karl Philipp Moritz (*Andreas Hartknopf. Eine Allegorie*), und er sieht darin ein Element der Lebenskunst: „Die Lebenskunst muss durch alle Stunden und Minuten durchgehen, wie die Regel durch das Werk. – Dazu ist es nötig, dass der Mensch in jedem Augenblick wisse und empfinde, dass er lebe, welches ohne den festen Gedanken an den Tod unmöglich ist.“ Das *Memento mori* ist eine Übung des Denkens im Alltag, um eine Gewohnheit zu schaffen, sich wohnlich einzurichten im Gedanken an den Tod, vertraut zu werden damit. Neben dem stillen Denken für sich selbst ist es zu pflegen im gelegentlichen vertrauten Gespräch mit anderen, um das Denken an den Tod zu kultivieren und eine Haltung zu ihm zu gewinnen, eine Ethik des Todes, auch wenn die Angst vor dem Tod (nicht zu verwechseln mit der konkreten Todesfurcht) übermächtig zu sein scheint. Die anfängliche Angst ist eine Form der Sorge: *ängstliche Sorge*, die wertvoll ist, da sie überhaupt bewusst macht, dass es etwas zu verlieren gibt; aus ihr geht die *kluge Sorge* hervor, die sich eingehender mit dem befasst, was verloren werden kann und was der Gegenstand der Unruhe ist. Die

Dr. Wilhelm Schmid ist freier Philosoph und lehrt als Privatdozent in Erfurt und als Gastdozent in Tiflis/Georgien.

Sorge in diesem doppelten Sinne ist der Dreh- und Angelpunkt der Lebenskunst, und ihr Medium kann das Gespräch sein. Aus diesem Grund sollte man auch nicht ausweichen, wenn Kinder schon über den Tod sprechen wollen – was sie gerne tun, denn sie werden früh darauf aufmerksam, dass der Tod etwas Eigenartiges ist, das nicht erklärt werden kann und worüber die Erwachsenen am liebsten schweigen.

Aber das *Memento mori* ist nicht nur eine Übung des Denkens und des Gesprächs, sondern kann zur veritablen Erfahrung werden im *Mitsterben mit anderen*. Darunter ist mehr zu verstehen als eine „Begleitung", denn es ist die Erfahrung des Todes, als wäre es der eigene, und das kann nicht nur wohltuend mildernde Wirkung auf den Sterbenden, sondern beträchtliche und dauerhafte Rückwirkung auf den „Mitsterbenden" selbst haben. Alles Vorwegbedenken des Todes bleibt wirkungslos, solange das Selbst dessen Ernst nicht selbst erfährt, ihn vor sich sieht, sich einfühlt in ihn. Diese Erfahrung verändert die Perspektive auf das Leben von Grund auf. Mit dem Blick des Sterbenden von nun an das Leben zu sehen, das eigene Leben zu prüfen und vielleicht zu verändern: Die Übernahme dieser Perspektive macht den „letzten Tag" das ganze Leben hindurch zum Prüfstein für alle Akte des eigenen Lebens, um stets so zu handeln, dass die Maxime und das Resultat des Handelns vor diesem ultimativen Blick Bestand haben können. Es ist der Augenblick der Wahrheit, der kein Ausweichen mehr erlaubt, keine Maske, keine Täuschung. Wenn dies zu einer verbreiteten Praxis werden könnte, würden Leben, Sterben und Tod gewiss ein anderes Gesicht gewinnen.

Alles Denken, alle Gespräche, auch das Mitsterben können jedoch über eines nicht hinwegtäuschen: dass der Tod immer der Tod eines Einzelnen ist. Angesichts des Todes ist der Einzelne letztlich sich selbst überlassen; immer handelt es sich um den Tod dieser bestimmten Person. Vielleicht sollte man nicht davon träumen, dass dies jemals anders sein könnte, denn nur ein einziger Mensch kann diesen Tod erfahren, so wie nur dieser Mensch dieses Leben leben konnte und sterben muss. Wichtig wäre nur, dass dies frühzeitig bewusst ist: Was immer mit diesem Leben geschieht, wer immer darauf Einfluss nimmt und es möglicherweise ruiniert – beendet werden muss es von diesem einen Menschen ganz allein. Bei allem Mitgefühl und Beistand ist der Tod nicht übertragbar. Daraus kann nicht nur Verzweiflung, sondern auch Stolz resultieren: Dies ist *mein* Tod, ihn eigne ich mir an, halte ihn fest als mein Eigentum, lasse ihn mir, soweit ich kann, nicht von anderen nehmen, die über ihn bestimmen wollen.

Der wieder angeeignete Tod könnte eine Neubesinnung auf den eigentlichen Sinn des griechischen Wortes *Euthanasie* zur Folge haben. Euthanasie ist als Begriff allzu eindeutig besetzt – das hat historische Gründe, an denen nichts zu deuteln ist – und doch kann der eigentliche Begriff wieder geltend gemacht werden, um vom „guten Sterben“ und vom „schönen Tod“ (*eu-thanatos*) als letztem Akt der Lebenskunst zu sprechen. Was die eigentliche Euthanasie meint, ist zuallererst das gewöhnliche Sterben aufgrund passiver Wahl: geschehen zu lassen, was geschieht, wenn möglich jedoch unter Bedingungen, die ein Sterben ermöglichen, wie es wünschenswert erscheint, vielleicht zu Hause, im Beisein der vertrauten Menschen. Da dies aber häufig aus Gründen der modernen Freiheit nicht mehr möglich ist, vielmehr ein verzweifeltes, einsames Sterben in den „Sterbezimmern“ der Krankenhäuser eher die Regel ist, hat die stationär und ambulant arbeitende Hospizbewegung, ausgehend von dem Ende der 60er Jahre des 20. Jahrhunderts in London gegründeten St. Christopher's Hospice, sich entfaltet.

Denn wenn nichts mehr bleibt, wenn „nichts mehr zu machen ist“, bleibt immer noch die Lebenskunst: sich um sich zu sorgen und umsorgt zu werden von anderen; *palliativ* (von lateinisch *pallium*, der Mantel) den Rahmen zu gestalten und gestaltet zu bekommen, sowohl äußerlich (Gestaltung des Raums, Einteilung der Zeit) wie auch innerlich (Ruhe und Gelassenheit zu erlangen); das Wohnen in Gewohnheiten bis zuletzt zu ermöglichen, möglichst keine Entwurzelung mehr durch brüsken Wechsel des Ortes erleben zu müssen, möglicherweise aus diesem Grund auch zu verzichten auf letzte Eingriffe und Therapien im Krankenhaus; festzulegen, zu welchen Menschen welche Nähe oder Distanz zu pflegen ist; nachzudenken und Gespräche zu führen über den Sinn des Lebens, des eigenen und des Lebens überhaupt; auf offene oder verschwiegene Weise den Zeitpunkt des eigenen Todes festzulegen oder zu erahnen, ein rein innerer Akt, wie er von denen, die Sterbeprozesse miterleben, nicht selten beobachtet werden kann. Wenn dieses Umfeld palliativ zu gestalten ist, wird es nur noch sehr wenige Menschen geben, die ihr Leben aktiv beenden wollen oder darum bitten.

In sehr viel selteneren Fällen meint „Euthanasie“ dennoch das Sterben aufgrund einer aktiven Wahl des betreffenden Menschen, der sich dazu entscheidet, selbst einzugreifen, aus welchen Gründen auch immer. Wenn dies ohne Beteiligung anderer geschieht, ist es ausschließlich eine Frage der individuellen Ethik und Lebenskunst, auch wenn es sinnvoll erscheint, diese Wahl so sorgfältig und lange abzuwägen wie keine andere. Grundsätzlich ist die Autonomie des Individuums zu respektieren, sie ist ja nicht immer nur eine Wahl des Todes: Aufgrund der prinzipiellen Möglichkeit eines jeden, die Grenze selbst ziehen zu können, wird das Leben, das ihm zunächst ohne sein Zutun gegeben ist, zu einer Frage seiner Wahl, einer bewussten oder unbewussten passiven Wahl, einer aktiven Wahl oder Abwahl.

Wenn so dem Begriff der Euthanasie seine eigentliche Bedeutung zurückgegeben worden ist, lässt sich besser über die Besonderheiten sprechen, die ihn gewöhnlich allein für sich in Anspruch nehmen: passive Sterbehilfe aufgrund freier Wahl der Beteiligten (freiwillige Euthanasie im Sinne der Selbsttötung); aktive Sterbehilfe aufgrund freier Wahl der Beteiligten (freiwillige Euthanasie im Sinne der Tötung auf Verlangen); und schließlich die vom Betroffenen nicht unmittelbar gewählte Sterbehilfe (nichtfreiwillige Euthanasie). Für die Philosophie besteht die Aufgabe darin, den Umgang mit Tod und Sterben überhaupt wieder zum Thema zu machen. Innerhalb der Angewandten Ethik hat der Problembereich der „Euthanasie“ seinen systematischen Ort, wenn auch meist auf die genannten Besonderheiten bezogen. Den Begriff der Euthanasie in seiner gesamten Bedeutungsbreite wieder zu erschließen, könnte dazu beitragen, in der breiten Öffentlichkeit und im Ethikunterricht an den Schulen dieses Thema zu diskutieren, um so jedem Einzelnen und vor allem den Heranwachsenden die Möglichkeit zu geben, die je eigene Haltung in Bezug auf Sterben und Tod zu finden. Aber für das „schöne Sterben“ stellt sich noch eine weitere und letzte Frage, die nicht umgangen werden sollte.

Der Tod ist das Tor zur Erfahrung eines Darüberhinaus, auch „Transzendenz“ genannt, unabhängig davon, ob diese Transzendenz religiös verstanden wird oder sich weltlich denken lässt. Die äußerste Frage nach dem *Sinn des Lebens* stellt sich mit dem Tod. Gemeint ist damit der umfassende Sinn, der alle individuellen Sinngebungen weit übergreift. Wenn „Sinn“ aber nichts weiter ist als „Zusammenhang“ (und das ist zweifellos gemeint, wenn wir von „Sinn“ sprechen), dann handelt es sich hierbei um den grundlegendsten aller Zusammenhänge, den Zusammenhang von Endlichkeit und Unendlichkeit. Es ist unerheblich, ob dafür objektive „Wahrheit“ in Anspruch genommen werden kann; von Bedeutung ist nur, ob diesem Zusammenhang Lebenswahrheit zukommt und ob er sich im Denken und Fühlen herstellen lässt. Sehr gut vorstellbar, dass dies der wesentlichste Beitrag dafür ist, ein erfülltes Leben zu realisieren: das Leben zu öffnen zu einer Dimension der Transzendenz, die die Grenze des endlichen Lebens überschreitet, sich dies zumindest vorzustellen, um die Fülle des Lebens zwischen Endlichkeit und Unendlichkeit zu ermessen. Denn es könnte sein, dass ein Leben, das sich auf seine Endlichkeit zurückzieht, dieses Maß an Fülle nicht zu erreichen vermag.

Stephan Articus

Subsidiarität

Sozialpolitische Verantwortlichkeiten klären

Der Subsidiaritätsbegriff

Der Begriff der Subsidiarität (lat. „subsidium“ = Hilfeleistung) wird in unterschiedlichen Zusammenhängen und mit unterschiedlichem Inhalt verwendet. Dies rührt daher, dass das Subsidiaritätsprinzip über unterschiedliche Sinn- und Regelungsgehalte verfügt, die sowohl auf Fragen der Zuständigkeitsverteilung als auch auf Frei-

Dr. Stephan Articus ist Geschäftsführendes Präsidialmitglied des Deutschen Städtetages und stellvertretender Vorsitzender des Deutschen Vereins für öffentliche und private Fürsorge.

heitsabgrenzungen zielen: So hat das Subsidiaritätsprinzip einen Ursprung in der Enzyklika „Quadragesimo anno“ vom 15. Mai 1931, mit der Grundlagen der katholischen Soziallehre gelegt wurden. Der im Sinne dieser Lehre eingesetzte Subsidiaritätsbegriff lässt sich wie folgt zusammenfassen: Die größere Einheit in einer staatlichen Gemeinschaft soll nur dann zur Erfüllung einer Aufgabe zuständig sein, wenn das Individuum oder die kleinere Einheit aus eigener Kraft dazu nicht in der Lage ist. Soweit es dabei um die Abgrenzung staatlicher Zuständigkeiten von solchen gesellschaftlicher Art geht, realisiert das Subsidiaritätsprinzip den grundsätzlichen Vorranganspruch gesellschaftlicher Freiheiten und Autonomien im Kontext der bürgerlichen Freiheiten (so genannte horizontale Subsidiarität). Soweit das Subsidiaritätsprinzip jedoch den *kompetentiellen* Vorrang, also einen Vorrang der Zuständigkeit der jeweils kleineren Einheit vor der jeweils größeren Einheit zu konstituieren sucht, handelt es sich nicht nur um einen Maßstab zur Abgrenzung von staatlichen Befugnissen einerseits und gesellschaftlichen Freiheiten andererseits, sondern zugleich um einen staatsorganisatorischen Begrenzungsmaßstab, der auf die Maxime staatlicher Dezentralisation zielt. Gerade in diesem Sinne können das föderale Prinzip und insbesondere auch die Garantie der kommunalen Selbstverwaltung (Art. 28 Abs. 2 Grundgesetz) als Ausdruck des Subsidiaritätsprinzips interpretiert werden.

Mit der Verpflichtung der Europäischen Union auf das Subsidiaritätsprinzip hat dieses erstmals als Leitmotiv der europäischen Integration Verfassungsrang erhalten: Unser Grundgesetz verpflichtet in Artikel 23 Abs. 1 die Bundesrepublik, bei der Entwicklung der Europäischen Union darauf zu achten, dass diese dem Grundsatz der Subsidiarität verpflichtet ist. Die Entstehungsgeschichte der Vorschrift legt nahe, dass über die Bindung an das Subsidiaritätsprinzip die Eigenständigkeit der Länder und der Kernbereich der kommunalen Selbstverwaltung im europäischen Integrationsprozess geschützt werden sollten. Auch das Europarecht selbst kennt den Subsidiaritätsbegriff im Sinne einer Kompetenzausübungsregelung, die das Verhältnis zwischen der Gemeinschaft und den Mitgliedstaaten regelt (Art. 5 Abs. 2 des Europäischen Gemeinschaftsvertrages). Schließlich gilt auch Art. 28 Abs. 2 Grundgesetz – die Selbstverwaltungsgarantie der Kommunen – als ein Prinzip der dezentralen Konzentration und damit als Ausprägung des allgemeinen Grundsatzes der Subsidiarität.

In diesem Beitrag soll der Subsidiaritätsbegriff vor allem auch in seiner sozialpolitischen Dimension näher beleuchtet werden. In diesem Zusammenhang sind die grundlegenden Aussagen des Bundesverfassungsgerichtes im berühmten Subsidiaritätsurteil aus dem Jahre 1967 (BVerfGE 22, 180) richtungsweisend: Es geht davon aus, dass mit staatlichen Mitteln erst dann eingegriffen werden darf, wenn dies unausweichlich ist. In erster Linie soll die „kleinere Gemeinschaft" wirken. Mit diesem Verständnis spricht das Bundesverfassungsgericht sowohl den Grundsatz der institutionellen Subsidiarität, d. h. das in § 10 Bundessozialhilfegesetz normierte Prinzip der vorrangigen Leistungserbringung durch privatgesellschaftliche Kräfte, als auch die Frage der Leistungssubsidiarität, d. h. des Vorrangs der Selbsthilfe vor Fremdhilfe, an, wie es z. B. in § 10 des Sozialgesetzbuches VIII (Kinder- und Jugendhilfegesetz) seinen Niederschlag gefunden hat.

Letztendlich geht es also einerseits um die sozialpolitische Aufgabenverteilung zwischen den einzelnen Gliederungen des Staates – das Prinzip des grundsätzlichen Vorrangs der Leistungserbringung durch Private, insbesondere die Träger der freien Wohlfahrtspflege –, andererseits um das Verhältnis von Staat und Bürgern, denn nicht nur der Staat, sondern auch die Bürger selbst sind zur individuellen und kollektiven Eigenvorsorge und Selbsthilfe sowie zum Beistand in Notsituationen aufgerufen.

Veränderte Ausgangslage

Die Entwicklung der letzten Jahre im Bereich der sozialen Hilfen ist dadurch gekennzeichnet, dass sich diese von der individuellen persönlichen Hilfe für ganz konkrete Notlagen, für die sie ursprünglich konzipiert waren, zunehmend zum Auffangbecken für Massenrisiken entwickelt haben. Als Konsequenz kam es zu einer wahren Kostenexplosion bei den Ausgaben des Staates im Sozialbereich. Ursächlich hierfür sind veränderte gesellschaftliche Problemlagen und Lebensbedingungen sowie neue individuelle Notsituationen. Hohe Arbeitslosigkeit, Überschuldung der öffentlichen Hand und des Bürgers, wirtschaftliche Rezession, veränderte Familienstrukturen, ein steigender nicht integrierter Ausländeranteil, vernachlässigte öffentliche Räume, Drogenprobleme, zunehmende Gewaltbereitschaft, Vandalismus und eine abnehmende demographischen Entwicklung sind neue gesellschaftliche Eckdaten. Der Staat und die Gesellschaft stehen angesichts dieser Problemlagen und in Folge von Globalisierung, von neuen Technologien und weltweiter Rezession vor einem gewaltigen Modernisierungsdruck.

Es fragt sich, ob das tradierte System der Gewährung sozialer Teilhabe in der bisherigen Form vor dem Hintergrund der veränderten Anforderungen noch aufrechterhalten werden kann oder ob nicht der Aspekt eines aktivierenden Sozialstaats in den Mittelpunkt eines durch vernetztes Handeln aller Akteure – auch des privaten Bürgers und des Hilfebedürftigen – geprägtes System gerückt werden sollte. Damit soll nicht einem Rückzug des Staates aus dem Bereich der Gewährleistung sozialer Teilhabe das Wort geredet werden, sondern im Sinne der Subsidiarität ein neues Verständnis individueller und kollektiver Verantwortung und eine neue Abgrenzung der Ebenen kollektiver Sicherungssysteme gefunden werden.

Aufgaben zwischen den einzelnen Gliederungen des Staates neu ordnen und vorgelagerte Sicherungssysteme stärken

Innerhalb der Gliederungen des Staates in Bund, Ländern und Gemeinden ist eine in sich konsistente, finanzpolitisch und sachlich machbare Sozialpolitik zu implementieren. Eine derartige mutige Neuordnung haben wir in der Vergangenheit leider nicht erlebt. Vielmehr führte die Finanznot aller staatlichen Sicherungssysteme zur Eröffnung von Verschiebebahnhöfen, wobei Defizite der vom Bund verantworteten sozialen Sicherungssysteme zu immer neuen Leistungsverpflichtungen der Kommunen und zu einer beständigen Aushöhlung des Subsidiaritätsprinzips geführt haben. Die Sozialpolitik des Bundes war in den vergangenen Jahren sehr häufig dadurch geprägt, dass die vorgelagerten Sicherungssysteme durch die Sozialhilfe entlastet wurden. Die Sozialpolitik insgesamt, insbesondere aber die städtische, ist in den vergangenen Jahren dadurch in eine Schieflage geraten. Eine solche Politik, in der die Menschen in die

Sozialhilfe gedrängt werden, ist mit der Subsidiarität dieses Sicherungssystems nicht vereinbar. Die von den Kommunen als Hauptkostenträger gewährte Sozialhilfe kann auf Dauer nur ihrer Funktion im Rahmen der sozialen Sicherungssysteme gerecht werden, wenn die Leistungen der vorrangigen Sozialleistungsbereiche stärker als bisher armutsfest gemacht werden. Durch Einschnitte bei den im Leistungsbereich vorgelagerten Sicherungssystemen, wie beispielsweise bei der Gewährung von Arbeitslosenhilfe, wurden z. B. aber Teile des Risikos der Arbeitslosigkeit auf das an sich nachrangige System der Sozialhilfe verlagert.

Grenzen des Leistbaren erkennen und Gestaltungsspielräume öffnen

Unter den finanziellen Konsequenzen dieser Verlagerung leidet auf der örtlichen Ebene das gesamte System der persönlichen Dienstleistungen, der Beratung, der Prävention, der Einzelfallhilfe, der persönlichen Integrationshilfen, die nur vor Ort gebündelt geleistet werden können. Die Kommunen können ihrer primären Verantwortung für die örtliche Gewährleistung der personennahen sozialen Hilfen nur dann wieder in ausreichendem Maße gerecht werden, wenn eine neue Abgrenzung der Aufgaben des Bundes, der Länder, der Sozialversicherung und der örtlich zu leistenden Hilfen erfolgt. Subsidiarität bedeutet auch Beachtung des ordnungspolitischen Rangverhältnisses der sozialen Sicherungssysteme. Deshalb muss die Sozialhilfe endlich von den zuvor beschriebenen systemwidrigen Regelungen entlastet und vorrangige Leistungssysteme müssen entsprechend angepasst werden. Die Einführung der Pflegeversicherung, mit der ein auf Eigenverantwortung basierendes, vorgelagertes Sicherungssystem implementiert wurde, stellte einen ersten Schritt in die richtige Richtung dar. Neben der klaren Differenzierung und Beachtung von Verantwortlichkeiten und auskömmlichen Finanzzuweisungen gehören der Abbau der Regelungsflut durch Bund und Länder und der Abbau von Pflichtaufgaben ohne Gestaltungsmöglichkeiten für die Kommunen zu weiteren Aspekten des Subsidiaritätsgedankens. Beispielhaft für diesbezügliche künftige Aktionsfelder sind die Hilfe zum Lebensunterhalt sowie die Behindertenhilfe. Weil von den Kommunen finanziert und ausgeführt, hat der Gesetzgeber bisher zu wenig Anlass gesehen, sich um die Anpassung und die Reform dieses Leistungsrechts zu kümmern; weil von Bund und Ländern abschließend geregelt, haben die Kommunen keine Spielräume, die Leistungen dem Einzelfall und den örtlichen Bedingungen anzupassen. Solche Leistungsverpflichtungen ohne Gestaltungsmöglichkeiten müssen zukünftig abgebaut werden, bzw. die Ausgestaltungsmöglichkeiten kommunal verantworteter Aufgaben müssen neu geschaffen werden.

Klare Verantwortlichkeiten im Rahmen gemeinsamer Aufgaben wahren: Trennsystem!

In zahlreichen Politikfeldern führen Mischverantwortlichkeiten von Bund, Ländern und Kommunen zu einer ineffizienten Wahrnehmung öffentlicher Aufgaben. Unausgewogene Finanzierungsregelungen führen zu ungerechten Lastenverschiebungen zwischen den beteiligten Ebenen. Viele Aufgaben der öffentlichen Hand verlangen aber eine gemeinsame Verantwortung von Bund, Ländern und Kommunen. Um ineffiziente Mischverantwortlichkeiten und Leistungsverpflichtungen ohne Gestaltungsmöglichkeiten zukünftig abzubauen und zu verhindern, ist in der Sozialpolitik ein striktes Trennsystem von Verantwortlichkeiten im Rahmen gemeinsamer Aufgaben von Bund, Ländern und Kommunen zu installieren. Hierbei sind gemeinsame Aufgaben von Bund, Ländern und Kommunen zu ermöglichen, ohne dass Mischverantwortlichkeiten installiert werden. Aufgaben- und Finanzverantwortung sollten in den jeweiligen Verantwortungsbereichen strikt zusammengeführt werden und eine Teilung der Aufgaben nach der grundsätzlichen Verteilung der Kompetenzen und der Instrumente erfolgen. Die Verantwortlichkeiten in der sozialen Sicherung außerhalb der Sozialversicherung sind dabei derart umzubauen, dass die Aufgaben der Existenzsicherung in der Gestaltungs-, Finanzierungs- und Organisationsverantwortung des Staates, dagegen die persönlichen Hilfen und die sozialen Dienste aller Art wie Prävention, Betreuung und Unterstützung in ihrer personen- und situationsbezogenen Ausrichtung vor Ort in der Verantwortung der Kommunen liegen sollten.

Ausgewogenes System von öffentlicher und eigener Verantwortung implementieren

Nicht nur das Verhältnis der staatlichen Ebenen zueinander, sondern gerade auch das Verhältnis des Staates zu seinen Bürgern und zu bürgerschaftlichen Vereinigungen sollte durch das Subsidiaritätsprinzip determiniert werden. Die entscheidende Frage, welche Leistungen der Bürger unmittelbar vom Staat verlangen kann und welche durch andere erbracht werden können, wurde vor dem Hintergrund des in der Vergangenheit bestehenden relativen gesellschaftlichen Wohlstands zumeist im Sinne eines Vorrangs der staatlich zu erbringenden Leistungen beantwortet. Daher ist bislang die Landschaft der sozialen Gewährleistung vorwiegend geprägt durch die Vorstellung, dass die öffentliche Hand entweder selbst oder durch Inanspruchnahme der von der freien Wohlfahrtspflege oder privaten Anbietern gegen Entgelt angebotenen Leistungen dem Bedürftigen das Notwendige gewährt. Unter Zurückdrängung des Subsidiaritätsgedankens finden sich im Recht der sozialen Sicherung zahlreiche Systembrüche, bei denen von der vorrangigen Heranziehung Unterhaltspflichtiger abgesehen wurde und damit der eigentliche Sinn, als letztes Netz der sozialen Sicherung zu fungieren, nicht beachtet wurde. Das Nachrangprinzip wird auch durch hohe Freilassungsbeträge ausgehebelt. Durch Überschneidung von Arbeitseinkommen aus unteren Lohngruppen mit der Sozialhilfe wird Eigeninitiative des Bedürftigen z. T. verhindert und damit das eigentliche Ziel der Gewährung sozialer Hilfen, den Bedürftigen in die Lage zu versetzen, sich selbst zu helfen, konterkariert.

All dies zeigt, dass das Element der Eigenverantwortung in der Vergangenheit vernachlässigt worden ist. Die Ermöglichung der Selbsthilfe muss das vorrangige Ziel des Staats werden. Der Staat muss aktivieren und den Hilfebedürftigen aus der Rolle des passiven Konsumenten sozialer Leistungen holen. Positive Ansätze finden sich beispielsweise in der Förderung von Beschäftigungsmaßnahmen für Sozialhilfeempfänger. Ursachen der Hilfebedürftigkeit müssen stärker untersucht und mit einer individuellen Hilfegewährung behoben werden.

Im Sinne der Subsidiarität ist der Bürger auch als Akteur sozialen Handelns gefordert. Gemeinwohlorientierte Leistungen stellen schon heute einen großen Bereich ehrenamtlicher Tätigkeit der Bürger dar. Derartige freigesellschaftliche Kräfte waren die Ursprungszellen sozialen Handelns. Der Staat wird ohne die Hilfe dieser freigesellschaftlichen Kräfte niemals in der Lage sein, allen Notsituationen seiner Bürger voll zu begegnen. Der Ausbau der partnerschaftlichen Zusammenarbeit von staatlichen Institutionen und Vereinen, Verbänden, Kirchen, Initiativen, freien Trägern, Stiftungen, dem Gemeinwohl besonders verpflichteten Persönlichkeiten und Unternehmen ist daher gerade auf dem Gebiet der Sozialpolitik besonders geboten. So kann vor dem Hintergrund leerer staatlicher und teilweise gut gefüllter privater Kassen von Bürgern und Unternehmen beispielsweise auch der im angelsächsischen Raum sehr verbreitete Einsatz privater Gelder, das so genannte „Social Sponsoring", an Bedeutung gewinnen. Diese bewährte traditionelle Form, etwas für die sozial Bedürftigen zu tun, muss von den staatlichen Institutionen weiter gefördert und auch angemessen anerkannt werden. Dies soll keine Delegation staatlicher Aufgaben bedeuten, sondern eine bessere Abstimmung gemeinsamer Maßnahmen und gemeinsamer Ziele aller gesellschaftlichen Akteure mit dem Ziel einer Erweiterung des Bestandes an Leistungen durch solche Angebote, die von bürgerschaftlichem Engagement getragen werden. Die Entwicklung hin zu einer durch persönliches und gesellschaftliches Engagement geprägten zivilen Bürgergesellschaft bedeutet gerade nicht, dass Menschen in Not alleine gelassen werden, sondern die Implementierung eines ausgewogenen Systems von öffentlicher und eigener Verantwortung. In dem Zusammenwirken von Kommunen, von freien Trägern und engagierten Bürgern vor Ort liegen neue Potenziale zur erfolgreichen Gestaltung sozialer Hilfen. Gelingt diese Stärkung der ehrenamtlichen Arbeit, die von immer mehr Menschen als wichtige Aufgabe für sich erkannt wird, so kann sich die Rolle der Institutionen häufig wieder auf die des Gewährleistungsgaranten und Moderators beschränken. Rückbesinnung auf das Subsidiaritätsprinzip kann gemeinsam mit institutionellen Reformen so zu einer erfolgreichen Modernisierung des Sozialstaats beitragen.

Jürgen Trittin

Umwelt

Ökologisches Existenzminimum und soziale Sicherheit

„Soziale Grundrechte" – bei diesem Terminus denkt man an gesicherte Arbeitsverhältnisse, Mindestlohn und fairen Lohn, an Kündigungsfristen, Gewerkschaften, solidarische Kranken- und Alterssicherung, an Flächentarifverträge, an Mutterschutz. Also an die Antworten, die Politik und Verbände auf die *Soziale Frage* fanden – an die Errungenschaften des Sozialstaats.

Nach der Logik des 19. Jahrhunderts müsste folglich mein Kollege Clement einen Beitrag schreiben. Im 21. Jahrhundert sind aber die Umweltminister genauso gefragt wie die Arbeits-, Sozial- oder Wirtschaftsminister, damit die sozialen Grundrechte auch in Zukunft gewahrt bleiben.

Ein Beispiel: Durch das Hochwasser im August 2002 verloren in Dessau und Dresden Tausende Familien ihr Mobiliar, ihr Haus und damit ihr Zuhause, ihre Sicherheit und ihre Existenz. Ebenso an der Donau. Das darf sich in der Zukunft nicht alle paar Jahre wiederholen. Deshalb müssen wir dafür sorgen, dass die Interessen der Menschen, die am Mittellauf oder näher an der Mündung eines Flusses leben, genauso gewahrt werden wie die der Menschen am Oberlauf. Wer ist also gefordert? Die Umweltpolitiker. Sie müssen den Flüssen wieder Raum geben, Flussbegradigungen rückgängig machen, schon im Oberlauf Flussauen wieder herstellen. Wir müssen die Neuversiegelung begrenzen. Wir haben im Koalitionsvertrag vereinbart, in dieser Legislaturperiode die grundgesetzlichen Kompetenzen des Bundes im Hochwasserschutz zu stärken. Das wird uns auch ermöglichen, die sozialen Grundrechte der Unterlieger gegen die Interessen der Oberlieger besser zu schützen.

Jürgen Trittin ist Bundesminister für Umwelt, Naturschutz und Reaktorsicherheit.

Das Augusthochwasser war für die Menschen an Elbe, Mulde und Donau eine wirkliche Katastrophe – aber nur ein vergleichsweise kleines Phänomen des globalen Klimawandels. Die Hochwasser in Asien haben die Menschen dort noch sehr viel verheerender getroffen. Vor allem die Industriestaaten verursachen den Klimawandel. Die Folgen tragen aber schon jetzt vor allem Länder des Südens. Der Überlebensalltag in den Ländern, die an die Sahara angrenzen, wird in den nächsten Jahrzehnten noch härter werden: noch mehr Hitze, noch mehr Dürre, noch mehr Erosion. Das heißt für die Menschen auf dem Land: noch weniger Wasser, noch schlechtere Wasserqualität, noch weniger Möglichkeiten, Nahrung anzubauen, noch geringere Chancen, das Vieh während der Dürreperioden am Leben zu halten. Für die Frauen heißt das: noch längere, noch beschwerlichere Wege, um Wasser zu holen – und damit noch weniger Zeit und Chancen, zur Schule zu gehen oder später einen Beruf zu ergreifen. Mädchen wird so das Recht auf Bildung verweigert. Bildung – auch sie ist ein soziales Grundrecht, für das Frauen in Frankreich, den USA und Deutschland im 19. und sogar noch im 20. Jahrhundert gekämpft haben. Die massiven globalen Umweltveränderungen, die wir verursachen, bedrohen die sozialen Grundrechte von Menschen in anderen Kontinenten. Auch deshalb gilt: Wenn wir im 21. Jahrhundert soziale Grundrechte weltweit durchsetzen oder wahren wollen, müssen sich die Umweltminister der Industrieländer engagieren. Vor allem im Klimaschutz.

Den Klimawandel einzudämmen, ist die größte Herausforderung des 21. Jahrhunderts und muss Schwerpunkt der politischen Arbeit sein. Das beginnt im eigenen Land: Mit dem Atomausstieg steigen wir nicht nur aus einer Risikotechnologie aus, die Tausende von Generationen nach uns belastet, sondern wir beenden auch den Missstand eines permanenten Überangebots von Energie, das seinerseits zu so unsinnigen, energiefressenden Investitionen wie Nachtspeicherheizungen geführt hat. Die Energiewende zielt erstens darauf, Energieverbrauch wo möglich zu vermeiden – z. B. durch besseren ÖPNV, durch den ersten Radwegeplan, durch eine Gleichstellung aller Verkehrsmittel bei der Entfernungspauschale. Sie zielt zweitens darauf, die eingesetzte Primärenergie effizienter zu nutzen, also Kraftwerke mit Kraft-Wärme-Kopplung nachzurüsten, alte Kraftwerke mit einer Effizienz von 30 % durch moderne Gas- und Dampfkraftwerke mit einer 90%igen Energieausbeute zu ersetzen. Oder sparsamere Elektrogeräte zu bauen, Energiesparlampen statt Glühbirnen zu verwenden und einen Chip für Stand-by-Schaltungen in die Fernbedienung von Fernsehern und Stereoanlagen einzubauen. Die Energiewende zielt drittens darauf, fossile Energien weitestgehend durch einen Mix aus allen erneuerbaren Energien zu ersetzen: Sonne, Wind, Biomasse und Erdwärme.

Die Bundesregierung hat in der vergangenen Legislaturperiode in der Energiepolitik Maßstäbe gesetzt. Das Erneuerbare-Energien-Gesetz (EEG), das wir 2000 eingeführt haben, wird inzwischen in zahlreichen europäischen Ländern und sogar in Brasilien adaptiert, um den Anteil der erneuerbaren Energien zu fördern. Deutschland ist vor allem durch das EEG inzwischen weltweit die Nr. 1 in der Windenergie geworden und in der Fotovoltaik führend in Europa. Nur Japan hat mehr Fotovoltaikanlagen als wir. Bis 2050 soll der Anteil der erneuerbaren Energien am Energieverbrauch 50% betragen. Mit den zielgenauen Instrumenten, die wir geschaffen haben und zur Zeit nochmals optimieren, können wir das erreichen – und gleichzeitig aus der Atomenergie aussteigen, die zurzeit 30% der Energie bereitstellt.

Mit dieser konsequent betriebenen Energiewende dämmen wir den Klimawandel ein und schaffen eine wesentliche Voraussetzung, um die sozialen Grundrechte im eigenen Land und global wahren zu können. Gleichzeitig entstehen durch die Klimaschutzpolitik neue Arbeitsplätze in Deutschland. Ca. 130.000 Menschen arbeiten schon in diesem Zukunftssektor.

Deutschland hat sich verpflichtet, 21% der Treibhausgas-Emissionen einzusparen, und zwar im Zeitraum von 1990 bis 2010/12. Davon haben wir bis jetzt 19,4% erreicht. Wir demonstrieren, dass Klimaschutz möglich ist. Das ist das beste Argument, wenn wir uns international für Klimaschutz einsetzen und auf ein rasches Inkrafttreten des Kyoto-Protokolls dringen.

Wir haben im 20. Jahrhundert durch Katastrophen wie Seveso, Bhopal, Tschernobyl, den Hurrikan Mitch, die Überschwemmungen in Mosambik und zahlreiche andere Natur- oder Umweltkatastrophen sehr schmerzhaft erfahren müssen, wie abhängig der Mensch von einer intakten Umwelt ist. Trotz aller technischen Innovationen und trotz einer stark differenzierten Versicherungsbranche. Ein Gesundheitsminister kämpft auf verlorenem Posten, wenn der Umweltminister sich nicht für Rußfilter, für Sondermüllentsorgung, für gesundheitlich unbedenkliche Chemikalien, für strahlungsarme Leitungen und Sendemasten, für Lärmschutz einsetzt.

Eine intakte Umwelt ist die Grundvoraussetzung dafür, dass wir gesund bleiben. Wir brauchen eine intakte Umwelt außerdem, um Tages- und Jahresabläufe planen zu können. Nicht nur die Landwirtschaft braucht verlässliche Jahreszeiten und berechenbares Wetter, sondern jeder: Wenn Straßen nur unter Gefahr passierbar sind, können wir Fabriken, Schulen, Bibliotheken und Theater, Krankenhäuser, Altenheime und Verwaltungen schlecht erreichen. Fabriken und Geschäfte müssen auf Rohstoffe und Waren warten, Produktionsabläufe werden empfindlich gestört. Im Fall der Katastrophe – die Dresdener und Dessauer wissen das – sind Schulen und Fabriken geschlossen. Es gibt für Tage oder sogar Wochen keine wirtschaftliche Aktivität mehr. Die Menschen schlafen in Notunterkünften und rackern sich tagelang ab, Sandsäcke zu füllen und in der Kette weiterzureichen. Über „soziale Grundrechte“ spricht in einer solchen Situation niemand mehr.

Umweltschutz ist Voraussetzung für die Wahrung sozialer Grundrechte. Die Bürgerinnen und Bürger teilen mehrheitlich diese Sichtweise der Bundesregierung. Vor allem die junge Generation. Mehr als die Hälfte aller jungen Menschen zwischen 12 und 25 Jahren hat Angst vor der global zunehmenden Umweltverschmutzung. Sie wissen oder ahnen, dass der Mensch nicht nur ein soziales Existenzminimum braucht, sondern auch ein ökologisches. Beides kann man aus der Verfassung ableiten. Wir müssen dieses ökologische Existenzminimum konkret ausformulieren, denn nur dann können wir gezielt alles tun, es auch für künftige Generationen zu erhalten. Das ist nicht zum eigenen Schaden, sondern bereits zum Nutzen der jetzigen Generationen. Nicht nur in Bezug auf Arbeitsplätze.

Die Preis-Leistungs-Bilanz ist an sich überzeugend. Die Energiewende beispielsweise kostet den deutschen Durchschnittshaushalt rund acht Euro im Jahr. Mit diesen acht Euro vermeidet jeder Haushalt Umwelt- und Gesundheitsschäden in Höhe von 65 Euro. Dass die Bevölkerung dem Erhalt der Umwelt hohe Priorität einräumt, spiegeln auch die hohen Mitgliederzahlen der Umweltschutzverbände: rund fünf Millionen – das ist jeder 16. Einwohner Deutschlands. Etwa drei Millionen Männer, Frauen und Jugendliche sind sogar ehrenamtlich für den Umwelt- und Naturschutz tätig.

Da man nur wertschätzen kann, was man kennt, fördert das Bundesumweltministerium das Interesse für Natur durch Projekte wie die Don Cato UmWeltmeisterschaft für Jugend-Fußballteams, durch Verbändeprojekte wie die multimediale Begleitung des Storchenzugs zwischen Deutschland und Afrika und durch zahlreiche weitere Angebote.

Denn die Faszination, die von intakter Natur ausgeht, kann Menschen dazu bewegen, Natur – Auenlandschaften und Wälder, Artenvielfalt und Klima – zu schützen und damit eine wesentliche Voraussetzung für den Erhalt der sozialen Grundrechte zu schaffen.

Friedrich Schorlemmer

Verantwortung

Vom Gebrauch des Gehorsams und der Freiheit

„Die größte Angelegenheit des Menschen ist, zu wissen, wie er seine Stellung in der Schöpfung gehörig erfülle und recht verstehe, was man sein muss, um ein Mensch zu sein“, schreibt Immanuel Kant.

Seine Stellung in der Schöpfung gehörig erfüllen – das heißt, Verantwortung zu übernehmen für das dem Menschen Anvertraute und dabei sich selber sein Menschsein als ein einmaliges Individuum und *zugleich* als Teil der Gattung zu erfüllen. Dazu muss ein Mensch wissen, worin denn seine Verantwortung liege, wo der Platz in der Schöpfung ist, den er wahrzunehmen habe.

Für unseren jüdisch-christlichen Kulturkreis bleibt der zweite Schöpfungsbericht dabei zentral, wonach Gott den Menschen in den

Friedrich Schorlemmer, Theologe und Publizist, Studienleiter der Evangelischen Akademie in Wittenberg. Von 1996 bis 1998 einer der Vizepräsidenten des westdeutschen PEN-Zentrums.

Garten setzt, dass er ihn „bebaue und bewahre". Der dem Menschen gegebene Lebensraum ist ein Garten; seine Aufgabe besteht darin, ordnend tätig zu werden, sich die Schöpfung nutzbar zu machen und beim Nutzbarmachen den Garten zu bewahren, und alle Dinge darin sind „schön anzuschauen". Verantwortung heißt, in der Schöpfung ein Con-Creator zu sein, also in Ehrfurcht vor dem Leben die Gestaltungsfähigkeit, die ihm gegeben ist, wahrzunehmen.

Er geht aufrecht und hat so die Hände zur „Arbeit" frei, er entwickelt abstrahierenden und differenzierenden Verstand sowie die Sprache als Mittel der Verständigung, er ist zu freier Übereinkunft über Verhaltensregeln aufgrund relativer Instinkt-Ungebundenheit in der Lage.

Verantwortung – Rede und Antwort stehen „coram Deo", in Selbstbewusstsein und in Demut, in bewusster Entscheidung und klarer Unterscheidung, im Glück des Gelingens und im Risiko der Fehlbarkeit.

Doch seine Freiheit ist zugleich seine Bedrohung, denn Freiheit ohne Verantwortung wird zur Willkür und Verantwortung ohne Freiheit zum Zwang. Menschsein erfüllt sich in freier Verantwortung, in Verantwortung des Freien; gebunden aber bleibt der Mensch an die Lebensmöglichkeit seines Mitmenschen und seiner Mitgeschöpfe. Indem er *von* der Schöpfung lebt, lebt er *mit* ihr – oder die Schöpfung wird vom Garten zur Wüste.

Die Verantwortungsperspektive einer längerfristigen Überlebensfähigkeit des Menschen in der Schöpfung hat Albert Schweitzer in seiner „Ehrfurcht vor dem Leben" unübertroffen formuliert: „Ich bin Leben, das leben will mitten unter Leben, das leben will."

Verantwortung aber ist nicht bloßer Gehorsam gegenüber vorgegebenen Geboten oder gar *Ver*boten. Wer nach Verantwortung fragt, fragt nicht nur nach Legalität, sondern zugleich nach Legitimität. Er fragt nicht nur danach, was verboten ist, sondern auch nach dem, was (mir) geboten ist. Verantwortliches Leben ist insofern ein präventives Handeln, ein den Gefahren vorbeugendes oder sie mindestens verminderndes Tun und Lassen. Verantwortliches Leben bedeutet weit mehr als die Grenzziehung zum Verbotenen, es ist eigenverantwortetes Tätigwerden in der Welt – mit einem Entscheidungsspielraum, der auf Güterabwägung beruht. Verantwortlich zu leben heißt, einer *aktiven* Gebotsethik zu folgen und nicht bloß einer *passiven* Verbotsethik.

Gerade unsere demokratische Gesellschaft ist auf Menschen angewiesen, die sich aufgrund von Prinzipien eigenständig in gesellschaftliche Prozesse und Entscheidungen einmischen und in je ihrem Verantwortungsbereich dafür Sorge tragen, dass Lebens- und Entfaltungsmöglichkeiten möglichst vieler geschützt, erhalten und erweitert werden.

Verantwortung fragt nicht ängstlich, ob es recht ist, sondern fragt mutig, was danach wird. Verantwortung wahrzunehmen heißt, präventiv zu denken und zu handeln – in Mitsorge und in Vorsorge.

Es ist nicht von ungefähr, dass die erste Tat des Menschen außerhalb des Paradieses ein Brudermord ist: tödliche Konkurrenz zwischen Brüdern und ihren Lebensweisen. Dem Brudermord geht das Abweisen von Verantwortung für den Bruder voraus, schlimmer noch: Während das vergossene Blut gen Himmel schreit, fragt der Mörder zynisch: „Soll ich meines Bruders Hüter sein?" (Abel war ein Hirte, ein Hüter, der doch wohl für sich selber sorgen kann und keines Hüters bedürfe!) Ja, das heißt Verantwortung: des anderen Hüter sein, sich für seine Lebensmöglichkeit mitverantwortlich fühlen, nicht bloß nicht morden, sondern aktiv dafür Mit-Sorge zu tragen, dass er leben kann.

Deshalb ist das Befolgen von Gesetzen für einen Menschen und seine Verantwortung nicht hinreichend; verantwortliches Leben schließt die Frage ein, was der *Einzelne* tun *kann* und tun *muss*, um Lebens- und Entfaltungsmöglichkeiten zu fördern.

Für den politischen Bereich heißt dies: Es reicht nicht, staatlichen Gesetzen nur zu gehorchen; die Stimme des Gewissens muss menschlichen Gesetzen widersprechen, wo diese die Mitmenschlichkeit verletzen.

Es reicht nicht, eine menschenverachtende Ideologie nicht zu teilen; man muss rechtzeitig und offen widersprechen und risikobereit widerstehen.

Es reicht nicht, geschwiegen zu haben, wenn die vielen gegrölt haben; man muss selbst das Fällige sagen.

Es reicht nicht, ein reines Gewissen zu haben; man muss eingreifen und wird dabei nicht rein bleiben können.

Es reicht nicht, Verantwortung nach oben abzuschieben; denn

„unten“ wird das jeweils ausgeführt, was oben erdacht und von oben gefordert wird.

Es reicht nicht, nichts gewusst zu haben; man muss wissen wollen und sich auch um gefährliches Wissen bemühen, wo Gefahr droht. Dabei hat jeder Mensch zugleich eine unvertretbare Verantwortung für sich selbst, für seine eigene physische und psychische Gesundheit, für sein Wohlbefinden, für die Ausbildung und Ausübung seiner Gaben, für ein glückendes Leben, das die in ihm schlummernden Kräfte kreativ und produktiv freisetzt. Jeder hat eine Verantwortung zunächst für den ihn umgebenden engeren Lebenskreis und kann sich davon nicht mit Hinweis auf „höhere Aufgaben“ dispensieren. Und zugleich hat jeder eine Mitverantwortung für das, was in seiner Kommune, in seiner Gesellschaft, in seinem Staat geschieht.

Verantwortlich zu leben heißt gerade nicht, zwanghaft zu leben, sondern den Ausgleich zwischen dem Achthaben auf sich selbst und dem Achthaben auf die anderen zu suchen.
Bert Brecht hat dies in ein wunderschönes kleines Gedicht gefasst:

Das ist gut
Keinen verderben lassen, auch nicht sich selber
Jeden mit Glück erfüllen, auch sich, das
Ist gut.

Ein von freudloser Pflichterfüllung geprägtes Leben, das vor lauter Selbstlosigkeit unglücklich wird, wäre kein wirklich verantwortliches Leben; denn verantwortlich zu leben heißt zugleich: glücklich zu sein in allem, was man tut, lässt, erlebt, erleidet, erprobt, erfährt. Der Ort der Verantwortung ist in herausgehobener Weise der Beruf, wo ein Mensch Verantwortung für das Leben seiner Mitarbeiter, seiner Patienten, seiner Kinder, seiner Soldaten übernimmt. Verantwortung heißt: Antworten auf den Anruf eines anderen Menschen oder einer Gemeinschaft, die ihn/sie in eine besondere Verantwortung auf Zeit beruft. In „herausgehobener“ Verantwortung übernimmt ein Mensch Verantwortung – auch für das Versagen, für die Niederlage, für den Verstoß. Die Würde des Menschen liegt nicht zuletzt darin, dass er schuldig werden kann – genauso wie er sich glücklich schätzen kann, seiner Verantwortung gerecht geworden zu sein. Die angemessene Reaktion darauf ist weniger Stolz als vielmehr Dankbarkeit. Dem anderen zuzusprechen „Das hast du gut gemacht“, ist genauso unverzichtbar wie ihn auf sein Versäumnis oder Versagen hinzuweisen. Verantwortung ist gewissermaßen das Bindeglied zwischen Gehorsam und Freiheit.

Bonhoeffer schrieb: „Der Mensch der Verantwortung, der zwischen Bindung und Freiheit steht, der als Gebundener in Freiheit zu handeln wagen muss, findet seine Rechtfertigung weder in seiner Bindung noch in seiner Freiheit, sondern allein in dem, der ihn in diese – menschlich unmögliche – Situation gestellt hat und die Tat von ihm fordert. Der Verantwortliche liefert sich selbst und seine Tat Gott aus ... Gehorsam weiß, was gut ist und tut es, die Freiheit wagt zu handeln und stellt das Urteil über Gut und Böse Gott anheim ... Gehorsam hat gebundene Hände, Freiheit ist schöpferisch. Im Gehorsam befolgt der Mensch den Dekalog Gottes, in der Freiheit schafft der Mensch neue Dekaloge. (Luther)“
(Dietrich Bonhoeffer, Ethik, München 1963, S. 269, 268)

Der Radius der Verantwortung des Menschen ist seit dem vorigen Jahrhundert immens gestiegen. Jeder Einzelne als Teil der Weltgesellschaft trägt Mitverantwortung für die Überlebensmöglichkeit künftiger Generationen. Dem Bloch'schen „Prinzip Hoffnung“ hat Hans Jonas das „Prinzip Verantwortung“ zur Seite gestellt.

Besonders seit dem Erd-Gipfel von Johannesburg 2002 spricht man von einer Politik und Praxis der *Nachhaltigkeit:* Ist das, was wir heute tun oder unterlassen, verträglich mit der Lebensmöglichkeit künftiger Generationen auf der Erde und mit der Bewahrung der Vielfalt und des Reichtums der den Menschen anvertrauten Erde?!

Die *globale* Verantwortung des Menschen wird *lokal* wahrgenommen, wird aber stets nach der Bedeutung allen lokalen Handelns für globale Prozesse fragen und alles Menschenmögliche dafür tun müssen, dass die Welt nicht verwertet wird. Hans Jonas schrieb 1979: „Die dem Menschenglück zugedachte Unterwerfung der Natur hat im Übermaß ihres Erfolges, der sich nun auch auf die Natur des Menschen selbst erstreckt, zur größten Herausforderung geführt, die je dem menschlichen Sein aus eigenem Tun erwachsen ist.“ Der technologischen wie der marxistischen Utopie stellt Jonas das Prinzip Verantwortung als bescheidenere Aufgabe entgegen, eine

Aufgabe, welche Furcht und Ehrfurcht gebieten: „Den Menschen in der verbleibenden Zweideutigkeit seiner Freiheit, die keine Änderung der Umstände je aufheben kann, die Unversehrtheit seiner Welt und seines Wesens gegen die Übergriffe seiner Macht zu bewahren."

So kann Verantwortung jedes einzelnen Individuums in der Welt von 8 Milliarden Menschen nur die praktische Annäherung an die Maxime der Selbstbegrenzung bedeuten – ein Maßhalten, das das Glück – und das Genießen mit allen Sinnen! – keineswegs ausschließt, wohl aber der zerstörerischen Maßlosigkeit menschlichen Tuns entgegenwirkt. Die höchste Angelegenheit des Menschen wird heute, wie er dazu beitrage, die Schöpfung zu bewahren und sich selbst darin als ein glückendes, begnadetes Geschöpf mit anderen Geschöpfen zu erfahren.

Man muss sich den verantwortlichen Menschen als einen glücklichen vorstellen …

Franz-Theo Gottwald

Verbraucherschutz

Von der Pflicht, informiert zu essen und zu trinken

Verbraucherschutz ist vielfältig und stellt eine neue Klammer für viele Politikfelder dar. Das neue Rollenmodell des informierten, sozialökologisch verantwortbaren Konsums kann im Ernährungsbereich besonders gut deutlich gemacht werden.

„Durch bewusste Ernährung und Entscheidung für einen sozial verantwortlichen, ökologischen und fairen Konsum kann jeder Einzelne viel für die Beseitigung von Hunger und für die nachhaltige Erzeugung von gesunden Nahrungsmitteln tun" (Renate Künast).

Mit wenigen treffenden Worten wird hier ein (welt-)ernährungspolitischer Programmrahmen umrissen, in dessen Zentrum der

Dr. Franz-Theo Gottwald ist Philosoph und Theologe. Vorstand der Schweisfurth-Stiftung in München. Honorarprofessor für Agrar- und Umweltethik an der Humboldt-Universität Berlin. Unternehmensberater.

mündige, sich aus (selbstverschuldetem?) Unwissen und Trägheit befreiende Einzelne steht.

Die reale Situation der Ernährungsgewohnheiten konfrontiert uns aber mit Fakten wie:

- 800 Millionen Menschen hungern weltweit; etwa 800 Millionen Menschen weltweit sind dagegen übergewichtig.
- Mehr und mehr Menschen wollen Convenience-Produkte, die, ohne viel Koch- oder Zubereitungsaufwand und mit hoher Haltbarkeit versehen, eine zeitsparende „Fernfütterung“ (I. Illich) ermöglichen.
- Ständig neue Wellen von Light Food, Fit Food, Functional Food, Wellness Food, Vitafood und bald auch Gen-Food sowie Entertainment Food versuchen, die Geschmacksnerven wohlig einzulullen und die Lust auf Neues und auf Mehr zu wecken, das darüber hinaus noch mit Gesundheits-Versprechen angereichert ist; vor allem bei jungen Menschen, werdenden Müttern und (kaufkräftigen) Senioren gelingt das mit wachsendem ökonomischen Erfolg für die Nahrungsindustrie.
- Und vor allem verstärkt sich diese Erwartung: Es muss billiger werden. Auch Essen und Trinken in Deutschland geschieht beim Verbraucher unter dem Gebot der Schnäppchenjagd, beim Handel unter dem Gebot des radikalen Preiskampfes und bei den Erzeuger- und Lebensmittelverarbeitern unter hohem Rationalisierungsdruck, also unter dem Gebot der Kostensenkung.

Irgendwie ist beim Essen und Trinken die Aufklärung mit all ihrer Rationalität am Widerstand von Trieben gescheitert, die zu kurzsichtigem, teils gesundheits- und umweltzerstörendem Verhalten führen; nicht zu schweigen von den sozial ungerechten und klimatologisch falschen Folgen, die beispielsweise der Verzehr eines Hamburgers hat: Ein Hektar Regenwald beherbergt etwa 800.000 Kilogramm Pflanzenmasse und Tiere. Abgebrannt und zur Viehweide degradiert, erzeugt ein Hektar nur noch 200 Kilogramm Rindfleisch pro Jahr. Dies entspricht ca. 1.600 Hamburgern. Einem Hamburger stehen demnach 500 Kilogramm „Regenwald“ gegenüber – der „Klops“ hat im Prinzip neun Quadratmeter Regenwald gekostet (Bernward Geier).

Was steht also an, um Ernährungssicherung, mithin genug an qualitativ hochwertigen Lebensmitteln für alle und weltweit zu erreichen? Was braucht es, um Nahrungsmittel-Sicherheit zu gewährleisten, also verträgliche, bekömmliche, gesundheitlich unbedenkliche Produkte zum Essen und Trinken für alle zu erzeugen und zu distribuieren?

Ein Umdenken auf allen politischen Ebenen ist notwendig, bei den Kommunen, den Ländern, den Nationen und den Transnationalen Organisationen wie Institutionen – ein Umdenken zum Verbraucher hin bzw. vom Verbraucher her. Dies hat weltweit eingesetzt. So wurde z. B. 1998 *The Transatlantic Consumer Dialogue (TACD)* von der Europäischen Kommission gegründet, 2002 entstand *Food Watch* in Deutschland als Ausdruck zivilgesellschaftlichen Verbraucher-Engagements für nachhaltige Ernährung, und im Januar 2002 richtete das Europäische Parlament die „Europäische Behörde für Lebensmittelsicherheit" ein. Ferner wurde das Bundesamt für Verbraucherschutz und Lebensmittelsicherheit in Deutschland 2002 gegründet, und weltweit wird, z. B. durch neue Programme der FAO, verstärkt gegen den Hunger bzw. gegen die Hunger verursachende Armut gekämpft.

Ob nun verhältnismäßig wohlhabende oder ärmere Menschen, ob nun im reichen, westlichen Norden oder im ärmeren Osten bzw. armen Süden des Globus – für alle auf Ernährungssicherung und Nahrungsmittelsicherheit Angewiesenen gilt: Nahrungsmittelkonsum ist seit jüngster Zeit so intensiv wie selten zuvor in der Weltgeschichte im Fokus von politischen Administrationen und zivilgesellschaftlichen Organisationen. Dies ist ein Ausdruck für die Erkenntnis, wie dringend eine neue nachhaltige Agrarpolitik ist, in der der Verbraucher von rechtlicher Seite ständig besser und besser umsorgt wird.

Aber kein Programm, keine positive, also Fehlverhalten sanktionierende Rechtsprechung garantiert, dass das sorglose, unmündige Kauf- und Konsumverhalten mehrerer 100 Millionen Menschen auf der Erde nicht die Nahrungsgrundlage für alle auf Dauer zerstören wird: Die Böden degradieren weltweit mehr und mehr, die Gewässer werden zunehmend ungenießbarer, weil verschmutzter, und der Schadstoffeintrag aus der Luft bei Getreide, Obst und Gemüse nimmt zu (dort, wo dieses noch im Freien wächst).

Deshalb plädieren wir für das informierte Essen und Trinken, für mehr Selbst- und Weltverantwortung beim Lebensmittelkonsum und für eine neue Agrar- und Ernährungskultur, die sich durch eine

Ökologie der kurzen Wege auszeichnet. Wer informiert isst und trinkt, weiß um die weitreichenden Folgen seiner Konsum-Entscheidung. Er befolgt sieben Grundsätze für einen nachhaltigen, also ökologisch wie sozial umweltverträglichen Ernährungsstil:

- Bevorzugung pflanzlicher Lebensmittel
- Vermeidung unnötiger Lebensmittelverarbeitung (Lebensmittel so natürlich wie möglich)
- Etwa die Hälfte der Nahrungsmenge als unerhitzte Frischkost (Rohkost) genießen
- Vermeidung von Lebensmittelzusatzstoffen
- Bevorzugung von Erzeugnissen aus kontrolliert-ökologischer (kontrolliert-biologischer) Landwirtschaft
- Bevorzugung von Gemüse und Obst aus regionalem Anbau und entsprechend der Jahreszeit, also saisonal
- Vermeidung aufwendiger Lebensmittelverpackung.

Wo auf den Einzelnen als Motor für einen Wandel in Richtung Ernährungssicherung für alle gesetzt wird, muss also alles getan werden, damit dieser (wieder) global denken und lokal essen und trinken lernt.

Und die Politik ist auf allen Ebenen gefordert, fünf Rahmenbedingungen zu verfolgen:

- Einsatz umweltverträglicher Technologien in der Nahrungsmittelherstellung, beim Transport und in den Privathaushalten beim Kochen
- Verminderung von Veredelungsverlusten bei der Erzeugung tierischer Lebensmittel
- Verminderung des Imports von Futtermitteln
- Verhinderung von Überschussproduktion und Lebensmittelvernichtung
- Existenzsicherung kleiner und mittlerer bäuerlicher und handwerklicher Verarbeitungsbetriebe – weltweit.

Die ersten Schritte eines neuen gemeinsamen Weges von Verbrauchern, Händlern, Verarbeitenden, Erzeugern und staatlicher Administration werden derzeit in Europa gegangen. Informiert essen und trinken steht im Zeichen dieser Agrar- und Ernährungswende, die das soziale Recht auf gute Lebensmittel mit Nachhaltigkeit erreichen wird.

Hellmut Puschmann

Verteilungsgerechtigkeit

Für faire Steuern und Abgaben

Es ist fast schon eine Binsenweisheit, festzustellen, dass die finanzielle Situation bei Bund, Ländern und Kommunen sowie bei den Trägern der Sozialversicherungen sich in den vergangenen Jahren erheblich verschlechtert hat. Zum Teil ist die Lage sogar derart dramatisch, dass man von einer Überschuldung beziehungsweise einem De-facto-Konkurs sprechen muss, weil die laufenden Ausgabenverpflichtungen die Einnahmen in großem Maße übersteigen. Die Sozialversicherungsbeiträge und Steuern können aber aufgrund des mit der Globalisierung einhergehenden Wettbewerbs, der hohen Arbeitslosigkeit und der demographischen Entwicklung nicht mehr nennenswert erhöht werden. Dabei steht der demographische Wandel erst am Anfang. Gesucht werden also Lösungen, die den deutschen Sozialstaat insgesamt nachhaltig stabilisieren und seine Sicherungssysteme systemimmanent festigen.

Das Sozialbudget, in dem alle Sozialausgaben in Deutschland zusammengefasst sind, hat sich nach den jüngsten Zahlen seit 1990 auf mittlerweile knapp 700 Mrd. Euro im Jahr 2002 verdoppelt. Das heißt, in Deutschland werden im Jahr 2002 fast 700 Mrd. Euro für soziale Zwecke ausgegeben. Den Großteil der damit verbundenen finanziellen Lasten tragen die Versicherten mit ihren Sozialbeiträgen sowie die abhängig Beschäftigten mit ihrem Lohnsteueraufkommen. In der umgekehrten Argumentation bedeutet dies auch, dass die Leistungen von den einzelnen Arbeitnehmer/innen erwirtschaftet werden müssen. Die dauerhafte Sicherung der Finanzierbarkeit des deutschen Sozialstaates setzt zunächst einmal eine florierende Wirtschaft mit zunehmender Beschäftigung und steigender Produktivität voraus.

Prälat Hellmut Puschmann ist Präsident des Deutschen Caritasverbandes und Präsidiums- und Vorstandsmitglied des Deutschen Vereins für öffentliche und private Fürsorge.

Experten betonen, dass ein Prozentpunkt mehr an Sozialversicherungsbeiträgen im ersten Jahr rund 20.000 und im dritten Jahr schon 100.000 Arbeitsplätze kostet. Bedenkt man, dass die Beitragssätze zur Sozialversicherung 1990 noch bei 35,5 % lagen, heute aber trotz der Ökosteuer auf ca. 42 % gestiegen sind, so verwundert es nicht, dass die Arbeitslosigkeit in den vergangenen zwölf Jahren von 2,6 Mio. auf über 4 Mio. arbeitslose Menschen im Jahresdurchschnitt gestiegen ist. Aufgrund des schwachen Wirtschaftswachstums drohen diese Zahlen sogar noch dramatisch zu steigen. Weniger Arbeitsplätze bedeutet weniger Steuer- und Sozialversicherungszahler und mehr Sozialleistungsempfänger. Das auf dem Faktor Arbeit aufbauende deutsche Steuer- und Sozialversicherungssystem wird unweigerlich kollabieren. Mit der Einführung von Privatisierungselementen in der gesetzlichen Rentenversicherung und einer schrittweisen Absenkung der Renten ab dem Jahr 2011 wurden erste richtige Maßnahmen auf den Weg gebracht, die geeignet sind, einen Anfang zu machen. Allerdings empfinden die jüngeren Generationen diese Lösungen zu Recht als einseitige Belastungen und damit als ungerecht. Ungerechte Lastenverteilungen wirken systemzerstörend und werden auf Dauer von den jüngeren Generationen nicht hingenommen.

Verantwortliche Politiker aller Parteien ignorieren bzw. leugnen den bereits seit 25 Jahren erkennbar heraufziehenden Generationenkonflikt, den Konflikt zwischen den Jahrgängen von 1930 bis 1950 und den Babyboom-Jahrgängen und deren Kindern. Dank der Umverteilung durch das deutsche Sozialversicherungssystem gibt es in Deutschland heute praktisch keine Altersarmut mehr, hingegen lebt jedes 14. Kind heute von Sozialhilfe. Rentner – und noch mehr die Haushalte von Pensionären –, die in ihrer Erwerbstätigkeit ein überdurchschnittliches Einkommen erzielt hatten – haben heute auch dank Betriebsrenten und Erträgen aus privatem Vermögen nicht selten ein Einkommen, das über dem verfügbaren Einkommen eines Facharbeiters mit drei Kindern liegt.

Diese seit 45 Jahren falsche Weichenstellung bundesdeutscher Verteilungspolitik hat sich mittlerweile zu einem strukturellen Bestandteil des gesellschaftlichen Systems verfestigt. Die eingetretene Schlagseite in der gesellschaftlichen Verteilung zu Lasten der Mehr-Kinder-Familien und der jüngeren Generationen wird nämlich von den privilegierten Mehrheiten der Senioren und der sonstigen Personen ohne Unterhaltsverpflichtungen längst als Besitzstand wahrgenommen und verteidigt. Die Mehr-Kinder-Familien und arbeitslosen Menschen hingegen, die von der Fehlverteilung am meisten betroffen sind, stehen als Minderheit in diesem Verteilungskampf auf verlorenem Posten. Dass dies so gekommen ist, daran trägt eine Hauptschuld der mittlerweile permanente Wahlkampf, in dem sich Deutschland befindet: „Nach der Wahl ist vor der Wahl." Dies verleitet die Regierenden immer wieder dazu, den notwendigen, aber schmerzhaften Entscheidungen mit Rücksicht auf vermeintliche Wahlnachteile aus dem Weg zu gehen. Die deutschen Politiker müssen, unterstützt durch die Verbände, das unmöglich Scheinende schaffen, nämlich die „Kartelle der Besitzständler", zu denen sie auch selbst gehören, aufbrechen und zu einer Umverteilung in angemessenem, gerechtem, volkswirtschaftlich und zur Sicherung der Zukunft des Sozialstaates gebotenem Maß gelangen, wozu auch eine notwendige Absenkung der Sozialversicherungsbeiträge gehört. Gelingt den deutschen Eliten dieser Kraftakt nicht, wird unser Kultur- und Sozialstaat spätestens ab dem Jahr 2020 unaufhaltsam seinem Ende entgegengehen. Es gilt also, Veränderungen anzugehen. Dabei sollten folgende Grundsätze gewahrt bleiben:

- *Recht auf ein menschenwürdiges Leben für alle*
- Jeder erwerbsfähige Mensch hat das Recht und die Pflicht, sich durch eigene Arbeit zu versorgen
- Gerechtigkeit innerhalb und zwischen den Generationen
- Mehr Eigenvorsorge und Eigenverantwortung der leistungsfähigen Bürger
- Abbau von Bürokratie

Unter Berücksichtigung dieser Grunddaten können die nachstehenden Thesen entwickelt werden:

1. Maßstab für die Ausgestaltung der Sozialversicherungsbeiträge sollte das Steuerrecht sein.

Im Steuerrecht gilt der Grundsatz der Besteuerung nach der wirtschaftlichen Leistungsfähigkeit. Es ist schwer einzusehen, weshalb für die Sozialversicherungssysteme dieses Gerechtigkeitsgebot nicht gelten soll. Aus dem Unterschied zwischen einheitlichem Beitragssatz und progressivem Steuersatz folgt nämlich, dass eine Beitragsfinanzierung sozialer Lasten vor allem die begünstigt, die ein hohes Einkommen haben und die daher bei einer Steuerfinanzierung mit einer höheren Belastung zu rechnen hätten. Der Deutsche Caritasverband unterstützt die Forderung nach einer Ausgestaltung der Sozialversicherungsbeiträge gemäß dem Muster des Steuerrechts, wie dies beispielweise beim Solidaritätszuschlag geschieht. Das heißt, die gesamte Wohnbevölkerung und alle personengebundenen Einkommen werden beitragspflichtig, das Existenzminimum wird beitragsfrei gestellt und die Bemessungsgrenzen werden spürbar erhöht oder entfallen ganz. Im gleichen Zug könnten die Beitragssätze spürbar abgesenkt werden. Im Niedriglohnbereich werden allseits große Beschäftigungsressourcen gesehen. Zu einer nennenswerten Ausweitung regulärer Beschäftigung wird es in diesem Sektor jedoch erst kommen, wenn die den Faktor Arbeit direkt belastenden Sozialversicherungsbeiträge bei den mittleren und niedrigen existenzsichernden Einkommen jenseits der 400-Euro-Grenze stark abgesenkt werden bzw. in Höhe des steuerlichen Existenzminimums einer Bedarfsgemeinschaft ganz entfallen. Zur Gegenfinanzierung könnten Renten und Pensionen der Jahrgänge ab 1930, gestaffelt nach Leistungsfähigkeit, abgesenkt werden. Es ist in erheblichem Maße ungerecht, wenn heute ein Arbeitnehmer aus seinem steuerlichen Existenzminimum Sozialversicherungsabgaben zahlen muss und damit auch jene unter den Rentnern unterstützt, die selbst gut und bestens abgesichert sind und sich hinter der eine Mini-Rente beziehenden Putzfrau verschanzen. Auch der Verweis auf das Äquivalenzprinzip überzeugt in dem Maße nicht mehr, als den jüngeren Generationen permanent höhere Beitragszahlungen aufgebürdet worden sind, gleichzeitig aber die zu erwartenden Leistungen stark abgesenkt werden.

2. Zur Gewährleistung einer nachhaltigen Sozialpolitik muss das Steuersystem leistungsgerechter ausgestaltet werden.

Gemeinsam mit namhaften Steuerrechtlern spricht der Deutsche Caritasverband sich dafür aus, das deutsche Steuerrecht grundlegend zu reformieren mit dem Ziel, Belastungsgleichheit herzustellen. Die dringend notwendige Vereinfachung des Steuersystems bedeutet einen Gewinn an Freiheit und Gleichheit für die Menschen, und zwar auch zur Gewährleistung ausreichender sozialer Hilfen. Durch eine Verbreiterung der Besteuerungsgrundlagen gewinnt der Staat ein deutlich erhöhtes Steueraufkommen, das dann durch Senkung der Steuersätze an die Allgemeinheit der Steuerpflichtigen zurückgegeben werden könnte.

Auch bei der Krankenversicherung gibt es bereits viele innovative Vorschläge. Beispielsweise hat sich der Rat der Evangelischen Kirche in Deutschland (EKD) Mitte Oktober 2002 in einer Stellungnahme zur Gesundheitspolitik mit interessanten konkreten Reformvorschlägen an die Öffentlichkeit gewandt. Hieraus seien einige hervorgehoben:

- Einräumung von Gestaltungsmöglichkeiten im Beitragsrecht, z. B. in Form von Bonus- und Präventionsangeboten, Beitragsrückerstattungs- und Selbstbehaltsmodellen
- Einräumung von Gestaltungsmöglichkeiten im Leistungsangebot über die Standardsicherung hinaus und über die Art der Leistungserbringung
- Gestaltung verlässlicher Finanzierungsgrundlagen durch angemessene Beitragssätze für die Mitgliedschaft in der Krankenversicherung sowie die Einbeziehung aller Einkommensarten in die Beitragsbemessungsgrundlage
- Überprüfung der Ausgestaltung der von den aktiv Versicherten hoch subventionierten Krankenversicherung der Rentner mit den Zielen Abbau des erreichten Übermaßes und Berücksichtigung des Haushaltseinkommens der Rentner bei der Beitragsbemessung.

Insbesondere zum letzten Punkt sind die Zahlen zur Entwicklung der Pro-Kopf-Ausgaben in der gesetzlichen Krankenversicherung von 1980 bis 2000 sehr interessant: Danach sind die Ausgaben pro Rentner nicht nur erheblich höher als die eines aktiven Mitglieds, sondern sie nehmen im Personenvergleich auch viel schneller zu. 1980 wurden für einen Aktiven 1.151 Euro ausgeben, für einen Rentner 1.462 Euro. Im Jahr 2000 war das Zahlenverhältnis 1.936 Euro für einen Aktiven zu 3.688 Euro für einen Rentner. Damit drohen mit der Alterung der Bevölkerung einerseits und dem medizinischen Fortschritt andererseits auch künftig kräftige Beitragssatzanhebungen in der gesetzlichen Krankenversicherung.

3. Leistungsgerechtigkeit für Familien im Steuerrecht verwirklichen.

Kinder sind hierzulande das Armuts- und Berufsrisiko Nummer Eins. Wer sich dennoch zur Familiengründung entschließt, muss sich mit besonders tiefen Einschnitten in seine wirtschaftlichen und damit unausweichlich auch persönlichen Gestaltungsmöglichkeiten abfinden. Der relative Abstand des Lebensstandards von Familien mit Kindern zu Ehepaaren, Lebensgemeinschaften und allein Stehenden ohne Kinder hat sich entgegen aller politischen Absichtsbekundungen auch in den vergangenen Jahren weiter vergrößert. Ziel muss es sein, diesen Abstand deutlich zu verringern. Zuerst muss es darum gehen, das deutsche Steuer- und Sozialversicherungssystem auch in diesem Punkt leistungsgerecht auszugestalten. Eltern sind nicht arm, sondern der Staat hat sie in den letzten 40 Jahren in verfassungswidriger Weise arm gemacht. Kinderkosten sind zum großen Teil privat zu tragen, spätere Erträge aus Steuern und Sozialversicherungen kommen hingegen der Allgemeinheit zugute. Dies hat das Bundesverfassungsgericht bereits mehrfach festgestellt. Der Deutsche Caritasverband geht hier davon aus, dass Erziehungsarbeit und Erwerbsarbeit gleichwertig sind und auch so behandelt werden müssen. Den Familien ist zuallererst einmal das zu belassen, was ihnen über ihr Einkommen verfügbar ist. Hierzu gehört vor allem: Das Kinder-Existenzminimum in Höhe von 7.300 Euro pro Jahr muss steuerfrei gestellt werden. Indirekte Steuerlasten wegen Kindesunterhalt sind den Eltern in Form von Kindergeld zu erstatten.

4. Leistungsgerechtigkeit für Familien in der Renten-, Kranken- und Pflegeversicherung verwirklichen.

Das Bundesverfassungsgericht hat mehrfach sowohl die Rentenversicherung als auch die Pflegeversicherung wegen eklatanter Benachteiligung der für das umlagefinanzierte System bestandssichernden Erziehungsleistung für verfassungswidrig erklärt. Das Gericht fordert ein striktes Gegensteuern. Dass Versicherte mit Kindern den gleichen Beitrag zahlen müssen wie Versicherte ohne Kinder, ist ein Verstoß gegen den Gleichheitsgrundsatz. Hier hat das Gericht dem Gesetzgeber nur deshalb eine so lange Korrekturfrist (bis zum 31. Dezember 2004) gesetzt, weil er die Auswirkungen dieser Rechtsprechung auch für die anderen Sozialversicherungszweige, etwa die Rentenversicherung, zu prüfen hat. Die aus familienpolitischer Sicht notwendigen Korrekturen im Bereich der Sozialversicherung müssen sich entsprechend den verfassungsrechtlichen Vorgaben künftig am Grundsatz der Gleichwertigkeit von einbezahlten Versicherungsbeiträgen und erbrachter Kindererziehungsleistung orientieren. Beispiel: Eine Frau, die drei Kinder erzogen hat, muss auch später eine Rente erhalten, die mindestens dem heutigen Grundsicherungsniveau entspricht. Darüber hinaus bedarf es einer Entlastung der Familien in der aktiven Phase der Kindererziehung.

5. Armutsfeste Ausgestaltung der vorrangigen Leistungssysteme durch Einführung einer bedarfsorientierten Grundsicherung für erwerbsfähige Arbeitslose.

Die Sozialhilfe ist das unterste soziale Netz in Deutschland. Durch die Zunahme der Langzeitarbeitslosigkeit sind viele Empfänger(innen) von Leistungen der Bundesanstalt für Arbeit aus dem System der Arbeitslosenversicherung herausgefallen und der Sozialhilfeverwaltung „überantwortet" worden. Die Caritas fordert eine steuerfinanzierte, bedarfsorientierte Grundsicherung für alle arbeitsfähigen Arbeitslosen. Sie sollen im Zuständigkeitsbereich der Arbeitsverwaltung verbleiben.

6. Rückkehr zu einem konsistenten Regelsatzbemessungssystem in der Sozialhilfe.

Die Höhe des Regelsatzes in der Sozialhilfe ist seit jeher politisch umstritten. Über die Sozialhilfe hinaus haben die Regelsätze Bedeutung für die Bemessung des Existenzminimums im Steuerrecht, die Grundsicherung im Alter, die Pfändungsfreigrenzen und den Niedriglohnsektor. Aufgrund der seit knapp zehn Jahren andauernden Deckelung der jährlichen Fortschreibung der Regelsätze ist ein erheblicher Nachholbedarf entstanden. Derzeit im Regelsatz für Kinder noch nicht berücksichtigt ist die Entscheidung des Bundesverfassungsgerichtes aus dem Jahr 1998 zur Steuerfreistellung des Erziehungsbedarfs. Dieser Erziehungsbedarf, der laut Bundesverfassungsgericht zum Existenzminimum eines Kindes gehört, ist bis heute im Regelsatz für das Kind nicht berücksichtigt. Der Caritasverband fordert die Rückkehr zu einem konsistenten Regelsatzbemessungssystem, wie dies bei der auf die Einkommens- und Verbrauchsstatistik gestützten Bedarfsbemessung gegeben ist. Der Eckregelsatz (das ist der Regelsatz für den allein Stehenden und den Haushaltsvorstand) muss aufgrund der Deckelung um mindestens zehn Euro angehoben werden. Der Regelsatz für ein Kind muss ebenfalls deutlich angehoben werden.

Ob diese Vorschläge der letztgültige Weg zum Heil sind, mag dahingestellt bleiben; für den Caritasverband stellen sie jedoch einen gangbaren Weg ins Freie vor.

Horst W. Opaschowski

Wertewandel

Von der Ellenbogengesellschaft zur Verantwortungsgesellschaft

In einem der ältesten Weisheitsbücher der Menschheit, dem chinesischen „I Ging“ (Buch der Wandlungen), wird dargestellt, dass alle Entwicklungen in Natur und Gesellschaft zyklisch ablaufen: Altes wird abgeschafft, Neues wird eingeführt. Beides entspricht der Zeit und bringt keinen Schaden. Dennoch: *Die Übergangszeit bzw. Wendezeit wird oft als krisenhaft erlebt.* Es fällt schwer, den beschleunigten sozialen Wandel zu begreifen.

Beim Gedanken an die weitere Zukunft machen der Bevölkerung Probleme im zwischenmenschlichen Bereich am meisten Sorgen. Die Zukunftssorgen der Menschen konzentrieren sich auf die Frage: *Geht der soziale Kitt verloren?* Kritisiert werden, so weisen Repräsentativbefragungen nach (B·A·T Freizeit-Forschungsinstitut 2002, S. 9), Aggressivität (1999: 40 % – 2002: 47 %) und Egoismus (1999: 32 % – 2002: 38 %), Gleichgültigkeit und Oberflächlichkeit

Prof. Dr. Horst W. Opaschowski ist Zukunftswissenschaftler, Politikberater und Professor für Erziehungswissenschaft an der Universität Hamburg sowie Wissenschaftlicher Leiter des B·A·T Freizeit-Forschungsinstituts.

(1999: 27 % – 2002: 34 %) bis hin zu Herzlosigkeit und sozialer Kälte (1999: 42 % – 2002: 52 %). Die Folgen können Vereinsamung (1999: 20 % – 2002: 27 %) und soziale Ausgrenzung (1999: 19 % – 2002: 27 %) sein. Das gesamte soziale Netz, das die Menschen verbindet und auffängt, ist dadurch in Frage gestellt. Was hält die Menschen dann in Zukunft noch zusammen?

Droht ein Vertrauensverlust auf breiter Ebene? Jeder zweite Bundesbürger (51 %) ist der Meinung, „dass man den meisten Menschen nicht vertrauen kann" (West: 50 % – Ost: 55 %). Das soziale Vertrauen, das Menschen zu ihren Mitmenschen empfinden, ist in Frage gestellt. Lang anhaltende hohe Arbeitslosigkeit, wachsender Zwang zu beruflicher Mobilität und Wohnortwechsel, der Trend zur Individualisierung anstelle von Solidarisierung sowie zunehmende Akzeptanzprobleme gegenüber sozialen Normen lassen das Vertrauen in gesellschaftliche Institutionen und andere Menschen spürbar sinken.

Vertrauensbildung wird zur größten Herausforderung des 21. Jahrhunderts – im zwischenmenschlichen Umgang genauso wie in der internationalen Politik, in den weltweiten Wirtschafts- und Handelsbeziehungen, im Arbeits- und Geschäftsleben (z. B. in der Mitarbeitermotivation und Kundenbindung) und natürlich in der ganz privaten Kontaktpflege in Nachbarschaft, Freundeskreis und sozialem Netzwerk. Das rasche Lebenstempo lässt immer weniger zeitaufwendige Verpflichtungen zu. Nicht, weil die Menschen dies nicht mehr wollen, sondern weil sie glauben, es zeitökonomisch nicht mehr verkraften zu können. Wird Vertrauen vielleicht bald nur noch negativ definiert – als Abwesenheit von Misstrauen? Und lautet die positive Variante dann allenfalls: Selbstvertrauen?

„Es wird nie wieder so werden, wie es war!" Diesen Ausspruch hörte man erstmals zur Zeit der Öl-/Energiekrise 1972/73, dann 1986, als das Unglück in Tschernobyl geschah, schließlich 1991 während des Golfkriegs und jetzt wieder nach dem 11. September 2001. Jedes Jahrzehnt hat offensichtlich seine zeitgeschichtliche Zäsur, die die Menschen nachdenklich stimmt und zur Selbst- oder gar Neubesinnung anregt. *„Back to the simple life"* – zurück zum einfachen Leben: So hieß beispielsweise die Formel der Amerikaner 1991

zur Zeit des Golfkriegs. Alles wiederholt sich, historisch gesehen. Die Welt nach dem 11. September: Hat sie die Menschen verändert? Was bleibt? Was ändert sich? Und was kommt neu hinzu?

Handelte es sich beim 11. September 2001 wirklich um einen tiefen Einschnitt im Bewusstseinshaushalt der westlichen Welt? Um einen Bruch im Fühlen und Denken der Zeitgenossen? Um eine nachhaltige Erschütterung, so wie das Erdbeben in Lissabon 1755 den Fortschrittsglauben der Aufklärung erschütterte? Können wir überhaupt von einer *Zeitenwende* sprechen? Oder handelt es sich nur um einen zeitweiligen *Themenwechsel*, der die Ikonen und Symbole der westlichen Welt in ihrer globalen Bedeutung wieder relativiert und nicht mehr als Nabel der Welt und Zentrum des Zeitgeschehens ansieht? In jedem Fall ist die Nachdenklichkeit weltweit geschärft worden.

Das Allensbacher Institut für Demoskopie hat in einer Art *Vorher-Nachher-Studie zum 11. September* die Stimmen und Stimmungen in Deutschland empirisch erfasst. Die Menschen reagieren auf den 11. September auf eine zweifache Weise:

Zunächst einmal denkt jeder an sein ganz *persönliches Glück*: Das Leben heute und nicht erst morgen genießen und einfach glücklich sein. Diese Art von Lebensfreude ist kaum von materialistischen Erwägungen abhängig: „Dass ich viel Geld habe, reich werde" (Januar 2001: 15 % – Januar 2002: 13 %) hat nur eine marginale Bedeutung im Vergleich zu dem Wunsch „Dass ich glücklich bin" (Januar 2001: 65 % – Januar 2002: 67 %). Lebensglück und Lebenssinn werden mehr als Einheit gesehen (Allensbach 2002).

Die zweite Reaktion deutet auf einen grundlegenden Einstellungswandel hin. Seit den frühen siebziger Jahren haben *soziale Motive* im Leben an Bedeutung verloren. Im Zeitvergleich vor und nach dem 11. September ist nun plötzlich feststellbar, dass sich die Menschen wieder mehr für eine bessere Gesellschaft interessieren und sich dafür auch einsetzen wollen. Sehr viel mehr als vor einem Jahr wollen sie jetzt *mithelfen, eine bessere Gesellschaft zu schaffen* (Januar 2001: 31 % – Januar 2002: 40 %).

In der gesamten westlichen Welt ging in den letzten Jahren der Gemeinsinn auf breiter Ebene zurück – so etwa das Interesse der Bürger am öffentlichen Geschehen, am sozialen Engagement und an der Mitarbeit in gemeinnützigen Organisationen. Als Ursache hierfür galt das in der modernen Soziologie so genannte *Bowling-alone-Phänomen*: Immer mehr Menschen schoben ihre Kugel allein – auf Kosten der sozialen Werte einer Gesellschaft, wozu Bindungen, soziales Vertrauen und Gemeinschaftssinn gehören (Putnam 1995). Die Menschen waren weniger nachbarschaftlich eingestellt und das soziale Leben der Gemeinschaft wich der Isolation. Eigenschaften wie Gemeinschaftsgeist und Mitgefühl drohten verloren zu gehen. Der soziale Zusammenhalt als zentrale Ressource jeder Gesellschaft war gefährdet.

Nach dem 11. September zeichnet sich ein *Wandel vom bowling alone zum bowling together* ab: Eine Wiederentdeckung des Gemeinsinns im Sinne von mehr Gemeinsamkeit und weniger Egoismus. Die Zeichen der Zeit deuten in diese Richtung. *Es kündigt sich der radikalste Wertewandel seit dreißig Jahren an: Die Rückkehr der Verantwortung* als Antwort auf Verunsicherungen und Vertrauensverluste. In einer zunehmend entgrenzten Welt können wir nur bestehen, wenn wir wieder in und um uns herum festen Halt haben und uns auf soziale Tugenden verlassen können – auf Rücksichtnahme, Hilfsbereitschaft und Kollegialität, auf Ehrlichkeit, Freundlichkeit und Höflichkeit. Verantwortungsbereitschaft (78 %) hat bei den Deutschen wieder eine größere Bedeutung als Durchsetzungsvermögen (73 %). Respekt (71 %) und Toleranz (69 %) zählen mehr als Freiheit und Unabhängigkeit (63 %). Auf der mitmenschlichen Ebene wird Beständigkeit gesucht (Opaschowski 2002a). Ein solcher *Wandel von der Ellenbogengesellschaft zur Verantwortungsgesellschaft* kann folgenreich sein.

Insbesondere die junge Generation des 21. Jahrhunderts löst sich selbstbewusst aus dem Schatten der Werterevolution der 68er Jahre. Sie muss sich und anderen keine Protesthaltung mehr beweisen. Sie richtet sich stattdessen auf ein ebenso langes wie selbstständig geführtes Leben ein: unterwegs und auf der Suche nach dem „richtigen" Verhältnis von alten und neuen Werten. Sie will in einer ausgeglichenen *Balance zwischen Leistungs-, Genuss- und Sozialorientierung* leben. Sie legt besonderen Wert darauf, im Leben etwas zu leisten und das Leben zu genießen. Und ist auch bereit – auf Gegenseitigkeit – anderen zu helfen. Ein gelungenes Leben heißt für sie, mehr als für alle Kriegs- und Nachkriegsgenerationen zuvor, das Gleichgewicht von materiellem Wohlstand und sozialem Wohlbefinden wieder zu finden.

Vieles deutet auf einen *nachhaltigen Sinneswandel* hin. Die Flutkatastrophe in Deutschland hat insbesondere bei der Jugend eine Welle der Hilfsbereitschaft und des gesellschaftlichen Engagements ausgelöst. Die viel kritisierte Gesellschaft der Ichlinge hat sich in *tatkräftige Selbsthilfegruppen* aufgelöst und einer pragmatischen Solidarisierung zum Durchbruch verholfen: *Ich helfe dir, damit auch mir geholfen wird.* Ein neuer Typus von Solidarität entwickelte sich – jenseits von Pflichtgefühl und Helferpathos: Aus der Not heraus schlossen sich junge Menschen zu einem Netzwerk als Beistandspakt zusammen und machten die Erfahrung des Aufeinander-Angewiesenseins. Die Jugend lebte geradezu ein neues Gesellschaftsideal vor, das für die Zukunft hoffen lässt: Die *Menschen sollen sich wieder gegenseitig mehr helfen* und nicht mehr alle sozialen Probleme einfach dem Staat oder der Politik überlassen.

Vergleicht man beispielsweise die Wertorientierungen von Jugendlichen heute mit der Einstellung der Jugendlichen in den achtziger Jahren, so wird deutlich: Leistungs-, Genuss- und Sozialorientierungen nehmen zu. Die vor zwanzig Jahren vorausgesagte „*Wertesynthese* als Problemlösung für die Zukunft" (Opaschowski 1983, S. 184) ist inzwischen Wirklichkeit geworden. *Leistungsorientiert und lebensfreudig:* Die junge Generation lebt wieder mehr im Gleichgewicht. „Leistung und Lebensgenuss sind für sie keine Gegensätze mehr. Beide verlieren ihren Konfrontationscharakter im gleichen Maße, wie die Grenzen zwischen Arbeit und Nicht-Arbeit, Ernst und Spaß fließender werden. Nicht anstrengende Berufsethik auf der einen und entspannende Non-Mühsal-Ethik auf der anderen Seite beherrschen ihr Leben. Ein Ausgleich zwischen materiellen und immateriellen Lebenszielen wird eher angestrebt – eine *neue Gleichgewichtsethik*" (Opaschowski 2002 b, S. 93). So zeichnet sich ein qualitativer Wertewandel ab: Die Jugend ist auf dem Wege zu einer *neuen Lebensbalance*.

Dies bestätigt mittlerweile auch die aktuelle Shell-Studie „Jugend 2002", wonach die Jugend wieder „optimistisch auf ihre persönliche Zukunft" blickt und trotz objektiv problematischer gesellschaftlicher Entwicklungen im eigenen sozialen Umfeld wie in der gesamten Welt in einer „positiven Grundstimmung" lebt. *Pessimismus ist passé*, Protest und Nullbock-Einstellung auch. Da ist von „Egotaktikern" die Rede, die sich ihren Lebenscocktail aus einem

„Schuss Opportunismus" und einer „Portion Bequemlichkeit" mixen, pragmatischen Idealismus und robusten Materialismus problemlos miteinander kombinieren und selbst alte Konventionen von Anpassung, Recht und Ordnung als „Nutzwerte" für ihr Leben wiederentdecken. Zugespitzt in der Formel: *„Aufsteigen statt Aussteigen"* (Shell 2002, S. 17). Karriere machen, Markenkleidung tragen, Wert auf persönliche Treue legen und einfach glücklich sein. Diese Generation hat offensichtlich „ihr" Lebenskonzept gefunden, in dem sie Clique und Familie, Konvention und Karriere, Leistung und Lebensgenuss, sich selbstständig machen und soziale Verantwortung übernehmen problem- und konfliktlos miteinander verbindet. Dabei ist die *neue Verantwortungsrolle*, die viele Jugendliche übernehmen, mehr eine Frage des spontanen Handelns (im Sinne von „just do it!" bzw. „Handle jetzt!") und weniger ein Ergebnis moralischer Grundsatzüberlegungen.

Ende der neunziger Jahre hatte der Autor vorausgesagt, dass die neue „Generation @" nach der Jahrtausendwende die soziale Verantwortung wiederentdecken würde. Von Opferpathos, Nächstenliebe und „karitativem Mief" wollte sie dann nichts mehr wissen, dafür umso mehr von der Freiwilligkeit sozialen Engagements: „Die junge Generation setzt Zeichen für eine *neue Kultur des Helfens* nach der Jahrtausendwende: Sie will helfen – freiwillig, selbstbestimmt und aus Freude. Helfen aus Spaß, nicht Helfen aus Pflicht. Dem viel kritisierten Bild der ‚Null-Bock'-Generation steht ein anderes Bild der *‚Just-do-it'-Generation* gegenüber, das für die Zukunft hoffen lässt" (Opaschowski 1999, S. 187).

Jetzt ist es soweit: Das Institut für Demoskopie Allensbach bestätigte in einer Repräsentativbefragung von 1.081 Jugendlichen im Alter von 14 bis 18 Jahren (2002) diesen Einstellungswandel. Zwei von drei Jugendlichen halten *Verantwortungsbewusstsein für ein „ganz besonders wichtiges Lebensziel"*. Zwei Drittel (64 %) geben an, für ihre Freunde da zu sein, gut die Hälfte für ihre Geschwister und Eltern. Gefragt, ob sie sich im weitesten Sinne für andere engagieren, antworteten neun von zehn Jugendlichen mit Ja.

Der Eindruck entsteht: Eine neue *Generation Leistung* löst die angebliche Spaß-Generation ab. Eine Entwicklung, die sich schon vor der Jahrtausendwende abzeichnete: „Die Zukunft in Deutschland hat einen Namen: *Leistungsgesellschaft*. Jugendliche im Alter von 14 bis 29 Jahren sind davon genauso überzeugt (63 %) wie etwa die 25- bis 59-Jährigen (63 %). Offen ist eigentlich nur noch die Frage: Leistung – wofür? In der Arbeit? Im Sport? Oder im sozialen Engagement? Werden im 21. Jahrhundert die beiden Gegenwelten Arbeit/Freizeit durch die Spannungspole Leistung/Lebensgenuss ersetzt?“ (Opaschowski 1999, S. 28).

Diese Prognose ist jetzt Wirklichkeit geworden. Die junge Generation will Leistung bringen, Erfolg haben und Karriere machen, wozu auch die Verantwortungsbereitschaft gehört. Jeder zehnte Jugendliche macht beim DLRG, Technischen Hilfswerk oder bei der Freiwilligen Feuerwehr mit. *Sich verantwortlich fühlen* heißt, für sich und andere, für Freunde und Familie da zu sein, wenn man gebraucht wird.

Damit bestätigt sich, was der Philosoph Hans Jonas (1903–1993) bereits in den siebziger Jahren als Neubesinnung gefordert hatte, um das Vakuum des Wertrelativismus zu überwinden. Er sprach von notwendiger *Zukunftsverantwortung*, damit die Menschen nicht in Langeweile und Routine versinken. Eine *Ethik der Verantwortung* für eine entfernte Zukunft sei erforderlich. Denn: „Die ‚Zukunft‘ ist in keinem Gremium vertreten. Das Nichtexistente hat keine Lobby und die Ungeborenen sind machtlos“ (Jonas 1979, S. 55). Hier muss also das *Prinzip Verantwortung* wieder zum Zuge kommen, wenn man nicht mehr wie früher nur auf den Beistand des Himmels vertrauen will.

In diesem Zusammenhang ist es schon bemerkenswert: Der Begriff der individuellen Verantwortung kommt beispielsweise in den traditionellen Strukturen und Kulturen Afrikas überhaupt nicht vor. In der Sprache Kameruns bedeutet das Wort „verantwortlich“ so viel wie „Häuptling“. Wer hier Bauern zur Verantwortung ziehen will, müsste ihnen sagen, dass sie alle Häuptlinge sind. Die Begründung: Das afrikanische Denken geht nicht vom Individuum als verantwortlichem Wesen aus, weil die Gemeinschaft Vorrang vor dem Individuum hat. Das Individuum ordnet sich ganz selbstverständlich der Familie, der Gruppe und der Gesellschaft (Etounga-Manguelle 2000, S. 110) unter und bleibt ein Leben lang mit den Ahnen verwurzelt.

Wenn es derzeit einen Begriff gibt, der die Ergebnisse des Weltgipfels für nachhaltige Entwicklung von Johannesburg prägnant zusammenfasst, dann ist es der Begriff der Verantwortung. *Verantwortung wird zum Schlüsselbegriff für die Zukunft* – ganz im Sinne des UN-Generalsekretärs Kofi Annan: Gemeint ist erstens die Verantwortung füreinander, zweitens die Verantwortung für Natur und Umwelt und drittens die Verantwortung für das Wohl der kommenden Generationen. Für Kofi Annan ist Verantwortung *der* Begriff für die Zukunft, der alles umfasst. Mit der Realisierung von Verantwortung lässt sich ein Kurswechsel erreichen, der ökonomische, ökologische und soziale Zukunftsperspektiven liefert. Bürgerinitiativen spielen dabei eine entscheidende Rolle als „Partner, Anwälte und Wächter" (Annan 2002). Sie können eine Zeit des Wandels und eine *Ära der Verantwortung* einläuten, die kommenden Generationen eine sichere Zukunft garantiert.

Der Soziologe Karl Otto Hondrich spricht in diesem Zusammenhang vom *Prinzip der Reziprozität*, das wie ein moralisches Grundgesetz des Zusammenlebens wirkt: *Wie du mir – so ich dir*. Es findet beim Helfen und Schenken ebenso Anwendung wie beim Markttausch, dem modernen Zivilrecht oder der Blutrache (Hondrich 2001). Dieses Grundgesetz des Handelns wird durch das Prinzip der Vergebung und der Mildtätigkeit in Schach gehalten. Eine neue *Solidarisierungsbewegung* ist also in Ansätzen erkennbar: Weniger amtlich oder staatlich verordnet, mehr spontan und sprunghaft, weniger verpflichtend, mehr freiwillig. Der Individualismustrend kehrt sich um; die Menschen rücken wieder enger zusammen und wollen sich gegenseitig mehr helfen. Chancen für eine neue „Kultur der Verantwortung" (Glück 2002) zeichnen sich ab – verbunden mit einer wachsenden Sehnsucht nach Sinn. Verantwortung übernehmen heißt auch, dem Leben einen Sinn geben.

Werden in Zukunft verantwortungsbewusste Manager nicht mehr nur nach Shareholder Value, sondern auch nach *Jobholder Value* und ethischen Prinzipien fragen? *Ethic-Value* bzw. *Ethic-Investment* (Brüser 2001, S. 38), ethische Orientierung und gute Rendite müssten sich dann nicht mehr ausschließen. So könnte eine neue Sozialkultur entstehen und für eine ebenso leistungs- wie konsumorientierte Generation attraktiv werden.

Es zeichnen sich für die nähere Zukunft *Züge einer Verantwortungsgesellschaft* ab, wie sie der amerikanische Sozialphilosoph und Wortführer der kommunitaristischen Bewegung in den USA

Amitai Etzioni als Merkmal einer ebenso guten wie funktionierenden Demokratie beschrieben hat: In einer Verantwortungsgesellschaft (Etzioni 1999) werden den Bürgern keine sozialen Pflichten auferlegt. Die Bürger kommen vielmehr ihren Verantwortlichkeiten freiwillig und aus Überzeugung nach und nicht, weil sie dazu genötigt werden. *Sie verlassen sich wieder mehr auf ihre eigene moralische Stimme und weniger auf den Staat.* Wird die Rückkehr der Verantwortung bei den Bürgern langfristig einen Rückgang staatlicher Dienstleistungen zur Folge haben? Dann könnten Bürger- und Gemeinschaftsinitiativen, die sich auf Freiwilligkeit und auch auf Spenden stützen, die öffentlichen Kosten senken, übertriebene Ansprüche reduzieren und das *Netz zwischenmenschlicher Bindungen* stärken helfen.

Ein anschauliches Bild aus der Tierwelt symbolisiert diesen Wandel: Nach der Evolutionstheorie helfen Säugetiere ihren nächsten Verwandten am meisten. Unter ihnen gibt es eine Tierart, die zu den kooperativsten Säugetieren der Welt zählt und Loyalität und Hilfsbereitschaft auch unabhängig vom Verwandtschaftsgrad praktiziert. Diese Tierart bewohnt in großen Kolonien das afrikanische Busch- und Savannenland, ist überaus gesellig und lebt in ständigem Stimmkontakt. Diese knapp dreißig Zentimeter großen Lebewesen heißen: Erdmännchen. Alle Erdmännchen übernehmen ganz selbstverständlich *soziale Aufgaben* in ihrer Gruppe und beteiligen sich an der *Nachwuchsbetreuung* – auch unabhängig davon, ob sie mit dem Nachwuchs verwandt sind oder nicht. Selbst Erdmännchen, die keine Nachkommen haben, widmen ihr Leben ganz oder teilweise der Betreuung von fremden Jungen: Sie füttern sie oder übernehmen *Wächteraufgaben*, richten sich also bei Gefahr auf und „machen Männchen" (daher kommt übrigens der Name). Die Erklärung ist einfach: Erdmännchen profitieren davon, in der Gemeinschaft zu leben, weil dadurch ihre Lebens- und Überlebenschancen steigen.

Auch wir können nur von Gemeinschaft und Gemeinsinn profitieren – und zwar *nachhaltig im doppelten Sinne*: Sozial verantwortliches Handeln sorgt für die eigene soziale Sicherheit und garantiert zugleich auch künftigen Generationen ein lebenswertes Leben. Wer heute nachhaltig vorsorgt, braucht sich morgen keine Sorgen um die Nachwelt zu machen. Wenn wir in Zeiträumen von Generationen (und nicht nur in Legislaturperioden) denken, rechtfertigt sich auch das Vertrauen der Bürger in die Zukunftsfähigkeit von Politik, Wirtschaft und Gesellschaft. Die Antwort auf die Sinnfrage, was uns zusammenhält, lautet dann ganz einfach: *Es tut gut, gebraucht zu werden.*

Verwendete und weiterführende Literatur

Allensbach, Institut für Demoskopie (Hrsg.), Spaß muss sein. Eine Vorher-Nachher-Studie zum 11. September 2001. In: Allensbacher Berichte Nr. 6 (2002), S. 1–7.

Annan, K., Ein Konzept, das alles umfasst. In: Süddeutsche Zeitung vom 3. September 2002.

B·A·T Freizeit-Forschungsinstitut (Hrsg.), Konfliktfeld Deutschland. Die Zukunftssorgen der Bevölkerung, Hamburg 2002.

Brüser, Chr., Die Börsen der Hoffnung. In: zeit-schritt 9 (2001), S. 36–38.

Etounga-Manguelle, D., Benötigt Afrika ein kulturelles Anpassungsprogramm? In: L. A. Harrison/S.P. Huntington (Hrsg.), Streit um Werte, Hamburg-Wien 2000, S. 103–119.

Etzioni, A., Die Verantwortungsgesellschaft. Individualismus und Moral in der heutigen Demokratie („The New Golden Rule", 1996), Berlin 1999.

Glück, A., Verantwortung übernehmen, Stuttgart-München 2002.

Hondrich, K. O., Der Neue Mensch, Frankfurt/M. 2001.

I Ging, Das Buch der Wandlungen. Hrsg. v. R. Wilhelm, Köln 1956.

Jonas, H., Das Prinzip Verantwortung, Frankfurt/M. 1979.

Opaschowski, H. W., Arbeit, Freizeit, Lebenssinn? Orientierungen für eine Zukunft, die längst begonnen hat, Opladen 1983.

Opaschowski, H. W., Generation @. Die Medienrevolution entlässt ihre Kinder: Leben im Informationszeitalter, Hamburg-Ostfildern 1999.

Opaschowski, H. W., Was uns zusammenhält. Krise und Zukunft der westlichen Wertewelt, München 2002a.

Opaschowski, H. W., Start-up ins Leben. Wie selbstständig sind die Deutschen? Hamburg 2002b.

Putnam, R. D., Bowling Alone: America's Declining Social Capital. In: Journal of Democracy, Vol. 6 No 1 (January 1995), S. 65–78.

Shell, Deutsche (Hrsg.), Jugend 2002, 14. Shell Jugendstudie, Hamburg 2002.

Peter Hünermann

Widerstand

Ziviler Ungehorsam und Solidarität durch bürgerschaftliches Engagement

Das Wort Widerstand weist in eine reiche, vielgestaltige Geschichte, die heute fortzuschreiben ist.

Seit dem Mittelalter bezeichnet Widerstand das Recht, sich zu wehren gegen eine Obrigkeit, durch die das Recht verletzt wird. Im Artikel 2 der französischen Erklärung der Menschen- und Bürgerrechte von 1789 wird der Widerstand als natürliches und unveräußerliches Menschenrecht gekennzeichnet. Mit der Gewaltenteilung, der Entstehung des modernen Rechtsstaates, den allgemeinen, freien, gleichen und geheimen Wahlen und den daraus resultierenden Chancen des Machtwechsels hat sich die Situation geändert. Sehr viele Juristen halten die Frage des Widerstands für unvereinbar mit einem modernen rechtsstaatlichen Gemeinwesen, so dass auch „ziviler Ungehorsam", d. h. eine aktive Gesetzesverletzung innerhalb einer fast gerechten Gesellschaft, eher abgelehnt als akzeptiert wird. Die Frage stellt sich, ob Widerstand heute nicht in anderer Form als im Sinne zivilen Ungehorsams zu bedenken und zu leisten ist.

Dazu zunächst eine These: Es zeichnet sich deutlich eine Gefährdung der Demokratie von „innen" her ab, eine Aushöhlung und Paralysierung der Demokratie mit Hilfe formaler demokratischer Strukturen. Es ist eine Entwicklung im Gang, die zur Entfremdung der Gesellschaft von der Demokratie und zur Handlungsunfähigkeit der Demokratie führt. Wie ist diese These zu verstehen? Eine Demokratie hat substantielle, reale Voraussetzungen, ohne die die formalen demokratischen Instrumente ihren Sinn und ihre Funktionstüchtigkeit Schritt um Schritt verlieren. Nicht umsonst spricht man in Lateinamerika von rein formalen Demokratien, denen im Grunde

Dr. Peter Hünermann war von 1982–1997 Professor für Dogmatik an der Universität Tübingen. Seit 1995 ist er Ehrenpräsident der Europäischen Gesellschaft für Katholische Theologie.

die demokratische Substanz fehlt und die infolgedessen sehr leicht in Diktaturen umschlagen können: in Militärdiktaturen oder in die Diktatur eines „Caudillo". Solche Gefährdungen, wenngleich in anderer Form als in Lateinamerika, zeichnen sich auch in unserer Gesellschaft ab, sie fordern einen Widerstand eigener Art heraus.

Drei Phänomene zeichnen sich besonders bedrohlich in der deutschen Gesellschaft ab:

Die fortschreitende Entdemokratisierung der basisnahen Lebensbereiche durch die finanzielle Strangulierung der Gemeinden und Städte

Demokratie setzt Selbstverantwortung und Selbstverwaltung auf allen Ebenen voraus. Die Stein-Hardenbergschen Reformen zu Beginn des 19. Jahrhunderts gingen deswegen davon aus, dass die Selbstverantwortung der Bürger real nur geweckt werden kann durch die Selbstverwaltung. Selbstverwaltung aber erfordert, dass eigene Einnahmequellen bestehen. Wenn Gemeinden, Städte, Gebietskörperschaften keine eigenen Einnahmequellen haben, verliert Selbstverwaltung ihren Sinn. Die Selbstverantwortung der Bürger für die Gestaltung ihres Lebensraumes bleibt ein hohles Wort.

Die Selbstverantwortung und Selbstverwaltung der Gemeinden und Städte war zu Beginn der Nazi-Zeit fast völlig ausgehöhlt. Seit den siebziger Jahren beschleunigt sich Jahrzehnt für Jahrzehnt ein Prozess, der die Gemeinden und Städte in eine dramatische Abhängigkeit von den Geldzuweisungen der Länder gebracht hat. Zugleich haben sich die Aufgabenzuweisungen des Bundes, die sich Gemeinden und Städte gefallen lassen müssen, extrem zugespitzt. Zwar finden Wahlen zu Gemeinderäten, Wahlen der Oberbürgermeister oder Magistrate statt. Aber was besagen Wahlen, wenn die Gewählten extremen Handlungszwängen ausgesetzt sind? Sie sind nicht Repräsentanten von selbstverantwortlich handelnden, das Selbstverwaltungsrecht wahrnehmenden Bürgern. Über das Wohl und Wehe der Gemeinden wird vornehmlich in den Landeshauptstädten bzw. in der Bundeshauptstadt entschieden.

Schaffung neuer gesellschaftlicher Klientelverhältnisse durch formaldemokratisch legitimierte Instanzen

Mit der Entstehung der Demokratie und des Rechtsstaates war die Auflösung der Feudalordnung gegeben. Hörige wurden frei, Standesprivilegien wurden abgeschafft. Mit der immer stärker sich ausprägenden Zuschreibung einer Gesamtverantwortlichkeit des Staates für die gesellschaftliche Entwicklung hat gerade in dieser Hinsicht ein rückläufiger Prozess eingesetzt. Es bilden sich erneut Klientelverhältnisse.

Wie komplex und weitgehend der Anspruch für die Daseinsvorsorge staatlicher Behörden ist, erweist sich bei jedem Lebensmittelskandal. Eine entsprechende Politik lässt sich nur durch zahlreiche Organisationen bewerkstelligen, die ihrerseits die Tendenz haben, sich zu verselbstständigen, ihre Machtbereiche auszudehnen, möglichst viele Menschen einzubinden und damit die eigene Macht und Bedeutung zu steigern. Zugleich bringt die staatliche Begünstigung und Förderung solcher Institutionen den Gewinn von „Wählerpotentialen" mit sich, die ihrerseits wiederum die Parteien bzw. die politisch Verantwortlichen in ihrer Macht zu stärken vermögen.

Dieser Entwicklung steht die andere geschichtliche Erfahrung gegenüber, dass das Versprechen umfassender Daseinsvorsorge nicht einzuhalten ist. Sie ist schlichtweg nicht bezahlbar. Die Gemeinschaft kann immer nur stützend und helfend eingreifen, wenn Solidarität unbedingt gefordert ist. Das wird nicht beachtet. Der Verteilungskampf um die knappen öffentlichen Ressourcen wird weitgehend als ein politischer Machtkampf geführt. Er orientiert sich nicht primär an rationalen Überlegungen und Prinzipien wie dem Subsidiaritäts- und Solidaritätsprinzip. Es geht weitgehend um die Verteidigung von Standards, von korporativen Stellungen bzw. Privilegien. Dabei wird immer wieder der Schulterschluss zwischen diesen Institutionen und den Repräsentanten des Staates gesucht, und zwar aus dem Interesse der wechselseitigen Machtabsicherung.

Die „Halb-Privatisierung" des Staates durch die Lobby-Herrschaft

Eng verbunden mit dem zuvor aufgezeigten Problem der erneuten Klientelbildung ist das hier angesprochene Problem der „Privatisierung" oder „Halb-Privatisierung" der staatlichen Gewalt. Zwar beansprucht der Staat das Gewaltmonopol und die gesetzgeberische Kompetenz durch die gewählten Vertreter des Volkes. Faktisch erfolgen aber die großen gesellschaftspolitisch bestimmenden Entscheidungen in einem direkten Kontakt zwischen den staatlichen Repräsentanten und den Repräsentanten der oben genannten Institutionen bzw. der Lobbyisten. Die gesetzgebenden Körperschaften werden vielfach erst dann herangezogen, wenn die Entscheidungen wenigstens in groben Linien festliegen. Die Fraktionen werden zusätzlich durch den Fraktionszwang und das Interesse des eigenen Machterhalts an die Regierungsvorhaben gebunden. Das Prinzip der Gewaltenteilung wird unterlaufen. Das Parlament ist in seiner Bedeutung sehr stark herabgesetzt. Die großen politischen Entscheidungen gewinnen einen „halb-staatlichen, halb-privaten" Charakter.

Es ist selbstverständlich, dass sich bei einer solchen Mischform die jeweils machtpolitisch potentesten Verbandsvertreter oder Interessenvertreter gegenüber anderen Kräften der Gesellschaft behaupten und sie in den Hintergrund drängen.

Es liegt auf der Hand: Widerstand gegen die aufgezeigten Tendenzen und Missstände ist unabdingbar. Sie führen in eine Art Erstickungstod des freiheitlich-demokratischen Staatswesens und seiner Gesellschaft. Dieser Widerstand ist zu leisten im Namen der Menschenwürde, im Namen der menschlichen Freiheit und Eigenverantwortlichkeit. Er ist aber auch zu leisten, und zwar ganz wesentlich, im Namen der Armen, der Marginalisierten, Machtlosen, deren Stimme im Getöse der Lobbyherrschaft übertönt wird. Sie sind ja höchstens als Klientel zu gebrauchen. Dieser Widerstand hat nicht den Charakter zivilen Ungehorsams, er besteht nicht in der Übertretung irgendwelcher Gesetze als Zeichen eines Protestes. Es ist ein Widerstand, der in einer politischen Rationalität wurzelt, die ihre Fundamente jenseits des Prinzips der Volkssouveränität besitzt, indem sie Menschenwürde, Freiheit und Eigenverantwortlichkeit als göttlich legitimiert voraussetzt. Man sollte diesen Widerstand auf Grund dessen als messianisch-rationalen Widerstand bezeichnen. Messianisch sollte dieser Widerstand heißen, weil er gegen alle Erfahrungen geschichtlichen Scheiterns und geschichtlichen Unrechts in der Bibel immer wieder erneuert worden ist: In der Hoffnung auf den Messias artikulierte sich das unerschöpfliche Sehnen und Verlangen nach einem gerechten gesellschaftlichen Miteinander, nach einem umfassenden Frieden. Rational muss dieser Widerstand heißen, weil er gegenüber kurzfristigen Eigen- und Machtinteressen die grundlegenden Einsichten der praktischen Vernunft zur Geltung bringt.

Dieser messianisch-rationale Widerstand aber ist ungeheuer schwer zu leisten. Die öffentliche Meinung unserer Gesellschaft ist weitgehend beherrscht von jenen Mächten und Gewalten, die oben charakterisiert worden sind. Die öffentlichen Medien spielen dieses Spiel weitgehend mit, allerdings mit je unterschiedlich akzentuierten Parteinahmen.

Wo und wie kann sich dieser messianisch-rationale Widerstand am wirkungsvollsten zeigen? Formen, in denen sich dieser Widerstand artikulieren kann und sollte, können nicht nur kritische Analysen und Reflexionen sein. Sie sind unerlässlich, aber relativ wirkungslos. Wirkungsvoller sind Bürgerinitiativen, in denen der Wille und die Entschlossenheit der Bürger zur eigenen Verantwortlichkeit, zur eigenen Freiheit und Gestaltungskraft deutlich wird. Am wirkungsvollsten aber und bedeutungsvollsten sind langfristig gesehen jene Gruppen, in denen die Solidarität mit den Marginalisierten und Machtlosen geübt und damit ein Klima geschaffen wird, das diese Gesellschaft überhaupt reformfähig macht. Warum sind diese Formen so bedeutsam? Aus einem doppelten Grund: Zum einen manifestieren sich gesellschaftliche Fehlentwicklungen gerade an den Armen, den Stimmlosen, den in irgendeiner Weise Marginalisierten am deutlichsten und auffälligsten.

Zum anderen wird die ideologisch überhöhte und in Wahrheit nur sehr begrenzte Leistungsfähigkeit öffentlicher Daseinsfürsorge des modernen Staates aufgedeckt.

Die moderne deutsche Gesellschaft einigermaßen integriert zu halten, das Abdriften größerer Bevölkerungsteile in die Arbeitslosigkeit, Armut, Bedeutungslosigkeit zu verhindern, die soziale Solidarität wach zu halten, kann nur gelingen, wenn neben der subsidiär einzusetzenden öffentlichen Hilfeleistung für sozial Schwache eine breite Bewegung sich freiwillig engagierender Menschen – „Ehrenamtliche" – tritt.

Ohne eine solche Bewegung erstickt unsere Gesellschaft an innerer Lähmung wie an Reformunfähigkeit. Ohne eine solche Bewegung vergrößern sich unsere sozialen Probleme sprunghaft und werden völlig unbewältigbar. Ohne eine solche Bewegung aber – und dies ist das Gravierendste – verliert unsere Gesellschaft ihre humanen Züge.

Thomas Petersen

Wissen

Oder nur wissen, wo es steht?

„Was meinen Sie, dreht sich die Erde um die Sonne oder dreht sich die Sonne um die Erde?“, fragte das Allensbacher Institut im Jahr 1989 einen repräsentativen Bevölkerungsquerschnitt. Das Ergebnis löste amüsiertes Schmunzeln aus: Immerhin 11 Prozent der Befragten vertraten tatsächlich die Auffassung, die Sonne drehe sich um die Erde. Das schien ein kurioses Indiz dafür zu sein, wie langsam sich eine wissenschaftliche Erkenntnis in der Bevölkerung ausbreitet. Kurz darauf ließ Robert Wybrow, der damalige Leiter des britischen Umfrageinstituts Gallup, dieselbe Frage in Großbritannien stellen. Es zeigte sich, dass die deutsche Bevölkerung noch über einen vergleichsweise hohen Bildungsstand verfügte. In England waren 19 Prozent der Befragten der Ansicht, die Sonne drehe sich um die Erde.

Als dann aber die Frage im März 1996 in Deutschland erneut gestellt wurde, blieb uns in Allensbach das Lachen im Halse stecken: Innerhalb von sieben Jahren war in Westdeutschland der Anteil derjenigen, die sagten, die Sonne drehe sich um die Erde, von 11 auf 16 Prozent gestiegen. Und auch die Zahl der Unentschiedenen hatte zugenommen. Insgesamt wussten in Westdeutschland nicht einmal mehr drei Viertel der Befragten, dass sich die Erde um die Sonne dreht. In Ostdeutschland war der Kenntnisstand nur wenig besser.

Sinkt das Bildungsniveau, das Faktenwissen in der Bevölkerung insgesamt? Es spricht einiges dafür. Denn auch bei anderen Wissensfragen schneidet die westdeutsche Bevölkerung heute schlechter ab als in früheren Jahrzehnten. Der Anteil derer, die anhand einer Zeichnung die Blätter verschiedener Baumarten erkennen, ist genauso rückläufig wie die Zahl derjenigen, die wissen, was „Esperanto“ bedeutet. Die am längsten in die Vergangenheit zurückreichende Allensbacher Wissensfrage lautet: „Wissen Sie das zufällig: Hat Luther

Dr. Thomas Petersen ist leitender Mitarbeiter am Institut für Demoskopie Allensbach.

vor dem Dreißigjährigen Krieg gelebt oder nach dem Dreißigjährigen Krieg?" 1957 wurde diese Frage zum ersten Mal gestellt und seitdem häufig wiederholt. Mehr als drei Jahrzehnte lang schwankte der Anteil derer, die die richtige Antwort gaben, in Westdeutschland zwischen 50 und 54 Prozent. Heute sind es nur noch 48 Prozent. Das scheint nur ein geringer Rückgang des Wissens zu sein, doch tatsächlich sind die Bildungsdefizite erheblich größer, als es auf den ersten Blick den Anschein hat, denn die Kenntnisse gehen zurück trotz eines stark gewachsenen Bevölkerungsanteils von Personen mit einem formal hohen Bildungsabschluss. Vor allem bei den Befragten mit Abitur haben sich die Kenntnisse seit den 70er Jahren dramatisch verschlechtert.

Man könnte meinen, es sei doch nebensächlich, ob jemand heute noch etwas über den Dreißigjährigen Krieg weiß oder nicht. Als das Allensbacher Institut kürzlich junge Führungskräfte der Wirtschaft fragte: „Wenn jemand sagt: ‚Vieles muss man nicht wissen, aber man muss wissen, wo es steht.' Sehen Sie das auch so oder nicht?", stimmten 92 Prozent der Befragten zu. Doch diese Einstellung beruht auf einem Irrtum. Denn zum einen handelt es sich bei der Frage nach Luther und dem Dreißigjährigen Krieg nicht allein um eine Wissens-, sondern auch um eine Verständnisfrage: Der Dreißigjährige Krieg hätte ohne Luther nicht stattgefunden. Vor allem aber ist Denken der selbständige und kreative Umgang mit dem Wissen, das man aktiv im Gedächtnis zur Verfügung hat. Denken kann man nur mit dem, was man im Kopf hat.

In einer Zeit, in der das Schlagwort der „Wissensgesellschaft" allgegenwärtig zu sein scheint, ist es erstaunlich, wie wenig öffentliche Aufmerksamkeit der Frage geschenkt wird, wie denn eine Gesellschaft Wissen und Denkfähigkeit erwirbt. Gemeint sind hier wissenschaftliche Diskussionen, die beispielsweise die Erkenntnisse der Hirnforschung und der Sozialpsychologie berücksichtigen, keine weltanschaulich geprägten bildungspolitischen Diskussionen.

So wird auch heute noch verkannt, wie gravierend die Folgen des veränderten Leseverhaltens bei Jugendlichen sein können, das in der Medienforschung seit Ende der 70er Jahre beobachtet wird. Seit dieser Zeit sinkt langsam, aber beharrlich der Anteil derjenigen, die in den Umfragen des Allensbacher Instituts angeben, sie hätten am Tag vor dem Interview Zeitung gelesen. Besonders stark ist dabei der Rückgang bei der jungen Generation der unter 30-Jährigen. 1979 sagten noch 75 Prozent dieser Altersgruppe, sie hätten am Tag vor dem Interview Zeitung gelesen, im Jahr 2001 waren es noch 54 Prozent.

Nun könnte man meinen, eine solche Entwicklung sei angesichts der raschen technischen Entwicklung der Massenmedien nur natürlich und es sei doch grundsätzlich egal, ob Jugendliche Informationen aus der Zeitung oder aus dem Fernsehen aufnehmen. Doch die Ergebnisse der Umfrageforschung wie auch der Hirnforschung zeigen, dass dies nicht egal ist. Lesen und Fernsehen sind vollkommen unterschiedliche Vorgänge. Das Missverständnis liegt darin, dass oft angenommen wird, Lesen sei ein einfacher Vorgang. Auf den entscheidenden Unterschied zwischen Fernsehen und Lesen muss man erst aufmerksam werden: Hören und sehen kann man, dafür muss man nicht in die Schule gehen. Lesen muss man lernen.

Es muss gelernt werden, im Gehirn Zeichen zu Buchstaben zusammenzusetzen und diesen Buchstaben und den Buchstabenkombinationen einen Sinn zuzuordnen. Es gibt bestimmte neuronale Programme im Gehirn, die aus detaillierten Informationen – den Buchstaben – Wörter zusammenbauen, die die Grundlage des begrifflichen Wissens sind. Die neuronalen Programme können aber nicht zu beliebiger Zeit entwickelt werden, sondern nur in ganz bestimmten Entwicklungsphasen des Kindes. Der Hirnforscher Ernst Pöppel schreibt: „Entdeckt wurde, was für die Pädagogik von größter Bedeutung ist, dass das Gehirn des Kindes durch ein hohes Maß von neuronaler Funktionsplastizität gekennzeichnet ist. Genetisch vorgegebene Strukturen müssen in sensiblen Phasen der individuellen Entwicklung durch Nutzung betätigt werden, um dann für die Informationsverarbeitung bereit zu stehen; entfällt die Bestätigung durch Nutzung, gehen die genetisch angelegten neuronalen Möglichkeiten verloren. Was aber bestätigt wurde, bleibt endgültig erhalten. Durch die neuronale Bestätigung wird die Mikrostruktur des Gehirns geändert.“[1] Nur in ganz bestimmten „sensiblen Phasen“ entwickelt sich beim Kind während des Lesens die Mikrostruktur, die Menschen zur Informationsaufnahme, zur Aneignung begrifflichen Wissens befähigt. Diese Entwicklung muss bis zum 14. oder 15. Lebensjahr stattgefunden haben. Wenn die Wachstumsphasen ungenutzt verstreichen, verkümmert die genetische Anlage, eine Fähigkeit zur Aufnahme von begrifflichem Wissen zu entwickeln. Die dafür notwendigen neuronalen Anlagen werden nicht bestätigt und verfallen. Das Versäumnis lässt sich in späteren Jahren nicht mehr nachholen. Durch die Aufnahme von Bildern und Tönen beim Fernsehen entwickelt sich keine Fähigkeit zur Aufnahme von begrifflichem Wissen, sondern nur durch regelmäßiges Lesen. Der Vorsitzende der Stiftung Lesen, Klaus Ring, formuliert: „Wir wissen heute, dass die aufgenommenen Informationen ‚strukturiert' werden müssen, um zu Wissen und Bildung beitragen zu können. Diese Strukturierungsleistung ist aber nur auf dem Weg über eine ‚referentielle' Informationsverarbeitung möglich. Mit dem Lesen vollzieht sich eine solche referentielle Informationsaufnahme. Aneignung und Training intellektueller Fähigkeiten sind also insoweit in der Fähigkeit zum Lesen begründet. Im Gegensatz hierzu ist das Fernsehen ein episodischer Vorgang, aus dem der Zuschauer nur dann Gewinn zieht, wenn er zuvor gelernt hat, seine eigenen neuronalen Strukturierungsleistungen zu erbringen. In der Konsequenz heißt das, dass Fernsehzuschauer, die ihre intellektuellen Fähigkeiten durch Lesen erworben haben, in der Regel auch gute Nutzer des Fernsehens sind. Umgekehrt gilt dies nicht, denn der Nur-Fernseher verarbeitet Informationen allenfalls kurzfristig und schlecht. Der Königsweg der Nutzung der großen Chancen, die die elektronischen Medien bieten, führt daher über den Erwerb von Sprach- und Lesekompetenz."[2]

Angesichts dieser Ergebnisse wird verständlich, warum lange Jahre nach der Ausbreitung des Fernsehens keine gravierenden Auswirkungen zu erkennen gewesen waren: Die Mikrostrukturen zur Aufnahme begrifflichen Wissens hatten sich bei den Jugendlichen, die in den 60er Jahren zuerst Fernsehprogramme verfolgten, meist schon gebildet. Es dauerte fast zwanzig Jahre, bis sich die Vernachlässigung des Lesens bei Kindern im Schulalter zunehmend bemerkbar machte.

Inzwischen aber zeigen sich bei den monatlichen Allensbacher Bevölkerungsumfragen wie auch bei anderen Untersuchungen Symptome, die auf die Vernachlässigung des Lesens in den letzten Jahrzehnten zurückgeführt werden könnten. So sind die Leistungen der Befragten bei Wissens- und Konzentrationstests, die gelegentlich in die Fragebogen von Allensbacher Repräsentativumfragen aufgenommen werden, deutlich rückläufig. Und nach Schätzungen der

UNESCO beträgt mittlerweile die Zahl der funktionalen Analphabeten in Deutschland etwa drei bis vier Millionen. Funktionale Analphabeten sind Personen, die zwar einmal Lesen und Schreiben gelernt haben, die aber diese Fähigkeiten mangels Übung wieder verloren haben, so dass sie nicht mehr in der Lage sind, einfache Textinhalte zuverlässig aufzunehmen und zu verarbeiten.[3]

Dies alles zeigt, dass die Lese- und Denkfähigkeit einer Gesellschaft nicht allein von der Bildungspolitik, der staatlichen oder privaten Fürsorge abhängt, sondern wesentlich eine Aufgabe der Familie ist. Welche Chancen Deutschland in Zukunft im internationalen Wettbewerb haben wird, entscheidet sich nicht in erster Linie an der Frage, wie viel staatliches Geld für die Bildung zur Verfügung gestellt werden kann, und schon gar nicht an der Frage, wie viele Schulen ans Internet angeschlossen werden können. Es entscheidet sich im täglichen Umgang mit den Kindern und Jugendlichen, an der Frage, ob wir sie intellektuell fordern, sie zur Konzentration, zum Lesen erziehen oder nicht. „Nur eine Gesellschaft, die liest, ist eine Gesellschaft, die denkt.“[4]

---

[1] Ernst Pöppel: Radikale Syntopie an der Schnittstelle von Gehirn und Computer. In: Christa Maar, Ernst Pöppel, Thomas Christaller (Hrsg.), Die Seele auf dem Weg zur Technik. Forschungen an der Schnittstelle Gehirn-Computer. Reinbek: Rowohlt 1996.

[2] Klaus Ring, … dass die Windungen des Gehirns nicht zu glatten Schnellbahnen begradigt werden. In: Börsenblatt für den deutschen Buchhandel Nr. 6, 19. Januar 1996, S. 22–26, 25.

[3] Ebenda, S. 23.

[4] Elisabeth Noelle-Neumann: Dem Leser von morgen fällt das Lesen schwer. Zukunftsperspektiven zur Verantwortung der Zeitung. Vortrag auf dem Jahreskongress der Schweizerischen Zeitungsverleger 1987 in Basel. In: SZV-Bulletin, 1987, Nr. 5, S. 177–181, 181.

Eckart Pankoke

Wohlfahrt

Zwischen Daseinsvorsorge und Selbststeuerung

„Wohlfahrt" als klassische Programmformel – auf dem Weg von „guter Polizey" zu „sozialer Politik", von aufgeklärtem Absolutismus zu modernen Wohlfahrtsdemokratien – verbindet das Projekt des aktiven Staates mit den Potentialen aktiver Gesellschaft. „Gute Polizey" – der Begriff verweist auf „guten Weg" und „freie Fahrt", später dann auf „soziale Bewegung" und „gesellschaftlichen Fortschritt".

Mit der Berufung auf „Wohlfahrt" wandelte sich der Legitimationsgrund staatlicher Souveränität: Rechtfertigte der absolute Souverän seine Macht als göttliche Gnade, so verstand sich sein aufgeklärter Erbe als „erster Diener des Staates" im Dienste des Wohls aller Bürgerinnen und Bürger. „Wohlfahrt" konkretisierte sich nun in der Einheit von Wohlstand, Gerechtigkeit und Sicherheit. Der neue Herrschaftsanspruch einer „guten Polizey" war die öffentliche „Sorge" für das „Wohl und Wehe" der Untertanen.

Diese Verbindung von Vollmacht und Fürsorge stieß aber auf die liberale Kritik bürgerlicher Aufklärer: So sah I. Kant aufgrund des Gesellschaftsvertrages eine Rechtspflicht der Regierung gegenüber den Bürgern in einer „zu ihrem Dasein nötigen Vorsorge des gemeinen Wesens". Dies würde die Regierung zu Eingriffen berechtigen, „um die Glieder dieser Gesellschaft, die es selbst nicht vermögen, zu erhalten". (I. Kant, Metaphysik der Sitten [1797], Akademieausgabe, Bd. 6, S. 326). Zum anderen richtete sich liberale Kritik gegen die damit verbundene staatliche Machtsteigerung. Kritisiert wurde nicht nur der spätabsolutistische „Polizey- und Wohlfahrtsstaat", sondern bald auch der in totale Ermächtigung umschlagende „Wohlfahrtsausschuss" revolutionärer Diktatoren.

Dr. Eckart Pankoke ist Professor für Soziologie an der Universität Duisburg-Essen. Er ist Mitglied des Fachausschusses „Sozialplanung und Organisation sozialer Dienste" im Deutschen Verein für öffentliche und private Fürsorge.

Kronzeuge der Paradoxien staatlicher Fürsorglichkeit bleibt der Mainzer Revolutionär Georg Forster, der im revolutionären Paris 1792 sein politisches Testament unter die Formel stellte: „Die Bedeutung der Staatskunst für das Glück der Menschheit". Er erkannte in der staatlichen Sorge um verordnetes Glück die Gefahr einer entmündigenden Vereinnahmung. Der in die Passivität getriebene Untertan sollte sich befreien zum aktiven Bürger.

Die neuen Freiheiten des Marktes führten zu „sozialen Fragen". Deren Politisierung durch „soziale Bewegung" provozierte den modernen Staat zu „sozialer Politik". Über das „Steuerungsmedium Solidarität" (F.-X. Kaufmann) entwickelte sich zwischen Markt und Staat als „Dritter Sektor" die Selbstorganisation sozialen Engagements.

Kritische Schwellen moderner Wohlfahrtsstaatlichkeit markierte zum Ende des 19. Jahrhunderts Bismarcks Sozialpolitik: In einer Doppelstrategie von Sozialversicherung und Sozialismusverbot sollte die Macht der politischen Arbeiterbewegung gebrochen werden, indem den Arbeitern ihre Sorgen staatlich abgenommen wurden. Der moderne „Wohlfahrtsstaat" war damals Programm und Problem im „Verein für Sozialpolitik": Hier bestätigten die neuen Staatsaufgaben der „Cultur- und Wohlfahrtszwecke" zugleich das „Gesetz der wachsenden Staatstätigkeit". Das bedeutete neben quantitativen Problemen der Kostenexplosion auch eine neue Qualität öffentlicher Macht. Im Zuge sozialpolitischer Intervention kamen die Eingriffe offizieller und professioneller Kontrolle ihren Adressaten bedrohlich nahe. Dieser „Gefahr des Centralismus" galt es gegenzusteuern durch die Programmverschachtelung von Solidarität und Subsidiarität im Sinne des Vorrangs sozialer „Bürgernähe".

Unter dem Druck der Arbeiterbewegung konzentrierte sich der wohlfahrtsstaatliche Ausbau zunächst auf die „Arbeiterfrage". Wohlfahrt sollte gründen auf sozialer Sicherung gegenüber den Standardrisiken des industriellen Arbeitslebens: Krankenversicherung und Alterssicherung, zunehmend dann auch die Absicherung bei Arbeitslosigkeit waren und blieben die großen Themen industrieller Wohlfahrtspolitik. Gegenüber der strukturell drängenden „Arbeiterfrage" blieb „das Subjektive der Armut" (Hegel) zunächst noch im vorpolitischen Raum einer privaten Armenpflege. Nur zögernd engagierte sich der Wohlfahrtsstaat im subsidiären Verbund

„öffentlicher und privater Fürsorge“ zusammen mit den sich neu formierenden „Wohlfahrtsverbänden“ nun auch für Familienprobleme, Wohnungsfragen, Gesundheitsprobleme. Dies führte zur Institutionalisierung neuer wohlfahrtspolitischer Policy-Felder von der Familien-, Kinder- und Frauenpolitik bis zur Bildungs- und Kulturpolitik. Die auf Absicherung des Lebensstandards zielende wohlfahrtsstaatliche Daseinsvorsorge wurde nun ergänzt durch die Sicherung und Förderung der Qualität des Lebens.

Aber wohlfahrtsstaatliches Engagement trifft heute auf „Grenzen des Wachstums“. Dabei geht es nicht nur um die fiskalischen Engpässe „wachsender Staatstätigkeit“. Das böse Erwachen aus dem „kurzen Traum immerwährender Prosperität“ und die sich verschärfenden „Krisen der Arbeitsgesellschaft“ mussten die Schere zwischen der Ausweitung sozialer Probleme und dem Schwund der privaten wie öffentlichen Hilfsmittel dramatisch spreizen. An professionelle Grenzen stieß zudem eine Herrschaft der Experten, welche das Alltagswissen sozialer Eigenständigkeit und Selbsthilfe zu entmutigen, zu entmündigen und zu entmachten drohte. Schließlich zeichnete sich als kritische Paradoxie ab, dass im Modernisierungsprozess die institutionelle Balance von Arbeitsgesellschaft und Wohlfahrtsstaat nur noch bedingt auf ihre bislang tragenden sozialen Voraussetzungen würde bauen können. Nicht mehr selbstverständlich scheinen die Rückhalte der sozialen Nähe in Familie, Verwandtschaft und Nachbarschaft, aber auch die Solidaritäten der Arbeit – oder auch die „unternehmerische“ Selbstverantwortung aktiver Bürger.

Der Tempodruck mobiler und riskanter Lebensführung beschleunigte den Zerfall des Haltes und der Kräfte sozialer Nähe. Dies treibt in immer weitere Abhängigkeiten von professionell organisierten Fremdhilfen und wohlfahrtsstaatlich zu finanzierenden Transferleistungen. Nur bedingt können wohlfahrtsstaatliche Programme den Verfall „naturaler Nähe“ durch die Förderung „künstlicher Netze“ selbstorganisierter Selbst- und Solidarhilfen auffangen.

Dramatisiert werden dann wohlfahrtsdemokratische Teufelskreise von „Anspruchsspiralen“ und „Kostenexplosionen“. Zugleich verfestigen sich „Grenzen der Solidarität“. Dies alles aber ist weniger moralisch zu beklagen als soziologisch zu erklären: So mussten bewährte Solidaritäten mit den strukturellen wie kulturellen Modernisierungsschwellen ihren sozialen Rahmen und Boden verlieren.

Die von der Verstaatlichung sozialer Wohlfahrt zunächst erwarteten „Gefahren des Centralismus" verbinden sich heute mit den ganz anderen Problemlagen eines wohlfahrtsstaatlichen „Pauperismus". Dabei geht es nicht nur um Randgruppen ökonomischer Deklassierung. Auch in den Lagen eines immer mehr riskanten und prekären Wohlstands mischen sich wirtschaftliche Sorgen mit der Not eines in der Beziehungslosigkeit gesellschaftlicher Individualisierung zerfallenden „sozialen Kapitals".

Das Unbehagen an Wohlfahrtsbürokratien, die Menschen mit Problemen zum „Fall" machen, weicht nun einer Sorge, dass wir nun immer mehr „Fälle fallen lassen" müssen. Der Rückzug des Staates in die Deregulierung verschärft Tendenzen sozialer Entsicherung und Entsolidarisierung.

Mehr als nur eine Notlösung verspricht die Aufwertung ehrenamtlichen Engagements, welches mit billigen und willigen Diensten nun in jene Lücken einspringen soll, die der geschwächte Sozialstaat als „soziale Brache" zurücklässt. Doch die Beschwörung von Non-Profit-Produktivität wie auch der Appell aktivierender Sozial- und Arbeitspolitik an „unternehmerisches" Selbstmanagement läuft leer, wenn dies die in ihrem materiellem Rückhalt wie ihrem „sozialen Kapital" geschwächten und verarmten Problemgruppen rat- und hilflos „sich selbst" überlässt.

Um auf offenen Wohlfahrtsmärkten und Arbeitsmärkten produktiv agieren zu können, müssen die Bürger zunächst in ihrer Marktfähigkeit, ihrer Selbständigkeit und Eigeninitiative bestätigt und bestärkt werden. Mehr als früher sind sie nun für die Risiken und die Chancen ihrer eigenen Wohlfahrt (mit)verantwortlich. Doch die Aktivierung von sozialer Selbsthilfe, wirtschaftlicher Selbstständigkeit und solidarischer Selbststeuerung kommt nicht von selbst. Wer auf dem Hintergrund der Krisen von Wohlfahrtsstaat und Arbeitsgesellschaft jetzt vom Bürger unternehmerische Initiative und gemeinsinniges Engagement fordert, der muss dazu auch die Kompetenzen fördern und Handlungsmöglichkeiten eröffnen.

So bleibt der aktive Bürger angewiesen auf Stärkung und Stützung durch öffentliche Macht, öffentliche Mittel und öffentliche Meinung. Soziale Eigeninitiative bedarf kompetenter Beratung, kultureller Anerkennung und kontextueller Steuerung durch einen aktivierenden Staat, der die aktive Gesellschaft erst ermöglichen muss.

Diese Umstellung von wohlfahrtsstaatlicher Gewährleistung (providing) zur Ermöglichung (enabling, empowerment) aktiver Solidarität bedeutet somit gerade nicht den Rückzug des Staates aus der wohlfahrtsstaatlichen Verantwortung, sondern eher den Aufbruch zu neuen Wegen einer aktiven Gesellschaft.

Zu entwickeln sind neue Relationen zwischen politischen Mächten und gesellschaftlichen Kräften im Spannungsfeld zwischen solidem Wohlfahrtsstaat, aktiver Wohlfahrtsgesellschaft und offenen Wohlfahrtsmärkten. Doch die Wechselwirkungen zwischen staatlicher Daseinsvorsorge, professioneller Fürsorge und sozial-aktiver Solidar- und Selbsthilfe konnten nur möglich werden über Allianzen solidarischer, interkultureller und intersystemischer Vernetzung. Dies wiederum erforderte neue Netzwerke und Lernprozesse sozialen wie institutionellen Lernens.

Dabei geht es nicht nur um die zivilgesellschaftliche Belebung von Bürgergesellschaft, sondern auch um die marktgesellschaftliche Aktivierung des aktiven Konsumenten – gerade auf Wohlfahrtsmärkten. Mit dem bloßen Rückzug in die Deregulierung ist es wohl nicht getan. Vielmehr braucht die aktive Gesellschaft auch einen aktivierenden Staat, der Ermöglichung wirksam macht.

Allerdings werden die auf neuen Wohlfahrtsmärkten sich durchsetzenden Mechanismen gerade nicht den Streit der Interessen harmonisieren. Zugleich führen die Regulierungsbedarfe im „Wohlfahrtsmix“ (Evers) von Staat, Markt, Solidarität und informeller Nähe zu neuen politische Brisanzen, die zunehmend zum Thema politischer Gestaltung und Verantwortung werden.

Wohlfahrtsstaaten wie Wohlfahrtsmärkte leben von sozialen Voraussetzungen, die heute nicht mehr selbstverständlich sind. Dazu zählt die Stabilität sozialer Nähe, die Produktivität wirtschaftlichen Wachstums, die Aktivität bürgerschaftlicher Initiative und die Prozess-Qualität rechtlich-politischer Regulierung. Diese Zusammenhänge werden gerade in Krisensituationen bewusst – nicht zuletzt mit den arbeits- und wohlfahrtspolitischen Transformationsproblemen deutscher und europäischer Einigungsprozesse.

Aber Wohlfahrtspolitik kann sich heute nicht mehr nationalstaatlich isolieren oder in eine gesicherte „Festung Europa“ zurückziehen. Sie muss sich bewegen in globalen Horizonten einer neuen sozialen „Weltinnenpolitik“ – gerade auch in den Feldern von Weltwohlfahrtspolitik und Weltumweltpolitik. Zu erwarten sind immer schärfere Verteilungskämpfe um Lebenschancen – zwischen Jung und Alt, Arm und Reich, West und Ost, Nord und Süd. Die ökonomischen, ökologischen, demographischen, sozialen und kulturellen Turbulenzen im Globalisierungsprozess fordern weltweit innovative Produktionstechniken und solidarische Distributionsverhältnisse. Wenn das nicht gelingt, werden verzweifelte Wanderungsbewegungen die politischen, kulturellen, letztlich auch militärischen Gleichgewichte erschüttern. Gegengewichte verspricht eine entwicklungspartnerschaftliche Weltverantwortung, welche im Sinne ausgleichender Gerechtigkeit die Lebens- und Überlebenschancen auf dieser Erde neu ordnet.

Wohlfahrtspolitik fordert damit heute neue Arenen (öffentlich ausgetragene Kontroversen und Diskurse), Allianzen (solidarpartnerschaftliche Kooperationen und Koalitionen) und Agenden (Selbst-Steuerung gemeinsamer Entwicklung mit der partizipativen Schubkraft sozialer Bewegung). Im aktiven Gemeinsinn eines sich einig werdenden Engagements „für Frieden, Gerechtigkeit und Bewahrung der Schöpfung“ gewinnt Wohlfahrtspolitik dann „gute Fahrt“ auf Wegen in eine andere Moderne.

Literaturhinweise

Niklas Luhmann, Politische Theorie im Wohlfahrtsstaat. München, Wien 1981.

Eckart Pankoke, Die Arbeitsfrage. Arbeitsmoral, Beschäftigungskrisen und Wohlfahrtspolitik im Industriezeitalter. Frankfurt/M. 1990.

Richard Hauser u. a., Ungleichheit und Sozialpolitik. Berichte zum sozialen und politischen Wandel in Ostdeutschland. Opladen 1996.

Robert Putnam (Hg.), Gesellschaft und Gemeinsinn. Sozialkapital im internationalen Vergleich. Bertelsmann-Stiftung 2001.

Herfried Münkler, Harald Blum (Hg.), Gemeinwohl und Gemeinsinn. Historische Semantik politischer Leitbegriffe. Berlin 2001.

Franz-Xaver Kaufmann, Sozialpolitik und Sozialstaat. Soziologische Analysen. Opladen 2002.

Bernd Meyer

Wohnen

Ein Grundbedürfnis – oder ein bisschen mehr?

Im Autoradio spielt einer dieser Rock-'n'-Roll-Sender Cat Stevens. Ganz sicher singt er von Freiheit, vom Traum des völlig selbstbestimmten Lebens ohne Grenzen. Der Wagen rollt über die breite Einfallstraße Richtung Zentrum. Vorbei an Tankstellen, Fast-Food-Lokalen, Technik-Discountern, Hotels. Der Verkehr stockt selbst noch jetzt am späten Vormittag an jeder der vielen Ampeln. Im Hintergrund erheben sich einige Hochhäuser. Damals, Ende der sechziger Jahre, haben Architekten und Stadtplaner ihren Traum von Freiheit und Selbstbestimmung am Reißbrett verwirklicht: Nehmen wir wieder zwei, drei Stockwerke herunter, oder darf's ein bisschen mehr sein? Für die Politiker war Stadtentwicklung keineswegs Stärkung der Städte durch Funktionsmischung.

Vielmehr wurde entsprechend der „Charta von Athen" die Trennung von Wohnen, Arbeiten, Einkaufen und Freizeit vollendet, indem man die Stadtränder ausfasern ließ. Hier Einfamilienhaussiedlungen, dort geballt der verdichtete Wohnungsbau, andernorts Gewerbeflächen. Eine unmissverständliche Antwort auf zwei Fragen – auf Wie und Wo hieß es lapidar: „So und hier wohnst Du!" An den Folgen der damit verbundenen Preisgabe von Stadtgeschichte, Vielfalt und Lebendigkeit kranken die Städte mit schonender Verzögerung heute immer deutlicher.

Runter von der Hauptstraße und hinein in eines dieser Wohngebiete. „Siebziger-Jahre-Siedlung" sagen die Planer heute dazu – wenn sie freundlich sind. „Ghetto" meint man in den Cafés der City – weitgehend uninteressiert. „Überforderte Nachbarschaft" heißt es in einer wegweisenden Studie des „empirica"-Instituts – Hoffnungen säend. „Verdammt lang her" könnten sie jetzt spielen – doch das wäre wohl

Bernd Meyer wurde 1979 Senator für das Bauwesen, 1987 Innensenator in Bremen. Seit 1991 ist er Verbandsdirektor des vdw – Verband der Wohnungswirtschaft Niedersachsen Bremen.

zu kitschig. Sind 30 Jahre eine „verdammt lange Zeit“? Damals waren die Hochhäuser beliebte Adressen. Doch die siebziger Jahre sind vorbei. Ihre Träume, ihr Weltveränderungsfuror sind schnell alt geworden. Ein intaktes Miteinander unterschiedlicher Kulturen ist eben keine Selbstverständlichkeit. Die Abstimmung mit dem Umzugswagen über diese Wohnform hat längst stattgefunden.

Die Menschen sollten dort losgelöst von der Arbeitswelt leben. Das wäre wohl noch zu ertragen gewesen – aber losgelöst von einer Freizeitwelt? Statt Teilhabe am städtischen Gemeinsinn Isolation zwischen Betonwänden. Dazu die schiefen Blicke der anderen und die verdrehten Berichte in den Medien. Es heißt nicht mehr: „Ich weiß, wer du bist, und sage dir, wie du wohnst“, sondern „Sag mir, wo du wohnst, und ich sag dir, wer du bist“. „Der Wohlstand treibt die Menschen auseinander“, erkannte die Architekturtheoretikerin Sabine Kraft bereits 1985. Übrig bleiben in den betroffenen Stadtteilen nämlich vor allem arme Leute, Arbeitslose und Sozialhilfeempfänger. Menschen, die mangels Geld nur einen „sehr geringen Aktionsradius“ haben; denen das Freibad den Urlaub ersetzt, wie der Essener Anwalt Norbert Jedrau einmal in der ZEIT zitiert wurde.

Wenn nichts Außergewöhnliches mehr geschieht, wird eine städtebauliche Utopie binnen drei Dekaden rückstandslos auf der Abraumhalde landen. Die Abrissbirnen zertrümmern zugleich die demographische Vorstellung höchst attraktiver und ständig wachsender Metropolen, in denen es per se an Wohnraum mangeln wird. „Vision ist die Kunst, Unsichtbares zu sehen“, hat der britische Schriftsteller Jonathan Swift einmal formuliert. Eine Kunst, die nicht jeder beherrscht – sonst wäre es ja keine Kunst.

An vielen Stellen deutscher Städte kann man wunderbar seine Vorurteile pflegen. Dazu muss man nicht einmal aus dem Auto aussteigen. Aus den vorportionierten und zugeteilten Randbereichen, die gleichsam die gesellschaftliche Wertigkeit manifestieren, erreicht man nach geraumer Zeit die übrig gebliebenen Stadtreste der Vorkriegsjahre. Hinter schicken Gründerzeitfassaden vermuten wir Anwaltskanzleien, Steuerberatungsbüros und Werbeagenturen. Dort wird sicherlich der persönliche Wohlstand gemehrt. Und eine Etage darüber wohnt das Lehrerehepaar mit Tochter in seiner Eigentumswohnung. Nebenan – zur Miete – die beiden Jungverliebten: Sie arbeitet seit ihrem Diplom als Consultant für einen Software-Multi, er verdient sehr gut als Versicherungsmakler. Allein das Wohnzimmer mit Balkon ist größer als die Wohnung ihrer Großeltern.

Langsam rückt das Stadtzentrum näher. Ein Parkplatz kostet mindestens zwei Euro pro Stunde – das waren mal vier Mark! Trotzdem ist alles zugestellt. In der Innenstadt pulsiert das Leben – bis zum Büro- und Ladenschluss. In Londons City sind die Pubs dann für kurze Zeit bis zum Bersten gefüllt. After-work-Partys werden nicht gefeiert, weil man nicht nach Hause will, sondern weil sie die zeiteffektivste Möglichkeit bieten, auf dem Heimweg noch schnell am Unterhaltungsbetrieb teilzuhaben.

Im Grunde strebt alles ohne Verzug ins Private. Wohnen ist kein Grundrecht in diesem Land, aber es ist ein zentrales Grundbedürfnis. Dies gilt es nach allen Regeln der Kunst zu verwirklichen – zumindest aber nach allen verfügbaren kreativen und finanziellen Kräften. Die Voraussetzungen dafür sind nicht gerade schlecht. Vor allem der größere Freizeitanteil macht sich bemerkbar. In der Optimierungsformel fürs ideale Wohnen spielt die Entfernung zum Arbeitsplatz eine zunehmend geringere Rolle. Gleiches gilt für die Option, in einer „richtigen" Stadt ständig aus allerlei kultureller oder auch gastronomischer Vielfalt wählen zu können. Selbst die leichte Erreichbarkeit von Schulen ist bei der Umsetzung persönlicher Wohnwünsche oft nur eine Randnotiz.

Die Entscheidung, seinen Wohnstandort zu definieren, wird zusehends aus rein wirtschaftlichen Erwägungen getroffen. Wer es sich leisten kann, wechselt ins Eigenheim. Streng mathematisch ergibt sich folgende Gleichung: Mit einem zur Verfügung stehenden Gesamtbetrag X soll das Wunschhaus zu einem dafür erwarteten Preis Y auf einem Grundstück mit der vorbestimmten Größe Z realisiert werden. Frage: Wie teuer darf der Quadratmeter Bauland sein, damit die angestrebte Immobilie auf dem entsprechenden Stück Land errichtet werden kann? Da sich die Baulandpreise mit zunehmender Entfernung von städtischer Infrastruktur stetig verbilligen, ist die Flucht aufs Land genau genommen das Resultat einfachen Kalküls. Dass auf der Sollseite beispielsweise der dann erforderliche Zweitwagen auftaucht, schieben wir ebenso beiseite wie die möglichen Aspekte von Naherholung und subjektiver Sicherheit, die bei einer Abwanderung „aufs Land" auf der Habenseite stehen könnten.

Auch die ins Regionale gewachsene Stadt wirft Fragen auf. Der Wagen bremst am Straßenrand – vis-à-vis einem Neubaugebiet. Ulrich Pfeiffer vom „empirica"-Institut hat diesen Anblick ketzerisch einmal so beschrieben: „Quadratkilometerweise verblödete Reihenhäuser." War das – sagen wir mal nach dem Ende des Hochhaus-Booms – die Vision vom Wohnen im nächsten Jahrtausend? Statt gestapelt nun verdichtet? So demonstrativ unspektakulär, ohne Science-Fiction, ohne Abenteuer, völlig uninspiriert – einfach nur normal. Von durchgestyltem High-Tech-Living keine Spur. Stattdessen uniform, gründlich durchdacht und bestens organisiert. Trotzdem nicht ohne Risiko. Die Zahl der Zwangsversteigerungen nimmt stetig zu.

Vom sozialen Wohnungsbau in den suburbanen Erweiterungen der Kernstädte bis zu den Neubausiedlungen „im Grünen" – in diesem überschaubaren Raum, der binnen weniger Minuten mit dem Auto durchfahren werden kann, hat das Wohnen in der Zukunft bereits seinen Ursprung genommen. Was wissen wir über diese Zukunft, die für die Herstellung einer Immobilie mit extrem langer Laufzeit von entscheidender Bedeutung ist? Die Bevölkerungsentwicklung in Deutschland lässt sich recht präzise für die nächsten Jahrzehnte vorhersagen. Sie könne als „Prozess von großer Trägheit und auf Jahrzehnte hinaus kaum mehr umgelenkt werden, wenn sie erst einmal eine bestimmte Richtung eingeschlagen hat", sagt Professor Herwig Birg, Bevölkerungsforscher an der Universität Bielefeld. So steht also fest: Wir werden immer älter und immer weniger; gleichzeitig nehmen die Haushaltsgrößen ab.

Welche realistischen Projektionen sind noch erlaubt? Ganz sicher die These einer zunehmenden Segmentierung der Wohnraumnachfrage. Jedem das Seine. Die Wohnwünsche werden dabei objektiv vor allem durch die wirtschaftlichen Möglichkeiten der privaten Haushalte in Grenzen gehalten. Anders gesagt: Dem bei einem Großteil der Bevölkerung vorherrschenden Wunsch nach Wohneigentum schiebt der knappe Geldbeutel den Riegel vor. Luftschloss statt Häuschen mit Garten – das ist (und bleibt) oftmals die Realität.

Eine weitere Randbedingung ist die zunehmende Regionalisierung, ja Lokalisierung wohnungswirtschaftlicher Entwicklungen. Den einen Wohnungsmarkt gibt es schon heute nicht mehr. Vielmehr haben sich bereits etliche Teilmärkte herausgebildet: Leerstände im Osten und zunehmend auch in strukturschwachen Gebieten in Westdeutschland und zugleich „Wohnungsnot" in Ballungsräumen wie München und Frankfurt. Immobilienkonzerne agieren auf demselben Sektor wie Genossenschaften. Internationalität hier, lokale Präsenz dort. Die einen gucken, was unterm Strich bleibt, die anderen bilden ein soziales Profil heraus. Die Zahl der Sozialwohnungen sinkt rapide, doch diejenigen, die auf ein finanzierbares Wohnangebot angewiesen sind, werden immer mehr.

Die Politik muss dieses Auseinanderdriften von Interessenlagen und Bedürfnissen erkennen. Konzepte als Konfektionsware, Gießkannenprinzip, Regulierungswut – das alles führt zu nichts mehr. Vielmehr sind integrierte Lösungsansätze gefragt; in der Weise, dass die verschiedensten Interessen vor Ort gebündelt und gemeinsam mit allen Beteiligten – Politik, Verwaltung, Wohnungsanbieter, Wohnungsnachfrager, Vereine, Sozialeinrichtungen u. v. m. – umgesetzt werden.

Um die Zukunftsfähigkeit der Städte zu sichern, geht es nicht allein um die Verteilung von Reichtümern. Die Wohnungsbauförderung alter Herkunft hat sich ohnehin überlebt. Mittlerweile gehen die Programme an den Erfordernissen völlig vorbei. Stattdessen müssen Stellschrauben in regionalen und sogar lokalen Bereichen gedreht werden. Mit originärer Wohnungspolitik hat dies nicht zwingend zu tun. Nur zwei Beispiele: Die erfolgreiche Integration von Ausländern – Aussiedler und Asylbewerber eingeschlossen – wird mitentscheidend sein für die künftige Entwicklung der Stadtquartiere. Ein besonderer Aspekt kommt auch dem Thema „Sicherheit" zu. Kriminalpräventive Arbeit wird zu einer Handlungsmaxime erhoben.

Die Wohnungswirtschaft ist ihrerseits gefordert, Schlüsse aus dieser dynamischen Entwicklung zu ziehen. Zumeist sind die Weichen bereits gestellt. Als Eigentümer der großen Wohnungsbestände sind sich die Wohnungsgesellschaften und -genossenschaften ihrer Verantwortung sehr wohl bewusst. Das bloße Verteilen und Verwalten von Wohnungen, die Mithilfe bei der Wohnraumversorgung für „die breiten Bevölkerungsschichten" – das alles ist passé. Vielmehr geht es um ein Produkt „Wohnen". Ein modernes Produkt, das sich ständig an sich ändernde Marktbedingungen anpasst. Oft wurde – zu Recht!? – beklagt, die Immobilienwirtschaft sei nicht innovativ. Während Automobilfirmen ihr Angebot ständig modifizieren und ausweiten, kommt die Mietwohnung oft als schales Relikt aus der

Adenauer-Ära daher. Drei Zimmer, Küche, Bad – 65 Quadratmeter: Wen lockt das heutzutage noch hinter dem Ofen vor?

Die Brisanz dieser Tatsache erschließt sich ganz einfach; denn es gibt Hunderttausende dieser Wohnungen in unseren Städten. Oft noch vermietet, zumeist an ältere Menschen, die aus verständlichen Gründen ihr seit Jahrzehnten vertrautes Umfeld nicht verlassen möchten. Doch was passiert, wenn diese Mieter sterben?

Die Zukunft unserer Städte liegt also in der Zukunft der Wohnungsbestände. Sie fit zu machen für den Wettbewerb ist eine Herkulesaufgabe. Dabei wird sich der Wohnungsbau in stärkerem Maße an neuen Lebensmodellen, unterschiedlichen Altersgruppen und neuen Wertvorstellungen orientieren müssen.

Vielerorts hat bereits ein Wettlauf mit der Zeit begonnen. Studien belegen, dass Bevölkerungsrückgang und Wegzug in wirtschaftlich stärkere Regionen Lücken reißen, die von vielen Städten und Gemeinden nicht geschlossen werden können. Die Verschiebung innerhalb der Regionen zu Gunsten der Randlagen verschärft die Problematik.

Die verantwortungsvollen Wohnungsanbieter haben sich im Vorgriff auf einen schärferen Wettbewerb um den Kunden – den Mieter oder den Käufer – zu modernen Dienstleistungsunternehmen entwickelt. Das wohnungswirtschaftliche ABC heißt Altenbetreuung, Babysitting, Car-Sharing. Mehr als Wohnen – das ist die Losung. Soziales Management ist kein Werbegag, sondern eine ernsthafte und überlebenswichtige Marketingstrategie für einen heterogenen Markt. Das Handeln ist strikt nachfrageorientiert. Eine andere Chance bleibt nicht.

Die Menschen sind gerne zu Hause. In dieser wohnlichen Intimität können sie eigene Ordnungs- und Wertvorstellungen realisieren. Von ihrer Wohnung gehen ihre gesamten Aktivitäten aus – Mobilität, Arbeit, Erholung und Versorgung. Wohnen bedeutet für sie aber nicht, nur ein Dach über dem Kopf zu haben. Wohnen heißt für sie, sich wohl zu fühlen in einer vertrauten Umgebung. Wohnen heißt Zusammenleben in einer Gemeinschaft – mit der Familie, Freunden und Nachbarn. Funktioniert diese Gemeinschaft, funktionieren auch unsere Städte.

Die Wohnung ist dabei, neudeutsch gesprochen, „nur" die

Hardware: Elektrik, Heizung, Wasserversorgung – alles auf dem neuesten Stand der Technik; dennoch kein Unterscheidungsmerkmal, sondern selbstverständlich. Flexible Grundrisse, nutzungsneutrales Wohnungslayout, helle, große, seniorengerechte Räume, das „Wellness"-Bad, die Küche wieder als Mittelpunkt des Alltagslebens, der Balkon, Multimediaanschlüsse, Kabelfernsehen – für jeden Anspruch werden die Vermieter etwas im Portfolio haben. Ein großes Ziel, denn ihre Kunden sind Ältere, Haushaltsgründer, Alleinerziehende, Singles, Familien, Paare, Wohngemeinschaften, Berufstätige, Arbeitslose, Ausländer unterschiedlicher Herkunft, Sonnenanbeter, Frühaufsteher, Langschläfer, Computerfreaks, Arme, Hilfebedürftige und, und, und.

Lifestylisten, gleichsam architektonische Grenzgänger, haben eher die Modernisierungsgewinner im Blick und fühlen sich in dieser Mieter-Welt vermutlich nicht wohl. In der Tat ist das Wohl und Wehe der Städte aber nicht von wenigen experimentellen Wohnformen abhängig. Futurologen skizzieren den Menschen des 21. Jahrhunderts als Nomaden, heute hier, morgen dort – und gewohnt wird praktischerweise unterwegs: jeder in seinem „Technomade Living"-Wohnmobil oder – noch verschärfter – in einer Art transportabler Wohnzelle, die sich mir nichts, dir nichts in praktisch jeder Ecke der Welt an High-Tech-Gebäude andocken lässt. Über den sittlichen Ernst derartiger Langzeitprognosen kann man trefflich streiten. Ein Trost ist den Zukunftsforschern in jedem Fall gewiss – man darf über ihre Irrtümer erst mit jahrzehntelanger Verspätung lachen.

Vielleicht ist aber gerade in Zeiten zunehmender Flexibilität und Mobilität die Wohnung das stabile Fundament. „Wohnen kommt von Gewohnheit. Und der Mensch ist ein Gewohnheitstier", meint Gert Selle, Professor für Kunstpädagogik in Oldenburg. Weiter heißt es: „Wie auch immer wir einmal wohnen werden: Tisch bleibt doch Tisch, Stuhl bleibt doch Stuhl – hat das nicht auch etwas Tröstliches? Zukunft, du kannst kommen!" Somit könnte die alte Ordnung durchaus auch für die neuen, schnellen Zeiten tauglich sein. Die Wohnung ist weiterhin Heimat.

Es ist spät geworden. Feierabend. Irgendeiner berichtet im Radio über verstopfte Straßen. Ob er noch einen wichtigen Termin an diesem Abend habe? „Nein", kommt es aus dem Autotelefon, „aber ich will schnell nach Hause!"

Wolfgang Huber

Zuwanderung

Integration statt „Kampf der Kulturen"

Schon seit Jahrhunderten ist Europa von Menschen geprägt, die ihre angestammten Wohnorte und Länder verließen, um in einem anderen Land eine Existenzmöglichkeit, Arbeit und Auskommen, Freiheit oder Schutz vor Verfolgung zu suchen. Schon seit langer Zeit ist auch die deutsche Gesellschaft sehr viel stärker, als das im allgemeinen Bewusstsein wahrgenommen wird, durch Migration und damit auch durch Pluralität geprägt. In extremer Weise und in extremen Formen galt das beispielsweise für die Zeit des Zweiten Weltkriegs. Für Anfang der vierziger Jahre wird die Zahl ausländischer Arbeiter in Deutschland, die Zwangsarbeiter eingeschlossen, auf 9 bis 12 Millionen geschätzt. In einzelnen Wirtschaftsbereichen betrug ihr Anteil bis zu 50 Prozent. Wenn man nach dem Zweiten Weltkrieg die „displaced persons", die verbliebenen Zwangsarbeiter und Arbeitsmigranten, die Heimatvertriebenen und Spätaussiedler, die DDR-Flüchtlinge und schließlich die Asylsuchenden zusammennimmt, hat jeder zweite bis dritte Einwohner Deutschlands heute auf die eine oder andere Weise einen lebensgeschichtlichen oder familiären Hintergrund, der mit Vertreibung, Flucht oder Migration zu tun hat. Dies kann Hinweise auf die Dimensionen der vor uns liegenden Aufgaben geben. Die Globalisierung bewirkt auch eine Mobilität der Menschen, der durch keine noch so rigide Reglementierung Einhalt zu gebieten ist. Im Fall Europas und insbesondere auch im deutschen Fall stößt eine solche Reglementierung schon deshalb auf enge Grenzen, weil ein bestimmtes Maß an Zuwanderung auch im wohlerwogenen eigenen Interesse liegt. Der Bedarf an ausländischen Arbeitskräften wird auch in den kommenden Jahren steigen. Ein gewisses Maß und eine gewisse Art der Migration werden allgemein

Wolfgang Huber, Prof. Dr. theol., Bischof der Evangelischen Kirche in Berlin-Brandenburg. Honorarprofessor in Berlin und Heidelberg. Mitglied im Rat der Evangelischen Kirche in Deutschland und im Nationalen Ethikrat.

für die wirtschaftliche, gesellschaftliche und kulturelle Entwicklung als notwendig angesehen.

Im Zuge der Umsetzung des Amsterdamer Vertrags wird die Migrationpolitik in Europa zunehmend zur Gemeinschaftsangelegenheit. Vier Säulen dieser Politik zeichnen sich ab: Kooperation mit den Herkunftsländern, Steuerung der Migrationsströme, die rechtliche Ausgestaltung des politischen Asyls sowie schließlich Aufnahme und Integration von Angehörigen anderer Staaten. Die gegenwärtigen Rahmenbedingungen tragen dazu bei, dass alle vier Aufgaben unter sehr restriktiven Vorgaben betrachtet werden. Die Kooperation mit den Herkunftsländern lässt im Grunde immer zu wünschen übrig; von einer Situation, in der sich sagen ließe, diese Aufgaben seien befriedigend gelöst, bleiben wir auf absehbare Zeit weit entfernt. Der Begriff der Migrationsteuerung – die zweite Säule – wird in der allgemeinen Diskussion weitgehend auf die Eindämmung der Zuwanderung eingeengt. Die meisten Maßnahmen in diesem Bereich zielen darauf, die Zahl der Einwanderer und Flüchtlinge zu begrenzen, die Rückführung abgelehnter Asylsuchender und Migranten ohne gültige Papiere zu befördern, Kontrollmechanismen zu verschärfen und Nachbarstaaten zum Aufbau ähnlicher Abwehrsysteme zu bewegen. Auch die Bekämpfung der Ursachen erzwungener Migration und die Durchsetzung internationaler Menschenrechtsverpflichtungen treten hinter den Maßnahmen zur Verhinderung der Einreise von Flüchtlingen zurück. Asylpolitik – die dritte Säule – wird in diesem Zusammenhang allzu oft als ein Element der Migrationsteuerung betrachtet, obwohl sie doch eine eigenständige Bedeutung haben müsste. Denn es geht in ihr um das staatliche Verhalten gegenüber Menschen, die aus unmittelbar menschenrechtlichen Gründen Hilfe und Zuflucht erwarten. Alles kommt darauf an, dass beim Bemühen, dem Missbrauch des Asylrechts zu wehren, nicht dessen Kern ausgehöhlt wird.

Auch die Integration von Ausländerinnen und Ausländern schließlich stellt weithin noch eine ungelöste Frage dar. Der Amsterdamer Vertrag stellt diese Aufgabe unter die Überschrift des Diskriminierungsverbots. Aber seit dem 11. September 2001 stehen wir alle vor der Frage nach den Grenzen möglicher Integration. Jede Form von multikultureller und multireligiöser Schummelei ist mit diesem Datum an ein Ende gekommen. Insbesondere den harten Nüssen im Dialog mit dem Islam lässt sich nicht länger ausweichen. Differenzen dürfen weder um einer vermeintlichen Harmonie willen verharmlost noch in apokalyptischer Manier zu einem „Kampf der Kulturen“ stilisiert werden.

Eine dieser harten Nüsse ist der Umgang mit der Gewalt. Die Frage danach, ob tötende Gewalt im Namen Gottes ausgeübt werden kann und der Gewalttäter deshalb den Status des Märtyrers verdient, erweist sich als exemplarisches Thema für einen solchen Dialog. Jürgen Todenhöfer hat dankenswerter Weise Dr. Tantawi, den Großscheich von Al-Azhar in Kairo, zu einer Äußerung veranlasst, die am Beispiel einer sehr gemäßigten Form des Islam Differenzen aufzeigt, die gegenwärtig nur schwer überwindbar sind. Mögliche Missverständnisse früherer Äußerungen rückt der Großscheich von Al-Azhar zurecht, indem er nun ausdrücklich erklärt, er sei nicht damit einverstanden, dass sich jemand inmitten unschuldiger Menschen, Frauen und Kinder in die Luft sprengt und die Umstehenden mit in den Tod reißt. Aber das Selbstmordattentat bleibt nach Auffassung des islamischen Gelehrten legitim, wenn es nicht der Aggression, sondern der Selbstverteidigung dient. Zur Begründung wird eine Sure des Koran herangezogen: „Jedoch trifft kein Tadel jene, die sich wehren, nachdem ihnen Unrecht widerfahren ist.“ Kampf gegen den Aggressor ist für Tantawi eine Form der Selbstverteidigung; unvermeidlicherweise werden sich auch Terroristen eine solche Äußerung zu Eigen und zunutze machen.

Gewiss: Nicht nur der Islam, sondern auch die christliche Tradition hat eine Lehre vom gerechten Krieg entwickelt; und manche Kreise in den USA bedienen sich dieser Lehre noch immer mit einer Unbefangenheit, die ich erstaunlich nennen möchte. Denn eine solche Lehre birgt immer die Gefahr in sich, dass der Versuch, ethische und rechtliche Schranken für die Gewaltanwendung aufzurichten, in die Rechtfertigung der Gewalt umschlägt. Die christliche Friedensethik hat daraus die Folgerung gezogen, eher von einem gerechten Frieden zu reden als von einem gerechten Krieg. Der Umgang mit der militärischen Gewalt als einem äußersten Mittel zur Beendigung faktisch ausgeübter Gewalt wird deshalb ganz und gar daran gemessen, ob dieses Mittel den Frieden wiederherstellen und fördern kann oder ihm im Wege steht. Vollkommen fern aber liegt der christlichen Tradition der Gedanke, jemand könne durch die Anwendung von Gewalt zum Märtyrer werden; denn der Titel des Märtyrers, des Glaubenszeugen, liegt ganz und gar auf der Seite derer, die Gewalt erleiden, nicht aber derer, die sie ausüben. Der Selbstmordattentäter aber muss als einer gelten, der Gewalt ausübt – sogar gegen sich selbst.

Fragen dieser Art müssen mit neuer Intensität und neuer Offenheit besprochen werden. Wir können unseren muslimischen Mitbürgerinnen und Mitbürgern auch die Frage nicht ersparen, wie sie zum „islamischen Staat" stehen. Ist die Zurückhaltung, die einige von ihnen gegenüber diesem Konzept üben, eher durch eine taktische Rücksichtnahme bestimmt, die sich aus der Stellung als Minderheit in einer nicht-muslimischen Umwelt ergibt? Oder findet die Tradition aufgeklärter Säkularität Zustimmung, die sich mit einer aktiven Bejahung der Religionsfreiheit und damit auch der Glaubensfreiheit Andersglaubender verbindet? Ich gestehe, dass muslimische Äußerungen zu diesem Thema mir eine letzte Klarheit noch nicht vermittelt haben.

Die Diskussion muss weitergehen. Aber jeder muss sich in dieser Diskussion darauf verlassen können, dass solche Fragen nicht aus einem Geist der Fremdenfeindlichkeit heraus gestellt werden. Sie müssen gestellt werden, damit wir Bedingungen für eine gesellschaftliche Toleranz schaffen, die nicht durch einen indifferenten Relativismus geprägt ist, sondern sich aus gelebten Überzeugungen speist.

Die Beispiele zeigen: Wer Integration will, kann dem Thema der Religion nicht ausweichen. Global betrachtet erleben wir gegenwärtig eine Wiederkehr der Religion. Sie geschieht keineswegs nur in Formen, die uns besonders lieb sein können. Religiöser Fundamentalismus verbindet sich in unterschiedlichen Spielarten mit einer geistigen Intoleranz, die leicht in physische Gewaltsamkeit umschlägt. Aber es ist absolut leichtfertig, sich vorzustellen, man könne mit diesen als unangenehm empfundenen Formen von Religion dadurch fertig werden, dass man der Frage nach der eigenen religiösen Identität ganz und gar ausweicht und sich im Status eines religiösen Analphabeten einrichtet. Diese Gefahr aber ist in Mitteleuropa – und dabei ganz besonders in Deutschland – nicht von der Hand zu weisen. Ihr gegenzusteuern ist eine gemeinsame Aufgabe. Ein klares Profil der Kirchen, die bewusste Anerkennung ihrer missionarischen Situation eingeschlossen, gehört hierzu genauso wie die Einsicht, dass religiöse Bildung ein unaufgebbares Element der allgemeinen Bildung darstellt. Ich bin gespannt, wann diese Frage endlich „Pisafähig" wird.

Heute wird von einem Wettbewerb um die besten Köpfe gesprochen. Die Gesellschaften, die hierbei im internationalen Wettbewerb erfolgreicher sind, werden davon entscheidend profitieren. Die „besten Köpfe" sind mobil; sie gehen dorthin, wo sie die besten Bedingungen vorfinden. Dabei schauen sie nicht nur auf die Arbeitsbedingungen, sondern auch auf das Lebensumfeld, auf Kultur und Toleranz, auf Akzeptanz in der Gesellschaft und auf die Möglichkeiten eigener aktiver Beteiligung. Gesellschaften, in denen Fremdenfeindlichkeit festgestellt oder befürchtet wird, können ausländische Spitzenkräfte auch dann nicht gewinnen, wenn die wirtschaftlichen Bedingungen gut sind und die Gehälter stimmen. Auch deutsche Universitäten können davon ein Lied singen – im Osten Deutschlands zumal. Dass das Thema der Fremdenfeindlichkeit politikfähig wurde, hat nicht zuletzt wirtschaftliche Gründe; denn Fremdenfeindlichkeit steht einer aktiven Ansiedlungspolitik im Wege. Dabei geht es nicht nur um die Sicherheit vor gewaltsamen oder verbalen Angriffen, sondern auch um das Ausmaß an gesellschaftlicher Chancengleichheit.

Wenn eine Aufnahmegesellschaft den Anforderungen des gesellschaftlichen Wandels gewachsen sein will, braucht sie interkulturelle Kompetenz. Diese schließt zweierlei zugleich ein: die Beheimatung im Eigenen und die Fähigkeit zur Wahrnehmung des Fremden. Solche interkulturelle Kompetenz wird heute in einer ganzen Reihe von Berufsfeldern zu einem unausweichlichen Element professioneller Befähigung.

Wir wissen alle: Wandel löst auch Ängste aus. Sie erfassen vor allem diejenigen, die von der Veränderung selbst beruflichen und sozialen Abstieg befürchten. Man kann das im momentanen politischen Klima in Deutschland in einer beunruhigenden Unmittelbarkeit erleben. Oft sind die Befürchtungen objektiv unbegründet. Denn die Beschäftigung von Arbeitsmigranten führt in den meisten Fällen dazu, dass sie ungünstigere Arbeitsbedingungen akzeptieren müssen als Einheimische. Auch seit längerer Zeit im Lande lebende Migranten gelten in diesem Sinn übrigens als Einheimische. Trotzdem fühlen sich viele Menschen sowohl im beruflichen Bereich als auch in den Bildungseinrichtungen und im Wohnumfeld von den Folgen der Migration überfordert. Es gibt Situationen, in denen das verständlich ist. Der Grund der Überforderung liegt freilich weniger in der Frage, welchen Reisepass ein Mensch hat, als darin, in welcher sozialen Situation er sich befindet. Auch das, was man Ausländerkriminalität zu nennen pflegt, hängt ja nicht so sehr mit der Nationalität, sondern mehr mit der sozialen Situation derer zusammen, die eine wachsende Kriminalitätsneigung entwickeln. Nichts ist in einer solchen Situation verkehrter, als Ressentiments zu schüren und aus ihnen Kapital zu schlagen, beispielsweise politisches Kapital. Ängste zu schüren und Migranten zu Sündenböcken zu machen, sichert nicht die Zukunftsfähigkeit unserer Gesellschaft, sondern gefährdet sie.

C. Anhang

Über den Herausgeber

Deutscher Verein für öffentliche und private Fürsorge e.V.

Der *Deutsche Verein für öffentliche und private Fürsorge*, kurz: der *Deutsche Verein* oder der *DV* ist ein gemeinnütziger, bundeszentraler Zusammenschluss der öffentlichen und freien Träger der sozialen Arbeit in der Bundesrepublik Deutschland. Träger sozialer Arbeit, das sind in erster Linie die Städte, Gemeinden und Landkreise mit ihren Sozialverwaltungen, die freien Wohlfahrtsverbände mit ihren sozialen Diensten und Einrichtungen, Selbsthilfeorganisationen und zunehmend auch private Anbieter sozialer Dienstleistungen. Die Träger beschäftigen als Arbeitgeber Fachkräfte aus den sozialen Berufen, die mit einer qualifizierten Ausbildung professionelle Hilfe-, Unterstützungs- und Beratungsleistungen erbringen.

Die Gründung im Jahre 1880 unter dem Namen *„Deutscher Verein für Armenpflege und Wohltätigkeit"* kam auf Initiative des Deutschen Armenpflegerkongresses zustande. Gründungsanlass war die Zuspitzung der sozialen Frage, hervorgerufen durch Industrialisierung und Liberalisierung der Märkte.

Bereits 1887 wird im Lehrbuch der Deutschen Armengesetzgebung von Emil Münsterberg (Leipzig 1887) über die Tätigkeit des Deutschen Vereins bemerkt: *„Man wird im Verlaufe der Arbeit keine nennenswerte Frage berührt finden, zu welcher nicht der Deutsche Verein vielfaches, oft das beste, oft auch das einzige Material an die Hand gegeben hätte."* Soviel Lob verpflichtet, und der Deutsche Verein unternimmt auch heute jede Anstrengung, diesem Anspruch gerecht zu werden.

Die Umbenennung in die jetzige Bezeichnung erfolgte 1919. Der DV hatte seinen Sitz zunächst in Berlin; seit 1919 befindet sich der Vereinssitz – mit einer Unterbrechung in den Jahren 1933 bis 1945 – in Frankfurt am Main.

Nach seiner *Satzung* erfüllt der Deutsche Verein in der Sozialpolitik und in der sozialen Arbeit vor allem diese Aufgaben:

- Anregung und Beeinflussung von Entwicklungen in der Sozialpolitik
- Erarbeitung von Empfehlungen für seine Mitglieder mit dem Ziel der bundesweiten Vereinheitlichung der Praxis der sozialen Arbeit und des Sozialrechts

- gutachterliche Tätigkeit für seine Mitglieder in nahezu allen Bereichen des Sozialrechts
- ständige Information der auf diesem Gebiet tätigen Personen
- Förderung des Erfahrungsaustausches der Fachkräfte in Fachtagungen, Fachausschüssen und Arbeitskreisen
- Fort- und Weiterbildung von Mitarbeitern und Führungskräften in sozialen Diensten und Einrichtungen
- Förderung der Wissenschaften, besonders ihrer interdisziplinären Zusammenarbeit
- Beobachtung, Auswertung und Koordination von Entwicklungen in der sozialen Arbeit und im Sozialrecht in internationaler, vor allem in europäischer Perspektive sowie die Förderung der internationalen Zusammenarbeit
- Förderung der Arbeit des Internationalen Sozialdienstes in Genf (International Social Service, ISS) und deren Durchführung in Deutschland
- Information der Fachöffentlichkeit durch Fachzeitschriften und Fachliteratur zu allen Bereichen der Sozialpolitik und sozialen Arbeit

Die Arbeit der Geschäftsstelle ist in Fachbereichen/Arbeitsfeldern und die des Vereins in Satzungsgremien, Fachausschüssen und Arbeitskreisen organisiert. Das Spektrum der behandelten Themen zeigt die ganze Bandbreite der aktuellen fach- und sozialpolitischen Diskussionen:

- Rahmenbedingungen sozialer Arbeit (Entwicklungen des Sozialrechts, Finanzierung und Organisation sozialer Dienste, Sozialplanung)
- Kindheit, Familie, Jugend, Gleichstellung (Gesetzesnovellen und sozialpädagogische Konzeptionen)
- Weiterentwicklung der Grundlagen sozialer Sicherung, insbesondere der Sozialhilfe und der sozialen Leistungssysteme
- Gesundheit, Rehabilitation, Pflege (Pflegeversicherungsgesetz, Rehabilitationsgesetz)
- Konzepte, Standards, Qualifikationen für Berufe der sozialen Arbeit (Ausbildung und Zusatzqualifikation für soziale Berufe, ehrenamtliche soziale Arbeit)
- internationale Arbeit (europäisches Sozialrecht, Auswertung internationaler Entwicklungen, Mitwirkung in internationalen Gremien)
- grenzüberschreitende Sozialarbeit – Internationaler Sozialdienst (grenzüberschreitende Verfahren der Familien- und Jugendhilfe, internationale Adoptionen, Flüchtlinge und Asyl)
- Bundeszentrale Fachpublikationen (Fachzeitschriften, Fachliteratur für Ausbildung und Praxis, Fachlexikon der sozialen Arbeit)

Nach seinem Satzungszweck ist der Deutsche Verein das Forum für alle Organisationen und Fachkräfte, die die soziale Arbeit und die Sozialpolitik im weitesten Sinne gestalten und beeinflussen. Der Deutsche Verein bringt Vertreter der Praxis, der Ausbildung und der Wissenschaften, der Exekutive wie der Legislative an einen Tisch und ermöglicht auf diese Weise die erforderlichen Abstimmungen zwischen Bund, Ländern, Kommunen und der freien Wohlfahrtspflege. Reformen in der Sozialgesetzgebung, wie zum Beispiel des Bundessozialhilfegesetzes, des Kinder- und Jugendhilfegesetzes, des Pflegeversicherungsgesetzes und des Rehabilitationsgesetzes wurden und werden im Deutschen Verein beraten. Zu den Beratungen gehören auch Fragen der Finanzierung sozialer Dienste und Einrichtungen, Fragen der Organisation und Planung in der sozialen Arbeit, Entwicklungen der europäischen Sozialpolitik und des europäischen Sozialrechts sowie Fragen der Ausbildung für soziale Berufe.

Der Deutsche Verein ist der Ort, an dem unterschiedliche Fachpositionen und Interessen sowohl in grundsätzlichen Angelegenheiten wie auch in Einzelfragen beraten und ausgehandelt werden. Seine Mitglieder können auf diese Weise sowohl fachlich profitieren als auch Einfluss auf Lösungen und Lösungsprozesse nehmen. Die Mitglieder des Deutschen Vereins unterstützen seine Arbeit durch fachliches Engagement und nutzen gleichzeitig seine Arbeitsergebnisse und Leistungen für die Praxis ihrer sozialen Arbeit.

Leitthemen für die kommenden Jahre werden nach einem Vorstandsbeschluss sein:
- europäische Integration
- Bekämpfung der Arbeitslosigkeit
- gegliedertes Sozialleistungssystem und Basissicherung durch die Sozialhilfe
- Förderung von Familien, Frauen, Kindern und Jugendlichen
- soziales Engagement, soziale Berufe, soziale Infrastruktur
- Behinderung und Pflegebedürftigkeit
- Migration

In der weiteren Diskussion um die Sozialstaatsreform wird sich der Deutsche Verein konkret mit folgenden Themen befassen:
- Sicherung des Existenzminimums
- Förderung von Kindern, Jugendlichen und Familien
- Pflege und Pflegeversicherung
- Hilfen für Menschen mit Behinderungen
- Zukunft des Gesundheitswesens
- Erwerbslosigkeit / Förderung der Arbeitsaufnahme
- Hilfen für Menschen mit besonderen sozialen Schwierigkeiten
- Standards sozialer Dienstleistungen, Sozialplanung, Qualitätssicherung
- berufliche Qualifikation in der Wissensgesellschaft

Bei allen Themen werden sowohl materielle Leistungen wie auch der Ausbau der sozialen Infrastruktur, vor allem in den Städten, Gemeinden und Landkreisen, besonderes Gewicht erhalten.

Die Organisation des DV ist flexibel und reagiert auf aktuelle Entwicklungen mit der Einrichtung von Projekten, die in Zusammenarbeit mit Partnern aus Politik, Wirtschaft und sozialen Organisationen realisiert werden. Die derzeit wichtigsten sind:
1. ein bundesweites Praxisforschungsprojekt „*Coole Schule*" an 6 Standorten zum Thema „Schulverweigerung", das die Deutsche Bank Stiftung fördert und gemeinsam mit dem Deutschen Verein bis 2004 durchführt;
2. die Einrichtung eines vorläufigen Koordinierungsbüros des „Bundesweiten

Netzwerkes zur Förderung des bürgerschaftlichen Engagements" mit Förderung durch das Bundesministerium für Familie, Senioren, Frauen und Jugend (BMFSFJ);

3. in internationaler Perspektive das Projekt „Oberservatorium zur Entwicklung der sozialen Dienste in Europa", durchgeführt von der Geschäftsstelle einer Koordinierungsgruppe in den Jahren 2003 und 2004, ebenfalls mit Förderung durch das Bundesministerium für Familie, Senioren, Frauen und Jugend (BMFSFJ).

Mit dem Deutschen Fürsorgetag veranstaltet der Deutsche Verein alle drei Jahre den bundesweit größten und bedeutendsten Fachkongress der sozialen Arbeit.

Der Deutsche Verein hat derzeit über 2700 Mitglieder. Die Struktur aus Trägerorganisationen und Einzelpersonen hat folgendes Profil:

- *die öffentlichen Träger sozialer Arbeit* (Bund, Länder, Landkreise und kreisfreie Städte, kreisangehörige Städte und Gemeinden) und deren Dachverbände, wie Deutscher Städtetag, Deutscher Landkreistag und Deutscher Städte- und Gemeindebund;
- *die Spitzenverbände der freien Wohlfahrtspflege*: Arbeiterwohlfahrt (AWO), Deutscher Caritasverband (DCV), Deutscher Paritätischer Wohlfahrtsverband (DPWV), Deutsches Rotes Kreuz (DRK), Diakonisches Werk der Evangelischen Kirche in Deutschland, Zentralwohlfahrtsstelle der Juden in Deutschland e.V. (ZWST) mit ihren Landesgliederungen, Kreis- und Ortsstellen sowie zahlreichen angeschlossenen Einrichtungen;
- *weitere Organisationen und Einrichtungen*: Universitäten und Fachhochschulen, Forschungseinrichtungen, andere Sozialleistungsträger, Selbsthilfeverbände, Behindertenverbände, private Pflegeeinrichtungen und -dienste und betriebliche Sozialeinrichtungen;
- *Einzelmitgliedschaften*: schließlich Einzelpersonen (vor allem Sozialarbeiter, Verwaltungsfachkräfte, leitende Persönlichkeiten aus Verwaltung, Politik und Verbandswesen, Wissenschaftler, Dozenten, Rechtsanwälte und Richter).

Der Deutsche Verein finanziert sich aus Fördermitteln des Bundesministeriums für Familie, Senioren, Frauen und Jugend sowie aus Beiträgen der Mitglieder und Mitgliederverbände. Geschäftsführer ist Michael Löher.

Kontakt:
Deutscher Verein für öffentliche und private Fürsorge, Am Stockborn 1–3, 60439 Frankfurt am Main.

Seit Oktober 2000 hat der Deutsche Verein wieder ein kleines, allerdings nicht regelmäßig besetztes Hauptstadtbüro in Berlin (Oranienburger Str. 13–14).
E-Mail: Kontakt@deutscher-verein.de.
Internet: www.deutscher-verein.de

Die wichtigsten Mitgliederorganisationen des Deutschen Vereins – Ein Überblick

(Quelle: Bei den folgenden Darstellungen handelt es sich um redaktionell bearbeitete Beiträge aus dem ***Fachlexikon der sozialen Arbeit****, herausgegeben vom Deutschen Verein für öffentliche und private Fürsorge, Frankfurt am Main, 5. Auflage 2002. Die Originalbeiträge wurden von Repräsentanten der jeweiligen Organisation verfasst.)*

Freie Träger der Wohlfahrtspflege

Arbeiterwohlfahrt

Die Arbeiterwohlfahrt (AWO) wurde 1919 auf Initiative von Marie Juchacz (1879–1956), Mitglied der Weimarer Nationalversammlung und des Reichstages, gegründet. In ihr organisierten sich die in der Wohlfahrtspflege tätigen Sozialdemokraten und zahlreiche soziale Selbsthilfeaktionen der Arbeiterbewegung. So entwickelte sich schnell ein selbstständiger Verband, der allerdings wegen seiner Anbindung an die Sozialdemokratie 1933 nach der Machtergreifung der Nationalsozialisten verboten wurde.

Nach dem Kriege wurde der Verband, zunächst auf den Ortsebenen, wieder begründet. In der DDR blieb die AWO verboten. Nach der deutschen Vereinigung 1989 begann die AWO mit dem völligen Neuaufbau der Organisation und der sozialen Einrichtungen in den östlichen Bundesländern.

Heute ist die AWO föderativ aufgebaut. Sie besteht in allen Kommunen, Kreisen und Ländern und ist organisiert in ca. 4500 Ortsvereinen, 450 Kreisverbänden, 29 Landes- und Bezirksverbänden und dem Bundesverband mit Sitz in Berlin und Bonn. Zur AWO gehört ein eigenständiges Jugendwerk, und sie ist Träger von knapp 10.000 sozialen Einrichtungen und Diensten, in denen 140.000 Mitarbeiterinnen und Mitarbeiter hauptberuflich tätig sind. Schwerpunkte ihrer sozialen Dienstleistungen sind die Kinder- und Jugendhilfe und die Altenhilfe.

Internationale Aufgaben wie humanitäre Hilfen und entwicklungspolitische Zusammenarbeit sind national organisiert durch „AWO International“ sowie auf europäischer Ebene durch die Mitgliedschaft in SOLIDAR. Die AWO hat heute ca. 630.000 Mitglieder.

Sie ist politisch unabhängig. Laut seinem Statut hält der Verband eine freiheitlich-demokratische Grundordnung für eine unverzichtbare Voraussetzung sozialer Arbeit. Die zentralen Grundwerte sind für die AWO Freiheit, Gerechtigkeit, Solidarität und Toleranz. Im 1998 beschlossenen Leitbild vertritt der Verband u. a. folgende Leitsätze:
- die Förderung demokratischen und sozialen Denkens und Handelns;
- die Unterstützung von Menschen dabei, ihr Leben eigenständig und verantwortlich zu gestalten, und die Förderung alternativer Lebenskonzepte;
- das Praktizieren von Solidarität und die Stärkung der Verantwortung der Menschen für die Gemeinschaft.

Kontakt: AWO Arbeiterwohlfahrt Bundesverband e. V., Marie-Juchacz-Haus, Oppelner Str. 130, 53119 Bonn – *Internet:* www.awo.org

Deutscher Caritasverband

Der Deutsche Caritasverband (DCV) ist die von den deutschen Bischöfen anerkannte Zusammenfassung und Vertretung der katholischen Caritas in der Bundesrepublik Deutschland. Er ist einer der sechs Spitzenverbände der freien Wohlfahrtspflege und arbeitet als Mitglied der Bundesarbeitsgemeinschaft der Freien Wohlfahrtspflege e. V. vielfältig mit den anderen zusammen. Der Verband wurde 1897 von Lorenz Werthmann in Köln gegründet und hat seinen Sitz in Freiburg, wo er auch seine Zentrale unterhält. Mit etwa 150 anderen nationalen Caritasverbänden ist er Mitglied der Caritas Internationalis mit Sitz in Rom, zu deren Initiatoren er gehört.

Der DCV baut sich seiner föderalistischen Struktur entsprechend von der Ortsebene (Orts-, Dekanats-, Bezirks- und Kreisverbände) über 27 Diözesan-Caritasverbände zum Bundesverband auf. Es ordnen sich ihm außerdem zentrale karitative Fachverbände mit unterschiedlicher Aufgabenstellung zu, ebenso 262 karitative Ordensgenossenschaften und Vereinigungen mit ihren jeweiligen fachspezifischen Einrichtungen. Der DCV hat derzeit rund 630.000 persönliche und rund 12.000 korporative Mitglieder sowie über 475.000 hauptamtliche Mitarbeiter, darunter mehr als 12.000 Ordenskräfte in 26.000 Einrichtungen mit etwa 1.230.000 Plätzen.

Die Hauptarbeitsgebiete des DCV sind Altenhilfe, die Aus- und Fortbildung, die Behindertenhilfe, die Gefährdetenhilfe, die Gesundheitshilfe, Hilfen für Migranten, die Jugendhilfe, die Familienhilfe und die Auslandshilfe. Der Verband übt seine Tätigkeit nach den Erkenntnissen heutiger Sozialwissenschaft und anthropologischer Wissenschaften und den allgemeinen Grundsätzen der praktischen Wohlfahrtspflege aus, wie sie sich in der Bundesrepublik herausgebildet haben. Er orientiert und motiviert sein Handeln im Spektrum der übrigen Wohlfahrtsverbände nach den Grundsätzen und Werten des katholischen Glaubens. Er arbeitet hierbei mit allen freien Wohlfahrtsverbänden und privaten Hilfeinitiativen und Gruppen sowie mit den kommunalen und staatlichen Sozialbehörden auf der Grundlage der bestehenden Gesetze zusammen.

Kontakt: Deutscher Caritasverband, Karlstr. 40, 79104 Freiburg.
Internet: www.caritas.de

Deutsches Rotes Kreuz

Das Deutsche Rote Kreuz (DRK) ist ein föderativer Verband mit 19 Landesverbänden (über 550 selbstständige Kreisverbände und über 5000 Ortsvereine) und dem Verband der Schwesternschaften vom DRK als Mitgliedsverbände. Weitere Vereine und auch Selbsthilfegruppen sind dem DRK auf Landes- und Kreisverbandsebene angeschlossen.

Das DRK ist nationale Rotkreuz-Gesellschaft der Bundesrepublik Deutschland im Sinne des Genfer Rotkreuz-Abkommens vom 14. 8. 1949 und Spitzenverband der freien Wohlfahrtspflege. Seine Arbeit basiert auf den Grundsätzen des DRK: Menschlichkeit, Unparteilichkeit, unabhängige Neutralität, Einheit, Freiwilligkeit und Universalität.

Als Wohlfahrtsverband ist das DRK in allen Bereichen der Sozialarbeit tätig. Die Arbeitsschwerpunkte sind entsprechend dem gesellschaftlichen Bedarf, der personellen Kapazität der hauptamtlichen und ehrenamtlichen Kräfte sowie den finanziellen Rahmenbedingungen differenziert ausgestaltet. Das DRK ist Träger von Einrichtungen der Altenhilfe, Kur- und Erholungshilfe, Kinder- und Jugendhilfe und Behindertenarbeit. In den Landesverbänden werden zahlreiche ambulante Dienste vom Hausnotruf bis zu pflegerischen Hilfen durch Sozialstationen angeboten, Kursprogramme zur Gesundheitsprävention durchgeführt und besondere Hilfen für Aussiedler, Flüchtlinge und ausländische Mitbürger geleistet. Das DRK verfügt über eigene Ausbildungsstätten zur Qualifizierung und Fortbildung der ehrenamtlichen und hauptamtlichen Mitarbeiter sowie für die Ausbildung zur Altenpflege. Der Verband der Schwesternschaften vom DRK mit 35 Schwesternschaften ist in der Ausbildung für Krankenpflegeberufe tätig und bietet in der Göttinger Werner-Schule Fortbildung und Qualifizierung für Leitungskräfte in der Pflege an.

Als nationale Rotkreuz-Gesellschaft wirkt das DRK im Zivilschutz und im Sanitätsdienst der Bundeswehr mit. Der Suchdienst und die Hilfe für Opfer von Notständen, Katastrophen und Konflikten gehören zu seinen Aufgaben als nationale Rotkreuz-Gesellschaft. Hierzu unterrichtet das DRK die Bevölkerung in Kursen über Erste Hilfe und hält mit ehrenamtlichen Bereitschaften ausgebildete Gruppen für den Einsatz bei Katastrophen vor.

Sowohl mit haupt- und ehrenamtlichen Fachkräften wie auch mit technischen Hilfen unterstützt das DRK auch Hilfen anderer Rotkreuz-Gesellschaften (Liga der Gesellschaften des Roten Kreuzes und des Roten Halbmondes) oder des Internationalen Roten Kreuzes (IKRK) in Genf.

Das DRK ist Träger zahlreicher Rettungsdienste und Krankentransportdienste sowie von Blutspendediensten.

Das Jugendrotkreuz ist mit seinen Mitgliedern in Aufgabenbereichen eines Jugendverbandes aktiv.

Kontakt: DRK-Generalsekretariat, Carstennstraße 58, 12205 Berlin.
Internet: www.drk.de

Deutscher Paritätischer Wohlfahrtsverband

Der Deutsche Paritätische Wohlfahrtsverband (DPWV) ist anerkannter Spitzenverband der freien Wohlfahrtspflege. Gegründet wurde der Verband am 7. 4. 1924 unter dem Namen „Fünfter Wohlfahrtsverband e. V.“, da dieser Zusammenschluss nichtkonfessioneller und parteipolitisch neutraler Organisationen als fünfter Verband zur „Liga der Freien Wohlfahrtspflege“ gestoßen war. Im Jahre 1930 übernahm man die Bezeichnung „Paritätischer Wohlfahrtsverband“.

1934 wurde er in die „Nationalsozialistische Volkswohlfahrt" überführt, nach dem Zusammenbruch des NS-Regimes 1945 zunächst länderweise und 1949 als Bundesorganisation wieder gegründet. Anfang 1990 wurde vom Verband die Kurzform „*Der PARITÄTISCHE*" eingeführt. Mitglied kann jede als mildtätig oder gemeinnützig anerkannte Wohlfahrtsorganisation werden, sofern sie keinem anderen Spitzenverband der freien Wohlfahrtspflege angehört oder ihrem Selbstverständnis nach angehören sollte.

Der *Paritätische* repräsentiert und fördert seine Mitgliedsorganisationen in ihrer fachlichen Zielsetzung und ihren rechtlichen, gesellschaftlichen und wirtschaftlichen Belangen. Durch verbandseigene Institutionen trägt er bei zur Erhaltung, Zusammenarbeit und Neugründung von Organisationen und Einrichtungen der Sozialarbeit.

Seine Aufgaben sind insbesondere:
- Förderung der fachlich-methodischen Sozialarbeit
- Aus- und Fortbildung von Mitarbeitern
- Weckung und Entwicklung wohlfahrtspflegerischer Aktivitäten der Bürgerschaft
- Pflege ehrenamtlicher Mitarbeit
- wissenschaftliche Untersuchungen für die soziale Praxis
- Öffentlichkeitsarbeit und Information der Mitgliedsorganisationen
- Zusammenarbeit mit Behörden und Verbänden
- internationale Zusammenarbeit.

Der *Paritätische* ist gegliedert in 15 juristisch selbstständige Landesverbände sowie über 9500 überregional und regional tätige Mitgliedsorganisationen.

Seine Arbeit ist in den letzten Jahren besonders geprägt worden durch den hohen Anteil von Selbsthilfe- und Alternativinitiatoren an vorhandenen und neu beschlossenen Mitgliedschaften.

Kontakt: Deutscher Paritätischer Wohlfahrtsverband – Der Paritätische,
Heinrich-Hoffmann-Straße 3, 60528 Frankfurt
Internet: www.dpwv.de

Diakonisches Werk der Evangelischen Kirche in Deutschland

Das Diakonische Werk (DW) der Evangelischen Kirche in Deutschland (EKD) kümmert sich um Menschen in Not und in sozial ungerechten Verhältnissen. Die Diakonie ist Lebens- und Wesensäußerung der evangelischen Kirche in Deutschland. Dabei versucht sie auch die Ursachen dieser Notlagen zu beheben. Dem DW gehören als Mitglieder die Diakonischen Werke der 24 Landeskirchen der EKD, neun Freikirchen mit ihren diakonischen Einrichtungen sowie rund 90 Fachverbände verschiedener Arbeitsfelder an. Diese Mitglieder repräsentieren etwa 26.000 selbstständige Einrichtungen unterschiedlicher Größe und Rechtsform, in denen rund 400.000 hauptamtliche Mitarbeiterinnen und Mitarbeiter in Voll- oder Teilzeit beschäftigt sind. Ferner gibt es knapp 7.000 diakonische

Selbsthilfe- und Helfergruppen. Mitgetragen wird die diakonische Arbeit von den rund 18.000 Gemeinden der Landes- und Freikirchen. In den kirchlich-diakonischen Arbeitsfeldern engagieren sich über 400.000 ehrenamtliche Mitarbeiter und Mitarbeiterinnen.

Die Diakonie hat die Aufgabe, die diakonische und missionarische Arbeit anzuregen, zu planen und zu fördern, um den Gemeinden dadurch zu helfen, die im Evangelium bezeugte Liebe Gottes auch durch ihr Sein und Handeln mitzuteilen. Um diese Aufgabe zu erfüllen, unterstützt das Werk die Zusammenarbeit und gemeinsame Planung der Diakonischen Werke der Gliedkirchen, der Fachverbände sowie der Diakonie der Freikirchen. Dies gilt besonders für folgende Arbeitsbereiche: für junge Menschen, für Familien, für Kranke, für Menschen mit Behinderungen, für alte Menschen, für sozial benachteiligte Personen und Gruppen, für Gefährdete sowie für die Ausbildung, Fort- und Weiterbildung der Mitarbeiterinnen und Mitarbeiter. Als anerkannter Spitzenverband der Freien Wohlfahrtspflege arbeitet das Werk mit den anderen Spitzenverbänden der Freien Wohlfahrtspflege zusammen und vertritt die Diakonie der EKD und der mit dem Werk zusammen arbeitenden Freikirchen gegenüber der Bundesrepublik Deutschland sowie gegenüber sonstigen in- und ausländischen zentralen Organisationen. Zu den Aufgaben im internationalen Rahmen gehören: Zusammenarbeit mit anderen diakonischen Verbänden in dem europäischen Verband für Diakonie EURODIACONIA sowie die Geschäftsführung für die Aktion „Brot für die Welt“. Diese Aktion begann 1959 mit dem Ziel, die Entwicklung in den Ländern der Dritten Welt zu fördern. An ihr sind alle evangelischen Landes- und Freikirchen beteiligt. Die Mittel für die Finanzierung der Entwicklungsprojekte werden durch Spenden erbracht. Neben dieser Aktion gibt es seit 1994 die Aktion „Hoffnung für Osteuropa“, mit der die evangelischen Kirchen auf den gesellschaftlichen Umbruch in Mittel- und Osteuropa reagieren. Ähnlich wie bei „Brot für die Welt“ werden die Spenden für die Hilfe zur Selbsthilfe verwendet.

Eine weitere internationale Aufgabe ist die Mitarbeit im „European Network for Street Children worldwide“ in Brüssel (ENSCW). Das Netzwerk koordiniert Initiativen und Organisationen, die in Entwicklungsländern ebenso wie in Industrieländern Hilfen für Straßenkinder und Straßenjugendliche anbieten. Ein weiterer Zweig ist die „Diakonie Katastrophenhilfe“, die Soforthilfe in Katastrophengebieten leistet in Form von Lieferungen von Nahrungsmitteln, Zelten, Decken, Kleidern usw. Das ökumenische Programm „Kirchen helfen Kirchen“ hat die Aufgabe, Kirchen und Ortsgemeinden in der Erfüllung ihres Verkündigungsauftrags zu unterstützen und überall dort mitzuhelfen, wo für gemeindlichen Aufbau und für die Stärkung der kirchlichen Arbeit Hilfe benötigt wird.

Das DW der EKD hat seinen Sitz in Stuttgart. Die dort angesiedelte Hauptgeschäftsstelle hat eine Bundesvertretung in Berlin und eine Dienststelle in Brüssel.

Kontakt: Stafflenbergstraße 76, 70184 Stuttgart
Internet: www.diakonie.de

Zentrale Wohlfahrtsstelle der Juden

Die Zentralwohlfahrtsstelle der Juden in Deutschland e.V. (ZWST) ist ein weiterer Spitzenverband der Freien Wohlfahrtspflege.

Sie wurde im Jahre 1917 gegründet und verfügte bis zur Machtergreifung durch die Nationalsozialisten über eine breit gefächerte soziale Infrastruktur im Bereich der „offenen" und „geschlossenen" Sozialfürsorge. Die jüdische Bevölkerung betrug in Deutschland vor dem Zweiten Weltkrieg 600.000 Menschen, entsprechend groß war auch die Zahl der sozialen Einrichtungen, wie Krankenhäuser, Kinder-, Alten- und Pflegeheime.

Im Jahre 1939 wurde die ZWST zwangsaufgelöst; die meisten ihrer Mitarbeiter sind der Nazigewalt zum Opfer gefallen.

Die Wiedergründung der ZWST erfolgte im Jahre 1951. Ein kleiner Kreis von Überlebenden hat mit Hilfe jüdisch-amerikanischer Wohlfahrtsorganisationen die soziale Arbeit wieder aufgenommen und den Erfordernissen angepasst. Die Mitglieder der ZWST sind 16 Landesverbände der jüdischen Gemeinden, 3 selbstständige Gemeinden und der Jüdische Frauenbund.

Die Hauptziele des Verbandes sind:
- Vertretung seiner Mitglieder gegenüber den Bundes- und Landesbehörden, Fachgremien und internationalen allgemeinen und jüdischen Organisationen auf dem Gebiet der Wohlfahrtspflege;
- Behandlung von Sozialangelegenheiten ihrer Mitglieder, Organisation und Durchführung der jüdischen freien und gemeindlichen Wohlfahrtspflege;
- Förderung des sozialen Ausbildungswesens und fachliche Unterstützung der angeschlossenen Mitgliedsverbände.

Bedingt durch die zentrale geographische Lage zwischen Ost und West und die politischen Ereignisse des letzten Jahrhunderts in Europa war Deutschland stets ein Drehpunkt jüdischer Migration. Dementsprechend war die ZWST als Dachorganisation der jüdischen Sozialdienste im Nachkriegsdeutschland gefordert, neben den klassischen Bereichen der sozialen Arbeit – wie Jugend- und Altenhilfe – auch Flüchtlingshilfe zu leisten.

Seit Beginn der 90er Jahre befasst sich der Verband schwerpunktmäßig mit Integrationshilfe für jüdische Zuwanderer aus den Staaten der ehemaligen Sowjetunion. Das schnelle Wachstum der Mitgliederzahl der jüdischen Gemeinden und die sich wandelnden sozioökonomischen Verhältnisse zwingen die ZWST und deren Mitgliedsverbände, das bisherige Prinzip der sozialen Arbeit, nämlich das der „Hilfe zur Selbsthilfe", weiter auszubauen und neue Wege bei der Planung und Durchführung der projektbezogenen Arbeit zu suchen. Psychosoziale Probleme im Zusammenhang mit den neuen Lebensumständen als Zuwanderer und der drohenden Langzeitarbeitslosigkeit verlangen von der jüdischen Sozialarbeit in Deutschland heute, Rahmenbedingungen zu schaffen, die die Betroffenen in die Lage versetzen, ihre Probleme selbst zu lösen.

Kontakt: Zentralwohlfahrtsstelle der Juden in Deutschland, Hebelstraße 6, 60316 Frankfurt am Main – ***Internet:*** www.zwst.org

Bundesarbeitsgemeinschaft der Freien Wohlfahrtspflege e.V. (BAGFW)

Sie ist die 1966 zu einem eingetragenen Verein konstituierte Vereinigung der sechs Spitzenverbände der Freien Wohlfahrtspflege. Diese Zusammenarbeit besteht in unterschiedlicher Form bereits seit 1919. Die BAGFW hat ihren Hauptsitz in Berlin.

Ihre Aufgabenschwerpunkte lassen sich wie folgt zusammenfassen:
- Beratung und Abstimmung zu allen Fragen der Freien Wohlfahrtspflege, insbesondere bei neu auftretenden Aspekten auf dem Gebiet der Sozial- und Jugendhilfe und vor dem Hintergrund der europäischen Entwicklung
- Mitwirkung an der Gesetzgebung und Pflege von Kontakten zu relevanten politischen Gremien und Entscheidungsträgern
- Zusammenarbeit in zentralen Angelegenheiten mit Bund, Ländern und Kommunen und weiteren Organen der öffentlichen Selbstverwaltung
- Mitwirkung in Fachorganisationen und Initiativen, soweit Aufgabenfelder der Freien Wohlfahrtspflege betroffen sind
- Austausch mit den Landesarbeitsgemeinschaften der Freien Wohlfahrtspflege
- Pflege und Stärkung der sozialen Verantwortung in der Bevölkerung
- Wahrung der Stellung der Freien Wohlfahrtspflege in der Öffentlichkeit.

Die BAGFW vertritt auf Bundesebene die Gesamtinteressen der Freien Wohlfahrtspflege gegenüber Staat und Öffentlichkeit. Deshalb liegt eine wichtige Aufgabe darin, gemeinsame fach- und sozialpolitische Positionen mit dem Ziel der Einflussnahme auf den Gesetzgeber zu entwickeln und zu vertreten. Die Mitgliedsverbände beraten sich regelmäßig, um sich gegenseitig in ihrer Arbeit anzuregen sowie gesellschafts- und sozialpolitische Anliegen und Aktivitäten aufeinander abzustimmen. Ihre Arbeit ist projektorientiert, um zeitnah zu reagieren und Positionen zu aktuellen politischen Entwicklungen und Gesetzgebungsvorhaben vorzubereiten. Die Projektgruppen sind verbandsübergreifend und multidisziplinär zusammengesetzt.

Finanziert wird die Freie Wohlfahrtspflege durch Leistungsentgelte, öffentliche Zuwendungen und Eigenleistungen (z. B. Leistungen freiwilliger Helfer, Erlös aus dem Verkauf von Wohlfahrtsmarken, Erlöse aus Lotterien).

Von besonderer Bedeutung ist ihre Mitwirkung an der Ausgestaltung der sozialen Sicherungssysteme. Die vom Gesetzgeber vorgesehenen Rahmenempfehlungen und Vereinbarungen erfordern eine enge Zusammenarbeit und Abstimmung zwischen den Mitgliedern und mit den Verbänden der gesetzlichen Krankenversicherungen, den Rehabilitationsträgern und den Sozialhilfeträgern. Weitere wichtige Anliegen der wohlfahrtsverbandlichen Arbeit beziehen sich auf Strategien der Qualitätssicherung in freigemeinnützigen Einrichtungen und Diensten als Element des Verbraucherschutzes, Fragen der Transparenz der Leistungserbringung sowie der Rolle der Freien Wohlfahrtspflege in Deutschland und Europa im Spannungsfeld von Markt, Wettbewerb und Sozialschutz. Die BAGFW und ihre Mitgliedsverbände sehen es hier als wichtige Aufgabe an, die Besonderheiten des Sozialmarktes zu beschreiben, die ihrer Meinung nach nicht den Regeln des europäischen Binnenmarktes und insbesondere des Wettbewerbsrechts und der Beihilfenkontrolle unterworfen werden dürfen.

Freie Wohlfahrtspflege umfasst alle sozialen Hilfen, die auf freigemeinnütziger Grundlage und in organisierter Form geleistet werden. Die örtlichen und regionalen Gliederungen und Mitgliedsorganisationen unterhielten im Jahr 2000 rund 92.000 Dienste und Einrichtungen mit ca. 3,3 Mio. Plätzen. Sie beschäftigen fast 1,2 Mio. Mitarbeiter; schätzungsweise 2,5 bis 3 Mio. Menschen sind ehrenamtlich engagiert.

Diese Zahlen belegen die zunehmende Bedeutung der Freien Wohlfahrtspflege für die Beschäftigung in den letzten Jahren. Ursächlich hierfür ist die gewachsene Nachfrage nach sozialen Dienstleistungen insgesamt. Somit hat sich die Freie Wohlfahrtspflege zu einem eigenen Wirtschaftssektor und Arbeitsmarkt entwickelt. Sie ist ein wichtiger Bestandteil der sozialen Ordnung in Deutschland. Die Wohlfahrtsverbände sind „geborene" Partner eines aktivierenden Sozialstaates.

Die Verbände der Freien Wohlfahrtspflege verstehen sich dabei einerseits als Interessenvertreter und Sozialanwalt für die von Notlagen betroffenen Menschen, die nur geringe Möglichkeiten haben, Gehör zu finden. Ausgehend von den Erfahrungen aus der sozialen Beratung und Betreuung werden soziale Problemlagen thematisiert und politische Lösungen eingefordert.

Darüber hinaus sind sie Träger sozialer Dienste und Einrichtungen, deren Leistungserbringung sich am Gemeinwohl und der Verantwortung für hilfebedürftige Menschen orientiert. Dies bedeutet: wirtschaftliche und qualitative Leistungserbringung, Sicherstellung von Kontinuität und Verlässlichkeit, Schaffung einer sozialen Infrastruktur.

Schließlich unterstützen und fördern sie freiwilliges und ehrenamtliches Engagement und beziehen dieses in die Leistungserbringung ein. Durch das Angebot an Menschen, sich sozial zu engagieren, gesellschaftliche Verantwortung zu übernehmen und praktische Solidarität auszuüben, tragen die Verbände der Freien Wohlfahrtspflege als Gemeinwohl-Agenturen wesentlich zur Entwicklung der Zivilgesellschaft bei.

Kontakt: Oranienburger Str. 13/14, 10178 Berlin. – *Internet:* www.bagfw.de

Kommunale Spitzenverbände

Deutscher Städtetag

Der Deutsche Städtetag (DST) ist ein freiwilliger Zusammenschluss von über 6.000 Städten mit rund 51,3 Mio. Einwohnern, darunter die Stadtstaaten und 114 kreisfreie Städte; außerordentliche Mitglieder sind unter anderem Landschaftsverbände und Landeswohlfahrtsverbände. Der DST fördert die Arbeit auf den Gebieten des öffentlichen Rechts und der öffentlichen Verwaltung. Er berät die staatlichen und kommunalen Behörden insbesondere bei der Vorbereitung und Durchführung von Gesetzen, gibt Empfehlungen und fördert den Erfahrungsaustausch in den verschiedenen Sachbereichen. In allen Bundesländern bestehen Landesstädteverbände. Organe des DST sind die Hauptversammlung, der Hauptausschuss und das Präsidium. Die fachliche Arbeit wird in Fachausschüssen vorbereitet. In der Hauptgeschäftsstelle des DST führen hauptamtliche Mitarbeiter die laufenden Geschäfte des Verbandes. Publikationsorgane sind die Monatszeitschrift *Der Städtetag*, die *Mitteilungen* (halbmonatlich) sowie Schriftenreihen zu einzelnen Sachgebieten (u. a. die Reihe *Sozialpolitik*).

Der Bereich der kommunalen Sozialpolitik (Sozialwesen, Jugendhilfe, Arbeitsmarktpolitik) wird im DST vom Ausschuss für Soziales, Jugend und Familie sowie einer Fachabteilung der Hauptgeschäftsstelle abgedeckt. Außer Vorschlägen und Stellungnahmen in der Sozialgesetzgebung, Beratung der Mitgliedstädte u. a. durch schriftliche Arbeitshilfen (z. B. Altenhilfe, Behindertenhilfe, soziale Brennpunkte, Ausländische Arbeitnehmer) vertritt der DST die Städte als örtliche Träger der Sozial- und Jugendhilfe in verschiedenen Institutionen (z. B. Bundesanstalt für Arbeit, Deutscher Verein für öffentliche und private Fürsorge, Deutsches Jugendinstitut, Bundesjugendkuratorium).

Kontakt: Deutscher Städtetag, Straße des 17. Juni 112, 10623 Berlin; Lindenallee 13–17, 50968 Köln. – *Internet:* www.staedtetag.de

Deutscher Landkreistag

Der Deutsche Landkreistag (DLT) ist der kommunale Spitzenverband der 323 deutschen Landkreise auf Bundesebene. Der Landkreisbereich umfasst rund 95 % der Fläche der Bundesrepublik Deutschland mit knapp 52 Mio. Einwohnern (ca. 66 % der Gesamtbevölkerung). Unmittelbare Mitglieder des DLT sind entsprechend dem föderalen Aufbau der Bundesrepublik die 13 Landkreisverbände in den Flächenstaaten, mittelbare Mitglieder die den Landesverbänden angehörenden Landkreise. Weitere unmittelbare Mitglieder sind die Landschaftsverbände in Nordrhein-Westfalen, der Kommunalverband Ruhrgebiet, der Landeswohlfahrtsverband Hessen, der Raumordnungsverband Rhein-Neckar und der Verband der Bayerischen Bezirke. Der DLT vertritt die Interessen seiner Mitglieder gegenüber Bundesregierung, Bundestag und Bundesrat. Dies beinhaltet insbesondere auch den Auftrag, die kommunale Selbstverwaltung gegen Übergriffe des Bundes zu verteidigen. Da er allgemeine und öffentliche, sich aus dem gesamtstaatlichen Bezug ergebende Interessen wahrnimmt, ist er kein Lobbyist, sondern Repräsentant einer demokratischen Ebene der Bundesrepublik Deutschland. Bei kommunalrelevanten Gesetzen, Planungen und Programmen des Bundes hat er ein Anhörungsrecht, das in der Geschäftsordnung des Bundestags und der gemeinsamen Geschäftsordnung der Bundesministerien verankert ist. Darüber hinaus wirkt der DLT in zahlreichen Gremien und Einrichtungen des Bundes und der Länder beschließend oder beratend mit (u. a. Finanzplanungsrat, Konjunkturrat, Konzertierte Aktion im Gesundheitswesen) und vertritt die Landkreise in verschiedenen Institutionen (u. a. Bundesanstalt für Arbeit, Deutscher Verein für öffentliche und private Fürsorge, Deutsches Jugendinstitut, Bundesjugendkuratorium). Um kommunalrelevante Interessen auch auf EU-Ebene durchzusetzen, unterhält der DLT gemeinsam mit dem Deutschen Städtetag (DST) und dem Deutschen Städte- und Gemeindebund (DStGB) ein Europabüro in Brüssel. Verbandsintern hat der DLT Informationsfunktion gegenüber seinen Mitgliedern, organisiert den Erfahrungsaustausch und nimmt Einfluss auf die Meinungsbildung im kommunalen Bereich. Organe des DLT sind die Landkreisversammlung, der Hauptausschuss und das Präsidium. Zur Vorberatung sind 7 Fachausschüsse (u. a. der Sozialausschuss) gebildet.

Kontakt: Deutscher Landkreistag, Lennéstraße 17, 10785 Berlin
Internet: www.landkreistag.de

Deutscher Städte- und Gemeindebund

Der Deutsche Städte- und Gemeindebund (DStGB) ist der kommunale Spitzenverband der kreisangehörigen Städte und Gemeinden und vertritt ca. 13.500 kreisangehörige Kommunen. Er ist privatrechtlich organisiert und arbeitet ohne Staatszuschüsse. Die Mitgliedschaft in ihm ist freiwillig.

In seiner föderalen Organisationsstruktur sind die unmittelbaren Mitgliedsverbände die entsprechenden Zusammenschlüsse der Städte und Gemeinden der 16 Bundesländer.

Organe des Verbandes sind der Hauptausschuss, das Präsidium sowie der Deutsche Gemeindekongress.

Seine Aufgaben sind die Vertretung der Mitglieder im Rahmen der Mitwirkungsrechte bei Bundesregierung und Bundestag, die Vertretung ihrer politischen Positionen und Interessen bei Organen des Bundes, der Länder und in der Öffentlichkeit sowie in den Medien. Förderung des Erfahrungsaustausches unter seinen Mitgliedern und deren Beratung in allen kommunalpolitischen Angelegenheiten sind weitere Arbeitsschwerpunkte. Dazu sind Fachausschüsse und Arbeitskreise eingerichtet, einer speziell für Sozial-, Jugend- und Gesundheitspolitik.

Fragen der kommunalen Sozial- und Jugendpolitik sind ein besonderer Schwerpunkt der Hauptgeschäftsstelle des DStGB.

Der Verband vertritt seine Mitglieder auch in zentralen Organisationen wie dem Deutschen Verein, der Bundesanstalt für Arbeit, dem Deutschen Jugendinstitut in München.

Der DStGB gibt monatlich eine Verbandszeitschrift als themenbezogene Schwerpunkthefte heraus, veröffentlicht Arbeitshilfen zur Beratung und Unterstützung seiner Mitglieder und ist auch im Internet präsent.

Auf internationaler Ebene arbeitet er mit dem Rat der Gemeinden und Regionen Europas zusammen und hat in Brüssel ein Europabüro der kommunalen Selbstverwaltung eröffnet, das auch vom DST und DLT getragen wird. Auch hier werden Erfahrungsaustausch, Information und Beratung organisiert und die Interessen der Kommunen auf europäischer Ebene vertreten.

Kontakt: Deutscher Städte- und Gemeindebund, Marienstraße 6, 12207 Berlin
Internet: www.dstgb.de